1 MONTH OF
FREE
READING

at
www.ForgottenBooks.com

By purchasing this book you are eligible for one month membership to ForgottenBooks.com, giving you unlimited access to our entire collection of over 1,000,000 titles via our web site and mobile apps.

To claim your free month visit:

www.forgottenbooks.com/free431538

ISBN 978-0-260-50143-1
PIBN 10431538

APONII

IN

CANTICUM CANTICORUM

LIBRI DUODECIM

quaꝓ uincia' deq̅ſituſ multuſ
diuitiiſ q̅ſcupiat uementē ſu
ſcipere. inp̅pria · Om̅ia igit̅
que acapite huiuſ cantici uſq·
adp̅ſentē locū fr̅guriſ narrant̅·
illa intelligunt̅ que abincar
nationednr̅n̅ ib̅u xp̅i· uſq;
adcōmūſione om̅iu gentium
ꝓſalute humani generiſ acta
ſunt ut agunt̅ narrari p̅bant̅·
quando om̅iſ plenitudo gen_
tiu introierit inxp̅i fide· et ſic

Q

VE
eſt iſta
que aſcen
dit dede
ſerto deliciſ
áffluenſ

nixa ſuper
dilectū   meum.

Scriptuꝛe inſacra p̅ pb̅a deſilio

APONII

SCRIPTORIS VETUSTISSIMI

IN

CANTICUM CANTICORUM

EXPLANATIONIS

LIBRI DUODECIM

Quorum alias editi emendati et aucti

INEDITI VERO HACTENUS DESIDERATI

E CODICE SESSORIANO MONACHORUM CISTERCIENSIUM S. CRUCIS IN JERUSALEM URBIS

NUNC PRIMUM VULGANTUR

CURANTIBUS

D. HIERONYMO BOTTINO — D. JOSEPHO MARTINI

EX ORDINE CISTERCIENSI

ROMAE

TYPIS S. CONGREGATIONIS DE PROPAGANDA FIDE

—

1843

IN APONII LIB. XII. (a)

PRAEFATIO EDITORUM.

Ea est Cantici Canticorum sublimitas atque maiestas, ut quavis aetate innumeri pene Scriptores extiterint, tum Hebraei
tum Graeci tum Latini, qui sub allegoria illic latentia Religionis mysteria, per commentaria exponere aggressi sunt. Nam,
ut de iis sileamus, qui vel nostris, vel nuper anteactis temporibus hoc argumenti genus pertractarunt, innumeros adhuc alios
protulit antiquitas, quos in Praef. ad opera S. Gregorii Magni
recensent Maurini (b).

« 1. Inter Hebraeorum Doctores (ita illi) celeberrimi recensen
» tur Rabbi Salomon, Aben Ezra, David Kimchi. At ex Chri
» stianis, ut a Graecis incipiamus, insigniores Ecclesiae Graecae
» Patres ac magistri, in investigandis et rimandis huius divini
» Cantici mysteriis, suam exercuerunt industriam; praesertim
» Origenes, Gregorius Nyssenus, Theodoretus. Inter Latinos
» autem, omissis etiam recentioribus Interpretibus, Nicolao
» Lyrano, Hugone Cardinali, Dionysio Carthusiano, et sexcen
» tis aliis; quotquot fere saeculis superioribus pietatis ac do
» ctrinae laude floruerunt, huius sacri Cantici reconditos sen

---

(a) Aponii nomen geminata p. legitur in Cod. nostro, sed malumus veterem et iamdudum usu
receptam retinere lectionem.

(b) Tom. XIV. Edit. Venet. 1775. 4.

" sus , unde se aliosque ad divinum amorem inflammarent ,
" sollicite scrutati sunt. In his Thomas Aquinas , Honorius Au-
" gustodunensis , Ricardus a S. Victore , Bernardus Claraeval-
" lensis , Rupertus Tuitiensis Abbas, Robertus de Tumbalenia,
" cuius Commentarii meminit Ordericus Vitalis lib. 8. ad an-
" num 1087. Angelomus Luxoviensis , Alcuinus , Venerabilis
" Beda , Aponius , Cassiodorus , aut quivis alius Auctor Com-
" mentarii Cassiodoro adscripti , et Justus Urgelitanus. Julia-
" num Celanensem in Campania Episcopum , quem in Cantica
" scripsisse testatur Venerabilis Beda , praeterimus, utpote gra-
" tiae hostem, quae in hoc libro sacro copiosissime effunditur ".

*Aponii libri e-
diti et inediti.*
II. Quorumdam vero horum Scriptorum Opera , nec integra
nec satis emendata ad nos usque pervenerunt. Et Aponii quidem Commentaria aut Explanationem in Cantic. Canticorum
(quo posteriori titulo illius opus in Codice nostro inscribitur)
adeo mutilam et depravatam habemus, ut, quamvis illam duodecim distinctis libris non minus ingeniose quam erudite Auctor
ipse complexus fuerit , sex tamen posteriores veluti deperditos,
priores vero nimium deformatos ac etiam mutilos iamdudum la-
mententur viri eruditi.

*Consilium de
omnibus edendis*
III. Quum igitur eos omnes in vetusto Codice mss. Bibliothecae nostrae Sessorianae delitescere noverimus , rem illis gra-
tam facturos existimamus , si editos inde augere et recudere ,
ineditos vero, qui hactenus desiderantur , eiusdem Scriptoris libros in lucem edere paramus , ne praeclarum illius opus , veluti avulsum humeris caput , aut sine nomine corpus diutius
iacere sinatur. Hos autem esse unius eiusdemque Auctoris foe-
tum , suadet tum idem argumenti genus , tum styli uniformi-
tas , tum alia permulta , ut ex his magis patebit quae mox de
Aponio ipso , eiusque Commentariis , et de Sessoriano Codice
nostro, nostraque quam in eo evulgando secuti sumus methodo,
dicemus.

De Aponio
IV. Quis et qualis vir fuerit Aponius , non satis constat apud
rerum Ecclesiasticarum Scriptores : V. Bedam, Angelomum Lu-
xoviensem , Card. Bellarminum , Card. Bona , Philippum Lab-
baeum , Ceiller , Le Mire , Cave , Dupin , Morery , Editores

Bibliothecae Veterum Ecclesiae Patrum , et alios , quorum ple-
rique de Aponio eiusque Commentariis vel Explanatione in Cantic. Canticorum fuse etiam disseruerunt. Fuisse professione Mo-
nachum , vel ipse non obscure innuere videtur in Praef. ad eadem comment. in Cantic. ; ubi Armenium , ad cuius preces
hoc idem opus se aggredi testatur, his iisdem verbis alloquitur :
„ Aggrediar igitur (opus) . . . . ubi si quippiam dignum laude
„ ad animae lucrum inluxerit , iubentis merito crede esse con-
„ cessum : si quid vero literati torqueat nasum , eadem erit
„ portio imperanti , et imperio subiacenti , qui ab omnibus la-
„ cerandam (plausu praecepti) latitantem nictycoracem in ca-
„ vernis silentii, in lucem egredi compulisti „. Et rursus lib. VII.,
ubi exponens ea verba Cantici : *Favus distillans labia tua ,
Sponsa , mel et lac sub lingua tua* , mores Monachorum describit , sicuti in medio margine Codicis adnotatur : *mores monachorum* pag. 146. Caeterum qua patria et quo genere ortus ,
quidve aliud praestiterit , an alia etiam scripserit praeter haec
Commentaria vel Explanationem in Cantic. Canticorum , penitus ignoramus ; quemadmodum ignoramus , quis fuerit Arme-
nius ille , cuius nomine illa inscripsit , licet Morery Presbyte-
rum fuisse testetur.

V. Neque magis compertum est , qua ipse aetate floruerit.
Joachimus Besutius , et apud eumdem Besutium Joannes Bona
ex Ord. nostro Cardinales *(a)* , Scriptorem Latinum eumque
antiquum dixere, quin tamen saeculum, quo vixerit, ipsi definie-
rint. Neque id definire admodum facile est , quia apud priorum
septem Ecclesiae saeculorum Scriptores altum est de Aponio silentium. Ex his vero qui subsequentibus temporibus de eo men-
tionem faciunt , eruitur quidem Scriptorem esse antiquissimum;
sed ad quod potissimum saeculum referendus sit , ipsi non tradunt. Primus omnium Card. Bellarminus , non refragante Mi-
raeo , saec. IX. ineunte floruisse refert *(b)* ; cui tamen merito

Aetas qua vixit
Aponius

(a) Nota ad Codicem Sessorianum 135. qui in novo indice sub num. XII. reperitur estque
ille idemque Codex , qui continet Aponii Commentariorum sive Explanationis lib. 12. Besutii
notas mss. in Codices Sessorianos. Vid. Cod. CCCCLXXXVIII.

(b) De Scriptoribus Ecclesiasticis saec. IX.

contradicit Philippus Labbaeus *(a)* ; eo quod Aponius a Beda
commemoratur *(b)* , cui annus 735. emortualis fuit. Communiter autem inter Ecclesiasticos saeculi VII. Scriptores recensetur,
sed nulla alia fortasse de causa, nisi quia ante id temporis a
nemine commemoratur. Validissimae tamen nobis non desunt
rationes, quibus Aponium antiquiorem faciamus. Enimvero,
quum per totum huius sui Operis decursum, fidem in Trinitatem et Dominicam Incarnationem Christifidelibus ad salutem
necessariam saepissime ostendat, inter utriusque mysterii hostes
infensissimos enumerat *(c)* quidem atque insectatur Basilidem,
Valentinum, Apollinarem, Macedonium, Cataphrigam, Ma-
nichaeos, Arium, et Photinum praecipue; qui errores suos
saec. Ecclesiae IV. vel antea disseminarunt : de Eutychete vero
aut de Nestorio ne verbum quidem facit, licet non minus Trinitatis et Incarnationis mysteria oppugnaverint Nestoriani et Eu-
tychiani saec. V. vel VI. quam Photinus aliique saec. IV. ; nec
minus huius, quam illorum impia dogmata diffunderentur,
quae propterea refutare et condemnare opus esset. Aponius igitur magis ad saeculum V. quam ad septimum referri posse videtur. Quod magis confirmatur, quod ipse numquam Scriptores
alios nominet, qui sibi in hoc argumenti genere pertractando
praeluxerint, quemadmodum et Bedam et Angelomum praesti-
tisse novimus; quorum ille in sua Explanatione in Cant. *(d)* iste
vero in suis Stromatibus contexendis, Aponium quandoque commemorat *(e)*. Nec defuerunt sane etiam ex latinis, qui ante saec.
VII. Cant. Canticorum interpretarentur. Inter hos, Auctor Commentariorum quae extant inter opera Cassiodori, quaeque licet
Cassiodoro hodie communi calculo abiudicentur *(f)*, nihilominus
Monothelitarum tempore scripta fuisse censet Ceiller *(g)*, medio

(a) De Scriptoribus Ecclesiasticis quos attigit S. R. E. Card. Robertus Bellarminus Verbo —
Aponius — tom. I. pag. 100. et seq. Parisiis 1660.

(b) Lib. IV. Comment. in Cant. Cantic. c. 25.

(c) Tom. IX. Biblioth. Patrum Edit. Colonien. qua utimur pag. 34 — et alibi.

(d) Lib. IV. cap. 25.

(e) Biblioth. PP. Edit. Colon. tom. IX. pag. 803. ec.

(f) Garetius in Praef. ad Opera Cassiodori. Venetiis 1729. fol.

(g) Histoire des Auteurs Ecclesiastiques tom. XVI.

scilicet saec. V. et longe ante Aponium, si is quidem, prout communiter traditur, saec. VII. exeunte, et anno circiter 1680. iuxta Labbaei sententiam floruisset. Idem quoque argumentum pertractaverat vel ipse S. Gregorius Magnus, cuius Commentaria etsi minus integra aut etiam authentica ad nos pervenerunt, auctorem tamen habuisse S. Gregorium invictissimis argumentis demonstrant Maurini *(a)*. Iterum in Cant. Canticorum scripserat adhuc Justus Urgelitanus, et fortasse etiam alii, ne quid de Juliano Eclanensi dicamus, quem utpote gratiae hostem proculdubio non commemorasset. At vero, si posteriori aetate explanationem suam edidisset Aponius, ad eos veluti ad Magistros ac Duces confugisset, eosque aut eorumdem opera laudare non praetermisisset, et ad eorum lectionem Armenium ipsum misisset, ut quo flagrabat desiderio intelligendi mysteria, quae in Cantico Salomonis occulta latebant, tandem aliquando satisfaceret, quin ipse ad novos conscribendos Commentarios invitus cogeretur. E contra vero in Praef. opus quidem bonum sed praesumptione plenum sibi iniungi conqueritur, quod se mordendum eorum dentibus praeparet, qui per singulas syllabas, antequam sensum desudantis contingant, subsannando verba contemnant; in quo opere sibi unum solamen opitulari confidit, quod Armenium suae imperitiae Auctorem sit habiturus, qui desiderio acquirendi sapientiae thesauri, non credebat nescire alios, quod ipse ignorabat. Quibus verbis innuere videtur, non tam difficile quam novum et saltem a Latinis nondum tentatum Opus sibi demandari. Quae autem a Graecis Patribus, Origene scilicet, Gregorio Nysseno iam scripta habebantur Commentaria in Cant. Cantic. ideo ab Aponio silentio praetermissa credimus, seu quia sibi et Expositioni suae concinnandae, qua spirituales Christi nuptias cum Ecclesia aut anima Christiana, per numquam interruptam allegoriam describit, minus utilia existimabat, seu aliis etiam de causis. Et Origenes quidem in Cant. Cantic. Explanat., quemadmodum et Nyssenus in suis ad Olimpiadem Homiliis alia ac Aponius incedit via. Id vero de Magni Gregorii Commentariis, nec non et illis quae sunt inter Opera

_(a)_ In Praef. ad Opera S. Gregorii Magni. Venetiis 1775. tom. XIV.

Cassiodori, nullatenus dici potest; quandoquidem tanta est, nec
uno in loco, sententiarum similitudo, ut aut ex Aponio illi, aut
ex illis Aponius aliquid mutuasse videatur. Neque hinc statim
inferendum, postremam hanc hypothesim aeque propugnari pos_
se, quia eadem ratione qua Aponius S. Gregorium et Anony.
mum qui est inter Opera Cassiodori non nominat, neque Grego.
rius aut Anonymus ille Aponium commemorant. Praeterquam
quod enim, ut nuper animadvertimus, satis hic in sua Praef.
testatur, opus se aggressurum nullo veluti Duce aut Magistro;
silentium Gregorii et Anonymi inde oriri potuit, quia Gre.
gorii Commentaria integra iam non habemus. Anonymus vero,
cum utique posset Gregorium et Aponium allegare, non hunc,
bene vero illum, utpote doctrina sanctitate et auctoritate longe
praestantiorem laudavit. Quemadmodum igitur mirum non est,
quod Aponius Expositores Graecos non commemoraverit, ita
incredibile videtur, Latinos silentio praetermittere voluisse, si
quos proferendos habuisset. Equidem lib. I. expendens ea verba : *Nigra sum, sed formosa, filiae Jerusalem* : Scriptoris cu.
iusdam interpretationem reiicit, qui pro filiabus Jerusalem, Prin.
cipes vel Sacerdotes Judaeorum intelligendos esse existimaverat.
Quae quidem interpretatio, ut monetur in Edit. Colon. tom.IX.
pag. 30., eadem est cum illa quam habet in hunc locum in-
terpres ille, cuius Commentaria in Cantic. inserta sunt Operibus Origenis. Id vero nobis potius favet quam obsit. Neque minus huic nostrae sententiae suffragari videtur, quod Aponius
divinorum librorum defensor acerrimus, ut passim videre est
in eius Commentariis, non semel de Apocalypsi loquitur, veluti de libro qui inter Canonicos adhuc recensitus non sit,
quasi liberum cuique esset illum ut divinum acceptare vel secus,
cum tamen omnino exploratum videatur, quod hic ipse liber
post saec. V. in utraque Ecclesia utpote canonicus ab omnibus
habitus fuerit. Atque haec de Aponii aetate fusiori fortasse
quam par erat calamo, disseruimus. Sed quia in ea constabi-
lienda a communi sententia recessimus, rationes quoque opi-
nionis huius nostrae per nos afferendae erant. Absit autem ut
tot viros reprehendere velimus, qui Aponium saec. VII. vixisse

tradiderunt. Ipsi enim Scriptorem nostrum recentiorem non faciunt, quia ab Auctoribus saec. VIII. laudatur, quin tamen antiquiorem esse negent.

VI. De doctrina Aponii satis est audire iam alias laudatum   Aponii doctrina
Ceiller, qui de eius Commentariis ita disserit: Hoc opus adeo
ingeniose et erudite conscriptum est, ut in hoc Expositionum
genere nil ferme melius christiana habeat antiquitas *(a)*. Labbaeus pariter *virum eruditum* appellat; et Angelomus, ut caeteros non paucos mittamus, in suis Stromatibus, Aponii sententias etiam integras quandoque interserit.

VII. Scripsisse Aponium sex Commentariorum libros in Cant.   Aponii Comment
Cant. fatentur omnes quotquot de eo scripserunt. Hos vero libros ita breviter perstringit idem Ceiller: « Ce Commentaire est
» divisé en six Livres, dont le premier est une espèce de pré-
» face. Dans les suivans Aponius explique chaque verset du
» Cantique, faisant voir que tout ce qui y est dit de l'Époux
» et de l'Épouse, doit s'entendre de Jésus-Christ et de son Égli-
» se. Il remarque que les Chrétiens, qui sont les membres de
» cette Église, reçoivent le baiser de l'Époux Divin, quand ils
» participent aux corps et au Sang de Jésus-Christ dans l'Eucha-
» ristie; que devant tout faire au nom et pour la gloire de Dieu,
» c'est pour cela que le Mariage même doit être béni par les
» Prêtres du Seigneur; que quand une fois on a abandonné la
» vraie foi, et qu'on est sorti du troupeau que Jésus-Christ a
» confié à St. Pierre, pour prendre le parti de l'hérésie, on tombe
» de jour en jour en de nouvelles erreurs; qu'envain on travaille
» à faire croître en soi les vertus, si l'on ne commence par en
» déraciner les vices; que le Mariage de Jésus-Christ avec l'É-
» glise s'est fait par l'effusion de son Sang sur la Croix; que c'est
» par les eaux du Baptême qu'il a rendu son Épouse sans ta-
» che; que dans les exhortations que l'on fait aux Peuples, il
» faut puiser dans les écrits des Apôtres les maximes saintes,
» et ne point s'amuser a cueillir des fleurs dans les Auteurs
» profanes.» Hucusque Ceiller de prioribus sex Aponii libris.
Nos vero quoad sex reliquos posteriores nunc primum in lucem

(a) Histoire des Auteurs Ecclesiastiques tom. XVII.

braeos vel Syros non *mecum* sed *fundamentum, veritatem, fidem*
significare compertum est, vel alia quae quisque apud Lexico-
graphos videre potest. Sed quidquid sit de hac interpretatione,
eam certe e graeco fonte non hausit, ut nec alias quamplurimas
hausit, quemadmodum videre est non modo in posterioribus
adhuc ineditis libris, sed etiam in praecedentibus. Potius autem
hebraeis ethymologiis uti voluit, vel quia, ut ipse scribit, he-
braearum vocum proprietas assequendae veritati plurimum confert, vel etiam, quia ex hebraeis radicibus ad ingeniosos atque
allegoricos conceptus efformandos, non pauca argumenta depro-
mit. Nihilominus non ita hebraeo textui semper adhaeret, ut
nonnumquam vel graecum fontem, aut Vulgatam nostram, aut
aliam etiam Bibliorum lectionem sequatur. Nec mirum. Tot enim
prioribus Ecclesiae saeculis Sac. Bibliorum versiones factas, tum
graecas tum latinas Augustinus testatur *(a)*, ut illae quidem nu-
merari possent, istae vero nullo modo. Quamvis is Auctoris sty-
lus fuisse videtur, ut raro admodum S. Scripturarum verbis,
prout haec in probatis exemplaribus legebantur, ipse uteretur;
saepius autem de sententiis magis quam de verbis sollicitum se
ostenderet. Sane, licet Mosis, Davidis, Salomonis, Prophetarum,
Evangelistarum, Petri, Pauli, aliorumque agiographorum scriptorum auctoritatem proferat, librum tamen aut caput, ubi ea continetur, reticet frequentissime. Quapropter in hac nostra Editione paranda, Scripturarum testimonia per Aponium usurpata
hac una de causa literis italicis distinximus, ut, quo ex libro
loca magis quam verba excerpta sunt, facilius innotesceret.
Equidem diu haesimus, an ad dignoscendum lectionis varieta-
tem, quae inter Vulgatam nostram et testimonia scripturarum
ab Aponio allata deprehenditur, quoties opus esset, eiusdem
Vulgatae lectionem subiiceremus. Verum, quia huiusmodi varietas nullius momenti esse videtur, et eruditis viris nullo negotio manifesta fit, Editorum quoque omnium Bibliothecae Veterum Patrum exempla sequuti, qui eadem, prout in illius opere
legebantur, typis mandarunt, ab hoc novo et nimis longo labore abstinemus.

(a) De Doct. Christ. lib. II. C. II. n. 16.

IX. Horum vero Commentariorum libri sex priores typis pro-
diere Friburgi an. 1538. sed mutili et ex depravatissimo Codice
transcripti, ut etiam testantur Editores in Praef. ad eiusdem Comment. (Bibliothec. Patrum Colonien. Parisien. et Lugdunen. Ed.)
qui ad exemplar Friburgense eosdem Aponii libros in suis Bi-
bliothecis inseruere. Id autem magis innotescit ex horum librorum cum Codice nostro comparatione. Locus ille ex gr. in fin.
lib. II. *In quo crucis curiosum fragilemque timorem Judae
aptavit, primum omnium laqueos eius confringendo,* quem Editores praefati nimium vitiatum conqueruntur, et ideo ad retinendam metaphoram in hunc alium immutarunt: *In quo curru
cariosum fragilemque temonem Judam aptavit, primum omnium laqueis confringendum,* hac ferme et aeque emendata le-
ctione in Codice nostro exprimitur: *In quo curru cariosum fragilemque timonem Judam aptavit, primo omnium laqueo confringendum.* Item et locus alter prolixior quem iidem Editores
ex illius Codicis pagina lacera, in qua etiam integra deerat linea, coacti sunt transcribere, in Codice nostro integer omnino
est, nec ulla indiget emendatione. Mittimus loca alia quam-
plura, quae ex eodem Codice emendari possent quaeque pro
viribus emendare studebimus. Ita enim fiet, ut Aponius, postquam diu in tenebris totus ferme delituerit, veritati et integri-
tati suae reddatur. Nam, quod diximus, etiam qui editi sunt,
libros sex priores mutilos quoque esse, id facile constabit ex
lib. V. ubi post illa verba: *Adiuro vos* etc. usque ad illa :
Egredimini et videte etc. Aponii Commentaria desiderantur,
et loco Lucae Summariola interposita leguntur; quae tamen
Commentaria in Codice nostro reperiuntur, quaeque ipsi in hac
Editione suo loco inserimus.

X. Quoniam vero Lucas Abbas Montis S. Cornelii ex Ordine
Praemonstratensi, saec. XII. Aponii Explicationem in Epitome
redegerat, ac totidem veluti Summariolis complexus fuerat,
ideo Editores quos paulo ante commemoravimus, haec quoque
Summariola cum sex prioribus Aponii libris simul edi cura-
runt; ut quod veluti deperditum lugebant, quoquomodo sup-
plerent, donec, ut ipsi aiunt, divini numinis benignitate reli-

qui tam solidi tamque exacti Auctoris in id. Canticum libri ali-
cubi deprehensi in lucem producerentur. Verum non minus Lucae quam Aponii Codex depravatus esse debuit. Atque hac fortasse de causa in Bibliotheca Veterum Patrum quam Galandius
Venetiis eleganter edidit, tum Aponii libros, tum Lucae Summariola omnino praetermisit. Sane non paucos errores in illa
Summariola irrepsisse facile deprehendimus. Verbum *Sanir*
Cant. Cap. IV. v. 8. de quo iam superius locuti sumus num. VIII.
latine reddunt: *Deum lucernae,* contra omnimodam rei veritatem, שניר enim hebraea vox, ex שן et ניר coalescit, quod latine
vertitur, *dens lucernae;* quippe in verbo שניר de Dei nomine ne
ullum quidem vestigium apparet. Et *dens lucernae* recte quoque legitur in Codice nostro, ad quem describendum iam iam
festinamus.

De Codice Ses-
soriano.

XI. Codex itaque noster, e quo reliquos et huc usque ineditos Aponii libros nunc primum vulgamus, e Nonantulano
Monasterio cum aliis bene multis et eximiae notae libris mss.
per clarissimum virum D. Hilarionem Rancati Ordinis nostri in
hanc Bibliothecam delatus est *(a).* Extat in mss. Plut. 1. Sect.
G. et num. XII. exterius distinguitur. Et sub eodem numero in
novo Sessorianorum Codicum Indice recensetur, quamquam in
Catalogo, quem Card. Besutius descripserat, sub num. 135. reperiretur. Membranaceus est, et formae oblongae. Folia habet
142. altitud. 0. 33. latitud. 0. 22. metri gallici, ad quem in novo Indice, quem nuper ex nobis unus absolvit, omnes Sessoria-
ni Codices exacti sunt. Unaquaeque folii pagina in duas columnas medio margine partitur. Characterum formam habes in
specimine, quod in fronte operis exhibemus. Nitidissime scriptus est, et ab aliena et recentiori manu ab Amanuensium men-
dis expurgatus. Neque ideo tamen existimes nullis omnino men-
dis Codicem nostrum scatere. Immo fatemur, non semel per nos
emendari debuisse, ut verba sensum aliquem redderent qui cum
praecedenti et subsequenti oratione coniungeretur. Hinc etiam
pag. 127. lin. 7. *oculo* pro *sobole,* et pag. 138. lin. 1. *serere*

(a) Tiraboschi — Storia dell' Augusta Badia di S. Silvestro di Nonantula Tom. I. pag. 174.
e seg. Item — Storia della letteratura Italiana Tom. III. pag. 171.

pro *reboare* scribendum censuimus. Alias sed minoris momenti varietates, nec tamen omnes, in paginarum calce adnotavimus. Caeterum, quoad fieri potuit, nihil de Codice immutandum censuimus; ita tamen, ut in editis libris recudendis, lectiones quas habet diversas Edit. Colon. (hac enim utimur) quandoque subiiciamus. Licet autem ibi emendatior sit Codex atque integrior, unde sex priores Aponii libri descripti sunt, ut ex dictis iam patet, atque, ut iam monebamus, aliena manu quandoque emendatus appareat, id potius factum esse existimamus, ut exemplari, a quo exscriptus est, responderet, minime vero sincerae Aponii lectioni, quae dum Codex hic noster scriptus est, fortasse iam desiderabatur. Quapropter accuratiorem, nec semel, reperies huiusce Coloniensis Editionis lectionem, quae tamen non Codici ex quo deprompta est, sed magis studio et labori Editoris deheri videtur, qui alias Codicem illum depravatissimum scribit. In definienda illius aetate plurimum non immorabimur. Satis antiquum esse patet ex verbis, quae postremo fol. leguntur. « Hunc perditum librum Monasterii No-
» nantulae inveni, et pro ipso Monasterio recuperavi Ego Ba-
» ptista Prignanus, quum, mortuo D. Usualdo Rectore S. Bar-
» nabae de Mutina, Inventarium de bonis ejusdem conficerem
» XIII. Julii 1450. de cuius inventione notitiam dedi Monachis
» dicti Monasterii, et eumdem mutuo retinui exemplandum et
» transcribendum, ad omnemque agentium pro ipso Monaste-
» rio requisitionem restituendum. Et ideo ita ibi propria manu
» scripsi. » Unde colligitur, Codicem hunc esse hac aetate valde antiquiorem. Fuisse autem Saec.XII. exaratum, tum ex forma scripturae, tum ex aliis argumentis coniicit Card. Besutius *(a)*. Sane non raro occurrit r superposito puncto pro i aut y; k pro ch. c. pro s. ρ graec. pro r. latin. Diphtongos pariter haud raras habet uno literarum nexu efformatas, licet non semper, ut par est, usurpatas. Pro admirari habet ammirari, ungentum pro unguentum, intellegere pro intelligere, secuntur pro sequuntur, iocundus pro iucundus, quicquid pro quidquid, florient pro florebunt, fraglare pro flagrare, tus pro thus, contremescere

---

(a) Notae mss. in Cod. Sess. Vid. Cod. mss. nostrae Bibliothecae CCCCLXXXVIII.

pro contremiscere, etc. Singula ferme verba interiectis spatiis distinguuntur. Punctum interrogationis, ubi opus est, adhibetur, quemadmodum et reliqua interpunctio omnis, licet minus accurate disposita, ita ut persaepe sententias, ut par est, non distinguat. Quilibet liber per spatia maiora in Capitula prima fronte distributus videtur; sed reapse, continenti serie, et sine ulla interruptione, ab initio ad finem usque procedit. Idem vero Codex litteras habet rubei coloris: scilicet initiales omnes, atque eas etiam, quibus cuiusque Lib. initium vel finis notatur, quemadmodum et testimonia, quae Auctor e Cantico Canticorum expendenda assumit. Reliquae vero, sive Commentaria contineant, sive ex aliis Scripturarum libris testimonia deprompta referant, uno eodemque nigro charactere exaratae sunt. Continent autem Aponii lib. XII. Commentariorum in Canticum Canticorum sub titulo, quem in capite Operis posuimus. A pag. 1. usque ad 132. seu a fol. 1. r. usque 66. v. habes priores sex libros editos, deinceps vero ineditos. Nil praeterea habet hic Codex, quam pauca admodum carmina post lib. XII. quae ab Amanuensi exarata fuisse tradit Besutius, quaeque suo loco edenda relinquimus. Character marginalis rarus est, et eiusdem formae ac Codicis scriptura. Tandem ne quid desit ad plenam eiusdem descriptionem, addendum putamus, illic in fol. chartaceo ante membranas adsuto haec Besutii manu scripta adhuc legi: *Aponii lib. XII. in Cantica Canticorum. Habentur hi libri in tom. 9. Bibliothecae Patrum Editionis Coloniensis* 1618. At vero in hoc proculdubio deceptus est vir caeteroquin eruditissimus. Sex enim posteriores Aponii libri nedum in Edit. Coloniensi, sed ubique desiderantur.

onclusio. XII. Hos itaque, post editos, nunc primum typis committere paramus. Et quoniam Codices alii praesto non sunt, cum quibus nostrum conferamus, idcirco eius lectionem omnino retinebimus, iis tantum emendatis quae vel Amanuensium negligentia, aut aliter ex Auctoris contextu, corrupta esse deprehendimus. Veterem orthographiam, de qua iam satis locuti sumus num. XI. in novam immutavimus. Quae in Codice, rubeo charactere scripta sunt testimonia ex Cantico, litteris italicis inter apices » . . . » caetera vero Scripturarum testimonia iisdem litteris, demptis apicibus, exprimere placuit. Loca si quae erunt obscuriora, brevibus etiam notis illustrare studebimus. Caeterum, si quid minus apte per nos dictum fuerit, videant et parcant eruditi; ac simul noverint, nos in Aponii libris evulgandis nil nisi ecclesiasticae litteraturae augmentum prae oculis habuisse.

SUPPLEX APONIUS

IN CANTICO CANTICORUM

EXPLANATIO

IN TRINITATIS NOMINE

INCIPIT PROLOGUS EJUSDEM AD EUMDEM IN EODEM

« QUEM PRAECLARI XII LIBRI SEQUUNTUR » (*).

———————

Magno quidem illo beati Danielis exemplo, divinorum mysteriorum intelligentiae avidissimus cupis « pervasor *a)* » existere; sed me acerrima iussione ultra vires sub gravissimi ponderis cogis mole subcumbere, ut tibi opusculum in Cantico Canticorum sapientissimi Salomonis, Christo dictante, exponendo
scribam. Bonum quidem opus, sed plenum praesumptione iniun-
gis, quod me « rodendum *b)* » eorum dentibus praeparet, qui
per singulas syllabas (antequam sensum desudantis contingant),
subsannando verba contemnant. In quo opere, hoc mihi solum opitulari solamen confido, quod te meae imperitiae auctorem sim habiturus, qui desiderio acquirendi sapientiae thesauros, non credis nescire alios, quod ignoras. Aggrediar igitur tuis
orationibus fretus, ipso duce, cujus in praedicto Cantico mirabilia legis « absconsa sunt *c)* ». Ubi si quippiam dignum laude
ad animae lucrum inluxerit, iubentis merito crede esse conces-
sum: si quid vero literati torqueat nasum, eadem erit portio
imperanti, et imperio subiacenti: qui ab omnibus lacerandam
(plausu praecepti) latitantem in cavernis silentii nycticoracem.
in lucem egredi compulisti. Nam si cui sordet agrestis, et his-

———

(*) Haec postrema verba non Aponii, sed Amanuensis esse videntur.
a) persuasor — *b)* rudem — *c)* absconsa.

pidus sermo (si habet in se reconditum sal) non syllogismorum
resonantia verba , sed sensum requirat. Quod si utrumque fasti-
dit , quis , vel quid sit, proprio « prodetur indicio *a)* ». Noverit
nos , non vanae gloriae vel laudis aucupandae studio , divitibus
opes , nec cibum ventre repletis impudenter ingerere , sed vestigia antiquorum magistrorum secutos, paupertatem esurientium
pauperum aliquantulum consolatos , utentes exemplaribus Hebraeorum , quorum proprietas, veritatis non parvum intelligentiae lumen accendit. Obtestor autem per aeterni Dei iudicium,
omnem , qui hos libellos transcripserit , vel cui habere pla-
cuerit, ut ad ea exemplaria , de quibus transtulit , diligenter
emendet , ne tanti laboris solertia , librariorum dormitatione
vilescat.

EXPLICIT PRAEFATIO

INCIPIT LIBER I.

Admirantibus nobis voces Spiritus Sancti, qui in multis Scripturae divinae locis , inenarrabili charitatis affectu , humanam
naturam a verbo Dei , sororem, filiam, vel sponsam « assueve-
rit *b)* » nuncupari, secundum illud Isaiae Prophetae : *Audi me
plebs mea Israel , semen Abraham amici mei , qui portamini
meo utero* (1): Et alio loco idem Propheta: *Amodo* (inquiens)
Patrem vocabis me; et post me ingredi libere non cessabis (2).
Et in Exodo Dominus ad Mosen : *Dic* (inquit) *Pharaoni ; di-
mitte filium meum Israel , ut serviat mihi in deserto* (3). Et
per David sermo Domini ad Ecclesiam gentium : *Audi* (ait) *filia , et vide , et inclina aurem tuam* (4). Et beatus Apostolus
Paulus ad plebem Corinthiorum : *Despondi* (inquit) *vos uni
viro , virginem castam exhibere Christo* (5). « Et illud apertius
declaratum mirabile dictum *c)* » per Lucam Evangelistam : A-
dam protoplastum, satorem corporum nostrorum, Filium Dei per
seriem genealogiae confirmatum, per hoc proculdubio, quod Dei
manibus de limo terrae formatus est. His igitur agnitis , tantis
ac talibus testibus « comprobatis *d)* » quam magnus creatus sit

(1) Isai. XLI. 8.
XLVI. 3.
(2) Jer. III. 19.

(3) Exod. VII.16.

(4) Ps. XLIV.12.

(5) 2.Cor. XI.2.

---

a) praenotet judicio— *b)* asseruit— *c)* Et illico apertius declarat admirabile dictu— *d)* comprobatur —

homo a magno artifice Deo , qui tanto amore ejus ditetur ; Ac-
cenditur animus , mensuram hujus amoris agnoscere , qui inter
Verbum Dei , et animam flagrat ; ut dum agnoverit mensuram
amoris , reciprocam reddat amoris vicissitudinem Deo. Quem
amorem ? (id est quantum diligat anima perfecta Deum) « men-
surari in martyribus possumus a) » in Deo autem non possumus.
Omnis enim amor , licet non sit nisi « unus b) » (qui verus in
Deo est), usque ad exitum mortis poterit terminari; quod « Pro-
tomartyr c) » pro nomine Filii Dei moriendo, et ipse pro impia
plebe fecisse probatus est : sed multum interest, multumque
distat inter illum , qui pro impiis , et eum , qui pro justo suscepit mortem. Et satis, et ultra quam effari potest , gloriosior
ille , qui nullis praecedentibus exemplis, quod laude sit dignum,
fuerit operatus , quam ille , qui alterius magisterio edocetur ;
sicut humana natura (ut diximus) pro viribus vicem Dei Filio in
Martyribus repensare dignoscitur. Hujus ergo veri amoris , quem
Magister gentium Paulus charitatem edocuit , magnitudinem nobis agnoscere cupientibus , Liber Salomonis , qui « Canticum d) » Canticorum titulo praenotatur , inter caetera lumi-
naria divinorum apicum , velut « lampada e) » obviavit. In quo
utique nihil de carnali amore (quem Gentiles cupidinem appel-
lant ; qui insania potius intelligi potest, quam amor), sed totum
spiritale , totum dignum Deo , totumque animae salutare , et
ad quam gloriam , per suam incarnationem , suamque nimiam
charitatem sublimaverit post tot facinorum molem humanam
naturam, luce clarius « demonstratur. In quo Cantico opinor sicut f) « inMonte Sina , beato Mosi ostensum est in figura, cujus
pulchritudinis vel mensurae faceret Tabernaculum , sicut ci dicitur a Deo : *Vide ut ita facias Tabernaculum , sicut tibi in
monte ostensum est* (1) ; Ita Sapientissimo Salomoni, quidquid (1) Exod. xxx.
ab initio mundi usque in finem in mysteriis egit , acturusve erit ⁴⁰·
Dei sermo erga Ecclesiam, in figura, et in enigmatibus « demonstratum g) » . In quo Cantico omnia, quae narrantur tecta mysteriis , in Verbi incarnatione revelata et completa docentur.
Ubi « elisa h) » erigitur humana progenies, compedita absol-

---

a) et ejus mensuram , in martyribus possumus aestimare, in Deo autem non possumus —
b) unius — c) Martyres — d) Cantica — e) lampas — f) demonstratur nunc opinor. Sicut —
g) est demonstratum — h) allisa —

vitur, corrupta ad virginitatis integritatem reformatur, expulsa
Paradiso redditur, ex captiva, libera, ex peregrina « cives *a)* » ;
ex ancilla, Domina, ex vilissima, regina, et sponsa Creatoris sui
verbi Dei Christi benignitate effecta ostenditur : quae digna sit
ejus suscipere oscula, et « unum *b)* » cum eo effecta Spiritu, in
caelestibus sublimata regnare. Quae sublimitas, humiliatione
Filj Dei celebrata cognoscitur, sicut Magister gentium docet de
(1) Ad Phil. II. 8.   Christo, dicendo : *Humiliavit se, ut nos exaltaret* (1). Non
enim iniuria deputatur artifici, pretiosum annulum lapsum in
« stercoris *c)* » foveam, paulisper seposita stola, ad quaerendum
descendere, et inventum rursum suae dexterae reddere. Nam
quidquid humile, quidquid vilissimum, quidquid despectum in-
dignumque stulta impiaque gentilitas opinatur; cujus incredulitatis caligo oculos cordis excaecavit ; hoc gloriosum, hoc « inenarrabile *d)* » hoc per quam magnificum apud divinam clementiam,
et omnes virtutes caelestes esse probatur. Nam quae immensa
potentia, quae bonitatis dulcedo, quae miserationis superlativa
omnium operum flagrantia paternae virtutis, admirata ab Angelis, omniumque Sanctorum choris, praecelsis vocibus, perpetuis-
que laudibus efferretur, nisi ut dominus ancillam, « ut Rex *e)* »
pauperculam, ut aeternus mortalem per assumptionem carnis, Rex Dominus Jesus Christus, Ecclesiam (idest, Dei sermo animam) sibi sub coniugis titulo copularet? Gaudet enim
omnipotens Pater « tam *f)* » gloriosae coniunctionis prole, quibus dicitur in Evangelio : *Filioli mei, adhuc modicum vobis-*
(2) Jo. XIII. 33.   *cum sum, et vado ad Patrem* (2): gaudet (inquam) mirabilis Pater in multitudine filiorum « de Christo, et Ecclesia *g)* » genitorum ; qui eorum locis sedibusque succedant, qui propriae
voluntatis malitia de caelesti statione ad terras dilapsi sunt, qui
nunc dolore multo torquentur, et callidis praepediculis ad regnum ascendentes retinere conantur, et per momenta mox ge-
nitos filios Ecclesiae festinant extinguere. « Ecclesiae *h)* » autem vocabulum Gracco sermone, congregationem populi, quae
Hebraice dicitur Synagoga, interpretari nemo est qui nesciat.
Quae pro loco vel tempore diversis nominibus a verbo Dei vocata esse probatur, aliquando Jerusalem, nonnunquam Sion,

a) civis — *b)* una — *c)* corporis — *d)* mirabile — *e)* vere — *f)* a — *g)* Christo et Ecclesiae — *h)* Ecclesiastae —

plerumque amica, saepenumero dilecta, interdum soror vel speciosa dicitur, aut sponsa, columba, seu immaculata vel perfecta, in Christi persona, ore Prophetarum appellata cognoscitur. Jerusalem siquidem dicitur, quia post iracundiam Omnipotentis Dei, pacem de caelo missam a Patre suscepit, eo quod « Pax hebraea lingua signatur a) ». Sion vero, quia de convalle lacrymarum idolatriae, ubi in corpore lapsa fuerat in Adam, nunc corde ad montem Paradisi ascendit, et « per munditiam b) » cordis, speculum se praebendo individuae Trinitati, conspicua et excelsa efficitur : In qua Deus Omnipotens quasi in fertili monte delectetur deambulare, et beatum doctrinae suae semen spargere ; propter quod specula, vel semen in ea interpretatur. Amica autem dicitur, quoniam repudiando diabolum, ad amicitias revocavit Deum : Dilecta vero appellatur, quoniam post incredulitatis amarissima odia, credulitatis muneribus « dilecta efficitur Dei. Soror videlicet nuncupatur c) » per assumptae carnis mysterium, cum ex eadem materia videndus nascitur terris, de qua et Ecclesia generatur. Speciosa scilicet pronunciatur ; quod abstersa per baptismum ab omnibus maculis peccatorum, « mutata Aethyopica tenebrosa consuetudine criminum pelle, et d) » ad genuinam pulchritudinem revocata, speciosa laudatur. Sponsa vero effecta est, corpus ejus et sanguinem suo corpori conjungendo ; per quod Sacramentum spopondit se praeter eum nullum alium amatorem in toto corde diligere, pretiosum ejus fidei annulum magno studio conservando. Formosa namque praedicatur, formam ejus imaginis in qua creata est, in anima reformando; Columba vero nominatur, cum omni rapacitate (quam aduncis manibus, velut vulturinis unguibus consueverat perpetrare) deposita, et consortio Spiritus Sancti sociata, simplicitatis et largitatis candore columbarum refulget : et quae consueverat in malis doctoribus, aliis animabus aeternae vitae rapere cibos, nunc in bonis Doctoribus, de suo suavissimo gutture, audientibus se impertit, sicut natura est facere columbarum. Immaculata autem laudatur, quod deposita vetere, antiquaque consuetudine criminum, et « stolam e) »

---

a) aliquam signatur habere pacem — b) pro munditia — c) dilecta efficitur soror Dei. videlicet nuncupata — d) post multam Aethiopicam pellem tenebrosamque consuetudinem criminum, — e) stola —

sacrosancti baptismatis semel induta, immaculate vivendo, ultra
« non maculavit *a)* » ; et Domini sui Christi imitatrix effecta,
pro ejus nomine moriendo, lima Martyrii splendescit. Nullum
enim aliud ferramentum fortius potuit reperiri, per quod antiquae scoriae animae limarentur, nisi martyrii lima; per quod
in tormentorum fornace possit anima, quantalibet sordium peccatorum mole sit circumdata, in suo sanguine renovari : per
quod perfecta sit columba, et in Christo immaculata. Perfecta namque nuncupatur, omne iudicium a Patre suscipiendo in
Christo. Haec ergo Ecclesia (ut retro dictum est) in qua omnium
credentium in Christo multitudo consistit, quae ante Sponsi
adventum in suo Sanguine ignominiose jacebat « de abjectione
per Christum collecta *b)* » , a Propheta Ezechiele refertur; et in
curis magnis nutrita, et usque ad annos pubertatis provecta,
et ejus doctrina quasi monilibus exornata, et ejus conjunctione
usque ad regnum caelorum sublimata, Prophetarum et Apostolorum vocibus comprobatur. De quibus omnibus (ut dictum est)
ita iubetur Ezechieli Prophetae, ingratae plebi improperare, dicendo (1) : *Fili hominis, notas fac « Jerusalem c) » abomina-*
tiones suas, et dices ei; radix tua et generatio tua de terra
Chanaan, pater tuus Amorrhaeus, et mater tua Cethaea, in
die qua « nata es d) » in die ortus tui, umbilicus tuus non est
praecisus, et non es lota aqua in salutem, nec sale salita,
nec involuta pannis, nec pepercit super te oculus meus, ut fa-
ceret tibi unum ex his, misertus tui; sed iacebas nuda plena-
que ignominia, conculcata in sanguine tuo : Ubera tua intumue-
runt, et pilus tuus germinavit; Et ecce tempus tuum, tempus
amantium, et iacebas nuda confusionis plena, et misi ami-
ctum meum et operui ignominiam tuam ; lavi te aqua, et mun-
davi sanguinem tuum ex te, et unxi te oleo, et vestivi te ve-
stimento multi coloris ; simila et melle nutrivi te, cinxi te bys-
so, et calceavi te hyacintho, et posui coronam decoris in ca-
pite tuo, et circulos in auribus tuis; et caetera quae sequuntur :
et iuravi tibi, et ingressus sum pactum tecum, et facta es mi-
hi, ait Dominus Deus. Et multa sunt similia in libris divinis,
quae brevitas praesentis operis prosequi minime patitur. Sed hoc

(1) Ezech. 16. 2.
et seq.

<hr />

a) se non maculavit , — *b)* de proiectione pro Christo — *c) Israel* — *d)* nata , —

sufficit declarasse , «.quomodo *a)* » sub nomine « Jerusalem *b)* »
plebs Judaeorum contumax arguitur , et in ejus persona omnis
anima , quae per lavacrum regenerationis nascitur , et voluntatem eius , qui prius eam genuerat per peccatum (Amorrhaei
videlicet , qui amarus interpretatur ; id est diaboli) et consuetudinem nefariam (quae praesenti loco Cethaea dicitur , quae
mentis excessus interpretatur) « non fuerit oblita, increpari probatur. In increpatione ergo Jerusalem *c)* » omnem multitudinem quae a Dei nostri Jesu Christi primo adventu usque ad secundum reperitur Mundum incolere , intelligitur nominari :
quam diabolus amarus , et « proprie excedens *d)* » mente mala
voluntas, supradicto ignominioso « genuerat *e)* » ordine: Quam
clemens Dominus Jesus Christus , per « suam *f)* » apparitionem
(licet nescientem) de praedictis sordibus collectam nutrivit ,
et pretiosis vestibus vel monilibus exornavit , et sibi consortem
regni facere est dignatus per sacrosancti baptismatis undam; ubi
gloriosa copula Christi Filii Dei et Ecclesiae celebratur. In quo
sacro mysterio , ablutionis aqua lavatur , sapientiae sale suscepto , individuae coaeternaeque Trinitatis fide, « per symboli traditionem *g)* » salitur; variarum virtutum charismate, vestimentis nudata operitur ; Spiritus Sancti pinguedine , « per chrismatis unctionem *h)* » repletur ; ubi simila in Christi corpore , et
melle in eius eloquiis nutritur ; ubi circulis divinae intelligentiae , aures ornantur ; Martyrii gemmata in capite ; corona refulgens, bysso (quae est puritatis indicium) cingitur; id est , a-
mor virginitatis et pudicitiae , ab omni eam dissolutione continet, revocatamque constringit : calciantur hyacintho pedes; qui
color *praeparans ,* Hebraice dicitur ; ut praeparati sint pedes
ad praecepta Evangelii pacis semper concurrere. His videlicet
ornamentis decorata Ecclesia Christi, animam Sermo Dei testatur sibi in coniugium copulare. Cujus persona in hujus libri
principio orare ad Patrem omnipotentem voce sponsae inducitur
dicentis: « *Osculetur me osculis oris sui; quia meliora sunt ube-*
ra tua vino (1).» Cui per Prophetam Osee ipse Dominus Jesus,
Sermo Dei Patris , promiserat dicendo (2) : *Desponsabo te mihi*

(1) Cant. I. 1.

(2) Osee II. 19. et
seq.

---

a) quod modo — *b)* Israel — *c)* fuerit oblita, increpari probatur increpatione. Ergo Israel, —
d) propria excidens — *e)* generat — *f)* sanctam — *g)* pro prostibuli traditione — *h)* et charis-
matis unctione.

in sempiternum, desponsabo te mihi in iustitia, desponsabo te mihi in judicio, desponsabo te mihi in misericordia, desponsabo te mihi in fide. Similiter et per Jeremiam Prophetam dicitur: *Recordatus sum tui, miserens adolescentiae tuae et charitatis desponsationis, quando secuta es me in desertum, in terram, quae non seminatur* (1). Et per Isaiam similiter vox Ecclesiae ait.: *Posuit mihi mitram sicut sponsae, et induit me vestimentis salutis sicut sponsum decoratum corona, et sicut sponsam ornatam monilibus suis circumdedit me* (2). Et per Zachariam hujuscemodi gloriam trepidanti Ecclesiae nunciat, dicendo : *Noli timere filia Sion, ecce rex tuus venit tibi mitis et mansuetus, sedens super pullum asinae,* Salvator et Redemptor ipse est (3). Hi ergo omnes Patriarchae vel Prophetae, futuram ineffabilem Christi et Ecclesiae copulam cecinerunt : Apostolus autem iam celebratam exposuit dicens : *Viri diligite Uxores vestras sicut Christus dilexit Ecclesiam, qui semetipsum tradidit pro ea, ut ipse sibi exhiberet immaculatam Ecclesiam, non habentem maculam aut rugam* (4). Et iterum ad Corinthios ; *Despondi enim vos uni viro, virginem castam exhibere Christo* (5). Et alio loco ita exhortatur fideles ; *Vos estis corpus Christi, et caro de carne ejus* (6). Huic videlicet « tam ineffabili opulentia *a)* » ac talibus testibus confirmatae, adhibenda sunt omnia officia nuptiarum ; ubi praesto sint etiam amici sponsi, amicae vel adolescentulae, consodales sponsi, sodales etiam sponsae; « chorus *b)* » quoque cantantium, qui dulce modulamine sponsi potentiam canant, vel sponsae pulchritudinem laudent, qua largitatem sponsi est consecuta, quomodo se excelsus humiliaverit de illa altitudine deitatis ad limum profundi, ut humilem deiectamque carnis materiam ad caelorum culmen levatam suae majestati coniungeret. « Quam virtutum scenam caelorum sedibus admirandam *c)* » ipse Spiritus Sanctus, qui in aliis Prophetis disperse de hac coniunctione locutus est, nunc in hoc Cantico, ore Sapientissimi Salomonis, evidenter composuisse docetur, ubi omnia supradicta in aenigmatibus enarrantur, et per imaginem terrenam, caelestis verbi Dei et animae coniunctio demonstratur. Quod Canticum ita intelligitur omnibus praecellere Canticis, si-

(1) Jer. II. 8.

(2) Isai. LXI. 10.

(3) Zach. IX. 9.

(4) Ad Ephes. V. 25. 27.

(5) 2. Cor. IX. 2.

(6) I. Cor. XII. 27.

---

a) tantis — *b)* mores — *c)* Quod virtutum schema caelorum sedibus admirandum —

cut Dominus Noster assumptus homo Apostolis, Patriarchis,
vel Prophetis, aut quaecunque illae sunt caelestium Potestates :
Ut sicut Rex regum, et Dominus dominantium est Christus, ita
« et hoc Canticum a) » Canticorum super omnia Cantica, quae
a Prophetis cantata sunt, tituletur. Alia enim Cantica, aut pro
victoriae laude, hoste prostrato, cantata sunt; sicut Moses, de-
merso Pharaone, cantavit in Exodi libro; vel deletis Seon, et
Og regibus, in Numerorum libro cantavit; « aut tradenda b) »
posteris salutaria praecepta in Deuteronomii libro cantavit, « quod
jubente Deo ad vicem testamenti c) » egressurus de corpore, in-
grato populo dereliquit, ut quid eos maneret in novissimo tempore, si ejus mandata fuissent obliti, praescirent. Cantavit et
Debbora canticum in libro Judicum, devicto hoste Sisara. Cantavit et Anna uxor Helcanae Canticum in libro Regum, preces
fundendo pro sobole Samuele. Cantavit et David Canticum in
libro Regum, qua die liberavit eum Dominus de manu omnium
inimicorum ejus, et de manu Saul. Cantavit et Abacuc Propheta
Canticum, quod pro « ignorationibus d) » praenotavit. Canta-
verunt et tres pueri Canticum « in fornace Babilonia e) » in quo
« mirabilia Omnipotentis f) » Dei narrantur, et humilitatis forma ostenditur, dum se pro peccatis ignibus traditos, quos ignis
tangere non audebat, fatentur. Cantavit et Jeremias Propheta
Canticum lamentationis de eversione Jerusalem et Sanctuarii,
et totius populi Israel captivitate. In quo docuit, quanto quis
proximus fuerit Deo per sanctam conversationem, tanto eum
(si declinaverit) saevior poena manebit. Haec autem Cantica, a
diversis Prophetis (ut diximus) pro diversis personis vel causis
cantata sunt. Hoc vero ideo Canticum Canticorum appellatur,
quia ad propriam Christi regis et Ecclesiae conjunctionem can-
tatum esse manifeste probatur. Ubi orat ad Patrem « sponsi Ecclesia, qui est sermo Dei, ut iam non per nuntios sponsi,
(qui sunt angeli, qui a Dei filio g) » Ecclesiae futurae propitia-
tionis nuntia deferebant), sed per incarnationis mysterium iam
aliquando ipsum coram ostendat, iam ipsius formam speciosam
prae filiis hominum amplecti mereatur, eiusque dulcissima oscula suscipere et gratissima ubera contrectare, dicendo: « *Osculetur*

---

a) et canticum — b) tradenda — c) qua jubente Deo, Deuterosin testamenti — d) ignorantibus — e) in fornace — f) mirabilia — g) (qui sunt Angeli, qui a Dei filio —

(1) Cant. I. 1. *me osculis oris sui, quia meliora sunt ubera tua vino* (1)." Ab Adam scilicet usque ad Joannem Baptistam, semper Ecclesia Christum in eis, qui altioris intellectus erant, quaesivit; et per omnes Patriarchas et Prophetas, ad Patrem Omnipotentem lacrymabili voce clamavit, ejus sibi oscula propinari, quem et ei Jordanis baptismo vox Patris de nube, et Joannes digito demon-

(2) Joa.. I. 29. stravit dicendo: *Ecce Agnus Dei, qui tollit peccatum mundi* (2) : Et ipse Pater de nube : *Hic est* (inquit) *Filius meus dilectus, in*

(3) Matth. III. 17. *quo mihi complacui* (3). Unum autem de multis amicis sponsi, praeparantem sponsam, Joannem intellige; cujus praesentia, Ecclesia Christi oscula sancta suscepit, ipso testante de Christo: *qui habet sponsam sponsus est, amicus autem sponsi gaudio*

(4) Joan. III. 29. *gaudet ad vocem sponsi* (4). Miratur videlicet Joannes, cum videt eum, propter aquarum sanctificationem, ad Baptismum venientem, cum ait : *Ego a te debeo baptizari, et tu ad me ve-*

(5) Matth. III. 14. *nis* (5) ? Gaudio vero gaudet audiens vocem ejus dicentis : *sine*
Ibid. v. 15. *modo, sic enim oportet nos implere omnem justitiam*. Ubi completae sunt preces Ecclesiae jam olim praemissae ad Deum Patrem Domini Nostri Jesu Christi dicentis: " *Osculetur me osculis oris sui.* " Ubi nimium gaudium amoris completum per attrectationem uberum demonstratur cum dicitur: " *Quia meliora*

(6) Cant. I. 1. *sunt ubera tua vino* (6)." Vinum enim erat verbum nunciorum delatum per Angelos, qui ad Prophetas vel in Prophetis loquebantur, sicut ait Zacharias Propheta : " *Et dixit ad me An-*

(7) Zach. V. 10. *gelus, qui loquebatur in me* (7). Quod vinum *a)* " laetificabat cor Ecclesiae audientis nunciari adventum ejus, quem desiderabat : sed ubi ore manibusque Corpus eius et Sanguinem contrectavit, meliora cognovit ubera Apostolicae Evangeliorumque doctrinae lacte manantia, (ubi omnis divina perfectio, quae " nunc Ecclesiae *b)* " ministratur) quam vinum veteris testamenti aut legis, quae, secundum Apostolum, neminem ad perfectum " provexit *c)* ". Quamquam " enim omnes *d)* " perfecti viri Apostolici, qui praesunt populo Christiano doctores, ubera Christi intelligantur, per quos Christus " parvulas animas *e)* " nutrit; tamen non erit inconveniens, duo ubera Christi, Baptistam et Evangelistam, duos Joannes intelligi proprie, qui Ec-

a) Et dixi ad Angelum qui loquebatur in me; quod— *b)* nunc — *c)*.perduxit. — *d)* enim — *e)* parvulos —

clesiae (post oscula Sacramenti praedicti) plenissima ubera sunt
propinati : cum alter eum solum , peccatum mundi tollentem ,
agnumque demonstrat Ecclesiae ; alter in principio Verbum
Deum apud Deum Patrem manentem. Qui per immaculatam vitam ita in amore ejus quasi ubera pectori adhaeserunt , dum
adhuc alter parvulae et lactenti Ecclesiae verum hominem sub
nomine immaculati agni ostendit, alter « jam grandi effectae *a)* »
eum omnium rerum fabricatorem in principio Verbum Deum
demonstrat, per quem creata sunt universa. Nullus igitur usque
in hoc tempus ad Ecclesiam huiusmodi gustus suavitatis perve-
nerat, ut in Agni mansuetudine, « susciperet terribilem Regem,
turmas luporum daemonum effugantem *b).* » Cujus praesentia
terrorem incutit omnibus et terrenis et aethereis Potestatibus, qui
tegmine Spiritus Sancti alios vestit, et ipse de nullo necesse habet : qui de terris levatam, ad Patris consortium ducit, per carnis assumptionem Ecclesiam , cum qua « manente materia *c)* »
unum effectus est , sedens ad dexteram Patris, cum quo erat in
principio Verbum Deus. » Hoc ergo lacte doctrinae vitam aeternam conferente praedicta ubera dilecti Ecclesiae manant, Christi Domini nostri *d)* » de cujus pectore lacteo, vitam aeternam
(quam Adam perdiderat) per candorem doctrinae in Apostolis
infusae , quasi per ubera in credentibus suscipit Ecclesia ; et suis
posteris , quasi ex lacte butyrum effectum , per interpretationem sermonis quotidie porrigit. « Nam ubera trinum in se continent sacramentum *e)* » per lactis naturam, idest, « caseum *f)* »
liquorem; et cum fuerit arte subactus liquor , reddit butyrum ;
ita et lactea apostolica doctrina, cum invenerit Magistrum, « declarat *g)* » intra se continere individuam Trinitatem. Quibus ali-
mentis nisi indesinenter usa fuerit anima, non poterit vivere in
aeternum. Quem cibum Ecclesia de supradictis uberibus in baptismatis suscipit Sacramento ; ubi trina confessione Patris , et
Filii , et Spiritus Sancti , notitiae odorem cognoscit, cum ei
saepe dictum doctrinae lac , triformem contulerit redemptionis
« medelam *h)* » liquorem scilicet baptismatis , candidissimum

---

a) a creandi effectu — *b)* terribiles reges, turma luporum Daemonum , effugarentur — *c)* mente et materia — *d)* Hujus ergo doctrinae lacte vitam aeternam conferente, praedicta verba dilectae Ecclesiae Christi Domini nostri manantia — *e)* Nam primum in se continent Sacramentum —
f) casti — *g)* declaratur — *h)* medullam —

suavemque » esum *a)* » Corporis Christi, et pinguissimum butyrum, sacri Chrismatis oleum, per quod Spiritus Sanctus infunditur. De qua pinguedine , « vox Ecclesiae *b)* » in alio Propheta
deprecatur animae suae medullas repleri , dicendo : *Sicut adipe*
(1) Ps. LXII. 6. *et pinguedine repleatur anima mea* (1) ; cujus odor sauciatas
a peccatis animas resuscitat; cujus pinguedinis virtutem in praedictis uberibus absconsam fragrantemque , post oscula suscepta, collaudare sequenti docetur versiculo, dicens : « *Fragrantia*
(2) Cant. I. 2. *unguentis optimis* (2) : » Erat quidem boni odoris, id est meriti , unguentum illud in veteri Testamento, magistro Deo com-
positum , de quo ungebantur Reges , Prophetae et Sacerdotes :
sed quantum distat vivus homo a pictura fucis colorum oblita ,
tantum interest, quod Ecclesia suscipit renascendo in spiritu, cuius figuram Synagoga suscipiebat in corpore. Cuius tantae fuerunt vires , ut vix in una gente Judaea , et paucis tribuerit
principatum. Hoc autem Ecclesiae unguentum , « tantam in se
gerit virtutis fragrantiam *c)* » simul et medicinae, ut omnes credentes sanissimos reddat, Reges et Sacerdotes constituat, et ejus
notitiae odor a solis ortu usque ad occasum , omnem mundum
impleverit ; quae intra se , quam aliam fragrantiam continere
potest intelligi, nisi Christi nomen, de quo sequitur : « *Unguen-*
(3) Cant. I. 2. *tum effusum nomen tuum* (3). *Ideo adolescentulae dilexerunt*
te nimis? » Sicut enim inter multitudinem cadaverum putridorum
» retrusi *d)* » homines morbo periclitantur , ita habitatoribus
hujus mundi evenerat per Adam , pluralem Deorum numerum
(4) Genes. III. 5. inducente Diabolo, ore serpentis, dicendo: *eritis sicut dii* (4). Introducto autem unius veri Dei nomine , per incarnationis my-
sterium , recondito in corporeo vasculo , quo fracto clavorum
et lanceae ictibus , odore ejus notitiae , omnis faetor diabolicae
doctrinae , de toto mundo abstersus est , et illud magnum nomen , quod in solo populo Israel erat notum per chrismatis unctionem , nunc quasi effuso vase unguenti in « domo , cunctis
innotescit , et *e)* » tota domus repletur odore: Ita et a tempore
passionis Domini nostri Jesu Christi , omnis mundus unius veri
Dei Christi « nomine, et notitia *f)* » impletus probatur « et *g)* «
per omnes nationes gentium quotidie (quasi odor unguenti) vir-

---

a) succum — *b)* Ecclesia — *c)* tantum in se gerit virtutes, fragrantiae — *d)* reclusi — *e)* domo — *f)* nominis notitia — *g)* ubi —

tutum « reddit fragrantiam *a)* ·· dum *mortui* (invocato ejus nomine) *surgunt, caeci vident , claudi ambulant , muti loquuntur,
leprosi mundantur , paralytici curantur* (1) , effugantur dae- (1) Matth. XI. 5.
monia , omnis aegritudo cadit , pellitur languor in virtute huius nominis invocati. Ecce quibus odoribus dilectio, amorque
Christi , adolescentulas accendit animas , de quibus nunc ait :
« *Ideo adolescentulae dilexerunt te* (2) : » His virtutibus videli- (2) Cant. 1. 2.
cet, quasi suavissimis odoribus , adolescentulae, id est, rudes
adhuc « credentium *b)* » animae, in ejus inflammantur amorem.
Haec virtus sanitatis concessae Evangelium adnunciantibus , velocitatem cursus adolescentulis addit. De qua in alio loco dicitur : *Dominus dabit verbum evangelizantibus virtute multa* (3). (3) Ps.LXVII.12.
Hic namque Dominus Deus Pater dedit verbum ignitum huic
mundo , quod in figura carbonis *forcipe* duorum « Testamentorum Novi , et Veteris *c)* » levatur *de Altari* , et labia purgat
Isaiae Prophetae. « Quod *d)* » per adunationem carnis , « solum
inter mortuos liberum vivensque commixtum *e)* » simulque
flante Spiritu Sancto , omnes animae , quae ut carbones mortui,
« in impietatum tenebris obscurato intellectu jacebant *f)* » ejus
vicinitate accensae sunt. Quibus dicitur iam accensis : *Sic luceat lux vestra coram hominibus, ut videant homines opera ve-
stra bona, et glorificent Patrem vestrum, qui in caelis est* (4). (4) Matth. V. 16.
Hoc autem quod diligunt , quod flamma amoris Sponsi accen-
duntur, proprium donum gratiae verbi Dei est, qui perficit gressus ad currendum, qui illuminat oculos ad videndum , qui ape-
rit labia ad loquendum , qui visitatione sua praesentis mortis
timorem perfecta charitate intromissa , cordi nostro *foras expellit.* Etiam quae praecipit , in nostra posuit potestate , ut iusto iudicio aut custodientibus regni caelorum perpetuum gaudium tribuat , aut contemnentibus aeternus luctus proveniat
gehennae. Quod si absconsa sunt nobis quae scripta sunt, quae-
ramus ab eis qui eius iam perfecere voluntatem. Quod si vires
deficiunt ad intelligendum quae scripta sunt, sine intermissione
orando petamus adipisci , eorum vestigia sequentes , quibus testimonia scrutantibus revelata probantur. De quibus unus dice-

---

a) recurrit fragrantia— *b)* ad credendum — *c)* testamentorum— *d)* qui— *e)* solus inter mortuos liber vivensque commixtus — *f)* impietatem tenebris obscurato intellectu non accende-
bantur —

bat : *Mihi omnium minimo data est haec gratia inter gentes, ut*
revelaret in me filium suum (1). Sic enim crescit Ecclesia, sic
fructibus suis sermo Domini multiplicatur in toto mundo, dum
perfectiores, infirmos, exemplo vitae, et verbo Evangelii instruunt ; ut alios blanda commonitione, alios durius increpan-
do, pro aliis crebrius Deo supplicando, eos castigatos in carne, sanos in anima ad se attrahat semper. Sicut fecisse probatur beato Paulo, quem contra se stricto mucrone venientem ad
Damasci civitatem, ad Ecclesiam oppugnandam, nube caecita-
tis ab alto directa inligatum « intra claustra *a)* « Ecclesiae traxit ; et qui nomen Christi, priusquam in tota Judaea innotesceret, velociter anteibat excludere, nunc vinctus vinculis charitatis Christi, per asperas vias famis, sitis, nuditatis, naufra-
gii, « periculorum multorum *b)* » vigiliarum, ieiuniorumque,
vestigia ejus sequitur die noctuque ; cui parum videtur semel
Christum pro salute hominum mortuum, nisi et ipse pro eorum gloria quotidie moriatur. Et quoniam non sufficit visibilis,
« parva, et localis natura, magnam, et invisibilem, quae tota
ubique est, e vestigio sequi : ubi non occurrit corporis sui praesentia adolescentulas animas concitare ad cursum, epistolarum suarum vocibus post Christum currere cohortatur *c)* ». Cujus vocem
intelligi in sequentibus non absurdum videbitur, dicentis : « *Trahe*
me post te, curremus (2) ». Ingresso namque nomine Christi in
domo hujus mundi ; quod in similitudinem unguenti olei, propter Spiritus Sancti cooperantis personam, intelligitur ; delectatione odoris notitiae ejus, de antro erroris egressa Ecclesia,
« in Apostolos eorumque consimiles *d)* » anxia currit post Christum. Et quoniam ad tantum altitudinis culmen, « quo *e)* »
post Deum currendo ascenditur, non sunt vires propriae voluntatis, clamat : « *Trahe me post te, curremus.* » Hoc ergo orat perfecti viri persona, qui Ecclesiae caput est ; qui vice Christi in
populo « fungitur *f)* » Christiano, qui novit scrutando testimonia Dei, diversis laqueis retinere « Diabolum captantem *g)* »
animas post Deum currentes, ut nisi adjutorio Christi fuerit de

---

a) in castra — *b)* periculis multis — *c)* prava, et lethalis natura, magnam, et invisibilem,
quae tota et ubique est vestigio sequi, ubi non occurrit corporis sui praesentia ; adolescentulas
animas concitat ad cursum epistolarum suarum vocibus, et post Christum currere hortatur. —
d) in populo ejusque consimilibus — *e)* quod — *f)* ungitur — *g)* Diabolum —

manu diaboli quotidie attractus, adolescentulae animae currere
omnino non « poterint *a)* ». Nam quomodo poterit in cuiuslibet artis vel sapientiae perfectum magisterium quis discipulum
introducere, cum ipse a perfecto magistro non « didicerit
prius? *b)* » Trahit utique magister discipulum in scientiae thesauros multis modis; aliquando gratiosis eloquiis, aliquando
assidua commonitione, nonnunquam verberibus, plerumque
gravitate morum, saepenumero dulci delectabilique expositio-
ne; et hoc ordine discipulum velocem « ad cursum effectum *c)* «
in arcana sapientiae intromittit. Ubi cum ingressus fuerit, omnem
doctoris iniuriam, quae amara ad praesens visa fuerat, oblivioni
tradit praesens laetitia. Sicut praesenti versiculo vox Ecclesiae
« gaudet *d)* » post attractionem et « cursum se in sapientiae cellaria Regis introductam *e)* « dicendo : » *Introduxit me Rex in*
cellaria sua, exultabimus, et laetabimur in te, memores ube-
rum tuorum super vinum (1).» Attracta ergo Ecclesia in eis, quos   (1) Cant. I. 3.
a piscium captura, et a teloneis trahit ad Evangelium prae-
dicandum, jam non sola, sed cum suprascriptis adolescentulis
currit, quae verbo praedicationis « ejus *f)* » credentes Christo,
provocatae sunt ad cursum, « vitae aeternae munera compre-
hendendo *g)* ». Et ubi « bene cursu adolescentulas docuit *h)* »
nunc introductam se gaudet in cellaria Regis Christi ; in illa
proculdubio cellaria, ubi *sunt thesauri sapientiae, et scien-*
tiae Dei (2). De quibus cellariis in beato Petro suscepit claves,   (2) Colos. II. 3
in quibus summam rerum adepta est potestatem, et ligandi
solvendique meruit principatum. Ubi audit *verba arcana* in
Paulo, *quae non licet homini loqui* (3). In quae cellaria intro   (3) Cor. XII. 4.
inspiciens oculis cordis Propheta dolenter admiratur, tam gran-
des, tantasque dulcedinis deliciarum copias esse in cellariis vitae
aeternae; ut vix paucis illuc concedatur ingressus, dicens:
Quam magna multitudo dulcedinis tuae, Domine, quam ab-
scondisti timentibus te, et perfecisti eam sperantibus in te. (4).   (4) Ps. XXX. 20.
                                                                              21.
Per quod docuit, illis, qui timorem gehennae habent, abscon-
sa esse ; his vero perspecta et manifesta, qui perfecti sunt sperando in Deum. Summa ergo perfectionis, sperare in Deum est :

---

a) poterunt — *b)* didicerit ? Prius — *c)* ad cursum — *d)* gaudens— *e)* cursum, in sapientiae Regis cellaria introducta; — *f)* eorum, — *g)* et vitae aeternae munera comprehendenda.—
h) adolescentulas bene cursu duxit, —

In spe enim consistit quidquid in suprascriptis cellariis congrega-
tum est. Qui sperat ergo, ipse credit in Deum : Et qui credit
omnia quaecumque promisit, sive impiis poenam, sive refrigeria iustis reddituro ; huic perfecta manet regni caelorum
dulcedo. Quicùmque videlicet sperat se pro saeculi caduca sapientia contempta, suis amatoribus interitum pariente « veram
Dei sapientiam vitam aeternam conferentem percipere *a)* « illi
necessario perfecta est (ut diximus) illa magna Sapientiae Dei
dulcedo : sicut post Apostolorum discessum in multis Philosophis factum probatur ; qui contempta vanae gloriae captatrice
sapientia mundi, Doctores Ecclesiarum, Sacerdotes vel Martyres extiterunt. Introducta est proculdubio in supradicta cellaria Regis, regina Ecclesia in eis, qui spem habuerunt, pro rete
vilissimo regnum caelorum invadere, pro sordidissimo telonio,
inaestimabiles divitias paradisi possidere ; qui pro parvo cespite
terrae contempto, consortia acquirere Angelorum ; qui pro gentili vel incredulo « patre *b)* » dimisso, Deum majestatis acquirere patrem ; qui pro *calice aquae* frigidae mercenarium se effici
Christi credit ; his omnino conceditur praedictorum cellariorum
ingressus. Nam nisi omnem curam sacculi, omneque pondus
cupiditatis terrenae quis deposuerit contemnendo, ianuam verae
sapientiae ingredi minime poterit, eo quod angustus sit ejus
ingressus, et divitiarum sarcina quam maxime oneratos excludit.
Exemplo sunt autem philosophi, qui propter sapientiam terrenam, in ultimam se paupertatem redegerunt. Quamplurimi enim
eorum, cum essent divitiis cumulati, usque ad peram et pallium
singulare, omnes divitias redegerunt, ut magnas delicias panem
et aquam duxerint. Nonnulli etiam herbis agrestibus sustentati
leguntur, ne crapula cordi incumbens, a cogitationibus sapientiae hebetes redderet ; sicut et vox Evangelica clamat Apostolis :
Videte (inquit) *ne graventur corda vestra ebrietate, aut cra-*
pula (1) ; et alia Scriptura : *Adgravat* (inquit) *mentem multum*
terrena cogitantem c) » (2). Nisi ergo evacuatum fuerit omne
desiderium « carni subjectum de corde *d)* » omnisque vanae
gloriae laus praesentis temporis, et intromissa fuerint illa, quae
dixit Propheta : *In corde meo abscondi eloquia tua, ut non*

(1) Luc. XXI. 64.

(2) Ps. CXVIII. 11.

---

a) aeternam vitam percipere — *b)* fratre — *c)* Adgravat, inquit, *mentem multa cogitantem*
terrena cogitatio. — *d)* carnis et abiectnm de corde —

peccem tibi (1) ; in saepe dicta cellaria Regis introire non poterit (1) Ps.CXVIII.11.
anima, ut videat quantae divitiae clausae sint in lege divina ;
de quibus dicit Isaias Propheta : *Divitiae animae, sapientia*
eius (2). Sed has divitias cum acquisierit anima, Dei largitate; non (2) Is. XXXIII. 6
in sua virtute, sed in « conferentis *a)* » omnem laetitiam ponere
docetur, sicut in praesenti versiculo ait : « *Exultabimus, et*
laetabimur in te, memores uberum tuorum super vinum (3). » (3) Cant. I 3.
Et si ad summum perfectionis scientiae culmen provecta fuerit,
non suis viribus, aut in sophistica argumentatione confidat ;
sed sicut agnus lac ad ubera matris requirit, ita ad Apostolorum fidem vel vitae exemplum recurrat ; qui ubera Christi
Regis iusta ratione intelliguntur : De quibus nunc vox sponsae
dicit : « *Exultabimus et laetabimur in te*; et postea ait : *Memo-*
res uberum tuorum super vinum (4) » et quasi aliis verbis dicat, (4) Cant. I 3
amplius memoria esse retinendam tranquillissimam illam patientia et humilitate plenam Apostolorum doctrinam, et conversationem, quae vindictam docet a Deo Judice expectari, quam
illud Veteris Testamenti mordacissimum exemplum doctrinae,
ubi non solum minime iubetur diligi inimicum, sed etiam odio
habendum, et maledictum reddi pro maledicto, « et percus-
suram pro percussura retribui. Qui Apostoli *b)* » ubera Christi
Regis, sicut in capite Cantici dictum est, vere intelliguntur,
quia (immaculato pectori, ut ubera adhaerendo) quidquid gloriosum, quidquid splendidum, quidquid ad animarum pertinet
cibum, de pectore Christi in ipsis infusum est, et per ipsos in
omnium credentium corda quotidie per sanam doctrinam et
perfectae vitae exemplum transfundi probatur : Id est exemplum
mansuetudinis, patientiae, humilitatis, contemptus divitiarum,
castitatis, integritatis, et exemplum veritatis, assiduae orationis : quorum vitae memorem se esse dixit *super vinum*; veteris
scilicet Testamenti legem, quorum cor nunquam inclinatum ad
terrenas actiones (ex quo pectori Christi adhaeserunt) ultra de-
torsit ; « quos *c)* » Dominus Christus velut ubera ad nutrien-
dum animas verbo salutis Ecclesiae porrexisse probatur : Qui
semper in necessitatibus, sive in laetitia, sive in abundantia,
sive in penuria, sive in adversis, sive in prosperis constituti,

---

a) conferentis laude — *b)* et reliqua : qui — *c)* quod

semper sensus cordis eorum rectus fuit cum Deo, quibus proprie idem convenit, qui sequitur versus: « *Recti diligunt te* (1).»
Suscepta itaque « desiderata *a)* » oscula Christi perfecta anima uberumque eius qualitatem contrectans, iam unum consortium tenens cum verbo Dei, deambulando aulae Regis, per « prata *b)* » lectionum divinarum, in cellariis sapientiae intelligentiaeque introducta ; vidit ibi quod nemo, nisi qui toto corde diligit Deum, ingrediatur in his cellariis ; et quód nullus possit diligere Deum, nisi qui rectum habuerit cor, dixit : *Recti diligunt te.*
Docemur ergo per hoc, quod illi diligunt factorem suum Deum, qui in se dilectionem ejus conservaverint quam creavit, aut perditam reparaverint, de qua dixit idem Salomon : *Omnia scrutavit cor meum, et hoc unum agnovi, quod fecit Deus hominem rectum, et ipsi sibi exquisierunt adinventiones multas* (2).
De qua beatus Job in laudibus coronatur ; dicitur enim de eo : *Et homo rectus in conspectu Dei, et abstinens se ab omni malo* (3). In quo evidentissime declarat, prius directionem cordis (de qua dicere videtur) unum Deum colendo, esse tenendam : et per hanc, abstinentiam omnium malorum posse conferri. In hac siquidem directione, imaginem et similitudinem Dei, quam nobis legitur contulisse, opinor consistere, qui proculdubio secundum iudicium suum, hominem intelligitur fabricasse, sicut dicit ei Propheta : *Justus es Domine, et rectum judicium tuum* (4)
Rectus itaque, secundum iudicium suum, rectum hominem fecit ; et aequo iudicio hoc requirit in homine quod fecit in eo, ut sicut ipse nullius potentia inclinatur, ita et facturam suam vel imaginem, nulli alii praeterquam sibi soli, ut inclinet genua cordis, requirit. Ideoque dum coepisset per legislationem, incurvatam corrigere imaginem suam, per Mosen dixit : *Dominum Deum adorabis, et illi soli servies* (5). Nam et ipsi primi homines, quamdiu non pluralem deorum numerum receperunt, sed unum Deum factorem suum, nulla in eis incurvatio fuit ; sed recti steterunt in conspectu Dei, et ad eloquium eius cum omni fiducia gaudentesque praebebant auditum. Ubi vero a mandatis ejus declinaverunt, incurvi, nuditatis pudorem tegentes, inter paradisi sylvas fugerunt. Quicumque ergo unum Deum omnium

(1) Cant. I. 3.

(2) Eccles. VII. 26. 30.

(3) Job. I. 1.

(4) Ps. CXVIII. 137.

(5) Deuter. VI. 13.

a) considerans — *b)* spatia —

factorem, in tota virtute crediderit adorandum, et hunc per
Verbum et Spiritum sibi coaeternum, omnia fecisse, quae sunt
formata, esse rectus in conspectu Dei probabitur. Et hic vere
diligit Christum Regem, credendo quia Dominus Jesus Christus
in gloria est Dei Patris; cui dicitur per Prophetam : *Dirige me*
„ in veritate tua a) „ et doce me, quia tu es Deus „ salutaris b)„
meus (1); qui dicitur hebraice, *Jesus.* Illi namque intelliguntur (1) Ps. XXIV. 5
recti, qui solum diligere Christum laudantur : qui se velut „ in
correctorio, veteris et novi Testamenti lege c) „ ab omni hae-
retica perversitate concluserunt, dirigendi. Omnis enim qui bonis operibus fuerit adornatus, et habuerit omnem iustitiam, *ita*
ut montes trasferat (2), secundum Apostolum Paulum, et re- (2) Cor. XIII. 2
ctam (ut Apostoli tradiderunt) de mysterio Divinitatis et Incarnationis non tenuerit fidei regulam; labiis diligit Deum, sed
factis mentitur ei, sicut illi, de quibus dicit Propheta : *Dilexe-*
runt eum in ore suo, cor autem eorum non erat rectum cum (3) Ps. LXXVII.
eo (3). Fit enim plerumque, ut ad misericordiam promptus sit 36.
quis paratus visitare infirmos, requirere in carcere clausos, esurientibus cibum, sitientibus tribuere potum, peregrinum recipere in tecto, nudum vestire, consolari lugentes, pudicitiam
diligere, virginitatem aut angelicam gloriam venerari, et „ omne
bonum d) „ excolere, fidem autem Christi si non tenuerit in
Trinitate, in qua cum Patre et Spiritu Sancto coaeternus verusque est Deus, et in qua cum carnis assumptione cum hominibus verus homo est ; velut toto corpore pulcher sed incurvus
est renibus, qui non possit in sublime extollere caput et videre
quomodo Pater et Filius et Spiritus Sanctus tres personae, sub
vocabulo verbi, in unius potentia Deitatis „ consistunt e) „.
¡Quod beatus Evangelista Joannes luce clarius demonstravit dicendo: *In principio erat Verbum, et Verbum erat apud Deum,*
et Deus erat Verbum (4), *et Verbum caro factum est et ha-* (4) Joan. I. 1.
bitavit in nobis (5) „ ideo f) „ in die iudicii quasi incurvis ter- (5) Joan. I. 14.
raeque vultu cohaerentibus, quorum vox quidem audietur, sed
facies non videbitur, clamantibus : *Domine Domine, nonne in*
tuo nomine virtutes multas fecimus? dicetur eis : *nescio vos,*
discedite a me operarii iniquitatis (6). Non igitur ignorat quos (6) Luc. XIII. 27.

a) in virtute tua — b) Salvator — c) intra cor rectum veteris et novi Testamenti in lege —
d) omni verbo — *e)* consistit — *f)* dum —

ipse creavit ; sed propria voluntate, quam ad se diligendum indidit per naturam, depravatum cor, a sua notitia vocat. Quisquis enim sic confitetur potentiam Trinitatis, ut gradus vel tempora ponat, tortuoso confiteri probatur corde : Et non sequitur, confitendo eum cui dixit Propheta : *Confitebor tibi, Domine,* *in directione cordis, in eo quod didici iudicia justitiae tuae* (1).

(1) Ps. CXVIII. 7.

« Danda est ergo prae omnibus opera solertissime pro fidei regula, sicut est omnipotens Deus in Trinitate, obtinenda *a)* » quod bonorum omnium, et notitiae iudicis fundamentum esse probatur. Unde oportet omnem qui signaculum fidei nascendo suscepit, ad vocem doctoris, in ea discenda, sagacissimum praebere auditum : « Et illi quam maxime, qui populo Christiano praeest, incumbit necessitas *b)* » ita in omnibus mandatis divinis *sine querela et directione cordis* incedere, ut sermone suo et vitae exemplo curvos dirigat, rectos non sinat incurvari. Quid enim tam rectum, ut in omni negotio, Deo nulla praeponatur persona ? Quid tam rectum, nisi ut figmenta mortua, vasa dolata, « sectilia spernere *c)* » et verus adoretur creator omnium Deus ? Quid tam rectum, « ut quod accusaturus erat Diabolus, ubi iam excusatio vacat, homo praeveniat paenitendo *d)* » ? Et quid tam rectum et tam placitum Deo, nisi ut nigredinem peccatorum suorum ipse pronunciet humiliando se iustus ; et pulchritudinem fidei non abscondat prae truculento persecutore, et pro directione cordis, et pro zelo rectae fidei si necesse fuerit, moriendo ? Sicut sequenti docet versiculo Ecclesiae vox dicendo :

(2) Cant. I. 4.

« *Nigra sum, sed formosa filiae Jerusalem* (2). *Sicut tabernacula Cedar, sicut pelles Salomonis.*» Introducitur itaque, ut saepe dictum est, sub figura cantilenae, Ecclesia per singulas personas, vel diversarum gentium voce loqui ; quae de Paradisi monte in Egyptum huius mundi in Adam peccando descendit ; ubi operibus duris, ab Egyptiis daemonum catervis oppressa rectoribus tenebrarum, qui sub principe mundi Pharaone militant, et flagris eorum verberibusque denigrata est ; quae repedare properans ad factorem suum Christum per gratiam « et

---

a) Danda est ergo omnibus solertissime, rectae fidei regula (sicut est, omnipotens Deus) in Trinitate obtinenda ; quod — *b)* et illa quam maxime populo Christiano semper incumbit necessitas — *c)* spreta ; — *d)* nisi quod accusator inserit diabolus : ubi iam excusatio ? vocatus homo proveniat poenitendo—

sacrosancti baptismatis undam *a)* » admirationem exhibuit filiabus Jerusalem ; quas opinamur gloriosas animas , illius caelestis
Jerusalem filias , vel supernas virtutes intelligi : quibus et quod
in Egypto huius mundi contraxerat , et quod per gratiam in illa
reparatum est , utrumque ostendit dicendo : « *Nigra sum, sed
formosae filiae Jerusalem* (1). » Nigra scilicet, ascendens interpretatur Hebraica lingua ; et Egyptus tenebrae. Hanc ergo ascendentem de tenebris peccatorum usque ad oscula Filii Dei , in
tanta gloria exaltatam , vel introductam secretorum cellariorum
(ut retrodictum est) arcanis, mirantur filiae Jerusalem , sive angelicae virtutes , sive illae magnorum animae , quae ante incarnationem Domini nostri Jesu Christi complacuerunt ei per
Legis praecepta ; eo quod Jerusalem , pax interpretatur : quam
beatus Paulus ad caelum raptus , magno numero filiorum con-
stipatam conspexit in caelo ; quam confirmavit Matrem *omnium*
esse *Sanctorum* ; et hanc terrenam Jerusalem , illius umbram
portare. Satius utique « rectiusque sanctas animas *b)* » caelestis
Jerusalem filias intelligimus ejus gloriam admirantes , quae suscepit pro Christi nomine interfectos; quam illius terrenae, peccatorum maculas improperantes , quae Sanctorum sanguinem
fundit. Illac igitur animae , filiae Jerusalem praesenti loco nominari intelliguntur , quae antequam pax ostenderetur in terris ,
inter odientes pacem , cum tranquillitate pacis vixerunt : quae
admirantur Ecclesiam in illis « tetris *c)* » tam ferocissimis gentibus, quae tanta nigredine corporis , et mentis barbarie fuisse
probantur , ut forsitan sanguinarias bestias aliquando praecelle-
rent , per sanctum lavacrum Baptismatis « et per martyrii conjunctionem Verbi Dei meruisse amplexibus inhaerere. Quae nigram *d)* » se confitetur , eo quod in tenebroso erroris cubili ,
prophanoque idolatriae sanguine ebria , multos filios compressit
in mortem aeternam. Formosa vero , quoniam multitudinem
filiorum Martyrum , Virginum , Confessorum , se suscepisse de
Christo , gaudens circum inspicit ; « quae in Aseneth *e)* » veri
Joseph Domini nostri , et in Madianitae Mosi « conjuge portendebat conjunctionem *f)* » quae a finibus terrae , in regina

a) sacrosancti baptismatis — *b)* rectiusque — *c)* tenebris — *d)* et per martyrium conjunctione
Verbi Dei meruisse , et in amplexu ejus inhaerentem , quae nigram — *e)* quem et ose) in --
f) conjugis praetendebat coniunctione ; —

Saba ad Regem Salomonem venit, audire sapientiam Christi :
In Eunucho Candacis Reginae Aethiopum, etiam Synagogam
praevenit in Baptismate per Apostolum Philippum, munus of-
(1) Ps. LXVII 32. ferre Deo : De qua praedixerat Propheta (†) : *Aethiopia* (inquit)
praeveniet manus ejus Deo. Filias autem Jerusalem, principes,
vel Sacerdotes Judaeorum intelligi, qui Ecclesiae gentium, maculam nigretudinis peccatorum improperant, qui Apostolos
prohibebant verbum salutis gentibus loqui, sicut aliis visum
est praesenti loco, nescio quomodo possit congrue stare ; cum
istae animae, quae filiae pacis sunt (id est, Jerusalem) nihil
aemulationis habeant in se, sed magis laetantur et gaudent in
animarum aliarum salute : et Patrem Christum, qui est pax nostra, imitando, pro fratribus ad ejus fidem venientibus, animam ponunt. Sed mihi videtur per hanc figuram, retrodictas
magnorum intelligi animas admirantium in profectu Ecclesiae
gentium, quae in tetris et saevissimis « gentibus denigrata *a)* »
in quibus etiam humanum sanguinem potabat et humanis car-
nibus saginabatur, et (ut diximus) nihil differebat a sanguina-
riis bestiis ; « nunc *b)* » per retrodicta opera placita omnipotenti
Deo, coniunctionem Christi meretur. Nam secundum moralem sensum « docemur *c)* » ut omnis anima, quae se novit nigredine peccatorum aliquando infectam fuisse, quamvis ad sanctitatis culmen conscenderit, non extollatur in sanctitatis fastigio.
Nam licet magnae et perfectae sint hae personae, quae filiae Jerusalem appellantur, nisi doctae fuerint, quomodo nigra sit et
formosa Ecclesia, ignorant. Solus est enim *Deus, ex quo, et*
(2) Ps. XCIII.10. *per quem, et in quo omnia constant* (2), *qui docet hominem scien-*
tiam, omnia novit » qui *d)* ; » in praescientia, futurae emunda-
(3) Cant I. 4. tionis suam gloriam supradictam ostendit dicendo : « (3) *Nigra*
sum sed formosa ,filiae Jerusalem, sicut tabernacula Cedar,
et sicut pelles Salomonis. Docetur itaque his comparationibus
nullam personam execrari, quam maxime qui praeest populo
Christiano, etiam si minus splendeat conversatio ejus in sanctis
operibus, sed propter praecelsum ordinem venerandum, quia
non ad eum respicit honor, sed ad Sancta Sanctorum » mysteria *e)* » quae intrinsecus contingere ordo sacerdotalis » cognoscitur *f)* «. Arca enim Testamenti, quae typum Corporis Christi

a) gentibus — b) et — c) vult — d) quibus — e) martyria — f) cognoscit —

gerebat, cui fluenta Jordanis, cui muri Jericho, cui Allophy-
lorum ferocitas cessisse legitur, vilissimis pellibus erat « contecta a) » : et vilissima sunt papyro « contecta b) » tabernacula cedar, sed magni de stirpe Patriarchae Abrahae oriundum,
ab aestu et pluvia contegunt populum : Abraham enim genuit
Ismahelem de Agar, et Ismahel, inter caeteros genuit Cedar.
O, inquit, filiae Jerusalem, non vilescat vobis extrinsecus minus pulcher aspectus, qui tabernaculis Cedar, et pellibus Salomonis assimilatur : quia licet vilia sint, magni tamen Patriarchae contegunt prolem, cui benedixit Deus in Avo, in quo
benedictae sunt omnes nationes terrae. Et licet mortuorum animalium exuviae sint pelles Salomonis, attamen magnam (ut
dictum est) contegunt ab aestu et pluvia Arcam, altare, et
omnia utensilia Tabernaculi, Sancta Sanctorum. Tabernaculis
ergo Cedar, et pellibus Salomonis se comparando Ecclesia, de
errore ad veram fidem, ex mendaci « caligine c) » ad lucem veritatis et iustitiae, de truculenta iracundia ad pacis tranquillitatem, ex defensione idolorum ad defensionem unius Dei se transmigrasse ostendit, et profectus suos gradatim ad Dei notitiam,
filiabus Jerusalem exponit, primo, Tabernaculis Cedar, secundo, pellibus Salomonis comparando, quia longe meliora
pelles contegunt Salomonis, quam Tabernacula Cedar. Illa enim
ferocem nigramque contegunt gentem, pelles vero Salomonis,
ea quae Christi, omniumque Sanctorum eius typum gerebant.
In Tabernaculis videlicet Cedar protegere docetur Ecclesia eos,
qui adhuc necdum Legis divinae sermone instructi sunt, aut
gratia sacrosancti baptismatis emundati, quos fidei suae luce
protegendo illustrat : In pellibus autem, ut diximus, magnae
contegi personae monstrantur, quae « per gratiam lavacri d) »
ad pristinam pulchritudinem repedaverunt, et de sancta conversatione nunquam foras egrediuntur, et imitando Matris Ecclesiae
vitam (quae se pellibus comparat Salomonis) ad instar pellium
mortuarum, crucifigendo cum Christo carnem suam redigunt,
quatenus possunt in se Christi similitudinem trahere. In cuius
persona introducitur Salomon, qui pacificus interpretatur, qui
omnimodo verus pacificus intelligitur Christus, qui est Ecclesiae
pax : cuius si quis pellis meruerit esse, ipse proculdubio con-

a) contexta — b) contexta — c) calice — d) (gratia laboris) —

tinchit in recessibus animae, divina mysteria Sancta » Sanctorum. Est *a)* » namque Ecclesia aliquando ut Tabernaculum
Cedar, qui tenebrosus moeror interpretatur, quando utique de
tenebris errorum, suae consolatione doctrinae, moerentes impios sub alas suas suscipit poenitentes, quando ab imminente
gladio protegit et defendit ad se confugientes : « est *b)* » aliquando ut pelles Salomonis, tunc necessario, cum Orthodoxos, et totius scientiae et sanctitatis intra se continet viros,
quando misericordem, pacificum, recte iudicantem, sobrium,
pudicum, mansuetum, virginumque intra se gestat exercitum.
Quando autem (ut diximus) majoribus vitiis occupatis mentibus,
immittente diabolo, in his quam maxime qui plebis Dei probantur gerere principatum, intra se continet viros, Tabernaculis comparatur Cedar, tenebroso moerori: qui dum terrenis
desideriis destinentur, semper diabolo (cui in hoc mundo permissa potestas est) proximi fiunt. Cui quanto quis vicinior » factus fuerit consentiendo, tanto decoloratior in illa forma, qua
creatus est ad imaginem Dei, efficietur *c)*». Qui ita consentientem
sibi animam, ab illa « gloriosa Creatoris similitudine *d)* » de-
colorat, solem se iustitiae mentiendo, sicut iste sol « visibilis *e)* »
in plaga coeli, ubi vicinior terrae ambulat, incolas loci niger-
rimos reddere comprobatur. De quo mysterio, ut nos doceret
Spiritus Sanctus, non naturae, sed voluntatis nigredine peccatorum infectos, sub Ecclesiae figuram (causam nigredinis, filiabus Jerusalem reddentem) exposuit dicendo: « (1) *Nolite me con-*
siderare quod fusca sim : quia decoloravit me sol.» Ostendit
utique, non secum nigredinem a Conditore esse formatam, sed
nimia vicinitate diaboli fuisse attractam. Nam qui se altissimo
Deo adsimilare, et in angelum lucis transfigurare non metuit,
quomodo non etiam se solem iustitiae mentiatur, animae captivae
tollendo pulchritudinem naturalem, et superinducendo suam
« atram *f)* » adulteramque effigiem perituram ? « Decolorata
est ergo *g)* » huius solis radiis inurentibus, quae antea fusca
non erat, creaturas et turpitudines pro Creatore colendo, et adorando, totis viribus defendendo in eis, quorum elata sapientia

1) Cant. I. 5.

---

a) Sanctorum—   *b)* et —   *c)* tanto in illa forma qua creatus est ad imaginem Dei, efficitur
magis alienus — *d)* gloria, Creatoris similitudinem — *e)* volubilis — *f)* terram — *g)* de coelo
tradit —

stultitia reputata est : sed iam Christo credendo in Apostolis ,
qui vere validissima membra Ecclesiae sunt , et lucem recepit ,
et pristinam pulchritudinem reparavit per sanctum lavacrum baptismatis : quem synagoga non recipiendo , a consortio Christi
exclusa usque hodie , dolet Ecclesiam gentium introductam , et
cacco furore persequitur et expugnare conatur. Nam si quis de
filiis Synagogae se commodaverit ad sensum Apostoli Pauli do-
centis , quomodo Christi consortio supradicta nigredinis macula
abstergatur , statim in eum odia concitant , et persecutiones :
et cum sint unius matris filii (sive Evae , sive Synagogae) quasi
execrabilem alienigenam , et hostem expugnant , et persequuntur, dolentes scilicet , quod secretorum suorum delatorem ex se
habeant impugnantem , sicut in sequentibus demonstratur , cum
dicitur : « *Filii matris meae pugnaverunt contra me, posuerunt
me custodem in vineis, vineam meam non custodivi* (1):» Reddit (1) Cant. I. 5.
ergo rationem , quam ob causam a filiis suae matris impugne-
tur , quoniam inventa meliore , traditam sibi custodiam vineae
suae dereliquit. Quicumque ergo verbo Sapientiae cuiuslibet
philosophiae fuerit eruditus , qui a populo libenter auditur, vel
cui docendi potestas conceditur , custos vineae intelligitur. Vineam autem , populum appellari vel gentem , in multis scripturae divinae locis reperies , ut illud in « Propheta David *a)* ».
Vineam ex Aegypto « *transtulisti , ejecisti gentes , et plantasti
eam b)* (2)». Et in Isaia Propheta : *Vinea Domini Sabaoth , do-* (2) Ps. LXXIX. 9.
mus Israel est (3): et in Jeremia genti Hebraeae improperat Deus : (3) Is. V. 7.
Ego (inquit) *plantavi te vineam meam , quomodo conversa es
in amaritudinem vitis alienae* (4) *?* Sed hic cum « distinctione et (4) Jer. II. 21 22
nomine, Domini vineam se dicit deseruisse, ut ostenderet absque
Domini doctrina *c)* » quam in prophetis suscepit mundus , omnem aliam propriam esse doctrinam , et « per doctrinam propriam *d)* » efficit plebem Doctoris. Et hac de causa vineam figuraliter plebem appellari , quod ita necessarium habeat doctorem , sicut vinea cultorem , vel custodem habere probatur. Et
haec custodienda dicitur tradi illi , qui in ea sapientior repertus fuerit , per hoc quod de iudicio seniorum , vel procerum ,
docendi accepit potestatem , et susceptam docendo custodit ; de

---

a) Propheta. — *b) transtulisti :* — *c)* distinctione , suam , et non Domini vineam se deseruisse ait , ut ostenderet , ab ea quae est Domini doctrina — *d)* pro doctrina propria —

qua vinea laetitiae fructum gaudens suscipiet « si sancte vivens recte docuerit alios. Si vero perverse docuerit homines *a)* » amarissimum bibet impietatis fructum supradictae vineae suae, cum ante tribunal aeterni Judicis tantarum animarum sacrilegio condemnabitur, quantas « perverse *b)* » docuerit. Cuius quanto longius latiusque auctae fuerint per doctrinam venenosae propagines, tanto et « augentur inveniabiles *c)* » cruciatus. Nam sicut ille qui fecerit prius, *et sic docuerit homines bona, magnus vo-*

(1) Matth. V. 19. *cabitur in regno caelorum* (1), ita et iniqui doctores gentilium, haereticorum, vel magicarum artium magistri « vel nunc Judaeorum, qui sanguineis *d)* » sermonibus, et dialecticis syllogismorum conclusionibus veritatem in mendacium vertunt, magni malorum magistri in magna supplicia vocabuntur. Quorum quisquis derelicta tali vinea sua in Christi vincam venerit, et in ea sanissimis sermonibus, et vitae sanctae exemplo culturam impenderit, hunc persequuntur, contra hunc pugnant huius gentis homines, et inflammante diabolo, acutissimis contra eum verborum iaculis concitantur ad pugnam ; Cuius vox inducitur :
« *Filii Matris meae pugnaverunt contra me, posuerunt me cu-*

(2) Cant. I. 5. *stodem in vineis, vineam meam non custodivi. Filii Matris* (2) » id est, ipsius gentis in qua fuerat doctor : qui filii quidem sunt Matris, iuxta prosapiam generis seu religionis in qua « lac doctrinae suscepit *e)* » ; Fratres autem dici non possunt, eo quod alieni sint, et indigni a sancta religionis fraternitate (vehicula vel mancipia se praebendo diabolo) in quibus diabolus persequitur sanctos, et diversis dilacerat poenis. Et eos crudelius, et quam maxime persequuntur, qui eorum impio consortio derelicto, ad Christi confugiunt fidem : sicut factum est a Judaeis in Stephano, et in Paulo, vel in omnibus Apostolis Christi.

(3) Cant. I. 5. Contra quos « *filii matris* (3) » synagogae, stricto pugnaverunt mucrone : Et sicut de magno viro Justino Philosopho historia refert factum, qui ex sua vanissima ad veram philosophiam Christi « conversus, dum concertat pro sancta religione contra gentiles, et quosdam filios suae matris Philosophos redarguit blasphemantes, callide in secreto evocatus ab eis, materis in-

---

a) Et si sancte non vivens, nec recte docuerit homines, — *b)* per se — *c)* augentur — *d)* vel nuncii deorum, qui acutis — *e)* laetus doctrinam suscepit —

terfectus est *a).* » Contra quem utique *filii matris* , impiae religionis , « cur *b)* » antiquam doctrinam deseruisset, usque ad
sanguinem pugnaverunt. Hoc et multitudo martyrum , a filiis
matris suae perpessa probatur, secundum Domini dictum : *Tra-
det* (inquit) *frater fratrem in mortem* (1). Suam autem vineam (1) Matth. X. 21.
dicit se non custodisse, quoniam cognovit eam Domini non
esse, eo quod non susceperit Christum : Matrem vero non de-
negat , de qua natus est , gentem, quoniam maxima laus est ,
de incredula stirpe Christum negante, praedicatorem Christi
egressum. Nam si Judaeus est , non negat synagogam matrem,
unde Patriarchae, unde Prophetae, unde Apostoli sunt procreati.
De qua matre » magnis se infulis Paulus *c)* » extollit , dum
pugnat contra filios *matris* , dicendo : *Hebraei sunt, et ego ;
Israelitae sunt , et ego ; semen Abrahae sunt, et ego* (2). (2) 2 Cor.XI 22.
Si vero gentilis doctor est , non negat philosophiam matrem ,
per quam natus, vel adolevit in sapientia huius mundi. Cuius
exercitio, non parum intelligentiae adquiritur in divinis apicibus, quomodo mali doctores, gentiles, judaei, vel haeretici
impugnatores Ecclesiae, suis » spiculis *d)* » sauciantur. Convenit enim armatum custodem antiquis sapientiae armis, cum
quibus propriam vineam custodiebat, ad Domini vineam tran-
smigrare, quatenus resonante vitae immaculatae flagello, et
splendente sermonis iaculo, illaesam possit « omnifarie *e)* » praedictam rectae fidei vineam custodire. Duplicia enim sapientiae
arma custodi vineae necessaria sunt , huic praecipue, qui suam
» deseruit *f)* » et ad Domini vineam conversus transivit : Sanctae scilicet conversationis exempla , et sanae doctrinae sermones , simulque astutia serpentina et saccularis » et simplex sanctitatis candor spiritualis columbae, per quod *g)* » rationem de
arcanis rebus reddendo quaerentibus, et patienter iniurias su-
stinendo, malos possit revincere impugnatores. Cum ergo fuerit
utrisque armatus doctor plebis Dei, divinorum apicum , et
mundanae astutiae sapientia , victi post pugnam necesse est , ut
cadant impugnatores Ecclesiae, sicut per Apostolos saepenumero in altercatione fidei factum probatur. Isti utique qui suam,

---

a) dum convertitur , et conversus cum sancta religione contra gentilem , et quosdam filios matris Philosophos redarguit blasphemantes, callide in secreto vocatus , ab eis magistris interfectus
est — *b)* cum — *c)* magnus se in vita , sacerdotalis proles Paulus — *d)* periculis — *e)* omni
parte — *f)* diruit — *g)* ad simplicem sanctitatis candorem spiritalis columbae, per quam , —

et non Dei vineam custodiunt docendo, mox vincuntur proculdubio, ut inchoaverint pugnam, quia propriis viribus con-
fidunt. Ille autem qui traditam sibi a philosophis, vel auctoribus haereticorum vineam dereliquit, et ad veram Christi vineam transmigravit custodiendam, ipse Dominus Christus impugnantes eum expugnat : cui est honor et imperium in saecula
saeculorum.

FINIT LIBER PRIMUS.

INCIPIT LIBER II.

(1) Cant. I. 6.

" *Indica mihi quem diligit anima mea, ubi pascas, ubi cubes
in meridie, ne vagari incipiam per greges sodalium tuorum* (1)."
Post impugnationes, et praelia, post multorum laborum desu-
dationes, veluti prolungasse a se quaeritur Christum, « quem diligit (*). » Ut nos doceamur quanto desiderio, quantisque lachrymis
« per a) » impugnationem vitiorum, « per b) » daemonum pugnas debeamus emendatiori vita quaerere Deum, ut nobis adiutorio suo iter ostendat, quibus actionibus suffulti ad consortium earum animarum pervenire possimus, quas ipse Dominus
pascit, quas ipse accubare facit, cum quibus ipse praesens est
semper. Quibus opinor nullam luporum daemonum surreptio-
nem nocere, quas credo nulli vitio carnali succumbere, nec
alio contagio « laedi c) » peccati. De quibus ipse Dominus in
Evangelio dixit : *Oves meae vocem meam audiunt, et sequun-*
2) Ioan. X. 27.
tur me, et ego pascua bona do illis (2). Et quae sint istae tam
necessariae, tam « faetosae d) », tamque amabiles, quas non
Angelis, non Archangelis credat pascendas, sed ipse pascat eas,
beatus Paulus evidenter ostendit. Qui dum in ovili dominico
praeceptis suis singulas ordinaret oves suo consistere loco : Hoc
est, quid uxor viro debeat, quid vir mulieri, quid pater filio,
quid filius patri, quid frater fratri, quid servus domino, quid
dominus servo ; ubi vero ventum est ad supradictas peculiares,

---

(*) Haec verba desunt in Edit.
a) post — b) post — c) addictas — d) faetae —

quas in claro meridiano lumine ipse accubantes custodit , nihil
sibi super his dicit in praecipiendo iniunctum negotium dicendo :
*De virginibus autem Domini praeceptum non habeo , consilium
tantum do quasi misericordiam consecutus* (1) ; et de quibus in [(1) I. Cor.VII.25.]
alio loco dicit : *Qui autem Christi sunt , « carnem suam a) »
crucifixerunt cum vitiis , et concupiscentiis suis* (2). Habet au- [(2) Galat. V. 24.]
tem Dominus noster Christus animas nimia sibi charitate con-
iunctas , quas in claro intelligentiae , vel dilectionis suae meridiano lumine semper conservat ; quae semper « innocentiam et
mansuetudinem b) » supradictae integritatis solerti vigilantia in
scrutandis testimoniis eius « flammanti amore devinxerunt ei c) »
et quas non solum proprio baculo « regit d) » sed et brachio
constringere et sinu portare , prophetarum ore probatur. In quibus Isaias : *Ecce* (ait) *Dominus cum fortitudine veniet ; sicut
pastor gregem suum pascet, in brachio suo congregabit agnos,
et in sinu suo levabit, foetas ipse portabit* (3). Quas animas ego [(3) Is. XL.10.11.]
confidenter in illis intelligi dico , qui vere philosophi coelestes
effecti , respuentes mundum cum deliciis et fallacibus pompis
suis , et heremi habitationem aulis regalibus praetulerunt. Eli-
gentes cum bestiis , et saevissimis draconibus in desertis , quam
cum hominibus nequissimis in urbibus habitare , et nimium
sumptuosa illa impendia ciborum, quibus oneratus diversos languores « germinando e) » distenditur venter , ad unius pulmen-
tarii « crudorum f) » olerum, vel exiguum panis, et aquae usum
redegerunt. Qui a tempore matutino, idest initio credulitatis suae,
disciplinae , bonitatis , vel scientiae legis divinae pascuis repleve-
runt conceptaculum cordis sui usque ad meridianum , hoc est
usque ad perfectae aetatis tempus. Nunc vero illum suprascri-
ptum cibum , quem in tempore iuventutis ardentissimo desiderio minus mundano in mentis recessu reconditum * conserva-
verunt*, legendo in claro intelligentiae lumine, medio meridiano-
que die recubantes, idest requiescentes ab omnibus mundanis cogitationibus praesente Domino Christo « ruminant g).» Ubi nullus
turbidarum cogitationum clamor « nullius adulteri desiderii clan-
destina surreptio h) » nulla pervagatio oculorum, ciborum nulla

---

a) carnem suam cum Christo — b) per innocentiam , et mansuetudinem — c) flagrantes amore
divino fuerunt — d) tegit — e) terminando — f) crudorem — g) conservantur — h) nullius desiderio distentatur , adulterii nec nulla subreptio — * ipsi addimus *

concupiscentia trascendit certum terminum, sed sola ibi pax « iustitiae opus *a)* » solum silentium, cultus justitiae requiescit. Ubi Domino praesente nihil aliud praeter divinos apices « labia ruminando moventur *b)*.» In quibus dulcissimis pascuis, in quo splendore meridiano, in quo umbraculo refrigerii, post praelia illecebrosa vitiorum, post multimodas daemonum pugnas, post malorum hominum persecutiones desiderat se deduci Ecclesia, in his dumtaxat, qui ab hac gloria procul sunt dicendo: « *Indica mihi, quem diligit anima mea: ubi pascas, ubi cubes in meridie ne vagari incipiam per greges sodalium tuorum* (1)». Docemur itaque, ut quemadmodum militi quandiu in acie constitutus stricto mucrone decertat, nec copia recubandi secure, nec cum rege miscere colloquia conceditur; ita et anima quandiu impugnatur stimulis variarum tentationum, quandiu calumniosis litibus incursatur, quandiu blasphemiis plena haereticorum vel gentilium concertatione desudat, quandiu incentivis desideriis agitatur, quandiu corporis mortem pro justitia illatam expavescit, quandiu non concupiscit dissolvi, et esse cum Christo; ad supradicta pascua, et peculiare meridianum cubile, perspicuum intelligentiae lumen (ubi « ruminando *c)* » praesente Domino sermo ejus virtutem saporis ostendit), pervenire non possit. Vide itaque ordinem huius carminis, quod « ut nubentis sponsae *d)*» cecinit Spiritus Sanctus. In quo sacramento docemur non nobis hoc tantum sufficere ad vitam aeternam obtinendam, quod baptismate a sordibus sumus peccatorum deloti, quod oscula Christi per corporis eius et sanguinis gustum anima nostra suscepit, quod in cellaria notitiae scripturae Divinae introducta est, quod directionem fidei (ut apostoli tradiderunt) retinet inconcusse; nisi semper « eis quae operata est bonis postpositis, ante se *e)* » ad ea, quae nec dum perfecta sunt, petendo, quaerendo, pulsando totis viribus extendatur. Non enim vult alium quemquam socium amoris habere Deus in anima hominis, sed in tota virtute eius, in toto corde, et in totis visceribus desiderat obtinere principatum. Et in trino opere eius, cogitatione, verbo, factoque solus discurrere delectatur, sicut trino mysterio se in Decalogo diligi iussit. Dicendo enim: *Diliges Dominum Deum*

---

a) iustitiae — *b)* motu labiorum ruminando, imbuuntur — *c)* uberibus inhiando— *d)* ut nubunt sponsae— *e)* ea quae operata est mala postponat, et inhiando —

tuum in toto corde tuo (1) , cogitationem sibi hominis velut pa- (1) Deuter. VI. 5
latium titulavit ; dicendo : *in tota anima tua* (2) sermonis sibi (2) Deuter. VI. 5
eius singularem laudem sacravit, de qua dixit in propheta : *Ego*
Dominus gloriam meam alteri non dabo , et laudem meam scul-
ptilibus (3) , quae sola utique sermonis obtinet potestatem. Di- (3) Is. XLII. 8
cendo vero : *in tota virtute* , quis ignoret operam hominis no-
minasse, quam pro sua voluntate sibi vult semper totam impendi,
sicut ipse ait in Evangelio : *Operamini opus, quod non perit* (4). (4) Joan. VI 27.
De quo Apsotolus commonet : *Quidquid agitis* (inquit) *sive*
manducatis , sive bibitis , sive aliud quid facitis , omnia in no-
mine Domini facite (5). Quod si omnia in eius nomine iussa sunt (5) I. Cor X. 31.
fieri , nulla reliquit opera, quae in eius nomine non faciat homo.
Imo et ideo nuptiae etiam a sacerdotibus Christi benedicuntur,
et sine macula thorus , lege divina , pudicorum coniugum a
Salomone laudatur. Qui ergo, ut iussum est : *In toto corde , in*
tota anima , et in tota virtute diligit (6) Deum , nullum in se (6) Deuter. VI. 4.
officium membrorum vacans relinquit peccato , nullum irae ,
nullum cupiditati , nullum mendacio, nullum cenodoxiae , nullum libidini ; praeoccupavit enim totum habitaculum mentis
suae , latissima Dei dilectione , et operante diabolo multas ob-
staculorum formas , propter Creatorem totis viribus calcando
transcendit : et nihil tam bonum in hac vita , nihilque iucun-
dius ducit , nisi Deo soli indesinenter coniungi , sicut dicebat
Propheta : *Mihi autem adhaerere Deo bonum est , ponere in*
Domino Deo spem meam (7). Ubi igitur haec omnia operata (7) Ps. LXXII. 28.
a perfecta anima fuerint , et amori Christi nulla dilectio huius
mundi fuerit anteposita , tunc magna fiducia , et ardentissimum
desiderium nascitur inquirendi ea etiam quae sunt occulta : et
habitante in recessu mentis suae Spiritu Sancto, qui *omnia scru-*
tatur (8) secundum Apostolum , aliis proculdubio invisa , et (8) I. Cor. 11. 10.
inaudita , quae adepta est perfecta anima , revelavit : cuius vox
praesenti introducitur loco: « *Indica mihi , quem diligit anima*
mea , ubi pascas , ubi cubes in meridie , ne forte evagari in-
cipiam post greges sodalium tuorum (9). Sicut ergo oves · sine (9) Cant. I. 6.
pascuis *a)* » et sine bono pastore subsistere minime possunt:
ita docuit praesenti loco , animam sine notitia rectae fidei, (in

a) sine pastore —

qua Creator noster coaeterna Trinitate probatur consistere),
et sine adiutorio divinae protectionis, nec vitam aeternam adipisci, nec a diaboli morsibus liberari posse. Haec proculdubio
pascua, sponsa desiderat adipisci, quae in Domini nostri Jesu
Christi incarnatione ostensa sunt, ubi credentium animae pascuntur floribus doctrinae, vernante campo dulcissima Evangelica doctrina, sicut prophetatum est per Ezechielem, Domino
ipso dicente : *Ego requiram oves meas, et congregabo eas de
cunctis montibus, et non erunt ultra in depraedationem bestiarum, et ego pascam eas, et ego accubare eas faciam, et servus
meus David pascet eas* (1) in iustitia et doctrina ; ubi unaquaeque anima pro capacitate sensus sui, quanta voluerit pascua
miri saporis currendo decerpit ; ubi post subardentes nequitiae
solis aestus sub tegmine defensionis crucis in perspicuo intelligentiae lumine Dei, hominisque societate, agnito redemptionis
mysterio « laetissime recubare probantur. Ubi Crucis defensio a
diaboli impetu, qui se solem mentitur, manifestata est omni
tempore. Ubi *a)* » pascua sanae doctrinae Apostolorum Principi
revelata est Petro dum interroganti Christo respondit : *Tu es
Christus Filius Dei vivi, qui in hunc mundum venisti* (2). Ecce
quomodo oves aliquando ad vocem veri pastoris pascua vitae
aeternae in Petro inveniunt, et ideo Petrus tantis laudibus coronatur, cum dicitur ei : *Beatus es Simon Bar Jona, quia non
revelavit tibi caro et sanguis, sed spiritus Patris mei qui in
coelis est* (3). Quia ita ore ejus, revelante Spiritu Sancto, gloriosa
pascua, et requiei sempiternae vitae cubilia Ecclesiae indicata
sunt ; ut iam non ultra per malos, et alienos greges, vel pastores vagetur, eo quod miram sententiam protulerit respondendo.
Quae nulli nisi soli nota erat individuae Trinitati ; tres enim hic
evidenter coaeternae personae mostrantur : qui venit, a quo venit, « et qui revelaverat Petro *b)*. » Nam sicut terra solis calore
et pluvia pascua iumentis, victumque hominibus germinare ad
vitam praesentem probatur : ita et Dei filius in adventu suo manifestando clementissimam Trinitatem, vitam dedisse animabus
credentibus comprobatur ; ut ipse Christus ait : *Pater, quod de-
disti mihi, dedi illis vitam aeternam* (4) ; et quae sit vita quam

(1) Ezech. XXIV.
11. et seq.

(2) Matth. XVI.
16.

(3) Matth. XIV.
17.

(4) Jo. XVII. 24.

---

a) a diaboli impetu, qui solus mentitur, defenditur. Manifestata est autem omni terrae, ubi —
b) et quid revelaverit Petro —

dedit, in sequentibus declaravit: *Utcognoscant* (inquit) *te verum et vivum Deum, et quem misisti Jesum Christum* (1). Ista pascua non videt anima, nisi quae vestigia Petri, credendo et confitendo fuerit prosecuta. Ista pascua non videt Judaeus, neque Gentilis, neque omnis haereticus, qui non sequitur Pastorem, quem Princeps pastorum Christus mundo vicarium dereliquit dicendo : *Si amas me, pasce oves meas* (2). Omnis namque anima, quae non humiliter petendo, quaerendo, pulsando, haec saepe dicta invenerit pascua, et iuncta non fuerit Dominico gregi, foris aulam rectae fidei exclusa oberrans, ubicumque audierit vocem falsorum pastorum, passim discurrit; ita ut modo ad unum gregem philosophiae dogmatis auditores iungatur, nunc ad alium, qui innumerabilium perversorum dogmatum inventores magisterio daemonum extiterunt. Qui cum boni creati essent a conditore, proprio libertatis arbitrio in malitiam tyrannidis sunt conversi, et in salutem hominum quotidie inflammantur. Ideoque Prophetis docentibus falsos supplebant Prophetas, qui contraria mentirentur, et ea quae hominibus mortem perpetuam generarent : Quaerentibus autem per insertam sibi rationem naturae philosophis Creatorem, innumerabiles sectas inter eos, et pugnas verborum immiserunt, et pro summo bono, idest summo Deo, quod quaerere conabantur, tot eos blasphemiis docuerunt, quot greges philosophiae reperiuntur in mundo. Veniente autem vero pastore nostro, qui perditum quaereret, aegrotum sanaret, confractum alligaret, haereticorum auctores ad iugulandas animas se praeparaverunt. Quorum doctrina diversi greges animarum sub diversorum pastorum manu, propria voluntate redacti sunt. Qui dum sunt Angeli refugae, ausu temerario Christos se facere praesumpserunt; qui Christo, per Apostolos animas ad Paradisi montem vocante, idest ad suam notitiam, quomodo debeat intelligi in coaeterna potentia Trinitatis, armati quodammodo haereticorum verbis, vel inani philosophia Gentilium in inferni foveam retrahunt per momenta. Quod periculum metuens sponsa, ne incurrat, precatur gregem electorum, ubi pascatur sana doctrina, sibi indicari, quem ipse Christus pascit, ne semel oberrans perfecta anima de grege Christi, perverse de eius divinitate, vel Incarnationis mysterio sentiendo, per greges apostatarum Angelorum discurrat; quos diabolus per Basilidem, Va-

(1) Jo. XVII. 3.

(2) Jo. XXI. 17.

lentinum , Photinum , Apollinarem, Macedonium, Eunomium, Montanum , Cataphrigam , Manem , Arium , vel omnes haeresiarchas congregavit. Qui hac de causa sodales appellantur, quod unusquisque eorum daemonum vicarii , vel collegae per superbiam effecti sunt , et quod omnes hi cibos doctrinae suae apud sensum suum « decoqunt meditando *a)* » et deceptis animabus praeparatos , singuli ad unam mensam , legis divinae testimoniis male interpretatis, deferunt comedendos. Propria enim pulmentaria ad unam mensam multi propter commune convivium deferentes ab antiquis sodales sunt nuncupati ; ad quorum comparationem malorum dogmatum inventores, sodales Christi Ecclesia appellavit ; qui dulcia verba Sacrae Scripturae venenosis sensibus suis inficientes, diverso sapore lethali inter se variante, unius mortis aeternae convivium « praeparant animabus *b)* » de quibus dixit Propheta Isaias : *Vae illi qui ducit amicum suum ,* *mittens fel in escam eius* (1). Quorum magistri daemones dum Angeli boni creati sunt , et super singulas nationes positi sunt agere principatum, in superbia elati unamquamque « gentem *c)* » vel animam per fellitam doctrinam criminibus « inretire *d)* » festinant ; et quas per vitia carnis , et cupiditatem praeviderint se supplantare non posse , perversi dogmatis venenoso poculo perimunt , ne soli in aeternis suppliciis crucientur. Talia ergo Pascua praeparantes sodales perfecta anima formidans incurrere , Christi veri Pastoris vocem audire precatur , ne vagando lethali eorum contagio saucietur, qui contingentes se « insanabili *e)* » inficiunt morbo , quibus Apostolus, nec in salutatione iubet vicinitate coniungi dicendo : *Haereticum hominem post* *unam , et secundam correctionem devita , et vae illi qui dixerit,* *communica operibus illius* (2). Haec igitur consortia ne incurrat perfecta anima deprecatur , ut nobis qui Ecclesiae filii sumus, ne in talium consortia incurramus , exemplum pingeret deprecandi : ut inter omnia, quae praecepit Deus, maxima cura sit Domino supplicandi , quatenus nobis illarum personarum consortia tribuat , in quibus Christus Redemptor noster rectae fidei cibo doctrinae suae in se credentium animas pascit , et in quarum mentibus , humilitatis, mansuetudinis, vel castimoniae

(1) Abac. 11. 15.

(2) Ad Tit. III 10.

---

a) de quo cuncta meditando promunt — *b)* praepararunt animarum — *c)* mentem — *d)* interiri — *e)* insensibili —

nemorosis meridianis cubilibus delectatur. In aliis enim peccatis quicumque incurrerit oberrans a Dominico grege, citius monitis salutaribus ad ovile Christi poterit revocari. Haereticorum autem vestigia anima quae fuerit consectata , aut vix nimium vulnerata , aut nunquam omnino ad veritatis ovile revertetur. Quoniam tandiu lapsantia eorum dialecticae arte composita doctrinae itinera sequitur , quamdiu occurrente mortis fine a spiritualibus nequitiarum bestiis devoretur ; et dum se opinatur quisquis summam scientiae illius , quod sequitur dogmatis attigisse , ab alio expugnatus ultimo discipuli loco in calcaneis revocatur. Qui dum saevorum daemonum plausum , verborum gerentem eruditionem , Dei eruditioni praeponunt beatitudinem conferenti, non per viam Dei Patris , quae est Christus , ambulant , sed per viam cordis sui , quam diabolus fecit in huiusmodi mentibus deambulando , vel inhabitando, ad supradictos deveniunt greges; ubi infelix anima, etsi prima fuerit aliquando in scientia sancta , novissima deteriorque eis , quorum se magisterio subdidit , efficiatur necesse est ; ita ut si in illis gregibus devenerit, ubi « Valentinus a) « Marcion , Basilides , vel Manichaeus primi esse probantur : necesse est , ut in vestigiis eorum ambulans « post gregem Deorum contra se bellantium, discendo b) » vagetur ; et in eo, ubi Photinus, Bonosus primi sunt « multitudinem Christorum , et non unum Redemptorem totius mundi confitendo c) « vagetur ; quos docendo asserunt fieri non de utero Virginis procedendo , sicut Salvatorem Dominum nostrum , impio ore blasphemare non metuunt , nequaquam per Divinitatem , sed ex doctrina Christum nominari debere ; qui tantam multitudinem « Christorum d) « fieri per momenta confirmant , quanti reperti fuerint , qui sermone doctrinae suae, et exemplo vitae suae homines ad vitam immaculatam potuerint provocare. Si vero in eumdem venerit gregem , ubi candor sacri Baptismatis , ubi adoptio filiorum Dei , ubi dona Spiritus Sancti auferri possunt , reddi non possunt , non solum vestigiis turmae Arii , et Montani, corumque similium vagatur; sed opinor huiusmodi animam truncato capite in solis vestigiis remanere , dum a capite Christo , perdita fide , divisa , ultimis

---

a) Valentinianus — b) in grege eorum contra se bellante , in docendo — c) in multitudine falsorum Christianorum , non unum Redemptorem totius mundi confitentium — d) Christianorum —

gehennae ignibus deputatur, quod malum omnem Gentilem,
Haereticum, aut Judaeum expectat, si minime per sensum
rationabilem, quem a Deo suscepit, agnoverit, quid debeat
renuere, quid amplecti, sicut sequenti versiculo sub sponsae
imaginem anima, Dei verbo commonetur dicendo : « *Si ignoras
te, o pulchra inter mulieres, egredere, et abi in vestigiis gre-*
gum, et pasce haedos tuos juxta tabernacula pastorum. (1). »
Hoc igitur quam maxime ad eruditam legis divinae scientiae animam respicit, ut post illam retrodictam laetitiam cellariorum
ostensam, agnoscat se, cur, vel a quo creata sit, et quid eam
maneat, si non « circumspectet *a)* » per momenta pulchritudinem suam, quam a Dei Filio suscepit, vel reparavit « et si servaverit *b)*.» Aenigmatibus ergo, ut nuptialem cantilenam, et
nihil historiae in tot hoc cantico agere retro Spiritum Sanctum
iam diximus ; ubi non terribilia iudicii, non de poenis impiorum aut aliquid simile, sicut in aliis scripturis narratur, sed
quasi amatoria Verbi Dei et animae, dulci modulatione canun-
tur. Et si quid sinistrum irripere animae perhibetur, blanda
commonitione docetur, et necesse est, ubi figuris agit Spiritus
Sanctus, nos allegoriae omni modo deservire. Hic ergo mulieres, omnium gentium, quae in hoc mundo sunt, multitudinem
nominavit ; inter quas omnes nationes, ut regina ornata monilibus, legis videlicet, et sacrificiorum ritibus, quae templo velut sponsa thalamo utebatur ; omnibus pulchrior gens Hebraea
est nominata ; quae in illa plebe, quae Christum cognoscens,
quasi legitimum virum in propria domo suscepit, ubi Moses
famulus fidelis laudatur, Regina efficitur, et sponsa : quae
agnovit, se in figura omnia instrumenta veteris Testamenti portasse, et se de errore gentilium, ad baptismum per legem et
Sacerdotum officium ex Aegypto esse deductam: quae « sibi columnam *c)* » nubis (in defensionem ab aestu incentivorum daemonum), et « ignis columnam *d)* » (in Sancti Spiritus forma)
praecessisse agnoscit ; per quem Pater revelat abscondita sacramenta: quae « manna in verbo carne facto vitam hominibus con-
ferens suscepit *e)* » quod multiplex est, et minutum statim di-
luculo colligendum, mox ut notitia eius illûxerit cordibus no-

a) circumspecte — *b)* servaverit — *c)* Dominum sub columba — *d)* in ignis columna — *e)* manna (in verbo earne facto) vitam hominibus conferente suscepit —

stris, antequam ardor avaritiae, antequam ardor vanae gloriae, antequam ardor libidinis exhalet in nobis. Nam ubi hi aestus increverint mentibus nostris; panem illum coelestem (in quo dixit Dominus hominem vivere) ad suam retractum naturam fugant a nobis, nec intra nostra viscera eius virtus manebit, sicut sole orto, Manna ad liquoris naturam revertebatur, quod in Arca Testamenti, incarnationem Christi praeluxisse agnoscitur, et quatuor annulis Evangeliorum, confixis duorum testamentorum vectibus, a quatuor Evangelistis (Levitis scilicet) collo, in hoc toto itinere vitae portatur. Cuius solius visio impetum fluminis mundanae sapientiae, ad fontis originem in Jordanis figura revocavit. De qua idem Salomon dixit : *Omnis sapientia a Domino Deo est* (1) : quae in figura Jordanis « divisi a) » in duas partes praefigurata est. Illa enim pars aquae, quae in mare ante faciem Arcae delapsa est, illa videtur Philosophiae pars, quae suo obstinato impetu (contempta praedicatione Christi), praeceps, impetu in infernum delabitur : Illa vero sapientum huius mundi turba, quae ad fontis meatum recurrit, vel stetit in tumulo « ipsa est proculdubio, quae b)» agnito Christo (quasi ad caput fontis recurrens, ad Sacerdotii honorem, et ad martyrii gloriam) omnium bonorum cultrix efficitur, et instar Jordanis sublimatur ad coelum : Quae agnoscit, universa quae gesta sunt a protoplasto Adam usque ad Christum, in typo redemptionis humanae omnia praecessisse. Illa autem plebs quae ista omnia agnoscere contempsit, hoc illi eveniet, quod praesenti loco vox Dei Christi minatur. Quae dum Christum in propria venientem suscipere renuit, tradita est saevissimis regibus, et de proprio solo lugens egressa, abiit post vestigia variarum gentium, gregum, violenter trahensium se, et pascit doctrinae suae cibo, circumcisionem tenendo, sive legem Mosis, filios suos haedos a sinistris segregandos iuxta tabernacula pastorum : Horum proculdubio Regum, vel Principum, in quorum Regno, et potestate tradita est; quorum tabernacula, ritus diversarum religionum intelliguntur. Quia sicut pastores nuncupantur ab eo quod populos circumspectione sua vel legibus monitisque, sive alicuius doctrinae cibo pascant, ita et taberna-

(1) Eccles. I. 1.

a) divisa — b) ipsa proculdubio pure —

cula eorum , templa et luci idolorum intelliguntur ; ubi ita
credunt se habere « confugium , obsecrando cineres mortuorum a) » quemadmodum a tempestate , sub frondium tuguria
pastores brutorum animalium confugere adprobantur , quae tabernacula moris est appellari. Et ideo iuxta tabernacula et non
intra , pascere haedos suos supradicta gens memoratur , quia
cum videtur idolatriis minime deservire , tamen similes filios
pascit , quos nesciet Christus in die iudicii. Et cum se extollit,
legem Mosis , et ritum circumcisionis custodire , juxta est impietatem eorum , qui idola colunt ; quicumque enim non confitetur Christum Verbum Patris , virtutem Patris, sapientiam Patris , dexteram Patris , cum sinistris deputabitur. « Sunt b) »
igitur et pastores , qui propter lucra praesentia , perversa doctrina profitentur se animas pascere , qui in superbia elevati, in
iudicium diaboli inciderunt , ubi erit fletus , et stridor dentium:
de quibus dicit Deus per Ezechielem Prophetam : *Vae pastori-*

(1) Ez. XXXIV.2. *bus* (1) qui pascunt semetipsos , qui turpia lucra , et vanae
gloriae laudem sectando , a principe bono pastore Christo rece-
dentes , conversi sunt in vaniloquium , et de fundata domo fidei super « petram c) egressi , fecerunt sibi tabernacula , quae
non erubescunt singuli suo nomine Ecclesias appellare , et in tot
partes scindunt unum gregem Christi, quot in toto mundo schis-
mata , et haereses numerantur , et in tot membra unum pastorem dividere moliuntur , quantae diabolicae doctrinae , et quot
haereticorum auctores surrexerant ; cum Dominus noster Chri-

(2) Joan. X. 16. stus dixerit: « *Erit unus d)*» *grex, et unus pastor* (2): Et dixerit :
Super hanc petram aedificabo « *non Ecclesiam meam tantum ,*

(3)Matth.XVI 18. *ut ficti pastores faciunt, sed Ecclesiam meam e)* (3). » Qui agnos
quidem de grege Domini nostri Christi, suae vocis doctrina se-
ducunt , sed haedos efficiunt gehennae ignibus mancipandos.
Quod malum perfecta anima , praesenti loco , omni modo cavere monetur dicendo : « *Si ignoras te , o pulchra inter mulie-*
res , egredere et abi post vestigia gregum, et pasce haedos tuos

(4) Cant. I, 7. *juxta tabernacula pastorum* (4). » Potest namque et ita intelligi,
quod dicatur ei : Tu pulchra « anima f) « quae dono scientiae
decorata es , et inter alias animas , caste iusteque vivendo pul-

---

a) confugium — b) Sic — c) terram — d) Unus — e) Ecclesiam meam — f) amica —

chrior effecta es, noli otio torpescere in scrutando testimonia eius,
qui te « suo testimonio, et *a)* » amori sociavit, qui te » ut aliis
speculum esses *b)* » sapientiae donis cumulavit, qui te caput
suae plebis forsitan aut posuit, aut esse permisit ; quia beatos
asseruit propheta : *qui scrutantur testimonia eius, et in toto
corde exquirunt eum* (1) « id ergo *c)* » agendum est tibi, ut (1) Ps. CXVIII 2.
quem constituit, non frustra constituisse se poeniteat, sicut
Saul Regem, de quo dicit : *poenitet me unxisse Saul in Re-*
gem (2). Hoc itaque agendum est isti animae (quae, sive magni (2) I Reg. XV 11
honoris intelligitur inter alias animas, sive inter alia charismata
scientiae, sive in ordine) quatenus pie quaerendo, solertissime
scrutando, non ignoret de Scripturis Divinis, et fidei statu (in
qua, una potentia divinitatis in tribus Personis clarescit) omni
poscenti se, reddere rationem. Non ignoret hominem bonum
a bono Deo creatum, per liberam voluntatem malum fieri
propria culpa « persuadente diabolo *d)* : » Quem ignorare non
debet bonum Angelum a Deo formatum, et per voluntatem
propriam malum effectum, quem ignorare non debet vinci non
posse ab homine, nisi Christi auxilio invocato, qui hac de
causa, suis insidiis hominem persequitur, ne homo amisso eius
honore ditetur. Non ignoret cur a bono Deo (quem nullius personam accipere Apostolus affirmat) ad eius imaginem, et similitudinem homo creatus, et tanta varietas morum, tanta saevitia in hominibus videatur inserta : Cur diversarum nationum
diversus corporis color, cur energumeni et alieni sensus, cur
caeci, claudi, vel muti, vel diversis membrorum vulneribus
maculati nascantur, et nonnulli homines pulchriores ab artifice
facti sunt Deo, ut dicit Propheta : *Manus tuae fecerunt me,*
et plasmaverunt me, da mihi intellectum ut discam mandata
tua (3). Si ergo haec non ignoraverit supradicta, quae pulchrior (2) Ps. CXVIII
inter caeteras praedicatur, non natura sed vitio ministrorum 73.
naturae, evenire per libertatem arbitrii, saevitiaque et crude-
litate, omne quod Deo contrarium est, esse contractum, proculdubio non omne malum ad Creatorem retorquetur : Nasci
autem inutile, non Creatoris culpa, qui naturae constituit ordinem germinandi, sed ministrorum incontinentia, ut dictum

---

a) suo — *b)* aliis per speculum — *c)* idcirco — *d)* persuadente —

est, obvenire convincitur. Qui in aliis seminibus jaciendis , aut plantandis pomiferis surculis potius congruum tempus, quam in hominibus seminandis requirunt : quae pars utique multo his maiorem curam in opera seminandi requirit secundum ea, quae Dominus ad Mosen praecepit indicanda filiis Israel, quando vel quam ob causam debeat a coitu coniugis abstineri, et crimine condemnatur quisquis menstruatam mulierem contigerit : quorum praeceptorum contemptores, necesse est ut in sua sobole erubescant. Haec a Deo praecepta sunt, ut non ignoret plebs Christi, quam suo sanguine decoravit, non in passione ignominiae, sed ad sanctam posteritatem homines dispari sexu, masculini et faeminini, in quibus imaginem suam et similitudinem posuit, esse creatos. Nec ignoret similem quidem habere ordinem generationis conceptus cum pecoribus secundum carnem, sed in anima porro sublimiore sensu et ratione praecellere: et eam jam formato corpore in utero, mitti, et non cum semine, sicut animalium animae de « paterno *a)* » viscere effundi. Nec ignoret, se imaginem et similitudinem Creatoris, non in corpore, sed in anima possidere. Nec ignoret « anima *b)* » quae inter alias « simpliciores pulchrior est *c)* » quibus credulitas sufficit ore tradita Sacerdotum ; quia quod potuit orando postulandoque a Deo adquiri, potest per ignaviam , insidiante diabolo deperire, sicut multorum regum Israel tradunt exempla, in quibus legitur aliquantos bona initia habuisse , et pessimum finem. Si qua ergo hujusmodi anima , quae monetur ne se ignoret , et pulchrior inter alias conlaudatur , semel de caula rectae fidei , de grege , qui pascendus traditur Petro , fuerit egressa , incipiet post vestigia gregum perversi dogmatis , de unius in alterius gregis septa discurrere. Et ita fit , ut quicumque unam et veram doctrinam deseruerit , quotidie multas , et falsas novarum vocum doctrinas inveniat. Et qui forsitan caput erat gregis Christi, nunc in alienis gregibus cauda efficitur , sicut per Isaiam asseruit Dominus dicendo : *Propheta loquens mendacium , ipse est cauda* (1). Omnis enim qui in populo rectae fidei est , etsi inferiore loco , vel ordine sit , rectam tamen fidem tenendo proculdubio caput est : a quo capite si recesserit , quamvis magnus

a) pravo — *b)* animas — *c)* simpliciores sunt , et—

inter haereticos videatur, loquendo mendacium cauda efficitur. Et iam non ut ovis, quae vocem Dei audiat, sed velut capra oberrans, vestigia perversorum gregum sequendo, efficitur; « quando *a)* » veritatem in mendacium vertit, circa inutiles quaestiones aegrotat, et auditores (quos, maledicendo, nequiores generat) quasi haedos iuxta tabernacula pastorum, daemonum, qui sunt auctores haereticorum, venenosis assertionum flosculis pascit. Quis autem sapientum poterit ignorare, inventores, doctoresque haereseos, tabernacula daemonum esse, in quorum mentibus daemones velut in tabernaculis reduiescere delectantur? Namque sicut bonus Pastor Christus, animam suam tradendo in mortem, gregem sibi adquisivit, quem Petro pascendum commendat; Ita et mali pastores daemones, per suam damnationem, animarum congregant greges, cum quibus in aeterna morte damnantur. Sunt ergo perditorum gregum pastores supradicti; tabernacula vero illi, in quibus primum haeresim loquitur satanas; Greges autem auditores, vel amatores eorum, in quibus gregibus non agni generantur, ut retrodictum est, sed haedi, quos anima » ad omne dedecus *b)* » pascere dicitur, si ignoraverit se. Certum est enim, per Christi doctrinam, in qua verus Deus, verusque creditur homo, agnos generari ad dexteram in die Judicii collocandos « et supradictorum doctrina haedos a sinistris *c)* » reprobatos gehennae ignibus deputandos. In quorum consortium adgregandam minatur Dei sermo perfectam animam in sapientia, vel scientia, si ignoraverit omnia saepe dicta, quae in ea Creator contulit per naturam, eam ad suam imaginem, et similitudinem fabricando, eam sensu, et ratione ditando, per quem sciat adpetere bonum, et respuere malum ; per quem » rationabili sensu *d)* » Creatori suo praebeat auditum, contemnat diabolum, Deo se praebeat vehiculum, humilitatem diligendo, diabolum fugiat nequissimum ascensorem, execrando superbiam. Nam unusquisque ascensor ad suam possessionem, vel Patriam « vehiculum, quod *e)* » ascenderit, ducit : Deus videlicet ad coelorum regnum, diabolus in infernum ; de his enim duobus ascensoribus evidenter declarat Scriptura divina. Deus itaque ita dicere legitur per Isaiam

---

a) Quomodo qui — *b)* ad omne decus creata — *c)* et ad sinistram — *d)* rationabilem sensum — *e)* quasi vehiculum, quem —

Prophetam : *Super quem requiescam , nisi super humilem , et*
mansuetum , et trementem sermones meos (1)? De diabolo vero
ita praecipitur per Salomonem : *Si spiritus* (inquit) *potestatem*
habens , ascenderit super te , locum tuum « ne dimittas a) »
ei (2) : hoc est si ascenderit per cogitationem « cordis tui *b)* »
hortando ad crimen , arbitrii tui « stabulis *c)* » , bonae voluntatis locum, crimen perficiendo, ne dimittas. Quantumvis enim cal-
cium suorum stimulis intra stabulum boni propositi « animae *d)* »
latera in cogitationibus verberet , nequaquam tamen per campos
scelerum , habenis « eius agetur , neque flagris eius verberibus
acta *e)* » crudelissimi exempli sui innocenti importabit interitum; sed laudis frena (reparatis viribus) « Domini protectione *f)* »
suscipiens , iugalis effecta Spiritus Sancti , quae possit (imo
quae mereatur) aegrotantibus caeteris animabus caelestem medicinam perferre : « similis *g)* » facta illis, quos Dominus Christus binos per civitates vel castella miserat ad praedicandum :
de quibus « Abacuc Propheta praedixerat, cum ait *h)* : » *Ascen-*
des super equos tuos , et quadrigae tuae salus (3) ; quos Apostolos vel Evangelistas intelligi, nullus sapiens dubitabit. Haec
ergo saepe dicta perfecta anima , voce sponsi terribilibus admo-
nitionibus conturbata, cum dicitur ei : *Si ignoras te o pulcher-*
rima inter mulieres , haec , et haec venient tibi; porro melior
esse effecta ostenditur in pulchritudine , in potentia , in velocitate. Nam cui prius dictum est pro ultima nota : si te ignoras
pasce haedos ; nunc eius pulchritudo , virtus , et velocitas sic
admirabilis facta est, ut magnis « similetur *i)* » personis , in
quibus ipse sedet, et equitat Christus, et quantum eam hu-
miliandam minatus est , si se non agnovisset , cur vel a quo sit
creata ; tantum laudibus digna est exaltari , postquam salutaribus monitis erudita proficit in melius, dicendo : « *Equitatui*
meo in curribus Pharaonis adsimilavi te, amica mea (4) : » ut
nos doceremur quantum Dei correptio valeat, sive illius, quem
sua vice « ornat *k)* » Christus. Habet equos , habet equites ,
habet et currus Dominus Jesus Christus « quibus vehitur magnus ille Elias Propheta quasi ad coelum , et qui advenerant in
auxilium contra Assyrios Eliseo in Samaria , et quos vidit mis-

(1) Is. LXVI 2.

(2) Eccl. X. 4.

(3) Abac. III 8.

(4) Cant. I. 8.

---

a) ne dimiseris ei — b) cordi tuo — c) stabulum — d) animi — e) eius verberibusque acta —
f) Deum protectorem — g) simplex — h) Abacuc — i) similiter — k) ordinat —

sos perambulare omnem terram Zacharias Propheta *a)* ; » Quibus amicam suam, id est, perfectam animam Dei comparat
sermo. Equi autem qui praedicti sunt, videntur mihi virtutes
esse Angelicae : in quibus ante incarnationem Domini veheba-
tur Spiritus Sanctus multipliciter, qui secundum ipsius Salvatoris
sententiam Deus est, dicentis : *Deus Spiritus est* (1) : *Et Spi-* (1) Job. III. 8.
ritus ubi vult spirat. Quibus equis sociati coniunctique intelliguntur Apostoli simul, et illi, qui succedunt in eorum locum,
vel ordinem : qui « sedente super se Spiritu Sancto, multiplicem gratiam impertiente *b)* » portant Deum in corpore suo : et
discurrunt, non quo vitia traxerint, et diabolus persuadendo il-
lecebram, sed quocumque ducti fuerint eius habenis, confirmante Apostolo Paulo : *quotquot Spiritu Dei aguntur (id est
ducuntur) hi Filii Dei sunt « glorificate et portate c) » Dominum
in corpore vestro* (2). In quibus « ascensurum *d)* » Dominum (2) Rom VIII. 14.
Jesum Christum, vel Spiritum Sanctum, et omnibus gentibus
medicinam portaturum in eis, cum de eius adventu caneret,
Propheta Abacuc (ut retro iam dictum est) adnunciavit: *Ascendes*
(inquit) *super equos tuos « et quadrigae tuae sanitas. Tendens,
et extendens arcum tuum super sceptra dicit Dominus e)* (3).» (3) Abac. III. 8. 9.
In quibus equis vel quadrigis sedens Christus Redemptor no-
ster, loquens in Apostolis, acutissimo gladio, verbo suo expugnat exercitum daemonum, qui super impios reges vel philosophos magicarumque artium doctores equitabant, et de singulis,
secundum virium qualitatem, currus, equos, vel arma fecerunt : per quos suo Creatori bellum inferre attentabant, Deorum sibi nomina usurpando. Sed Redemptori nostro triumphanti
per Crucem, omnes currus, et equites, omnisque caterva Principis Mundi cessisse probantur ; qui sibi de populo captivo
(ut diximus) currus, et equites, et arma fecisse comprobantur :
et quidquid invisibiliter ante eius adventum moliti sunt, nunc
in eius Passionis triumpho, per Judam, et principes Sacerdotum, per Scribas, et Romanam Cohortem militum, visibiliter
exercuisse mostrantur. In qua turma aerearum potestatum pro-

---

a) quibus vehitur : Magnus ille Elias Propheta evectus est curru quasi ad coelum : Equites advenerant in auxilium contra Assyrios Eliseo in Samaria : Equos vidit missos perambulare omnem
terram Zacharias Propheta : — *b)* sedentem super se Spiritum Sanctum, multiplicem gratiam im-
pertientem — *c) glorificantes et portantes* — *d)* ascensorem — *e)* et reliqua —

culdubio princeps mundi ductor fuisse monstratur , qui per crudelissimos persecutores supradictos , ita Apostolica castra tur-
bavit , sicut carneus Pharao populum Israelem curribus , et
equitibus persequendo , Israel castra turbasse refertur. In hoc
ergo praelio tam funesto , videntur mihi principes Sacerdotum
equorum et curruum vices egisse : qui primi in tanto scelere
cucurrerunt , et post se omnem crudelium turbam pro curribus
traxerunt , clamantes : *Crucifige , crucifige talem* (1). De quibus , currus fabricasse probatur aereus Pharao diabolus : super
quos sedens , Domini corpus in mortem egit. In quo curru cariosum fragilemque temonem Judam aptavit « primo omnium
laqueo *a)* » confringendum. Hi enim qui multitudine criminum
nimis volubiles sunt in malitia , currus Pharaonis « principis *b)* »
mundi effecti sunt ; in quibus Princeps mundi cum suis ministris in malis operibus equitabat ; sive hoc de retrodictis Philosophis intelligas , sive de crudelissimis regibus , vel de magicarum artium inventoribus , sive de illis qui Dominum Christum
egerunt in crucem , sive de his qui eius martyres diversis tru-
cidaverunt tormentis. Nunc autem Redemptore nostro Domino
Christo pugnante , et vincente principem mundi cum exercitu
suo , liberati de manibus eius , Apostolorum collo doctrinae
tracti Dominum portant. Et in quorum mentibus immundi
spiritus insidere consueverant , equitantes per facinorum campos , nunc Domini equi effecti per gratiam regenerationis , Spiritum Sanctum vehere comprobantur : Per quos mox uti in
insidiis invenerit inimicum eorum , qui adhuc parvuli sunt ad
peragendum bellum , sub currus *c)* vel saepe dictorum equorum
proculcat vestigia *c)*. » Sub eorum scilicet , pro quibus orat
beatus Paulus Apostolus : *Deus Dominus noster conteret sata-*
nam sub pedibus vestris velociter. De quorum cervicibus de-
iecto iniquo sessore , iubentur Domino se praebere vehiculum ,
cum ait : *Glorificate , et portate Dominum in corpore vestro* (2).
Per quod sacramentum Redemptionis nostrae coepit aereus
Pharao suis curribus conteri in cunctis adinventionibus , et calliditatibus suis , dum sapientia mundi a suis « quondam *d)* »
Philosophis vincitur , qui velocitate , sapientiae cursum muta-

(1) Luc. XXIII.
21. Jo. XIX.6.

(2) I. Cor.VI.20.

---

a) primum omnium laqueis— b) principes — c) vel saepe dictis proculcat equorum vestigiis —
d) quibusdam —

verunt, potius quam amiserunt. Mutatis enim Doctoribus, » Apostolis , velocissimis Dominicis *a)* » equis, velociores necesse est « effici currus *b)* » et mutato magno Sessore praedicto, magni efficiuntur et equi. De illis ergo potentibus in malitia, qui per doctrinam ipsius credentes liberati sunt a malo Sessore, portant Spiritum Sanctum. Et in quibus solebat sedere Pharao (qui disperdens, vel dissipans eos interpretatur, qui utique Princeps intelligitur mundi) nunc vehitur in eis princeps coelestis militiae Christus. Et quos consueverant auctores vitiorum ministri Antichristi trahere per saxosa convallia criminum : nunc a potentibus , et mansuetis equis Apostolis , vitae exemplo, et sana doctrina trahuntur per justitiae campos , in quibus rotae sunt voluntas, et rationabilis sensus, temonis agens officium, per quem aut Pharaonis, aut Christi unusquisque efficitur currus. Et quam sint splendidi « purae *c)* » conscientiae auro obtecti , quam refulgentes in omni sancta conversatione hi, qui, ex Pharaonis Christi effecti sunt currus, evidenter agnoscitur » ut *d)* » eos Domini equi trahere « adserantur *e)*. » Quibus etiam pro sublimi laude « amicam *f)* » suam assimilat Christus dicendo : *Equitatui meo*, et reliqua. Quam plebem ostendit per omnia , similia bella perpessuram in Apostolis , vel in eis qui currus effecti sunt Dei : Et similem eam gloriam post triumphos « manere , insidente *g)* » in se Domino Christo , vel Spiritu Sancto multiplicis gratiae largitore : cui est gloria in saecula sacculorum. Amen.

FINIT LIBER SECUNDUS.

INCIPIT LIBER III.

« *Quam pulchrae factae sunt genae tuae, sicut turturis* (1).» (1) Cant. I. 9.
Post oscula sancta suscepta , post omnem laetitiam retro dinumeratam, post pulchram pugnam praedictorum filiorum matris, post agnitionem sui , cur aut qualis vel a quo creata sit , post

---

a) (Apostolis velocissimis daemoniacis— *b)* efficiantur— *c)* verae — *d)* ubi — *e)* adseruntur — *f)* animam — *g)* manere —

« virtutum insignia, equitatui *a)* » Dominico comparata, nunc initia pulchritudinis, prae caeteris membris , a genis Ecclesiae « nasci docetur *b)* » et hae pro magna laude turturi comparantur, ut per aenigmata , habitationem eius a perturbatione saeculi istius tumultuosa prolongandam ostenderet. Haec enim pulchritudo genarum (quae castitatis candore, et verecundiae rubore « faciem decorant) Ecclesiae *c)* » duo contraria quam maxime probatur habere : hoc est, frequentiam populorum , et cupiditatem praesentium rerum, adpetendo plusquam necesse est. Quod si ad magisterium formicae, ad ultimam notam, docendus mittitur piger (qui peccatoris futuram vitam non cogitantis significat figuram) nihil mirum si eorum persona , qui faciem Ecclesiae exornant, turturi comparetur ; quae sola prae caeteris avibus , remota a frequentia hominum diligit incolere loca , et ibi construit nidum educatque pullos, ubi hostis eius aut numquam aut vix habet accessum. Quod utique fugiendo malorum consortia, respuendo quidquid pretiosum in praesenti cernitur vita , sancta anima (quae amica a verbo Dei appellatur) eo modo cognoscitur facere caelestem prolem doctrinae suae sermone genitam , et vitae exemplo nutritam transmittit ad Coelum. Nam Turtur, de qua sermo praecessit, tantae castitatis ab eis, qui naturas avium descripserunt , esse narratur, ut praeter unum conjugem nesciat , de quibus si alter defectus fuerit, alteri jam numquam alia societur, sed in omni vita , proprium coniugem amissum desiderando requirit. Cui ergo per castitatis et verecundiae decorem Ecclesia in genarum pulchritudine congrue comparatur. Haec quidem secundum ordinem historiae dicta sunt , sed opinor praecelsiorem sensum in hac comparatione latere : nam mihi videtur illius turturis pulchritudini genas Ecclesiae comparari, de qua in octogesimo tertio Psalmo Propheta dicit : *Etenim passer invenit sibi domum, et turtur* *nidum sibi , ubi ponat pullos suos* (1). Ubi figuram Spiritus Sancti in passere, et immaculatae carnis assumptae , in turture nominatam nemo sapiens ignorabit. Tunc videlicet Ecclesia in genis quae omnibus in propatulo sunt, et bonis et malis, ab utrisque pulchra laudatur, quando adsumpti hominis Christi

---

a) virtutem equitatui — *b)* nosci docemur — *c)* decoratur) faciei Ecclesiae —

(per castitatis maxima bona) quantulumcumque in se similitudinem traxerit. Tunc pulcherrimum totum Ecclesiae corpus cernitur, cum verecundus genarum aspectus per pudicitiae gloriam ab impiis admiratur : tunc enim « magnae a) » virtutis ab hostibus suis castitas praedicatur, cum eam impugnantes vincere non potuerint. Nam sicut membra quae sunt in capite, si pulchra fuerint, caeterorum membrorum, quae vestibus conteguntur, foeditatem excusant : ita et illi qui per sacerdotalem honorem membra capitis Ecclesiae esse noscuntur, plebis negligentiae foeditatem sua castitate decorant, et e contrario nihil tam deforme, tam abiectum in Ecclesiae corpore, nisi cum in supradictis membris turpissima vita vel fama cernitur. Et quia Sancta Ecclesia in suis Doctoribus, castitate et varietate virtutum, turturis (idest Christi) imaginem imitatur, necessario ab ipso laudatur dicendo : « *Quam pulchrae sunt genae tuae sicut turturis* (1) ! » Sequiturque : « (2) *Collum tuum sicut monilia* ; *Catenulas aureas faciemus tibi, vermiculatas argento* (3). » In collo mihi videntur laudari, qui verbo aedificationis parvulos instruunt ad salutem; qui spiritalem cibum sermonis, ad caetera corporis Christi membra quibus credulitas sola suffragatur, quaecumque obscura interpretando, transmittunt. Qui per doctrinam auream, et per exemplum vitae gemmeum, « in se Ecclesiae collum ostendunt b) ». Monilia namque, gemmarum ornatus esse dignoscitur, sed ut pulchrior fiat earum aspectus, auri materiam necessariam habent, per quam connexae in suo teneantur loco. Hoc est, ipsum naturae nostrae ingenium, quod in similitudine gemmae de lapideo corde exciditur, necessarium habet fulgentissimum Sancti Spiritus adjumentum, per quod novi et veteris Testamenti verba Legis divinae, quae praenunciaverunt vel ostenderunt Salvatorem mundi venisse, concatenata, quasi una veritatis catenula, sermo effectus « gemmeus, et fidelium c) » transiectus mentibus per concordiam fidei, per unanimitatis consensum, Ecclesiae collum decorat. De quibus verbis vel sensibus nunc Spiritus Sanctus ait, immo Trinitas ipsa inseparabilis ad praedictam animam : « *Collum tuum sicut mo-*

(1) Cant. I 9.
(2) Cant. I. 9.

(3) Cant. I 10

a) imagine — b) in Ecclesiae collo ostenduntur — c) gemmeis animarum —

nilia (1) ». Id est, inter ipsa prophetica a Spiritu Sancto manantia aurea verba, quibus circumdatae animae pulchrum praestant adspectum, argenteus sensus intelligentiae rationalis emicet intersertus; qui sensus sermoni Prophetiae, Conceptioni, qui Nativitati, qui Passioni, qui Resurrectioni, qui Ascensioni in Coelum, qui regressioni ad iudicandam terram, Salvatoris conveniat, (ut dictum est) intersertus argenti vermiculatione coruscet. Tribus quidem istis, gemmarum, auri, et argenti materiis, nescio si qua in suo collo utatur nobilis saeculi mortalis sponsa (in quo utique ornamento, dedecorari videtur monile, si interseratur vilior argenti materia). Sed « hic, quia de animae ornatu tractatur *a)* » necessarium est tribus materiis sponsam verbo Dei ornari, per cogitationem scilicet, limpidissimam gemmam, et sermonem veritatis auro rutilantem, et opera iustitiae argenti candore micantia. De quibus ipse Dominus in Evangelio auditoribus dicit: « *Sic luceat lux vestra coram hominibus, ut videant opera vestra bona, et glorificent Patrem vestrum qui in coelis est* (2). « *Cum esset Rex in accubitu suo, nardus mea dedit odorem suum* (3) ». Aliquantulum scilicet per Joannem Baptistam praeparatorem sponsae, doctrinam pulchritudinis est adepta Ecclesia, et in lamentationem infantium, velut angusta stola induta; recumbentem in domo Simonis leprosi, per lachrymas poenitentiae meretricis, Christum invenit, et mentis suae nardum gaudet dedisse odorem. Quae fuso vasculo nardi super Dominum, ostendit eum et indultorem criminum advenisse, et gloriosam ejus sepulturam ostendit futuram. Quae cum a diabolo, qui odit poenitentes, ore Judae traditoris fuisset vituperata, voce Christi magnis laudibus meruit exaltari. Cuius memoriam ad exemplum poenitentium, velut quoddam gloriosum fertile semen, in toto mundo praedixit spargendam. Quae eius sepulturam significando, ostendit, sedecim Prophetarum in lege veteris Testamenti loquentium, medico animarum adventante, completa esse praeconia; et vetus Testamentum in sedecim Prophetis, et novum per quattuor Evangelia, octo beatitudines proferentia, in se complexa est, Christi sepulturam per suam poenitentiam portendendo, « quot *b)* » speciebus arte pigmentaria mixtis oleo,

a) hi, qui ad animae ornatum trahuntur — *b)* eo quod —

conficitur nardus , idest , viginti octo « ut in *a)* » sedecim Prophetis et quatuor Evangeliorum libris , et octo beatitudinibus recognoscas , quem Ecclesia per pretiosam nardum « in pellice *b)* » dedit odorem. Quae nisi Christum Regem incubantem in « stemmate *c)* » carnis reperisset , nec mentis suae dedisset odorem , nec Angelis coelorum laetitiam exhibuisset , quibus gaudium est poenitentia peccatoris ; nec domini regis digna fuisset voce laudari , quae non sine mysterio concurrit ad suffragia regis in humilitatis accubitu recubantis , antequam exaltatus sedeat iudex : et quidquid super eam Diabolus oneraverat criminum « pabula *d)* » ignis poenitendo « iactavit *e)* » ac fontibus lachrymarum extinxit. Et hoc tunc fecit , quando eum , ut est Verbum Patris , vestitum « hominem intra domum leprosi , communem *f)* » cum aliis hominibus escam sumentem invenit. Intellexit enim « excelsum de illa altitudine Deitatis , qua cum Patre unus est , descendisse *g)* » et humiliando se , recubuisse super abiectam carnis naturam in domum, hoc est , in terram istam , quae tecto tegitur coelo , quae per peccatum primi hominis facta est domus leprosi. Nulla enim tam foedissima lepra , quam nota peccati , quae facit proiici a facie Dei. Quam domum suo ingressu mundavit , sua refectione sanctificavit , et suscipiendo meretricem poenitentem , et indulgendo crimina , ipsum leprosum dominum domus se docuit emundasse. Ecce quibus beneficiis , et qua benignitate regis , mens humanae naturae , poenitentiae vel bonorum operum tantae suavitatis dedit odorem : qui totam domum praedictam impleret , et totum laetificaret cum habitatoribus « coelum *h)* » . Tria sunt scilicet , quae in isto odore laudantur , ungendo , rigando lachrymis , et osculando Domini pedes ; in quibus prima laus est Ecclesiae bonitatis , unum confitendo Deum , qui testimonio Christi solus est bonus , qui erat in ore Prophetarum. Secunda laus est disciplinae , unicum filium credendo Dei ; super « quem *i)* » testimonio Isaiae Prophetae , disciplina pacis nostrae florens , germinans fructum in virga Aaron, ad nos transfusa est in figura Aaron « asserente Isaia *k)* »

---

a) et — *b)* impletum — *c)* infirmitate — *d)* paulatim — *e)* purgavit — *f)* hominem — *g)* excelsum, quod cum Patre unum est , de illa altitudine Deitatis descendisse — *h)* tugurium — *i)* quo — *k)* adserentis (alia) —

Disciplina pacis nostrae super eum, et « livore a) » eius sa-
(1) Is. LIII. 5 *nati sumus* (1). Quae disciplina, paterno affectu invitando
ad laetitiam regni Coelorum, terrendo aeternis tormentis gehennae, per quattuor Evangelia germinavit. Tertia vero odoris est
laus scientiae, et cognitio Spiritus Sancti, qui odore vitae octo
beatitudines emanavit : qui in terra recta, idest, viventium,
doctor esse probatur, clamante David ad Dominum Patrem :
(2) Ps. CXLII.10. *Spiritus tuus bonus deducet me in terram rectam* (2). Quae
tria omnium bonorum fundamentum esse probantur ; quae in
se baptismum, poenitentiam, et martyrium continere docentur. Quae tria gloriosa, de supradicta Trinitatis confessione, Ecclesia gaudet in se quotidie fundi. Cuius vox est per Prophetam
in centesimo decimo octavo Psalmo, ut in se ista tria conferan-
tur, quotidie dicendo : *Bonitatem, et disciplinam et scientiam*
(3) Ps.CXVIII.66. *doce me, quia mandatis tuis credidi, Domine* (3). Quam si
diabolus viderit innumerabilibus charismatum monilibus ornatam « radiare b) » et omnium dulcium blandimentis praesentis
vitae contemptis, ad unam illam aeternae laetitiae dulcedinem
festinantem, innumerabiles ei amaritudinum immissiones, tam
per se, quam per satellites suos, per momenta immittit. Sed
quia Deus noster Redemptor in medio ejus est semper, non
commovebitur de vestigio veritatis, neque perturbatur propter
super se irruentium impetus impiorum « quia ei omnia in omnibus Christus est c) ». Nam etsi amara pro Christi inferantur
amore, indulcescunt tamen spe futurae laetitiae sempiternae.
Ideo sequitur : « *Fasciculus myrrhae dilectus meus mihi, inter*
(4) Cant. I. 12. *ubera mea commorabitur* (4) ». Myrrha siquidem amara interpretatur : quae in se salutarem significat disciplinam, quam in
Christo suscepit Ecclesia : * quae * pro eius nomine in diversis
membris, diversas tormentorum amaritudines tolerando, fasciculus myrrhae efficitur ei Christus. Arbor igitur myrrhae, de
qua multis infirmitatibus corporis profuturus gignitur succus,
similis salicis subtilissimis contortisque virgultis, in modum fa-
sciculorum ramusculos, ab eis qui arborum naturas descripserunt, proferre adseritur. Haec igitur praedicta anima, ubi per
auditum aeternae vitae dulcedinem gustus accepit, in sponsi ad-

---

a) *vulnere* — b) *ditari* — c) quia omnia, et in omnibus Christus — * *lege* quia *

veñtum multimodas et amarissimas passiones, pro eius nomine illatas, non sentit: hoc est, carceres, exilia, proscriptiones, rerum praesentium nuditatem, famem, sitim, vincula, caedes iniustas, ignitas laminas, imbres lapidum, improperia, pericula, naufragia, praecipitationem profundi, flagellorum plumbi virgarumque paenarum aculeos, et alia multa, quae dinumerare perlongum « est. Quibus susceptis, cum a) » magna laetitia dicit: Fasciculus myrrhae dilectus meus. Multas utique infirmitates, diversa vulnera, innumerabiles animae morbos medendo, per multimoda medicamenta, correptiones, et ferramentorum exempla, necnon disciplinae penicillo, fasciculus myrrhae efficitur Christus Ecclesiae. Cuius vox est in centesimo secundo Psalmo : *Benedic anima mea Domino, et omnia quae intra me sunt nomini sancto eius. Benedic anima mea Domino, et noli oblivisci omnes retributiones eius.* « *Qui propitius fit omnibus iniquitatibus tuis, qui sanat omnes languores tuos, qui redimit de interitu vitam tuam, qui satiat in bonis desiderium tuum b)* (1) ». Cum ergo ad multas infirmitates a diabolo inflictas sanandas, multas a Deo correptiones patienter pertulerit anima, vel diversas (ut supra dictum est) pro eius nomine illatas gaudens sustinuerit passiones, fasciculus myrrhae « ei efficitur Christus c) » ad omnes vitiorum morbos de ejus pectore expellendos. Tunc jam mundum « ei commorationis parat hospitium, ubi cum d) » magna fiducia Christum invitet in cordis sui recéssum, dicentem in Evangelio : *Qui audit sermones meos, et facit eos, ego et Pater veniemus ad eum, et mansionem faciemus apud eum* (2). Ecce quibus modis inter ubera amicae, hoc est, animae sibi placitae, commorari probatur. Ecce quo ordine Christum inter sua ubera Ecclesia commorari laetatur; inter illos procul dubio egregios viros, qui pro aetate, vel pro possibilitate ingenii, lacte doctrinae suae spiritali, parvulos nutriunt (de quibus ipse Dominus dicit : *Si duo vel tres convenerint super terram, quidquid petierint in nomine meo fiet eis ; et ubi congregati fuerint duo vel tres in meo nomine, ego in medio eorum sum*) (3) id est ea « impetrando e) » quae per gradus provocent ad cultum divini operis, et non in

(1) Ps CII 1 et seq.

(1) Joan. XIV 23

(1) Matth. XVIII. 19. et seq

---

a) est suscepta cum — *b)* et reliqua — *c)* eius efficitur Christus — *d)* et cum orationibus paratum hospitium divinum, ut ipsa iam tum — *e)* imperando —

desperationem adducant : sicut fecisse « alto *a)* » Concilio Apostolos, actus Apostolorum commemorat, scribentes in Antio-
chia discipulis adhuc parvulis in Christo: *Non vobis,* inquiunt,
*amplius pondus imponimus, nisi ut abstineatis vos ab immo-
latis idolis, a fornicatione, a suffocatu et sanguine: et haec
custodientes bene agetis. Valete* (1). De quibus uberibus unus,
auditoribus suis dicit : *Lac vobis potum dedi, non escam* (2),
« *necdum enim poteratis.* In talium ergo medio uberum Christus *b)* » commorari laetatur. Quod si Ecclesiae caput effectus
est Christus, quid mirum si et commorator mentis efficiatur,
ubi vicina sunt ubera ? Nam si Ecclesia unum corpus cum Christo effecta est, cuius in capite dicimus ubera Apostolos debere
intelligi per Evangelistarum, Apostolorumque doctrinam, non
erit incongruum Patriarchas, et Prophetas, etiam Ecclesiae ubera
nuncupari, in quorum medio transfiguratus in monte Jesus, dilectus Ecclesiae, inter Mosen Patriarcham et Eliam Prophetam, in futuram « gloriam se Ecclesiae manifestasse probatur *c)* ».
Nunc autem per unitionem Dei et hominis adsumpti, divinitatis et « humanitatis *d)* » aeternalis et temporalis collegium,
vetus et novum duo Testamenta, alterum quod promisit, alterum quod promissum Christum ostendit, Ecclesiae ubera cognoscuntur, in quorum medio Christus commorari probatur.
« *Botrus Cypri dilectus meus mihi, in vineis Engaddi* (3) ».
Prae omnibus terris insula Cyprus mirae magnitudinis botros
uvarum gignere fertur, cuius magnitudinis ille botrus, qui a
duobus iuvenibus de terra repromissionis in desertum per latus
fuisse legitur, qui omnimodo figuram adsumpti hominis Christi Redemptoris nostri signabat. Qui utique pro loco, vel tempore, vel causa, esca et potus Ecclesiae factus est per corporis sui
et sanguinis Sacramentum. Cyprus vero tristitia vel maeror interpretatur. Engaddi, fons haedi. Est ergo Christus botrus Cypri
amicae suae Ecclesiae, dum peccatoribus tristitiam vel moerorem poenitentiae in mentibus seminat, ut eos ad illam beatitudinem sublimet, de qua ipse dixit in Evangelio: *Beati qui lugent
nunc, quia ipsi consolabuntur* (4). Qui ut ille, quem diximus,
botrus, a duobus portatus iuvenibus in desertum, ita et ipse a

(1) Act. Apost XV.
28. et seq.
(2) I. Cor. III. 2.

(3) Cant. I. 13.

(4) Matth. V. 5.

---

a) alio — *b)* et reliqua. Inter alia etiam media uberum Christi — *c)* gloriam Ecclesiae maui-
feste esse probatur — *d)* humilitatis —

duobus populis, Judaeo scilicet persecutore, et Romano milite
.. in phalangam Crucis levatus est *a)* „ qui usque hodie tristitiam
moeroremque, vitam conferentem aeternam Ecclesiae generat
(ut praedictum est) in eis, qui post innumeras congeries criminum, in sinus Ecclesiae congregantur. Cibum vero spiritalem
et potum, botrus praedictus in se credentibus quotidie submi-
nistrat: his dumtaxat, qui congregantur ad eum in vincis Engaddi, ubi est fons haedi, hoc est, ubi multarum gentium nationes, quae vineae intelliguntur, Creatore agnito « constructis
conventiculis credentium Christo *b)* » habent in medio sui fontem haedi, qui est sacrosancti baptismatis fons, ubi haedi descendunt, qui erant deputandi a sinistris ante tribunal iudicis
aeterno igni tradendi: Et ascendunt agni immaculati, qui a dextris iudicis congregentur, aeterno regno donandi. Nam certum
est unum esse fontem baptismatis in toto mundo, ubi Trinitatis coaeternae invocato nomine tincti sanctificantur, ut ex
haedis agni efficiantur. Certum est enim ut sicut una gens Judaea per notitiam legis divinae, vinea Domini nuncupatur: ita
et diversae gentes ad fidem Christi adductae per Apostolorum
culturam, idest, doctrinam, multae vineae appellantur. In quarum medio, ut dictum est, sancti baptismatis fons est aquae,
ad quem haedi adveniunt, ut agni efficiantur. Fons enim baptismi propter peccatores est constitutus, qui haedi sunt appellati: non propter iustos, qui lavari non indigent. Justa ergo ratione fons haedi lavacrum sanctificationis intelligitur: qui non
propter iustum, ut praediximus, sed propter peccatorem populum a Christo in praefatis vincis est productus. Quae vineae
Engaddi non vinum, sed balsama gignunt. Engaddi vicus est
praemagnus in terra Juda, iuxta mare mortuum: quae terra figuram tenet terrae viventium, ubi sunt vineae balsami. De quo
vico multi reges transplantaverunt arbusculas balsami in aliis
locis vel terris, et penitus radicare aut vivere nequiverunt. Unde
factum est, ut in eodem loco, vel in eisdem finibus magnum
studium adhiberetur a regibus in plantandis vincis « gignenti-
bus *c)* » balsama. Et quae sit causa, ut in nullo cespite hae
proveniant vineae, nisi in solo Engaddi, operis praetium est in-

---

a) imperante, a phalanga in crucis patibulum translatus est — *b)* destructis conventiculis incredulorum credentes Christo — *c)* gignentium —

telligere. Reor enim hunc succum harum vinearum, unius fidei confessionem intelligi, et typum tenere, in qua spes consistit fidelium, in qua singula medicinalis odor bonus Christi vitam mortuis animabus reddens, germinare probatur. De qua confessione quaecumque gens vel anima a malis cultoribus haereticis decepta transplantata fuerit, arescit; quod multis animabus evenisse probatur, quae ab una verissima praedictae confessionis fide evulsae, et arefactae, gehennae pabulum praebuerunt. Nam sicut corpus sine esca et potu subsistere non potest, ita Ecclesiae voce declaratur, sine botro, qui est Christus, aeterna vita de coelo descendens, anima vivere non posse. Qui scilicet botrus in nulla alia terra, nisi in repromissionis terra, in nulla alia vinea nisi in vineis Engaddi ab esurientibus et sitientibus iustitiam, invenitur; idest in nulla congregatione haereticorum, in nulla secta philosophorum, in nulla adunatione schismaticorum. Ubi si transplantatus fuerit aliquis deceptus, perversitatis suae fama deperit arefactus. « *Ecce tu pulchra es amica*

mea, ecce tu pulchra, oculi tui columbarum (1).» Post genarum et colli decorem, sponsae oculorum pulchritudo laudatur, et geminato praeconio, et totius corporis pulchritudo et lumina columbarum oculis comparantur; et illi craeturae comparantur, quae mansuetudine, foecunditate, acumine visus, velocitate pennarum omnibus pene aligeris animantibus praestantior invenitur. Oculi ergo totius duces corporis esse probantur, sine quibus aut non potest incedere corpus, aut vix offendendo incedit. In quibus Sacerdotes recto ordine intelliguntur, quibus sacrosancta mysteria a Deo commissa sunt. In quorum fide decoratur Ecclesia. In quorum vita immaculata repetitis laudibus Ecclesia sublimatur. Pulchra est namque, mundissimam Deo conscientiam exhibendo. Pulchra est, inimicis et alienis a fide Christi irreprehensibilem conversationem monstrando; additur et tertia pulchritudinis laus in acumine oculorum. Columbarum enim natura, super illa quae diximus, et hoc peculiare habere probatur, ut hostis adventum post se, de longe ante se in aqua speculetur. Cuius utique in Sacerdotum commonitione sermonis, accipitris adversarii diaboli insidias populis « praedicendo *a)* » pulchritudo laudatur « *Ecce tu pulcher*

a) praedicando —

es dilecte mi, et decorus, lectulus noster floridus (1). Non po- (1) Cant. I. 15
test quispiam quem minime diligit, eius decorem laudare, nec
potest eum, cuius moribus non concordat, diligere, sicut beatus Apostolus collaudat Paulus : *Nemo* (inquit) *potest dicere in
Spiritu anathema Jesu. Et nullus dicit Dominum Jesum nisi
in Spiritu Sancto* (2). Ille ergo pulchritudinem speciemque di- (2) I. Cor. XII 3
lecti Filii Dei et videre potest, et laudando extollere, qui sanctis operibus Spiritum eius in sua retinuerit mente. Ideoque praesenti loco Ecclesia plena Spiritu veritatis, illo qui in specie
columbae in Jordane de coelo super assumptum hominem descendit, et pulchritudinem corporis eius sine peccato, et decorem verae animae sine mendacio et dolo agnoscens, reciproca
geminataque effert laude dicendo : * « *Ecce tu pulcher es dilecte
mi, et decorus, lectus noster floridus* (3).» Quamvis scilicet (3) Cant I 16.
decora facies, vel pretiosa vestis, speciosum ostendat sponsae
sponsum procul positum, tamen usque ad lectuli coniunctionem
caeterorum membrorum decorem ignorat. Sed ubi celebrata
fuerit legalis coniunctio, et duo effecti fuerint caro una, secundum
sententiam primi hominis (quod sacramentum magister Paulus
Apostolus, in Christo et Ecclesia praelatum adseruit) ita et praedicta amica, usque ad sepulturae diem dilexit quidem desiderando eius adventum, visum osculatumque laudavit, sed tamen omnis amor, omnisque species decoris eius a tempore resurrectionis, usque ad constitutum terminum, et effusionem
sanguinis, pro eius nomine pervenisse probatur. Lectum namque floridum, id est sparsum floribus (ubi eius pulchritudinem
decoremque in omnibus membris agnovit) sepulchrum Domini
per aenigmata ab Ecclesia intelligitur dictum : ubi pariter Corpus Christi Ecclesia, et Verbum Patris omnia implens, et ubique est totus semper, qui adsumpserat corpus, recubasse probatur. Nam non nisi praesentia verbi tribus diebus et tribus noctibus, caro non vidit corruptionem. Floridus autem lectulus iusta ratione praedicatur, in quo aromata vel aloe, quae de
multis speciebus herbarum succis vel floribus arte pigmentaria
composita, cum Christi corpore intromissa sunt : quibus, eo re-
surgente, sepulchrum est aspersum. In cuius doctrina, Ecclesia, id est, fidelium turba, libertatem invenit, in morte vitam, in sepultura silentium, in duris laboribus (quos daemo-

num flagris acta exolvebat quotidie) requiem. Ubi verus homo per inclusioném corporis, sub impiorum signaculo conservatus cognoscitur, et verus Deus de signato sepulchro cum suo homine resurgendo egressus : Ubi sub vocabulo lectuli, filii Dei, et Ecclesiae coniunctio celebrata. Ubi cum eo Ecclesia delectabilem somnum passionis, et gaudium aeternae vigilationis meruit invenire ; clamante Apostolo ad eius membra : *Si mortui estis cum Christo, quae sursum sunt quaerite, ubi Christus est in dextera Patris* (1). Ad cuius resurrectionem, et mentes hominum ad habitandum Spiritui Sancto, et tecta congregationum credentium quotidie praeparantur, etiam visibiliter, quum innumerabiles domus Dei filio, et Ecclesiae sine cessatione omni tempore ampliantur. Et de quibus qualibusve materiis fabricentur, aut quam durabilia sint, vel decora, docuit dicendo: * *Tigna domorum nostrorum cedrina, laquearia nostra cypressina* (2) ». Natura cedrorum arborum semper crescere fertur, nec aliquando sentire senectam, secundum illud Psalmographi: *Justus ut palma florebit, et sicut cedrus Libani multiplicabitur* (3). Quorum arborum succus tantae virtutis est, ut diversa corporum membra sanet; vermes ulcerum necet, et a muscarum aculeis peruncta corpora defendat. Cuius arboris ligno, cum aqua viva, et fasciculo hyssopi, cocto, alligato in vase fictili, peccatorum emundatio per inspersionem in veteri testamento celebrabatur ; quod nunc in veritate per Sacerdotes, per Baptismum, et per Sanguinem Christi, qui Sanguis unius fidei multitudines, per fascem circumplexas a diaboli infestatione defendit, in aeterna et non temporali peccatorum remissione celebrari docetur. Domus videlicet dilecti filii Dei, et Ecclesiae conventicula populi christiani, ubi praedicta redemptio animarum celebratur, in toto mundo esse noscuntur. Quae domus de doctoribus « Apostolorum vicem *a)* » agentibus, vel in eorum confixis « locis *b)* » eorumque doctrinae ferramentis dolatis fabricari probantur ; ipsaque cedrina imputribilia tigna praedictarum domorum intelliguntur, qui nec subtilissimis nequissimarum cogitationum « cariolis *c)* » a suo sanctitatis robore depereunt, et semper transacta obliviscentes, ad ea quae anteriora sunt bona opera, sine intermissione se extendentes quotidie crescunt, idest

(1) Colos. II. 20.
Ibid. III. 2.

(2) Cant. I. 16.

(3) Ps. XCI. 13.

a) Apostoli voce — *b)* lucis — *c)* ariolis — * Haec verba desunt in Codice nostro *

multiplicantur sanctorum operum fructibus " in auditorum suorum lucris animarum *a)*." Quorum succus sermonis aut consolationis ab aculeis daemonum animas defendit, et inflicta iam olim sordidorum facinorum consuetudinis vulnera sanat, et nequissimarum cogitationum vermes interimit. In quibus tignis, digne ad " dilectionem habitantium domus, rectae fidei fibulis *b)*" cypressina laquearia affixa dependent. Cypressi namque lignum manu artificis " runcinatum *c)* " decorum praestat aspectum, et odorem iucundissimum reddit, et ad multas passiones corporis, medicinae virtutem in se continere probatur. Quae castitatem, pudicitiam, obedientiam, humilitatem, charitatem, et misericordiam conservantium auditorum formam, venerantium Sacerdotum honorem exprimere intelliguntur. Qui ad verbum Doctoris indesinenter dependent. Qui in modum camerae de iustis laboribus solando, Doctorum praesentis temporis exornant et contegunt nuditatem, et ut praedicta laquearia " conservata *d)* " tignis, domorum abscondunt vel operiunt nuditatem. Doctorum enim gloria devotae plebis persona probatur. Similiter et plebis devotissimae gloria et stabilitio firma in Doctorum persona consistit. Cum illi spiritualia dona plebi, et plebs carnalia munera praedictis impertitur, gloriosae domus Christi parantur. In quibus flores sapientiae caelestis, et lilia integritatis, per suam praesentiam, ad magnam iucunditatem honoris ipse Dominus praedictarum domorum impendit, quemadmodum sequenti versiculo utrumque se confitetur dicendo : " *Ego flos campi, et lilium convallium* (1). " Ante suam incar- (1, Cant. II 1. nationem Salvator in angeli persona Patriarchis vel Prophetis loquendo, solus cui nullus similis inter Archangelos, Thronos, Dominationesque, omnibus admirandus, singularis flos in toto coelorum campo coruscans probatur. " Per *e)* " partem odoris notitiae suae, prout poterant sustinere Patriarchae aut Prophetae " mundum ipse mortalem *f)* " semper admonuit, docendo homines scientiam per prophetas, per signorum virtutes, interficiendo impios per aquae diluvium, vel sodomitas per ignem, per quod insipientes intelligerent sapientiam, et stulti superbi

---

a) in adiutorium sanctarum lucris animarum — *b)* delectationem habitantium (domus recte fidelibus cedrinis, — *c)* concinnatum — *d)* conserta — *e)* Qui - *f)* et mundus ipse mortalis —

aliquando saperent, super se excelsiorem iustam exolventem
vindictam, iudicem commorari. Ubi vero per Incarnationis Sacramentum huc in convalle lachrymarum inter spinosa consortia peccatorum descendit, lilium convallium effectum se esse
testatur. In qua convalle quid aliud nisi spurcissima religio idolatriae, nisi invidiae, nisi furtorum, homicidiorumque, arus-
picinae, auguriorum, vel fornicationum et magicarum artium
crassabantur spinarum silvae ? In quarum medio, doctrinae fragrantia, et exempli candore Christus ostensus, credentium turbam quotidie liberat. Tria igitur in se delectabilia et nimis oculis
grata, lilii natura continere probatur, idest candorem, odorem,
« et quaeque adusta ignis medicina a).» Quae tria admiranda simili ratione in hanc convallem mundi Dominus apportasse cognoscitur ; hoc est abolitionem peccati, abstersionem mendacii,
et refrigerii temperamentum ignium genitalium, de quo nascitur amor conservandae virginitatis ; ex eo videlicet quisquis a
peccato aliquantulum vel a mendacio temperaverit, ipsius adiutorio et exemplo se facere gratulatur. Amores autem sive integritatis servandae, vel castitatis in utroque sexu, cuius, nisi
gloriosi assumpti hominis, et Beatae Mariae Virginis accenduntur
exemplis ? De quibus tribus praedictis bonis ita cecinit Isaias
Propheta inter caetera : *Ideo* (inquit) *dispertiam ei plurimos ,
et fortium dividet spolia , quia peccatum non fecit , nec dolus
inventus est in ore eius,* quod est mendacium (1). Et: *ecce virgo
concipiet in utero , et pariet filium , et vocabitur nomen eius
Emmanuel , idest nobiscum Deus* (2). Quem florem campi intelligimus dictum, et lilium convallium per immaculati corporis assumptionem. Quod Sacramentum ad liberationem plebis
suae peregit, quo nos a diversis languoribus diversa sua membra sanaret, ut nauseantes animas cibum verbi divini, suae
odore notitiae « odoratui earum admoto b) » omne fastidium
« ab eis c) » abstergeret. Et cui perspicua veritas non erat ob
lippitudinem oculorum cordis, eius praesentiae candore videret,
et quae ignitis spiculis fornicationum a daemonibus inflicta fuerunt vulnera, eius sanarentur doctrina. Per quod spinigerae animae, quae acumine nequitiae amicam in praefatis doctoribus

(1) Is. LIII. 12.

(2) Is. VII. 14.

_____

a) et ad quaeque adusta ignibus medicinam — *b)* odoratus earum admutaret — *c)* alium—

vulnerabant, in liliorum iucunditatem converterentur. De quibus Ecclesia nunc coronata refulget « quarum medio *a)* » amarissimis stimulis pungebatur, ut ipse in sequentibus ait : « *Sicut
lilium inter spinas, sic amica mea inter filias* (1). » Istae igitur (1) Cant. II. 2
animae, inter quas Ecclesia, ut lilium inter spinas consistit, licet non cum distinctione dicatur, cuius sint filiae, tamen ex eo
quod spinis comparentur, advertere possumus, non Dei, sed
Diaboli per nequissimam doctrinam genitas nuncupari. Inter tot
enim venenosas spinas Ecclesia incolit mundum, quot dogmate
gentilium, vel haereticorum vario et diverso ritu, pro defensione
patris sui « per vocabula *b)* » hominum mortuorum impugnant
Ecclesiam. Sed quia Christi praesentia id agitur, ne otio torpe-
scat contra hostes armari, impugnari quidem permittitur, ut
post pugnam eius fortitudo appareat. Impugnata vero nequaquam
permittitur superari. Nam quomodo in toto mundo fulgeret,
nisi magnis conflictibus pro Christi nomine cum persequutoribus
decertasset, et diabolum in martyribus moriendo vicisset ? Demonstravit ergo Dei sermo, iustorum animas, hoc est Ecclesiam
inter spinarum aculeos commorari in mundo, ut nihil novi Christianus sibi obvenisse opinetur, cum variarum spinarum aculeis
impiorum, se viderit in corpore vulneratum. Nec enim in ha-
bitatione huius vitae, qua innocentes cum aliis inhabitant mundum, sed consortio impiorum, fidelium animae vulnerantur.
Nam spinarum acumina, non procul positis, sed proximantibus,
et contrectantibus se, exitia inferre probantur. Ideo talium consortia in multis scripturae locis vitare monemur, ipso Salvatore
dicente : *Cavete a fermento Pharisaeorum* (2), quod est per- (2) Mar. VIII 15
versa doctrina haereticorum ; et beatus Paulus : *Quae* (inquit)
societas luci cum tenebris (3) ? Aut quis consensus Dei templo (3) II Cor VI 14
cum idolis? aut quae communicatio Christi cum Belial? Et prope
similiter Isaias : *Exite* (ait) *de medio eorum, qui portatis vasa
Domini, et immundum ne tetigeritis* (4). Quod autem dicit, *Si-* (4) Is. LII 11
cut lilium inter spinas, sic amica mea inter filias, non vitu-
perationem iustorum, qui sunt Ecclesiac membra, sed laudem
demonstrat ; ut nos doceret nimium esse laudabile, pie inter
impios vivere, et perversorum nulla spinosa conversatione, at.

---

a) quorum remedio — *b)* pro vocabulo —

trahi, inter quos iustus quasi lux in tenebris splendere probatur. *Sicut malum inter ligna sylvarum, sic dilectus meus inter
filios. Sub umbra illius, quem desideraveram, sedi, et fru-*
(1) Cant II. 3
ctus eius dulcis gutturi meo (1). Sicut igitur ante incarnationis
mysterium, multifarie multisque modis, secundum Apostolum,
Dei filius locutus est Patribus nostris, vel ostensus est in Prophetis; sic post praedictum mysterium celebratum, multa bona
diversis modis praestando humanae naturae, diversis rebus diversisque comparantur personis, pro tempore et loco vel causa.
Nam secundum David Prophetam mons Dei est, propter quod
plenitudo Deitatis habitatura erat in eo, quem Daniel Propheta
sine manibus abscissum vidit de monte in lapidis forma implesse,
crescendo, totam terram, idest, sine complexu humanae consuetudinis nascendo, abscissum de monte carnis naturae. Est
namque mons uber, parvulis scilicet animabus apostolica ubera
porrigendo. Est mons » caseatus *a*) » firmioribus solidum cibum
tribuendo, cum ait: *Caro mea vere cibus est, et sanguis meus
vere potus est.* Et: *qui manducat meam carnem, et meum san-*
2) Jo. VI. 56. et
seq.
guinem biberit, habebit vitam aeternam (2). Est vitulus novellus cornua producens per duo testamenta, et ungulas per octo
beatitudines, a quatuor Evangelistarum pedibus productas. Est
Agnus tollens peccatum mundi per mansuetudinis impertionem
Spiritus Sancti, itaut alios vestiendo, ipse semper abundet. Est
aliquando, ut dictum est, fasciculus myrrhae, et botrus cypri
in vineis Engaddi. Ita et pro loco arborem eum maligranati Ecclesia appellavit, pro eo quod arbor vitae est, et in diverso sapore, diversis se personis praebendo, sicut illud manna filiis
Israel in deserto, quod figuram eius corporis tenuisse nemo fidelium dubitat, quod singulis comedentibus secundum desiderium cibi mutabat saporem. Est proculdubio arbor maligranati,
dum inedia, Ecclesia, famis affectas animas, sole sub ardente
nequitiae fatigatas, sub umbra defensionis suae protegit ac defendit, et fructu laborum doctrinae esurientes et sitientes, per
suam doctrinam reficit; sicut etiam secundum historiam, visibili
cibo ab aestu diabolicae impugnationis protecta Ecclesia, in
quinque millia et quattuor millia populorum in deserto, de quin-

a) creatus —

que panibus et duobus piscibus gratiae suum fructum dulcissimum in esuriens eius guttur effudit. Quod utique de fructu virtutis paternae maiestatis participium descendens « tot millibus
saturatis *a)* » de tam parvo cibo, quis sapiens potuerit dubitare?
A paradisi namque expulsione usque ad virginis partum, multis
laboribus et « intolerabili caumate *b)* » daemonum impugnationibus affecta est humana progenies, quae hic sub Ecclesiae persona, amica est appellata. Quae in eius adventu qui dixit: *Ve-*
nite ad me omnes qui laboratis, et onerati estis, et ego vos
requiescere faciam (1), sub tegmine defensionis eius, credendo
unum Deum, requiescens laeta iam dicit: *In umbra eius, quem*
desideraveram, sedi (2). Quam dulcedinem regni Caelorum, et
beatorum requiem nominat; sive corpus eius et sanguinem de-
libando vitam aeternam conferentem exultans ait : *Et fructus*
eius dulcis gutturi meo (3). De qua dulcedine in alio loco collaudando hortatur Propheta credentes: *Gustate* (inquit) *et vi-*
dete, quam suavis est Dominus (4). Et alio loco : *Quam dulcia*
faucibus meis eloquia tua Domine, super mel et favum ori
meo (5). De huius autem arboris fructu, supradicta quasi lan-
guida in ultima infirmitate desperationis, maligranati succo in
eius adventu recreata est credentium turba. Qui fructus quotidie per eos, qui vices Christi agunt, in guttur Ecclesiae infundi
monstratur. Per ea scilicet mysteria, quae nota sunt populo
Christiano, et sic per singulos gradus profectus doctrinae introducitur ad archanam intelligentiam legis divinae, ut cognoscere
possit omnia illa, quae in veteri testamento gesta sunt, sive pe-
regrinationem Patriarcharum, sive afflictionem populi Israel sub
Pharaone, sive decem plagarum verbera, quibus flagellantur
Aegyptii, sive divisionem rubri maris, mersionemque Pharaonis, sive per lignum indulcatam amarissimam aquam, sive
manna porrectum de coelo esurientibus in deserto, sive aquam
productam de petra, nec non in duabus tabulis legem susceptam digito Dei scriptis, constructionemque tabernaculi, Jordanem conversum retrorsum, duodecim lapides levatos de fundo
Jordanis, et alios totidem repositos de superficie campi, muros
Jericho clamore populi implanatos, aedificia templi Salomonis,

(1) Matth. XI. 21

(2) Cant. II. 3.

(3) Cant. II. 3

(4) Ps. XXXIII. 9.

(5) Ps. CXVIII. 103.

---

a) tot mensurata — *b)* intolerabilibus —

ubi vox mallei et securis negatur audita, omnia haectypos et figuram veritatis, redemptionemque humani generis tenuisse, quae in nobis completa luce clarius demonstrantur. Arbori autem maligranati Dei filium comparavit Ecclesia, quae fructum gratum aspectui, et dulcissimi saporis habet, de quo lassae languidorum animae recreantur, et medicinam corporibus ad multas passiones in se continere et germinare monstratur. Nec enim absque mysterio pulcherrimi ipsi granorum ordines, divisis receptaculis « delicatissimi, foris *a)* » tegmine circumdati ab iniuria tempestatis consistunt ; in quibus utique diversi meritorum ordines intra Ecclesiae fidem « commorantium *b)* » figura signantur. Quorum multitudo, beatitudinis gloria, in uno gaudio regni Coelorum, diversas obtinet mansiones; quos de Ecclesiae rectae fidei sinu conclusos, latitudo suscepit regni Coelorum. Quos de terrena Jerusalem, visione pacis, vera suscepit pax caelestis Jerusalem, mater omnium Sanctorum. Quae utique de praedicta arbore vitae germinasse probatur, secundum magisterium Pauli Apostoli : *Omnia ex ipso, et per ipsum, et in ipso constant.* Et beatus Evangelista Joannes : *Omnia per ipsum,* idest per verbum *et sine ipso factum est nihil* (1). Illud autem quod dicit amica: « *Sicut malum inter ligna sylvarum, sic dilectus meus inter filios* (2) » hoc significare videtur, quod non malitia notentur filii sicut filiae, quae spinis sunt comparatae. Unde igitur illae diaboli filiae per venenosam doctrinam genitae; et isti in statu genuino nobilitatis consistendo, Dei filii appellantur. Qui licet similem Christo fructum proferre nequeant, tamen qualemcumque necessarium germinant fructum, et nequitiae ramis non sunt armati, nec contingentes se vulnerant. Quorum exultationem credulitatis in dilecti adventu futuram praedixit Propheta: *Gaudebunt* (inquit) *campi et omnia quae in eis sunt. Tunc exultabunt omnia ligna sylvarum ante faciem Domini, quoniam venit* (3). Est quippe magna exultatio lignis sylvarum, dum conspiciunt in medio suo talem arborem surrexisse, cuius fructus totam decoraverit sylvam, omnes abstulerit animarum languores, omnesque indulcaverit fructus amaritudinis ; sub cuius umbra, omni aestu tristitiae, omni pondere peccati abie-

(1) Joan. I. 3.

(2) Cant. II. 3.

(3) Ps. XCV. 12. et seq.

---

a) diligentissime forti — *b)* commemorantium —

cto, Ecclesia multum desiderata requie inventa, et dulcissimo fructu saginata, adolescentulis animabus adepta gaudia narrat. « *In umbra eius, quam desideraveram* (inquit) *sedi, et fructus eius dulcis gutturi meo* (1) » et sic per ordinem ad altiora intelligenda mysteria se introduci testatur dicendo: « *Introduxit me Rex in cellam vinariam, ordinavit in me charitatem*(2).» Ad illam utique dulcedinem invitat adolescentulas, et laudando festinare hortatur, quam Christus docendo propinat, cum ait: *Operamini opus, quod non perit, sed permanet in aeternum* (3). De quo opere meliorem partem Mariam dixit elegisse ad Martham, et de quo dicit: *Beati oculi qui vident, quae vos videtis, et beatae aures quae audiunt, quae vos auditis* (4). In quo opere positos similiter beatificat Propheta dicendo (5): *Beati qui scrutantur testimonia eius, in toto corde exquirunt eum* (4). Sunt enim testimonia in veteris testamenti lege, quae Christum humani generis Redemptorem probant venturum advenisse, iterum adventurum in gloria. Ponamus igitur legem, divinum latissimum esse palatium, in quo Rex inhabitat Christus, sermo omnipotentis Patris, ubi ad aeternam militiam introducuntur credentium animae. Ubi cum omnes introducuntur, ut uni militent Regi, tamen quis quantum bene ministraverit, gradum bonum sibi acquirit, multa fiducia lateribus Regis coniunctus. Haec autem Regina, cuius persona introducitur loqui, per singulos gradus, profectus suos, quos acquirit in sapientia Dei, adolescentulis narrat. Primum videlicet adhuc veluti pavidam in capite hujus Cantici, esurientem cibum illum, quem dixit dulcem gutturi suo, in cellaria regis se introductam laetatur; quod diximus « multiformis sapientiae *a)* » Dei, ubi a multorum Deorum turpium cultura, ad unius veri Dei notitiam animae introducuntur. Hic vero iam multum sublimior effecta, introductam se dixit in intelligentiam legis veteris testamenti, ad consideranda mirabilia, quae per singulos Patriarchas, vel Prophetas usque ad partum Virginis operatus est Deus. Quae nunc per figuram cellam vinariam nominavit. Ubi introducta suscepit in se ordinem charitatis; quomodo intelligere debeat omnia illa, quae carnaliter celebrata sunt in veteri testamento,

(1) Cant. II. 3.

(2) Cant. II. 4

(3) Joan. VI. 27

(4) Luc. X. 23. Math. XIII. 16.
(5) Ps. CXVIII. 2.

---

a) multiformem sapientiam —

spiritualiter in Christi imaginata esse adventu; et quae humanis comparationibus de Deo dicuntur, non infirmitatem divinitatis ostendere, sed ut fragilitas humana possit pro viribus, divinitatis magnitudinem contemplari; in Trinitatis ordine charitatem, Deum, secundum Paulum Apostolum, in aeternum manentem. In quo ordine charitatis, quid aliud credendum est primum imbui, nisi ut credat et ut agnoscat primum debere Patrem nominari, in quo filius semper, ut Verbum in voce? Secundo Filium, in quo semper Pater; tertio Spiritum Sanctum? Qui Spiritus vera ratione de Voce et Verbo, de Patre et Filio procedere comprobatur, secundum illud in initio Decalogi: *Diliges Dominum Deum tuum in toto corde tuo.* Secundus ordo est: *in* (1) Deuter. VI.5. *tota anima tua.* Tertius ordo est: *in tota virtute tua* (1). Deinde iam in singulis praeceptis legalibus, quomodo vel quo affectu debeat diligi proximus, vel singulae personae, in Ecclesia charitas ordinatur, quae introducta « summam *a)* » intelligentiae legis divinae se adeptam « et *b)* » ordinatam in se charitatem laetatur. Quoniam totius supradictae aulae regiae ianua est, aeternum unum verumque in unitatis essentia semper manentem credere Deum, ut nos doceremur posse quidem omnes homines quamlibet charitatem habere, sed non ordinatam; illos autem tantummodo veram perfectamque, et ordinatam charitatem tenere, qui se amore legis divinae dignos exhibuerint introduci in eius intelligentiam, ubi ordinem edocuit esse charitatis. Nam nisi a mandatis intellexerit Dei, quod odio haberi debeat, quod perfecta charitate diligi, sicut ille qui dicebat Deo: *A mandatis tuis intellexi, propterea odivi omnem viam iniqui-* (2) Ps. CXVIII. *tatis* (2); et cui personae quomodo vel quale officium charitatis 104. impendat, inordinata et non Deo accepta eius charitas apparebit. Alio enim ordine reciproca charitas repensanda est Deo, qui nos, secundum Apostolum, prior dilexit; qui in nobis omnem summam charitatis per Christum contulisse probatur. Alio ordine impendenda est genitoribus, per quos sumus, quod non eramus; alio ordine fideli amico, alio ordine charissimo filio, alio ordine fratri germano, alio ordine coniugi, alio ordine servus domino, alio ordine dominus servo, alio ordine impen-

a) non summam — b) sed —

denda est charitas civi, alio ordine peregrino, alio ordine " ma-
gnato *a)* " alio ordine Sacerdoti, alio ordine propinquis vel
proximis. Nam largiri necessaria egenti, infirmo, aut peregrino,
non ad ostentationem laudis humanae, sed propter retributionem aeternam, ordinatae charitatis indicium est. Consolari lugentes et oppressos iniusto iudicio, visitare infirmos, vel carceri
mancipatos, ordinata charitas demonstratur. In nullo negotio,
pro veritate, hominis personam revereri, misericorditer admo-
nere insipientes, veracissime increpare superbos, charitatis mani-
festus est ordo. Quisquis autem amplius diligit patrem, aut matrem, aut uxorem, aut filios, aut fratres, aut divitias praesentis temporis, quam Deum, est quidem in eo charitas, sed
non ordinata. Quae etiam in tempore persequutionum plerumque " retardat, aliquando etiam revocat a corona *b)*." Pro Christi
autem nomine perpeti diversa tormenta, et pro amore iustitiae, pro fratribus animam ponere, ordinata charitas demonstratur. Ordinavit ergo Dei filius in Ecclesia sua charitatem, ut
sciat unusquisque Ecclesiae filius, unicuique quo ordine charitatis impendat officium, dicendo in Evangelio : *Reddite quae sunt*
Caesaris, Caesari, et quae Dei sunt, Deo (1). Et per beatum
Paulum Apostolum : *Reddite* (inquit) *singulis debita : cui hono-*
rem, honorem ; cui timorem, timorem ; cui tributum, tributum ;
cui vectigal, vectigal (2). Non omnis autem qui Christiano vocabulo nuncupatur, ad hunc ordinem charitatis in praedictam
intelligentiam, quam cellam vinariam nominavit, introducitur,
sed qui parum quantulumcumque imitatus fuerit Paulum qui dicebat : *Amplius omnibus laboravi, in vigiliis, in ieiuniis, " in*
laboribus multis, in fame, et frigore, et caetera, quae eius
Epistolae continent, *et omnia*, ait, *arbitratus sum ut stercora,*
ut Christum lucrifacerem c)" (3). In capite huius Cantici, in cellaria Regis se introductam Ecclesia gaudet, ubi ingressa dicit :
" *Exultabimus et laetabimur in te* (4) " agnita videlicet eius
praesentia corporali, qui est sapientia Patris, qui velut in conclavi Prophetarum praeconiis latebat, in quo sunt omnes exultationes et laetitiae, et thesauri : bic vero, ubi ad intelligen-
dam legem divinam, et quidquid obtectum mysteriis dictum

(1) Matth XXII 21.

(2) Rom. XIII 7

(3) Phil. III 8

(4) Cant. I 3.

est, quis sermo legis cui personae conveniat, vel ad discendum ordinem charitatis se dicit introductam, non se laetari et exultare, sed languere. Eoquod secundum eumdem Salomonem :

(1) Eccles. I. 18. *qui addit sapientiam, addit dolorem* (1), et quanto quis consectando, proximior effici coeperit sapientiae, tanto eam vix conspicit prolongatam. De quo dolore beatus nascitur amor Christi, et de amore gloriosus sanitatis animae languor, qui ei omnes vires subtrahat ad peccandum. « Intentata *a)* » enim anima, in omnibus mandatis legis divinae semper cogitando, quomodo debeant singula intelligi verba rectae fidei ordine vel suo loco, aut quomodo possit, vel quibus operibus Christo coniungi, numquam proculdubio membra sui corporis diabolo arma parabit, nec vires in se tribuit facinorum ad aeternum interitum. Introducta scilicet Ecclesia in praedictam cellam vinariam, ordinatam in se charitatem adolescentulis praedicat. Quae licet arcana mysteria multiformis sapientiae Dei adepta sit ; quae licet perfectionis teneat arcem, non sibi tamen solius praedictae scientiae aut intelligentiae credit sufficere summam, nisi constipata malis punicis, et fulta diversis floribus fuerit, sicut nunc ait : « *Constipate me malis, fulcite me floribus, quia amo-*

(2). Cant. II. 5. *re langueo* (2): » Hoc est, nisi glutinentur ei Apostolorum exempla: qui velut poma de arbore vitae, Christo, per doctrinam sunt germinata, quem superius « Ecclesiae *b)* » arborem mali punici « diximus *c)*. » Simulque fulcienda est floribus pudicitiae vel castitatis, id est, eorum consortio docetur anima, (quae cupit immaculata ad pristinum statum repedare) semper fulta consistere, qui conservant et diligunt castitatem, qui magno studio intactum sanguinis sui florem custodiunt iuventutis. Quorum victoriae vox est in centesimo vigesimo octavo Psalmo * contra sordidas Daemonum turmas : *Saepe expugnaverunt*

(3) Ps. CXXVIII. 2. *me a iuventute mea, etenim* « *nihil d)* » *potuerunt mihi* (3). Coniuncta ergo anima Dei Verbo, introducta in intelligentiam legis, discurrendo per singulos apices Scripturae, ut saepe dictum est, et singula vasa cellae vinariae, divinorum librorum degustando sapores, quasi inebriata laetitiae vino « spe *e)* » futu-

---

a) In tantum — *b)* Ecclesia — *c)* dixit — * In cod. nostro Ps. 129. iuxta numerationem Hebraeorum, quo etiam monemur, Aponium -usum fuisse textu hebraeo potiusquam Graeco * — *d)* non — *e)* semper —

rae beatitudinis, cur ad eam tarde perveniat, dicit se amore languere. Illo proculdubio amore, de quo Propheta dicit: *Sitivit
anima mea ad Deum fontem vivum, quando veniam et apparebo
ante faciem Dei mei* (1)? Et de quo Beatus Paulus dicebat: *Desi-* (1) Ps. XLI. 3.
derium habeo dissolvi, et esse cum Christo (2). Per quem amo- (2) I. Philip. I. 23.
rem scientiae, amor germinatur vitae aeternae, et de amore tolerantia persequutionis, et de tolerantia certaminis virtus, et
de certamine consummata martyrii gloria. In quo certamine,
cupidine regni coelorum, et magnae consolationis adiutorio divini favoris, quasi in lectulo collocata, in variis generibus tormentorum « permissionis laeva *a)* » et adiutorii dextera Christi
͘amplexari se deprecatur dicendo: « *Laeva eius sub capite meo,
et dextera illius amplexabitur me* (3). » Catastae quippe et (3) Cant. II. 6
diversorum tormentorum poena, impiis et stultis ignominiosa et
detestabilia videbantur; martyribus autem et omnibus, qui
in sapientiae aulam sunt introducti, deliciarum gaudia, et las-
santium requiei lectuli deputantur. Ubi pro ludibrio « demun-
tur *b)* » incendia, ubi « camini in deambulatoria (peripata)
convertuntur, amphiteatra in Paradisum *c)* » craticulae et sar-
tagines in mollissimam plumam, flammarum globi in gratissimos flores, liquefactum plumbum in balsamorum unguenta,
flagellorum, virgarumque et ungularum « sulcatio in pennicil-
lis *d)* » delicatissimis, quibus anima ab omni peccatorum sorde
extersa, ad antiquam pulchritudinem revocata, suo redditur
Creatori. Ipsa quoque mors pro Christo suscepta, omni gaudio,
omnique iucunditate, et diverso pretiosissimo lapidi pretiosior
anteponitur. Hae sunt namque deliciae animarum sanctarum pro
aeternis gaudiis acquirendis, ubi se Ecclesia deliciis resoluta,
amplexu dilecti Christi contineri laetatur, ut digna sit pro factore suo atrocitatem perpeti tormentorum. Nam potest ita intelligi, ut laeva Christi a « sinistris scilicet rebus *e)* » sustentet
animam, ne ab incentivis vitiorum uncinis « implanetur in
laeva, sed *f)* » semper sustentata occultis compunctionibus su-
blimetur ad regnum : et ne in superbiam elata faciat lapsum
͘in dextera, in qua diabolus corruit, tribulationis ei multimoda
retinacula permittendo, et fatigatam adiuvando « dextera sua

---

a) promissionis aeva — *b)* arrident — *c)* animi probati convertuntur amphiteatra in Paradi.
sum — *d)* solatium in piniculis — *e)* a sinistris — *f)* implanetur, iu laeva se —

amplexatur eam *a)*. „ Nam et ita intelligi non opinor esse incongruum praesentem locum, ut laeva sub capite, fidei sit scutum, quod pugnantis sinistra continet manus, et dexterae am-
plexatio, orationis gladius intelligatur, quo dextera semper
armatur, quatenus altero armorum genere adversarius repella-
tur, et altero prosternatur, et uno illaesus ab hoste servetur,
alio hostis peremptio celebretur. Cum ergo impugnantem nos
„ expugnaturi *b)* „ oramus, armata est dextera nostra. „ Et cum
eius immissiones in nostris non suscipimus mentibus, scuto fidei
protecta est laeva *c)* „ dicente beato magistro Apostolo : *Appre-
hendite*, inquit, *scutum fidei, in quo possitis omnia iacula
ignita maligni extinguere, et gladium spiritus, quod est ver-*

(1) Ephes. VI. 16.
et seq.

bum Dei, per omnem orationem (1) ; quos cum ita armatos re-
pererit hostis diabolus, pavebit, et Dominus noster Christus
ita armatos milites suos gaudebit : cui est gloria et imperium
in saecula saeculorum. Amen.

FINIT LIBER TERTIUS.

INCIPIT LIBER IV.

„ *Adiuro vos, Filiae Jerusalem, per capreas, cervosque camporum, ne suscitetis, neque evigilare faciatis dilectam* „ *quoad d)* „

(2) Cant. II. 7.

ipsa velit (2). „ Post multos labores (scilicet Ecclesiae) et discursus; „ quos anxia peregit in suprascripta cella vinaria *e)* „
fatigata redditur in soporem, quae ne celerius pristinis reddatur
laboribus suscitata a somno, adiurantur filiae Jerusalem ne suscitent eam : et per hoc adiurantur, quod firma diligunt charitate; quod opinor nec ipse minus diligat, qui adiurat : per capreas videlicet cervosque camporum, quas non parvi meriti,
vel laboris animas esse intelligi datur, per quas filiae Jerusalem adiurantur. In plebe enim christiana secundum meritorum
qualitatem, diversis mundis, et immundis animalibus animae

---

a) a dextera sua amplexatur — *b)* expugnari — *c)* Et cum scuto fidei innixi, laeva — *d)* donec — *e)* per quos, anxia intra sanctam cellam vinariam —

comparantur. Habet ergo palatium Dominus noster Christus, quod intra se cellaria multa, et cellam vinariam, et camporum spatia continere intelligitur : cuius fores beatus Paulus ingressus, admirando laudat: *O altitudo ,* inquit *, divitiarum sapientiae et scientiae Dei* (1)! In quo palatio inter multas divitias, id est, multitudinem sanctorum, intelligitur habere etiam animas agrestes, quae ab Ecclesiae venatoribus intra fidei rete ex philosophiae sylva conclusae, mansuefactae, velocitate cursus litteraturae, ad delectationem filiarum Jerusalem, per scripturarum divinarum campos discurrunt. Filiae autem Jerusalem, (ut retro dictum est) perfectae animae, illius caelestis Jerusalem filiae intelliguntur ; quam Apostolus dicit matrem esse omnium sanctorum : quae cum sponsa desiderant semper miscere colloquia. Delectantur enim eam secum concurrere illis operibus, in quibus ipsae ad caelestem sunt gloriam sublimatae : per quae, amissa corporea sarcina, cum illis epuletur in coelis. Quam Dominus Christus ad lucrum vel consolationem aliarum animarum conservatam a periculis, vel de manu carnificum virtute signorum in tempore persecutionis tamdiu ab impugnatione « et exitu mortis adhuc *a)* » requiescere in corpore iubet, quoadusque ipsa velit. Capreas vero eas animas opinor intelligi, quae acumine dialecticae excellentiae, sensu, et mente per « philosophiae montes *b)* » discurrere consueverunt ; quae nunc intra supradictum palatium, et rete conclusae, arte praedictorum venatorum mansuefactae, mutata religione in melius, per sapientiae (quaeque ardua, et obscura interpretantes) montes, vel campos discurrunt, quaeque in fide velocitatem sui cursus ostendunt : et tunc « laudum labor, quem *c)* » in figmentis mortuis, vel turpibus hominibus, qui se deos appellaverunt « consumaverunt *d)* » in Creatoris laudem quotidie vertitur. Quae animae non vana, et inania docendo discurrunt ; sed semper « ea *e)* » quae ad montem Paradisi, veloci cursu elevent « auditorem *f)*. » Caprearum natura, primam corporis partem sublimiorem, humiliorem posteriorem probatur habere : et hac de causa semper sursum ascendendo in montem, in cursu velocior invenitur ; quo iti-

a) quae exitum mortis adducit — *b)* philosophiam — *c)* latus labor, qui — *d)* consumebatur — *e)* eorum — *f)* adiutor est Deus —

nere, adversarius minor est in sequendo. Cervi autem videntur intelligi, qui in ipsa philosophia sua, velocitate doctrinae, non multos, sed unum Deum invisibilem, immensum, inaestimabilem, omniumque Creatorem, totum ubique mundum implentem confessi sunt. Quae genera dogmatum, quantum immunda animalia distant a cervis, et capreis, (quae inter munda, Hebraeo populo per Mosen a Deo iussa sunt edi), tantum differunt a supradicta philosophia, et iis, qui caninam vitam simul, et nomen sortiti sunt; summum bonum libidinem praedicantes, et nihil esse turpe quidquid natura suggesserit exercendum. Quantum ergo « oves a) » vel omnia mansueta animalia distant ab agrestium feritate, tantum distasse intelligitur gentem Hebraeam (quae meruit cum Deo miscere colloquia, et quae saepenumero per Ezechielem Prophetam « ovium b) » vocabulo appellatur) ab omnium gentium natione, quae a Dei notitia (velut saevissimae bestiae) efferaverunt: et quantum mundiora, vel simpliciora sunt caprearum, et cervorum animalium genera saevissimis et immundissimis bestiis, tantum distare cognoscitur inter philosophiam, quae blasphemiis suis gregem Deorum persuasit mortalibus, et illam supradictam Platonicorum, vel Stoicorum, qui unum Deum immensum docuerunt. Quorum doctrina licet quidem agrestis sit, tamen munditia sensus non longe abest ab Ecclesiae fide; cuius populus, sub ovium vocabulo vel agnorum, a Domino Christo, beato Petro Apostolo pascendus est commendatus. Quae fides, in qua perfecta Trinitas constat, domus magna a magistro gentium intelligitur nominata, cum dicit discipulo suo Timotheo: *In domo magna, non solum sunt vasa aurea, et argentea, sed fictilia, et lignea* (1): ubi supradicta sponsa per intelligentiam scripturarum divinarum introducta, omnem ornatum ad similitudinem palatii invenit. Ubi sunt inter caetera latissimi sensus, spatia scripturae divinae, in quibus discurrunt animae, magnae peritiae litterarum, ex philosophiae « feritate c) » conversae, quae velocitate sapientiae cursus, magnas laetitias disputatione sua contra adversarios filiabus Jerusalem exhibere noscuntur. Quae, disputationis suae cursu, gravibus bestiis (gentilibus vel

(1) 2. Ad Timoth. II. 20.

a) utilia — b) civium — c) asperitate —

haereticis immissis a diabolo venatore) insequentibus, ad montes confugiunt : hoc est, unum omnium Creatorem Apostolico dogmate confitentes in coelo : et acumine sensus, more caprearum vel cervorum, longe prospiciunt adversariorum insidias, sicut de caprearum fertur natura ab eis, qui animalium scripserunt naturas : quarum mos est et magna velocitas ad montes confugere ; sive cervorum insecutorum more, ad fluvii suffragium concurrere, de quo dicit Propheta David : *Fluminis impetus laetificat civitatem Dei* (1); quem proculdubio Spiritum Sanctum, qui Patri, Filioque unitus est, intelligi nemo sapientum ignorat. Illuc utique disputando recurrent, suprascriptis canibus resistendo, ubi firmissima defensionis propugnacula esse cognoscunt, et magis cupiunt a corpore quam a fluvio separari, sicut cervorum consuetudo esse probatur. Hi sunt ergo proculdubio cervi camporum, et capreae, per quos sponsus filias Jerusalem adiurat, ut patiantur paulisper requiescere sponsam in requiei somno. Hae utique animae, quae diligunt firmissima charitate, quae studio scientiae sermonis suae rectam fidem docendo, instruunt parvulos in fide, revincendo perversorum dogmatum adsertores, magnam laetitiam, magnumque spectaculum angelis, vel sanctis animabus exhibere noscuntur. Quae ita amabiles Christo, vel filiabus Jerusalem supradicto studio esse intelliguntur « ut per eas adiurentur *a)* » ne sponsam suscitent dormientem, donec ipse sponsus prospiciens utilitati eius (quia sic expedit collocatam eam in somno praedicto) paulisper prolonget, ut agnoscat anima vires suas, quia sine ipso nihil potest; sed perfecta anima in ipso requiei sopore, semper eum timendo audit, semper eum amando videt, sicut nunc ait : « *Vox dilecti mei : ecce ipse venit saliens in montibus, transiliens « colles. Similis est dilectus meus capreae, hinnuloque cervorum b) (2).* » Et quid dicat vox ista dilecti Ecclesiae, in Evangelio proprio ore declarat : *Videte* (inquit) *ne seducamini a Pseudoprophetis, multi enim venient in nomine meo, dicentes, quia ego sum Christus, et multos seducent et dabunt signa, ita ut etiam* (3) (si fieri potest) *electi in errorem inducantur* (4). Et : *Videte ne graventur corda vestra ebrie-*

(1) Ps. XLV 5

(2) Cant II 8.

(3) Matth. XXIV. 4. 5.
(4) Marc. XIII. 22.

a) ut eas adiurent — b) colles —

(1) Luc. XXL34. *tate aut crapula* (1). Et : *Similes estote servis expectantibus*
(2) Luc. XII. 36. *Dominum suum « revertentem a) » a nuptiis* (2). Et per Isaiam
Prophetam audit similiter hanc vocem Ecclesia, dicendo : *Audi,*
populus meus , quoniam absque me non est Deus , et prae-
ter me non est Salvator ; Ego ·sum primus , et ego novissimus,
et ante me non fuit Deus , et post me non erit alius : Spiritus a
me procedit ; et flatus omnes ego facio : « ego , et manus b) »
mea « extendi c) » coelos , et « fundavi d) » terram , et nul-
(3) Isaiae XLIII.
10 et seq. *lus mecum* (3). Haec est namque vox dilecti verbi Patris, quam
Apoc. I. 17.
Ibid. XXII. 13. audit Ecclesia in requiei sopore collocata , id est , sublatis tri-
Isaiae XLV. 12. bulationum , vel persecutionum aculeis , cessantibus odiis impiorum. Cum eam impugnatores eius « adorant, cum eius te-
cta destructores eius aedificant e) » , cum praecelsior regibus
incedit , cum eius potentiam gentes mirantur ; tunc dormiens
requiescit Ecclesia , tunc post multos tribulationum labores in
somno deducta requiescit. Sed in ipsa requie per haec figurata
monetur , non ebrietate aut crapula gravata dormire , sed in
ipsa securitatis requie sollicita , semper aurem cordis ad vocem Christi praebere , hoc est in Scripturis divinis , et assiduae orationi operam dare. Quando enim sacerdotes , qui Ecclesiae praesunt, ab impiorum insectatione requiescunt, Christus
pro Ecclesiae custodia , et securitate montes transilit et colles ;
per quod significatur elongari Deum ab anima ; immo animam nullis tribulationibus impugnatam , paulo longius fieri a
Deo : eo quod deliciis resolutus « quisquis non in toto corde requirit eum , nec in veritate invocat f) » eum , sicut dicitur in
(4) Ps. CXLVI.
18. Psalmo : *Prope est Dominus invocantibus eum in veritate* (4) :
nec facit quod ille se narrat fecisse in 76 Psalmo : *In die* (inquit)
tribulationis meae , Deum exquisivi manibus meis nocte « co-
(5) Ps. LXXVI 3. *ram eo g) » et non sum deceptus* (5). Monentur ergo per haec,
qui praesunt populo christiano, ut sine intermissione adnuntient
plebi , quid praecipiat vox ista dilecti Ecclesiae : quomodo scilicet venit de sinu Patris ad « humanae naturae h) » consortium,
ut Verbum fieret caro : quomodo secundum Abacuc Prophetam,
humiliando daemonum superbiam , confregerit montes violen-
(6) Abac. III. 6. tiae , et liquefecerit colles aeternales (6) : conculcando sub pe-

---

a) quando revertetur — b) et manus — c) extendit — d) fundavit — e) aedificant — f) quis,
non in toto corde invocat — g) contra eum — h) humanum —

dibus credentium satanam, salit « montes praedictos *a)* » virtutibus vero conturbando idolorum cultores, transiliit colles.
Quorum rigidam diabolicam superbiam « igne *b)* » spiritus sui
molliendo, ad credendum uni vero Deo, liquefacti intelliguntur colles aeternales. Exemplo enim humilitatis, et gloriosae
doctrinae, viam salutis ostendendo, omnem superbiam sapientiae mundi, extollentem se adversus Creatorem, liquefecit; et
per Apostolos ad nihilum redacta humiliatur. Humiliando ergo
superbiam sapientiae per Apostolorum doctrinam, in quibus
non rhetorica argumenta, sed Sancti Spiritus virtus fulgebat,
et prostrata daemonum turba sub pedibus credentium, ostensus est Ecclesiae saliens in montibus, et transiliens colles venisse in mundo, et inter homines « conversatus *c)*. » In his proculdubio montibus eum salientem in modum capreae, et hinnuli
cervorum, videt venientem « sponsa *d)* » et colles « transilien-
tem *e)* » hoc est, omnem sapientiam mundi, sicut in sequentibus ait: « *Similis est dilectus meus capreae, hinnuloque cervo-*
rum (1).» Capreae Christum comparatum, non per detrimenta   _{(1) Cant. II. 9.}
divinitatis, quae semper eadem est, intelligimus; sed per in-
carnationis mysterium, in quo augmenta « consecuta *f)* « est
coelo recepta carnis natura. Nam in eius humili adventu plenus
erat mundus Philosophorum doctrina, de quibus intelliguntur
agrestes illae quondam animae, mundiores caeteris supradictis,
quae per Christi doctrinam ad unius veri Israelis consortium ag-
gregatae sunt: quibus eum similem esse pronuntiat vox Ecclesiae; ut sicut eorum doctrina, qui unum Deum omnia implentem confessi sunt, velut scintilla claritatis reluxerat mundo: ita
et hunc quem *verum lumen* (2) Evangelista testatur, abster-   _{(2) Joan. I. 9}
sis ignorantiae tenebris « totum illuminaturum mundum osten-
dat *g)*. » Nam capreae pro eo opinor similem dici, quia nostrae salutis illustratio caecitatem cordis auferens, in posteriore
saeculi parte veniendo in carne ostendit, quam Mosi petenti
in monte Sina monstraverat. De quo mysterio idem David dicit: *Pennae columbae deargentatae* « *et posteriora h)* » *dorsi*
eius (3); sicut caprearum posterior corporis pars candorem de-   _{(3) Ps. LXVII. 15.}
monstrat. Hinnulo vero cervorum, propter humilitatis formam,

a) in montibus praedictis — *b)* ignis — *c)* est versatus — *d)* sponsum — *e)* transilientium —
f) consectata — *g)* totius illuminatorem mundi ostendit. — *h)* in posteriore —

necdum adhuc potentiae cornibus exaltatis ; quibus in secundo adventu *·· quassaturus a) »* est mundum , de quibus dictum in

(1) Ps LXXIV.
11

Psalm.74 : *Exaltabuntur cornua iusti* (1). Hinnulus enim cervorum sine cornibus est , amorem in se potius visionis suae, quam terribilitatem ostendit : Sicut Dominus Noster Christus in primo adventu fecisse probatur : *« En ipse stat post parietem nostrum,*

(2) Cant. II. 9.

respiciens per fenestras , prospiciens per cancellos (2) , *et dile-*

(3) Cant. II. 10.

ctus meus loquitur mihi (3). *»* En ipse qui crucifixus est , qui divinitatis suae « dextera *b)* *·*· languentem , id est , lugentem in Apostolis consolationis amplexu continebat Ecclesiam , cum carne sepultus est : cum ipsa utique stat resurgens post parietem incredulitatis nostrae , quem luteis operibus construxeramus peccando. De quibus dixit per Isaiam Prophetam : *Numquid non valet manus mea ad liberandum ? sed peccata vestra mu-*

(4) Is L. 2.

rum fecerunt inter vos , et Deum (4) ! post quem stans Dominus Christus , expectat se ab impiis invocari , et vocat ad poenitentiam animam peccatricem , et expectat sibi ab incredulis credi. Post quem parietem stat usque ad tempus baptismatis, vel poenitentiae. Et licet non mereamur eum intueri, tamen per hoc quod idolatriam abdicamus , fenestras in supradicto facimus pariete , quibus nos ab immundis spiritibus defendendo respicit Christus , et ipsi soli genua cordis deflectendo, cancellos facimus, per quos, compunctionem ad se convertendi donando, prospiciat. Ubi vero venerimus ad veram conversionem praedicti baptismatis , vel poenitentiae « tollit eum parietem *c)* « de medio , concessa venia peccatorum , et loquitur nobis dicendo : *Venite ad*

(5) Matth. XI.28.

me omnes qui laboratis, et onerati estis, et ego reficiam vos (5). Et : *Venite benedicti Patris mei , possidete paratum vobis re-*

(6) Matth. XXV.
34.

gnum a constitutione mundi (6). Sicut et magister gentium Paulus docuit factum in eius adventu : *Qui tulit* (inquit) *parietem*

(7) Ephes. II. 14.

maceriae de medio (7) *, et reconciliavit nos Deo Patri per sanguinem ipsius.* Potest autem et ita intelligi, inclusam esse Ecclesiam inter « parietum consepta *d)* » propter metum persecutionis. Ubi cum viderit animam Dei sermo nimia terreri formidine , proximius fit solito , et consolando , augendoque fidei calorem , auferendo formidinem loquitur ei : sicut post suam

---

a) cassaturus — *b)* dexteram — *c)* retollit eum — *d)* parietem septam —

resurrectionem formidantibus, et nimio timore deiectis Apostolis, iannis clausis ingressus, magnam fiduciam, magnumque
gaudium adportavit dicendo : *Pax vobis, ego sum, nolite ti-
mere* (1). Ubi completum est : " *Dilectus meus loquitur mihi.* (1) Luc. XXIV. 36.
Exurge propera amica mea, formosa mea, et veni (2). " Lo- (2) Cant. II. 10.
quitur ei, videlicet ad perfectionem vitae vocando, docendo
eam iam non timere mortis auctorem diabolum, nec ultra residere intra incredulitatis claustra. *Propera* (inquit) *et veni*; quia
ego moriendo vitam perditam reddidi " mundo *a)* " iam non
terrearis a morte, cuius ego destruxi imperium. Stabat namque
post parietem nostrum, qui nobis umbra sua " occultabat solem iustitiae *b)* " ; de quo promiserat Propheta dicens : *Orie-*
tur vobis timentibus Dominum, sol justitiae, et sanitas in pen-
nis eius (3). Loquitur Ecclesiae in Apostolis, quando resurgens (3. Malac. IV 2
a mortuis, consolatur eos dicens : *Confidite, quia ego vici*
mundum (4). Et : *Data est mihi omnis potestas in coelo et in* (4) Jo. XVI. 33.
terra (5). Et : *Nolite timere eos, qui occidunt corpus, animam* (5) Mat. XXVIII. 48.
autem occidere non possunt (6). Nam sunt et alii persecutores (6) Matth. X. 28.
animae. Habet enim invisibiles hostes, qui eam intra men-
tis suae septum invisibiliter et incessanter circumdatam impugnant. Qui tunc vel maxime crudeliter eam suis armis ad-
grediuntur, cum viderint " propter faetorem superbiae *c)* " ab
ea Dominum prolongantem : quam ita in ergastulo redigunt vitiorum, ut non possit omnino progredi ad viam mandatorum
Dei currendam; quousque eius precibus revocatus veniens, quasi
occultum stet, et spectet luctamen eius ; et non totus se ostendit, ne omnino fugatis hostibus, cessante pugna, otii torpore
depereat : sed velut per fenestras aspicit, suae visionis adiutorium commodando, ut et anima vires recipiat resistendi : et
hostis impugnatio diminuta eius terrore aliquantulum conquie-
scat. Nam saepenumero variis immissionibus circumdatur anima, cupiditate, avaritia, ebrietatibus, commessationibus, impudicitia, ira, blasphemia, contentionibus, haeresibus, invidia,
et multis aliis his similibus. Eo utique tempore quando his circumdatur, quasi carcere retrusa continetur. Ad quam sermo
Dei, poenitentiae, orationumque vocibus revocatus, venit,

a) modo — *b)* obstabat, sol justitiae — *c)* foetore —

et aspicit per fenestras sensus eius, quibus corporeas peragit « actiones *a)* » si non sunt pollutae sordibus « lasciviae *b)* » delectationis auditu; si non concupiscentiae visu, si non meretricum odoribus delectatur, si non turpiloquiis, et quae Deo contraria sunt, labia inquinata; si non sceleratis operibus pollutae sunt manus. De quibus dixit Propheta: *Intravit mors per « fe-*
(1) Jer. IX. 21. *nestras nostras c)* » (1). Tali ergo animae proculdubio loquitur Christus, quam sui viderit desiderio plenam; huic manifestat se loquendo in corde, et vocat eam verbis ineffabilibus, et tribuit ei fiduciam veniendi ad se, dicendo: « *Exurge, propera amica mea, formosa mea, et veni. Jam enim hyems transiit, imber abiit, et recessit, flores apparuerunt in terra nostra,*
(2) Cant. II. 11. 12. *tempus putationis advenit* (2). Docet eam, scilicet, iam non timere omnino iniquorum hominum truculentiam, nec daemonum formidare terrores: quia et Deum Patrem per adsumptae carnis oblationem reconciliavit Ecclesiae, et daemonum exercitum subnervavit per crucem, et post brumalem gelidamque asperitatem, floridum verni adventus sui tempus ostendit: et quanta, vel qualia gaudiorum esset praemia ei per suam praesentiam exhibiturus, futura, iam quasi facta narravit. Per has enim singulas figuras verborum, quantam malorum tristitiarumque congeriem abstulerit, et quanta « magnalium *d)* » suorum Dei filius in nobis contulerit, dulcissimo affectu narrantur. Quomodo veluti puellae dilectae, mortali naturae, quod est, Ecclesiae, pristina amicitia, et pulchritudo reddatur; et per suum humilitatis adventum docet eam per viam humilitatis venire ad se, hoc est, ad suam imitationem: per quam ipse venit ad eam, ut « ei *e)* » vocem munusque repropitiationis adferret, dicendo:
(3) Jo. XV. 15. *Jam vos non dico servos, sed amicos* (3). Et: *Discite a me, quia mitis sum et humilis corde, et invenietis requiem anima-*
(4) Matth. XI. 29. *bus vestris* (4). Jam igitur cognitionem sui adventus, suamque humilitatem imitanti vox ista dirigitur: « *Exurge, propera*
(5) Cant. II. 10. « *amica mea, columba mea f)* » *formosa mea, et veni* (5). » Amica enim fit anima agnoscendo Deum; formosa, Christi humilitatem servando: Columba vero efficitur, nihil de terrenis cupiditatibus, absque cibo vilissimo, indumentoque corporis

a) cogitationes — *b)* lascivae — *c)* fenestras — *d)* magnalia — *e)* et — *f) amica mea* —

requirendo : sed semper columbarum simplicitatem « tenens,
quae Spiritui Sancto consociatur *a)*. » Sicut igitur superveniente
« verno *b)* » praecursore aestatis « fugata hyeme *c)* » omnis crea-
tura rediviva laetatur, et universa animalia secundum genus
suum « coaptantur *d)* » ad foetus, et ingravidata, cubilia construunt, et aves nidos componunt, et sese invicem suis vocibus « de secretis advocant montibus *e)* : » ubi iam reptilibus
epulas praeparat humus, nec deest pennigeris animantibus esca,
ubi canora vox « altilium *f)*» dulci modulamine resonat, et ad
praedandos flores apis « spinis *g)* » armata procedit ; ita Dominus noster Christus, post horridam hyemem idolatriae, et phi-
losophicam doctrinam « verni tempore *h)*» per suam passionem
(quod est pascha nostrum, transitus de morte ad vitam) faciem
mundi, martyrum, vel omnium sanctorum operum flore decoravit. Quo tempore creata in principio omnis intelligitur crea-
tura, et ipse homo de limo terrae formatus est : quo tempore
de Mesopotamia ad propriam sedem revocatus est Jacob : quo
tempore filii Israel de terra Aegypti sunt educti, et in Christi
figura, « agni vel haedi *i)* » sanguis, Aegypti vastatorem exclusit : quo tempore terram repromissionis transmisso Jordane
« ingressi sunt, et *k)* » eo tempore Redemptor noster Christus
de convalle lachrymarum ad Paradisi montem, suae mortis exemplo, Ecclesiam vocat, dicendo : *Surge, propera, amica mea, formosa mea, et veni* : *Jam enim hyems transiit* (1) ; id est, (1) Cant. II 11.
potestas tenebrarum, quae tristem reddebat mundum, sole justitiae Christo veniente, transiit de hoc mundo ad tartara. *Imber abiit, et recessit*, id est : philosophiae error, et Gentilium,
doctrina Christi splendente, abiit et recessit : Flores apparuerunt in terra : Ad tanti quippe sponsi ornandam aulam regalem,'
necessario, pro venenosis nequitiae tribulis, innocentiae flores
per infantum allisionem apparuerunt in terra, cui maledixcrat
in Protoplasto Deus. Quibus testibus coronatus, Magorum prae-
nuncio, inducitur in Judaeam : In quibus Ecclesia primum de-
coris ornamenta suscepit. « *Tempus putationis advenit* (2),» Il- (2) Cant. II 12.
lud proculdubio, in quo Pater agricola peritissimus putator,

---

a) tenens, Spiritu Sancto se consociat — *b)* vere — *c)* qui fugat hyemem, quando — *d)* coo-
perantur — *e)* discretis advocant et motibus — *f)* volatilium — *g)* pennis — *h)* vernum tempus — *i)* agni — *k)* ingressi —

« infertilia *a)* » sarmenta de vera vite Christo, ustionis amputat falce : eos scilicet, qui in se nullam similitudinem factoris sui Filii Dei, per imitationem boni operis « ostendere gestiunt *b)* »; tempus namque putationis advenit, quando ex una stirpe corporis, boni separentur a malis, ne vicinitate malorum depereant boni, ne perfidia incredulorum periclitentur credentes. Hoc utique tempus nunciabatur advenire putationis, de quo Dominus dicit in Evangelio : *Veni separare filium a Patre, nu-*
(1) Matth. X. 55. *rum a socru sua, et filium a matre sua* (1) : quatenus credens in Deum Patrem, in Deum Filium, in Deum Spiritum Sanctum, separatis a se incredulis (arefactis palmitibus) semel in fide Christi plantatis, ut vitis radice ; et corpus, de quo profert sarmenta, « et palmes decoratus *c)* » individuam Trinitatem credendo, consistat. Illi autem qui non credunt hanc, non eos portat praedicta radix ; sed quasi aridi surculi, a saepedictae vitis corpore « desecati *d)* » aeterno igni pabulum praebituri sunt. Putatur etiam unusquisque Ecclesiae filius divina pietate, per compunctionem sanctam in intima mentis, et arefacta malae voluntatis de eo sarmenta abscinduntur ; ut possit iam putatus « fructiferos *e)* » bonae voluntatis « palmites, et fructus germinare : de quo fructu *f)* » gaudium in coelo angelis exhibeatur. Nam certum est, nisi avaritia fuerit amputata, largitas non subcrescit; nisi « Idolorum *g)* » amor fuerit desecatus de corde, gloriosus martyrii non pullulat palmes ; et nisi fornicationis praecisa fuerit consuetudo, castitatis non provenit angelicus fructus. Hoc autem intelligitur in omnibus malis, quae in mentibus hominum inseruntur ab hoste diabolo, quae omnia per Christi adventum reprobata probantur : in cuius ostensione tempus putationis advenit. « *Vox turturis audita est in terra no-*
(2) Cant II. 12. *stra* (2). « Congrua aestati *h)* » huius castissimae avis vox, gloriosae virginitatis, in supradicto tempore per Beatam Mariam primum audita est in terra nostra, dicendo ad Angelum Ga-
(3) Luc. I. 54. brielem : *Quomodo hoc erit, cum virum non cognoscam* (3) ? Et : *Ecce ex hoc beatam me dicent omnes generationes, quia*
(4) Luc. I. 48. 49. *fecit mihi magna qui potens est, et sanctum nomen eius* (4). Cui voci Angelus respondit, sacratissimi partus exponendo my-

---

a) sterilia — *b)* ostendere. Aestivum — *c)* palmite decoratum — *d)* desecti — *e)* fructifer — *f)* palmes, fructus germinare justitiae: de quo — *g)* dolorum — *h)* Congrue satis —

sterium ; quomodo quod sine lege complexus concipitur, sine poena doloris parietur. *Virtus* (inquit) *altissimi obumbrabit tibi, et Spiritus Sanctus superveniet in te, ideo quod nascetur* « *ex a)* » *te sanctum, vocabitur Filius Dei* (1). Et vere digna, quam solam (1) Luc. I. 35. beatam omnes generationes dicant, quam gloriosam inter omnes faeminas , non solum diversarum gentium nationes , sed etiam coelorum virtutes admirantes collaudant. Per quam , vitam ingressam , mortem fugatam « mundum Deo *b)* » reconciliatum gaudemus ; per quam in terra maledictionis, in terra impiorum « perdita in terra incontinentiae *c)* » primum sanctae voluntatis vox conservandae virginitatis audita est ; de qua praedixerat David : *Terra nostra dabit fructum suum* (2); bonum (2) Ps LXXXIV utique bonae voluntatis fructum, quem natura suscepit in parente Adam. Nisi enim voluntas fuisset conservandae virginitatis, non diceret, quomodo fiet, cum virum non noverim ? Quamdiu enim praevaricationis hyemis tempus triste constrictumque ab omni germine bono obtexerat faciem mundi , et sua ditione obtinebat diabolus terram ; haec dulcissima vox turturis, sive per gloriosam Mariam, sive per beatum Joannem non est audita in terra. Sed ubi magnus ille iustitiae sol , nobis indulgentia aestatis ubertatem adducendo, exortus est ; coepit desiderii conservandae integritatis vox turturis in terra nostra audiri : et quae prius impiorum nuncupabatur, nunc suam terram vel Ecclesiae , Dei sermo vocitare dignatur. Quae ita coniunctae sunt Spiritui Sancto utraeque personae , « illa scilicet Maria *d)* » supervenienti in se, et « ille , scilicet Joannes *e)* » adhuc in utero Matris eo impletus « ut iam nulli alii dilectionis commodent voluntatem *f)*. » Nam sicut natura turturum deserti habitacula diligit , et advocans comparem dulci resonat voce ; ita illae supradictae personae : illa, dicendo : *Ecce ancilla Domini fiat mihi secundum verbum tuum* (3) : et ille cla- (3) Luc. I 38. mando : *Post me venit qui ante me factus est , cuius non sum dignus calceamenta portare* (4). Justa ergo ratione , turturi ca- (4) Jo I 27 stissimae avi virginitas comparatur ; quae in Joanne vel Maria obtinet principatum : quae semel Verbo Dei , vel Spiritui Sancto coniuncta , nunquam aliquem alium cogitat comparem , nec

a) in — *b)* mundum — *c)* (perditam terram incontinentiae) ! — *d)* Illa — *e)* Ille — *f)* unam nulli alii ditionis commodant voluntatem —

alteri desiderium sui amoris communicat, nisi illi, cui semel con-
glutinata probatur ; sed ad illum semper promissionis vocem ,
et mentis « emittit *a)* » cui promisit servare quod nata est , sicut turturum amor erga comparem suum immutabilem « fertur
servare *b)* » dilectionis affectum ; quae mortuo compare nunquam alii , a Physiologis , iungi narratur ; sed eum omnibus
diebus vitae suae , cui semel fuerat coniuncta , desiderando requirit : » *Ficus protulit grossos suos* (1).» Propinquante igitur messe redemptionis humanae , et gloriosi Redemptoris
adventu ; horrida , et omni « iustitiae coma *c)* » destituta, vel
impietatis hyeme algoreque constricta , nihil in se ficulnea synagoga , nisi amarissimum succum doctrinae (quem animarum cibum mentitur) intelligitur habuisse. Nunc autem in
eius adventu , Apostolos protulit grossos suos , qui de ea gene-
rati dulcissimus cibus doctrinae animarum effecti sunt. Cui ficulneae , unius anni inducias petit colonus vineae , Michael
(opinor) Archangelus ; qui portio Domini appellatur , id est omnium credentium Deo caeli: eamque excolere commonitione sua,
et a daemonum vastatione intelligitur custodire , secundum Danielem Prophetam , cui dicit Angelus Gabriel : *Viginti et uno
die restitit mihi Princeps regni Persarum , et nemo mihi fuit
adiutor nisi princeps vester Michael* (2). Hoc utique dicitur Danieli Hebraeo , qui de Jacob originem trahit. Multitudo ergo
credentium Deo , hi qui audiunt verbum doctoris , vineae nuncupantur. Illi vero qui praesunt populo, et verbo doctrinae aedificant auditores , ficulneae intelliguntur. Colonus vero vineae
(ut supra diximus) Angelus antedictus , cum magna fiducia in
conspectu Dei est , magnaque cura laborat pro omnium salute
illi commissa. Videns namque inter credentium multitudinem ,
huiusmodi infructuosam stare ficum Dominus vineae : eos scilicet , qui sibi honorem, et locum doctoris audacter praesumunt,
et ea quae « condecent *d)* » ad plebem , nec sermone proferunt,
nec vitae exemplo similes facti principibus judaeorum , qui
« umbra ineptae potentiae suae gloriantes , nec ipsi credulitatis
suae fructu vineae Dominum saginabant , nec vincam sinebant
poenitentiae fructus proferre *e)* » et quibus tanquam ficui, unius

(1) Cant. II. 13.

(2) Dan. X. 13.

---

a) emittit affectum — *b)* fertur — *c)* iustitia — *d)* cum doceant — *e)* umbra potentiae suae
gloriantes , fructus proferre noluerunt —

anni, scilicet a passione Domini usque ad templi eversionem concessa venia poenitendi; id est , unius generationis terminus, annorum 42 ; huic nunc sic maledicit, posteaquam Apostolos protulit, quibus credere noluit, ut nunquam de ea fructus doctrinae nascatur , quae « arefacta docendi veritatem amittens *a)* » (omni decore nudata) nihil in se nisi ignis aeterni alimenta conservat. A cuius « perversae *b)* » oppressionis umbra, liberata plebs , coepit (amotis malis doctoribus) in Christo credendo florere ; et suo exemplo , aliarum gentium nationes ad florem credulitatis provocare. De quibus sequenti versiculo dicitur : « *Vineae florentes dederunt odorem suum* (1). » Cre- (1) Cant. II 11. dendo namque in unum Deum omnipotentem, florent; pro eius vero nomine moriendo, suavissimum confessionis dederunt odorem. Nam sicut hyemis tempore absque frondibus et floribus , sine decore sunt vineae ; ita fuisse absque decore iustitiae vel sanctitatis ornamento praedictas nationes (quas nunc vincas appellavit) certissime comprobatur. « *Surge amica mea , speciosa mea et veni: columba mea in foraminibus petrae , in caverna maceriae* (2). » Jacebat ergo satis in humili loco et abdito , mul- (2) Cant.II 13 '4 tum longe « a vocante *c)* » haec amica speciosa vel columba, quae nunc in toto mundo regnare probatur, conturbata vel oppressa daemonum tempestate. Sed ubi passionis Christi Sacramenta sunt celebrata ; per Apostolorum doctrinam, in quibus Christus loquitur, advocatur, ut surgat, et veniat ad deambulantem sponsum in vincis, ad congaudendum ei in proventu fructus iustitiae praedictarum nationum ; id est, ut veniat ad eum, pro eius nomine moriendo , qui pro ea moriendo mortis destruxit imperium ; ut veniat ad eum in humilitatis perfectione , qui in se credentibus dicit in Evangelio : *Venite ad me omnes , qui laboratis et onerati estis , et ego requiescere vos faciam , et discite a me, quia mitis sum et humilis corde* (3). Humiliando se (3) Matth. XI. 28. enim anima , in conspectu Dei surgit ; exaltando, alliditur se- 29. cundum quod ipse Christus dicit : *Omnis qui se humiliat exaltabitur, et qui se exaltat humiliabitur* (4). « Relinquendo (4) Luc. XIV. 11. itaque idolorum culturam surgit , credendo et agnoscendo Creatorem suum *d)* » fit eius amica, eo quod propitium sibi fecerit Creatorem : delota vero fonte baptismatis , speciosa efficitur vel

a) arefacta — *b)* conversae — *c)* avocata — *d)* Tunc

formosa. Ubi autem susceperit in se Spiritum Sanctum, qui in
columbae specie in Jordane ostensus est , columba efficitur.
Sed ut queat ad hanc gloriam pervenire, id est ad perfectionem plenitudinis Christi , ne acciptrum daemonum (male
credendo in coaeternam et individuam Trinitatem) ungulis
« lancinetur *a)* » ostenditur ei via, per quam veniat ad advo-
cantem , ne forte de brumali errore Gentilium liberata , vel
de perfidiae Judaeorum latebris educta, non per viam regalem , quae ducit ad regnum, sed per floridos campos , qui rhe-
toricorum verborum delectatione inliciunt, aut Philosophorum,
vel haereticorum dogmata currere delectetur ; ubi accipiter diabolus, omni facilitate , perfectas animas (columbas effectas) devorat. Sed docet eam tumidae sapientiae campos omni modo
devitare, et per angustam viam , relictis terrenis desideriis ,
in quibus diabolus obtinet regnum, de morte ad vitam venire.
Quicumque ergo desiderat ab hostibus aereae potestatis inlae-
sus evadere ; in foraminibus · hujus petrae , quam beatus Paulus demonstrat , rectam fidem servando semper ingrediatur.
De qua dicit : *Bibebant autem filii Israel de sequente eos pe-*
(1) ad Corinth. X.
4. *tra , petra autem erat Christus* (1). Sed haec petra habet
multa foramina, id est, aditus, per quos intratur ad Patrem
regnum credentibus praeparantem ; quae sunt genera virtutum
exemplorum foramina, hoc est, mansuetudinis , humilitatis ,
patientiae , contemptus divitiarum , nullarum acceptio personarum , pernoctatio in oratione , misericordiae magisterium , castitas immobilis , forma benignitatis , singulare speculum , individuae Trinitatis agnitio , in qua est nostra redemptio. Haec
sunt proculdubio foramina , in quibus docetur amica ad gaudium regni coelorum venire : per haec foramina lux divinitatis
in tenebris huius mundi resplenduisse « oculata *b)* fide probatur. Haec est utique petra inter Deum et homines mediatrix,
per cuius foramina homines Deo , et Deus hominibus demonstratur. Cognoscuntur et illa in hac petra Christo quinque foramina in manibus, pedibusque « via clavorum , et cuspide latus effossum; per quae foramina in Ecclesiam B.Thomas vocatur,
verum Deum in vero homine *c)* » cognoscendo , venire , cum

a) lanietur — *b)* occulta — *c)* clavorum , et in aqua, et sanguine per latus effuso. Per haec
foramina Ecclesia in Beato Thoma vocatur, verum Deum in vero homine —

dicitur ei : *Mitte manum tuam in locum clavorum , et in latus meum , et vide quia ego ipse sum , et noli esse incredulus , sed fidelis* (1). In quibus foraminibus verum Deum , verum- (1) Joan XX 27
que hominem confitendo , incredulae plebi ostendit dicendo : *Deus meus , et Dominus meus* (2). Illique maxime plebi prae- (2) Joan XX.28
sens versiculus convenire intelligi datur , quae post cruenta odia, et criminum feritatem dominicae persecutionis , columbae in se simplicitatem per poenitentiam informavit : ut per haec fora- mina viscera Christi « ingrediatur *a)* » verum Dei Filium, Deum et hominem confitendo , quae ipsa in eo , clavorum et lan- ceae ictu fecerat , non credendo. Possunt siquidem foramina petrae, et quatuor Evangeliorum assertiones intelligi, quae eius, quem Apostolus petram pronunciat, perforatum supradictis icti- bus corpus testantur. Cavernam vero maceriae , Apostolorum doctrinam intelligi opinamur : de quibus ut vineae, credentium plebi firmissimam maceriam, ob infestationem malignorum Spi- rituum, Deum construxisse probatur. Nam sicut ipsi per Chri- stum , ita et nos per Apostolos agnoscentes divina mysteria , intra « conseptum *b)* » fidei, quam ipsi confessi sunt, contine- mur. De quibus velut de quadratis lapidibus , vineae suae cre- denti in se plebi « munimenta *c)* » maceriae aedificasse mon- stratur : cum in fide , ut dictum est , primo ab eis prolata , a demonum insidiis defensatur, quam maceriam se ab ingrata plebe Judaeorum per Isaiam Prophetam auferre minatur , di- cendo : *Nunc adnunciabo vobis, quid faciam vineae meae ; au- feram maceriam eius , et erit in direptionem* (3). Venit ergo (3) Isai. V. 5.
ad notitiam Creatoris , sicut in foraminibus petrae , ita et in caverna maceriae, per Apostolorum virtutes ; qui velut mem- bra multi unum corpus sunt in Christo petra , et unum Deum praedicando , unam fidem tenendo , una maceria Ecclesiae fa- cti sunt. Nam sicut de multitudine petrarum una , ad commu- niendam vineam, maceria fit, ita et hi, qui in Christo unum sunt per Sancti Spiritus coniunctionem , Christi pro humana salute implent locum. Venit namque Ecclesia ad Christum in foraminibus petrae , eius incarnationem credendo : venit in ca- verna maceriae per Apostolos, eius divinitatem agnoscendo, cum

---

a) confidant — *b)* conspectum — *c)* initium tantum —

Petrus, et Joannes Apostoli, sanato claudo, admirante plebe, Crucifixi virtutem exponunt. Ad quorum doctrinam quasi de antro incredulitatis, coepit faciem suam, iam corde compuncto, ostendere Creatori. Et quae tanti piaculi collapsu foedaverat faciem suam, Dominum maiestatis persequendo, perfuso sanguine iusti, quem super se sua effuderat voce, dicendo : *Sanguis eius super nos* (1): nunc conversa ad se, dicit: « *Ostende mihi faciem tuam ; sonet vox tua in auribus meis, quia vox tua dulcis, et facies tua decora* (2). » In principibus scilicet Sacerdotum, et in doctoribus legis esse facies plebis intelligi datur, quae in Christi passione consputorum, et blasphemiarum vulneribus crudeliter fuerat maculata : nunc in Nicodemo, et Joseph, vel in Paulo, et in ea multitudine, quae per Apostolos credidit, ad pristinam pulchritudinem revocata est. Et vox eius, quae horrida, interclusa impietatis raucedine, amarissimam et lamentabilem « reboaverat *a)* » vocem, dicendo: *Crucifige, crucifige* (3) « talem ; hausto *b)* » medicinali poculo sanguinis, quem effuderant, Christi, ad canoram dulcedinem revocata est, confitendo se credere Deum, quem ut hominem damnaverat ante Pilatum. « *Capite nobis vulpes parvulas, quae demoliuntur vineas ; nam vinea nostra floruit* (4). » Transacta videlicet daemonum tempestate, quam superius hyemem appellavit, invitatur sponsa iam regis corpori iuncta, per baptismi sacramenta, in vineam ; id est, credentium sibi plebem ex gentibus : et invenit eam producentem flores, per bonum naturae ad confitendum Deo coeli paratam ; sed calliditate insidiisque vulpium, maturitatem fructus expectantium, ad demoliendam devorandamque paratam : quae sunt perversarum haereseos mordacissima dogmata ; per quae, non viribus, sed versutiis et subreptione diabolus fructum illius animae laedit, vel devorat. Quae vulpes, si quempiam captivaverint, secum ad sua cubilia trahunt in inferos. Quarum insidias prospiciens Dei sermo, iubet custodibus vineae (scilicet his qui praesunt populo christiano, et locum doctoris suscipiunt) solertissime rete fidei tendere praedicando, ut si suae sententiae vino mansuescere nolint, tamen demoliri desinant vineam Christi. In vulpium ergo voca-

(1) Mat. XXVII. 25.

(2) Cant. II. 14.

(3) Luc. XXIII. 21.

(4) Cant. II. 16.

a) revocaverat — *b)* tali haustu —

bulo, haereticorum dialectica perversaque tergiversatio demonstratur « qui vigilantia, vel arte custodum vineae capiuntur *a)*» ab illis scilicet, qui sagacitate sua instanter verbo Dei operam dant, et sciunt se aut integritate praedictae vineae coronari, aut in laesione damnationis poena multari. Illi quam maxime in hoc loco admoneri videntur, qui ex saecularium litterarum peritiae velocitate, possunt ad mundandam vincam, philosophica arte, reciprocis argumentis resolvere falsa ligamenta sententiarum : sicut Historia Ecclesiastica refert post discessum Apostolorum ex ipsis auctoribus litterarum magistris, ex gentili errore conversos, et populo christiano « magistros *b)* » a sacerdotibus constitutos, qui velut sagacissimi canes, ut profunda syllogismorum (supradictarum vulpium cubilia) rimarentur ; de quibus dicit psalmographus : *Lingua canum tuorum ex inimicis* (1). Nam (1) Ps. LXVII 24 sicut vulpes mansuescere non possunt ; ita et autores haereticorum etiam capti, et iam victi numquam redeunt ad salutem, eo quod per sapientiam, vel scientiae tumorem ultro in mentibus suis locum paraverint diabolo persuasori. Quorum omnis fiducia non in virtute veritatis, sed in calliditate profundae dialecticae artis est. In quarum vulpium parte, id est in inferno, crunt omnes, qui martyres iugulaverunt. De quibus Ecclesia dicit in Ps. 62: *Ipsi vero in vanum quaesierunt animam meam, introibunt in inferiora terrae* (hoc est in tartara) *tradentur in manus gladii* (quod est, poenarum Angelis) *partes vulpium erunt* (2). Et ut ostenderet Salvator, cui personae (2) Ps LXII 10 11. in scelere participes essent haereticorum auctores, ita de interfectore B. Joannis Herode pronunciat : *Ite* (inquit) *dicite vulpi illi, ecce ego hodie, et crastino facio virtutes ; et tertia die consummabor* (3). Docetur ergo : sicut per Herodem parvulos (3) Luc XIII. 32. in corpore interfici Diabolus fecit, qui par fuit utique incredulitate interfector praedicti Joannis ; ita et per haereticos, parvulos in doctrina Evangelica, quasi vineas exterminat. Vulpes enim, parvulas adhuc novellasque vincas facilius demoliuntur, ut quae non alte adhuc a terra surgant. In quo versiculo videntur, ut dictum est, sacerdotes moneri, quibus docendi officium est commissum, vigilanter doctrinae operam dare, vel vitae

---

a) quae arte custodum vineae prohibetur — *b)* : magnis : —

immaculatae exemplo, ad eos vel maxime, qui adhuc parvuli sunt in Christo; de quibus dicit nunc praesenti loco: « *vinea no-* (1) Cant. II. 15. *stra floruit* (1). » Nam duplici ratione intelligitur quod ait, *no-stra* : sive suam « dixerit Filius, et Patris, vel Spiritus Sancti *a)* » sive Ecclesiam sibi coniunctam participem dicat. Venit ergo per incarnationem sermo Patris in vineam, gentem Israel; et propagines de ea per Apostolos toti mundo porrexit; et fidei germine, de singulis gentibus singulas vineas fecit, et ad singularem boni operis fructum sponsam invitat ad congaudendum in vineis. Quas cum flores credulitatis vidisset proferre, ante praeparat venatores vel custodes, qui vulpes capiant, quam flores maturos fructus parturiant. De quorum numero est unus, (2) Colosen.I.18. qui dicebat : *Corripientes omnem hominem* (2), *et in captivitatem redigimus omnem scientiam extollentem se adversus scien-* (3) 2. Cor. X. 5. *tiam Dei* (3). Qui rete doctrinae suae, admirante populo, callidissimam vulpem captivavit « magum *b)* » illum Elyman, Proconsulis exterminantem vineam mentis. Nam sive daemones vulpes intelligantur, sive perversi doctores, per quos daemones loquuntur blasphemias, utrumque convenire manifestum est : per quos mentes hominum, in quibus habitat recta fides Ecclesiae, exterminantur. Quorum exterminium, vel occultas insidias ut cavere mereamur, indesinenter Christi Domini Nostri adiutorium imploremus, cui est gloria, et imperium in saecula saeculorum. Amen.

FINIT LIBER QUARTUS.

INCIPIT LIBER V.

« *Dilectus meus mihi et ego illi* ; *qui pascitur inter lilia, do-* (4) Cant. II. 16.
17. *nec aspiret Dies et inclinentur umbrae* (4). » Coniuncta itaque Ecclesia Christo, hoc est, anima verbo Dei; ut eam abundantiori gaudio cumulet « omnia ei in quibus *c)* » ipse per lae-

---

a) dixerit, et Patris — *b)* magnum — *c)* per omnia, et in quibus —

titiam pascitur, et quo ipse delectetur in ea, ostendit : Et quid
illa « rependere *a)* » debeat pro tantis beneficiis, edocetur. Sponsus videlicet decoram faciem in ea semper videre desiderat,
quae nulla peccati nigredine sit maculata, non turpium verborum mendaciique umbris absconsa, vel blasphemiarum raucedine voce horrida, sed dulcedinem suis laudibus resonantem;
ut retro iam dixerat : « *Quia facies tua decora, et vox tua sua-*
vis (1). » Ille vocat eam ad Paradisum scientia legis suae : Illa (1) Cant. II. 14.
ei ex fructu voluntatis suae vernantia pascua praeparat castita-
tis ; in quibus eum praesenti loco pasci pronunciat, dicendo :
Qui pascitur inter lilia. « Quanto autem gaudio potita fuerit *b)* » suis consodalibus adolescentulis laeta exponit, dicendo :
Dilectus meus « *mihi, et ego illi, qui pascitur inter lilia.* Quid
dilectus meus mihi? inquit: Gratiam vocationis, Redemptionis
insignia, adoptionis clarissimam libertatem *c)*. » Et quid ego illi ?
Voluntatis obedientiam, conservandae integritatis studium, quod
indidit per naturam. Quid ille mihi? singulare conservandae virginitatis exemplum, nascendo per virginem. Et quid ego illi ?
singularem laetitiam, denuo nascendo per baptismum, in toto
corde meo servando « praecepta Evangelica *d)* » caelestemque
imitando naturam « intactum corpus reportando *e)* » ad paradisum, quod intactum de utero matris induxerat nascendo in
mundum. Nam sicut diabolus cruenta iracundia, et execrando
coeno libidinis saginatur ; ita et Christus Dei Filius, misericordiae, mansuetudinis, vel castimoniae liliis pascitur. « Licet enim
habuerint et alia bona tres illi pueri Hebraei, tamen castitatis
delectatio inter Babylonias flammas in eis media anhelantes fornace, quasi inter lilia pascitur *f)* » Cuius praesentia caminus in paradisum, et furor ignis in rorem mutatus est : « et quos ad devorandum susceperant, velut materno gremio fotos, refrigerii imbre
perfundunt *g)*. » Et hoc quod illis legimus Deum fecisse, usque in
finem praesens versiculus ostendit futurum : eo quod semper pascatur mansuetudine, semper requiescat in cordibus diligentium

---

a) respondere — *b)* Quanta autem gaudia posita fuerint — *c)* mihi : gratia (inquit) vocationis,
redemptionis insigne, adoptionis clarissima libertate — *d)* praecepta, angelicam — *e)* ut intactum corpus redeat — *f)* Licet et eum aluerint et alia bona. Tres illi pueri Hebraei tamen, castitatis dilectione missi inter babylonicas flammas, in eis medius ardente fornace, quasi inter lilia
pascitur — *g)* et qui ad devorandum suscepti erant, velut materno gremio foetus, refrigerii
imbre perfunduntur —

castitatem, dicendo : *donec aspiret dies , et inclinentur umbrae*:
hoc est , donec dies ille iudicii verus adveniendo aspiret : et huius saeculi caducarum rerum umbrae , quae nos impediunt iustitiae perfrui sole, inclinentur cum suis « amatoribus *a)* » in chaos
inferni. « *Revertere, similis esto , dilecte mi, capreae , aut hinnulo cervorum super montes Bethel* (1). » In hoc loco opinor
per eos intelligi loqui Ecclesiam, qui in carne posito Domino
Christo adhaerebant : quibus de futuro passionis mysterio exponens dicebat : *Ecce vado ad Patrem meum , et nemo vestrum interrogat me quo vadis ? Sed tristitia occupavit cor
vestrum* (2) : » Et quibus dicit : « *Non vos derelinquam orphanos , sed vado et « venio b) » ad vos* (3), *et iterum videbitis
me, et gaudebit cor vestrum* (4) ; In quo versiculo docetur et
Domini resurrectio praenunciata. Et sicut Apostoli « sine eo *c)* »
pavebant, perterriti insidiis Judaeorum : ita anima sine adiutorio Spiritus Sancti , nuda quodammodo et inermis, insidiis daemonum deterretur. Quae quum delectabiles operum illos retro-
dictos « flores liliorum *d)* » ad pascendum Dominum in sua
paraverit mente , gaudens dicit : « *Ego dilecto meo , et dilectus
meus mihi* (5). » Cum autem aliquid ei contrarium negligenter
commiserit, « prolongatur *e)* » ab ea : quo prolongante , adpro-
pinquare necesse est inimicum. Quae per hanc vocem emendationis , revocare ad se prolongantem docetur , ut per « corre-
ctiorem vitam *f)* » fiduciam sumat dicendi : « *Revertere, similis
esto, dilecte mi, capreae, aut hinnulo cervorum super montes
Bethel* (6). » Prolongatio scilicet Christi ab Ecclesia tunc est ,
quando negligentia eorum, qui praesunt populo Christiano, ad
castigandam plebem tribulatio induci permittitur : cum siccitas,
vel nimius imber , aut gladius , vel fames , seu pestilentia vin-
dex grassatur. Reversio autem eius est , dum precibus, ieiuniis,
lachrymisque ad misericordiam inclinatus , ad vestigia pietatis
suae velocius recurrit, quam prosilierat vindicando : similis factus cursui vel consuetudini capreae, hinnuloque cervorum: quarum natura « est opinari, vocem ante se in montibus resonantem
post tergum emissam *g)* » et dum obviam sibi « senserint *h)* »
occurrere quippiam, ad locum unde abcesserant velociore cursu

(1) Cant. II. 17.
(2) Joan. XVI. 5.
(3) Joan. XIV.18.
(4) Joan.XVI. 22.
(5) Cant. II. 16.
(6) Cant. II. 17.

a) aromatibus — *b)* veniam — *c)* in eo — *d)* flores — *e)* prolongat — *f)* correctionem vitae —
g) est, voce ante se in montibus resonante post tergum emissa — *h)* opinantur —

reverti. Et haec est causa, ut exasperata ab hostibus, consuetam nollet derelinquere sedem : sicut et Christus Dominus Noster, quamvis provocatus, quamvis exasperatus peccatis hominum, pietatis tamen non dereliquit consuetam sedem. Super
montes vero Bethel, quod eum reverti «precatur *a)*» in cuius finibus crucifixus est ; velocitatem resurrectionis die tertia cele-
brandam prophetasse monstratur. Nec « moralis *b)* » siquidem amittendus est sensus. Unusquisque enim credentium Deo
« aut efficit *c)* » montem Dei per sanctam conversationem,
aut montem diaboli perverse vivendo ; Bethel scilicet domus
Dei interpretatur. Quicumque ergo ita exhibuerit vitam suam,
ut in eo delectetur Spiritus Sanctus habitare, mons efficitur,
domus Dei, quae est Ecclesia eius. Super hunc ergo, quando
offensus peccatis populi prolongaverit, revertitur Christus :
hoc est, ipsius precibus revocatus a vindicta, ad pietatis consuetam revertitur sedem ; sicut flentibus Apostolis, vel sanctis mulieribus, quae secutae fuerant eum, revocatus Dominus
Christus, eorum praesentiae redditur a mortuis resurgendo. In
quibus geminum luctum Ecclesia habuisse probatur, Dominum
lamentando. « Alterum *d)* » videlicet, gloriosum vultum eius,
et verba doctrinae recolendo. Alterum, quia non licebat in die
propter metum persecutorum, eius requirere sepulchrum, sed
furtim in nocte requirunt Dominum in monumento, cum Angelus dicit mulieribus : *Quid quaeritis viventem cum mor-*
tuis (1)? cum diceret Maria: *Tulerunt Dominum de monu-*
mento, et « nescimus e) » ubi posuerunt eum (2) : Et anxii
paventes Petrus, et Joannes, ad monumentum concurrerent,
sicut vox Ecclesiae nunc in sequentibus ait : « *In lectulo meo in*
noctibus quaesivi eum, quem diligit anima mea ; quaesivi eum,
et non inveni: et vocavi eum, et non respondit mihi (3). » Haec
ergo praenunciata sunt, quae consummata agnoscimus in Domini sepultura ; dum mulieres ad sepulchrum, ut dictum est,
pervigilant : cum Apostoli intolerabiliter lugent. Sed amplius
haec ad animam referenda sunt, id est, ad moralem sensum.
Nam sicut per supradictas personas lectulum suum Ecclesia Christi sepulchrum dixisse « intelligi datur *f)* » ubi certissime in ad-

(1) Luc. XXIV.5.

(2) Jo. XX. 2

(3) Cant. III. 1

---

a) peccator — *b)* mortalis — *c)* ipse se fecit — *d)* Unum — *e)* nescio — *f)* intelligatur —

12

sumpta carne, « participium eius corporis *a)* » iacuisse probatur; Ita et unaquaeque anima, non alibi requiem poterit invenire, nisi veram eius passibilem carnem confitendo, veramque
impassibilem divinitatem in cruce : aliud in sepulchro mansisse
per triduum, et aliud penetrasse inferna ad liberationem iustorum. Lectus namque requiei locus·est, ubi infirma, lassaque
consueta sunt membra requiescere. Quam requiem anima, si fidem accomodaverit Evangelio, in Christi sepultura inveniet, ut
ex persona Ecclesiae ostendit Spiritus Sanctus in eius sepultura
hanc requiem inveniri. In hoc lectulo, in noctibus, quem diligit
perfecta anima, quaerit, id est, in « tetra et *b)* » tenebrosa persecutorum plebe Judaica; ibi invenit ejus sepulchrum, ibi invenit suae
requiei lectum. Illuc enim de omni mundo, de omni gente concurrit multitudo credentium animarum, requiem suam (Dei Filium) requirendo, qui dixit : *Tollite jugum meum super vos, et
discite a me quia mitis sum et humilis corde, et invenietis requiem*
(1) Matth. XI.29. *animabus vestris* (1). Illuc utique per noctes, in multis secretis
cogitationibus, credendo, multitudo animarum, suae volun-
tatis « gressus *c)* » extendit. Sed licet laborem quaerendo impendat, non tamen invenit quem requirit, nisi inluxerit dies.
Nihil enim legimus, in principio dum ornaretur fabrica mundi
Dominum operatum in nocte, sed lux per lucem, in luce diei
omnia condidisse monstratur. Docetur videlicet, et hoc modo posse intelligi praesentem locum, quaesitum in noctibus,
id est, perversa fide, multis et obscuris syllogismorum discus-
sionibus Dei Filium non inveniri. Quicumque enim solum hominem credit Christum ; non invenit eum. « Et quicumque
solam Deitatem *d)* « credit in Christo, vocat quidem in noctibus perversorum sensuum suorum Dominum Dei Filium; sed
non respondet ei, sicut non respondit Sauli regi, a quo recesserat Deus. Sine causa igitur laborem impendit quaerendo, qui
aequalem hominibus absque peccato, et coaeternum Patri, non
fuerit utramque naturam confessus, Deum qui redemit, et hominem, per quem redemit perditos Deus. De quo dixit Pro-
(2) Ps XLVIII. 8. pheta David : *Frater non redimit, redimet homo* (2) ? Sicut
ergo supradicti Apostoli, vel sanctae mulieres intolerabili de-

---

a) quae participium est — *b)* terra, — *c)* ingressus — *d)* Et quicumque Deitatem non —

siderio quaerebant eum in sepulchro ; ita et anima dum coeperit Deum sitire , quaerit eum in lectulo sensus sui , in noctibus :
id est , in multis secretis cogitationibus : quomodo potuit Dominus maiestatis crucifigi secundum Apostolum ; vel quomodo
potuit homo crassioris naturae coelo recipi ascendendo? Sed cum
surrexerit de humili et terreno lectuli sui sensu , et coeperit discurrere per divinorum librorum apices (quos praesenti loco vicos , et plateas appellavit) et eorum habitatores (idest , qui in
eis meditentur die ac nocte) interrogaverit ; tunc agnoscet quod
omnipotenti impossibile nihil sit , sicut nunc etiam ait : " *Exur-
gam , et circumibo civitatem, per vicos et plateas , et quaeram
quem diligit anima mea : quaesivi illum , et non inveni. Invenerunt me vigiles , qui custodiunt Civitatem. Num quem dilexit
anima mea, vidistis ? Paululum cum pertransissem eos, inveni
quem diligit anima mea. Tenui eum nec dimittam , donec introducam illum in domum matris meae, in cubiculum genitricis
meae* (1)." Ab his ergo " civibus *a)* " inventa est diligens anima
Deum (quae secundum " corporalem amorem *b)* " amore caelesti
inflammatur) , qui Angelorum vices agunt , qui ita custodiunt
rectam fidem, sicut Angelorum custodia erga animas contra daemonum impugnationem jussu Creatoris constituta probatur; qui
vigilant in verbo doctrinae divinae ; de quibus dicit Propheta :
Beati qui scrutantur testimonia eius (2), Qui cives , quaerenti
animae Christum possunt dicere : *Vidimus eum , et non habe-
bat decorem neque speciem , et quasi humiliatus et absconditus vultus eius ; ipse autem vulneratus est propter peccata
nostra* (3)*, et attritus est propter scelera nostra , et obla-
tus est quia ipse voluit: generationem eius quis enarrabit* (4) ?
Haec igitur audit , in vicis et plateis circumiens civitatem.
Civitas ergo , recta intelligitur fides ; vici , Prophetae ; pla-
teae vero , pia intelligentia Incarnationis : vigiles autem qui
hanc circumeunt civitatem , supradicti die noctuque in lege Domini meditantes ; qui quaerenti animae sponsum iter demonstrant , quomodo verum Deum , verumque hominem credendo
invenire possit. Nam ausculta quid ei quaerenti in plateis " Evangeliorum *c)* ore beati Joannis respondeatur : *Vidimus* (inquit)
gloriam eius (5): non illam passionis , ubi celatur divinitas ,

(1) Cant. III 2
3   4

(2) Ps CXVIII 2.

(3) Is. LIII. 2. 3·5·
(4) Is. LIII. 7

(5) Jo. 1 14

a) a quibus — *b)* corporalia — *c)* Evangelistae —

quam praedixerat Isaias futuram ; sed illam resurrectionis , in qua unus cum Patre est , de qua dicit : *Gloriam quasi Unigeniti a Patre , plenum gratiae , et veritatis* (1). Et : *est lumen verum quod illuminat omnem hominem venientem in hunc mundum* (2). Hos utique praedictos cum pertransierit vicos , et plateas civitatis , civesque « quisquis *a)* » meditatione, lectioneque assidua , invenit quem diligit anima eius. Invenit eum scilicet in Propheta Isaia dicentem : *Ego Dominus primus , et ego novissimus* (3); *ante me non fuit Deus, et post me non erit alius* (4), *Ego , et manus mea extendi coelos , et omnibus syderibus eius lucere mandavi; Ego feci terram, et hominem super eam creavi, et spiritus a me procedit, flatus omnes ego facio* (5). Et dum exposuisset divinitatem suam , praedicit incarnationis infirmitatem alio loco in sequentibus dicendo : *Haec* (inquit) *infirmitas mea est , et ego portabo eam* (6) : Tunc , inquam , proculdubio inventus est a quaerente Ecclesia dilectus Christus , quando eum testimonio Prophetarum verum Deum , veri hominis infirmitatem portasse agnoverit. Nam cum pro omnium salute occisus ponitur in sepulchro , prolongatur ab Ecclesia , id est , de cordibus adhaerentium sibi , dum solum hominem eum opinantur : et tunc eum quaerere dicitur supradicta , et non invenire. Ubi autem Angelorum testimonio , qui mortuus homo lugebatur , asseritur surrexisse ut Deus , ut ipse resurgens ostendit dicendo : *Videte, et palpate, quia ego ipse sum et non sum phantasma* (7): invenit eum sponsa , et inventum tenuit , nec iam ultra dimisit eum , firmissima fide verum Deum , et verum eum hominem confitendo ; donec introduceret eum in domum matris suae synagogae (cuius doctrinae adoleverat lacte , unum Deum coeli credendo) hoc est, persuaderet plebi Judaicae praedicando Deum maiestatis crucifixum , quae eum blasphemandum docebat ; *et in cubiculum genitricis suae* : in eius scilicet plebis secretum mysterium regenerationis , quae illi per baptismum beati Joannis genitrix fieri coepit. Cuius bono exemplo baptismate, in notitiam perfectae Trinitatis genita est , sicut ait : « *Tenui eum nec dimittam , donec introducam eum in domum matris meae , et in cubiculum genitricis meae* (8).» Docet ergo sive veteris te-

(1) Jo. I. 14.

(2) Jo. I. 9.

(3) Is. XLI. 4.
(4) Is. XLIII. 10.

(5) Is. XLV. 12.

(6) Jer. X. 19.

(7) Luc. XXIV. 39.

(8) Cant. III. 4.

a) et quamvis

stamenti doctrina, sive per baptismum Joannis, quamvis de coelo fuerit datum, non nisi introductione Christi per Spiritum Sanctum firmari. Invenit eum Ecclesia utique in Apostolis post resurrectionem. Et introduxit eum in domum praedictae matris suae synagogae, exponendo prophetias; « quae eum a) » venturum promiserant. Et introduxit eum in cubiculum antedictae genitricis suae, veram eius redemptionem humani generis ostendendo, quae in mysterio sacri baptismatis celebratur. Lex namque lactat Ecclesiam, gratia generat. Recte ergo usque ad Christi adventum primum mater ponitur lex, ad quam nos gratia generatos coelo alendos transmittit. Jam enim a Christi adventu gratia praecedit: quia omnis natus nisi renatus per gratiam, nec deputabitur natus. Mater enim, a lactis mammas porrigendo, et a generando, genitrix nuncupatur. Et sicut lactantibus prae omnibus alimoniis necessaria sunt ubera lactis: ita et animabus generatis per gratiam, prae omni censu terreno necessaria est observantia legis divinae, ad quam nos gratia nutriendos transmittit. Cum ergo legem divinam mundo legeris corde, et quae praecepit facienda docueris, exultantem Christum in domum matris inducis. Cum autem eius mirabilia mysteria disserere fueris dignus, et caeco Judaeo, et Gentili gratiae donum (veram humani generis redemptionem) annunciando, Christum renascentem in cubiculum genetricis introducis. ✳ « *Adiuro vos, filiae Jerusalem, per capreas cervosque camporum, ne suscitetis, neque evigilare faciatis dilectam, donec ipsa velit* (1). » Ubicumque igitur in hoc cantico similia verba repetuntur, credentium diversis temporibus diversorum populorum personae introducuntur. Hic namque illius plebis persona videtur induci, quae post Christi Ascensionem persecutorum tribulationibus fatigata, vel desiderio quaerendo quem diligebat anima eius, paululum indulta sibi tranquillitatis pace, in securitatis somno requiescit. In quo versiculo magnorum persona opinamur taxari, quorum magnus labor est in doctrina eo tempore quam maxime, dum persecutorum grassatur insania. Quae cum Domino iubente cessaverit, velut in somno collocati a laboribus requiescere demonstrantur; sed, ut retro in alio li-

(1) Cant III. 5.

---

a) quaecumque — † Fragmentum hactenus ineditum.

bello iam dictum est, filiae Jerusalem caelestis animae non patiuntur eam dormire, aut torpescere otio; sed cupiunt huiusmodi perfectam animam per passiones, et impugnationes multimodas amisso corpore secum laetari in coelo. Sed quia necessaria est propter infirmorum profectum adhuc retineri in terris, adiurantur filiae Jerusalem, quae nimia dilectione habentur, ut paulisper patiantur quiescere dormientem. Sive enim amicorum Dei animae filiae Jerusalem intelligantur, quam beatus Paulus sanctorum matrem pronuntiat, sive caelestes virtutes, quibus gaudium exhibet poenitendo peccator; cupiunt perfectam animam quantocius de corpore evocari ad requiem, ne inter moras iustitiae depereat labor. Nunc autem videamus quae, vel quales sint animae cervis, et capreis comparatae, quae tanto a filiabus Jerusalem diliguntur amore, ut non sit pretiosius, per quod adiurentur a Christo, ut sinant aliquantulum dilectam requiescere in sopore. De quibus animalibus licet sacrificium non iubeatur offerri in veteri testamento Dei iussione, tamen inter munda animalia prae omnibus feris vesci indulta sunt populo sancto, fuso sanguine in terra; de quibus licet non sit agnus, qui in Christi imagine immoletur pro mansuetudinis forma, et impertitione gratiae Spiritus Sancti, sicut agnus lanam aliis largiendo ipse vestitus est: aut vitulus propter Crucis iugum suis humeris gestandum, per quod durissima, et inculta gentium corda a Christo quotidie exarantur. Quas non opinor huic expositioni, aut naturae fidei esse contrarium, si platonicae vel stoicae Philosophiae comparemus in illa parte dumtaxat, in illa disputatione, quae cum scripturis divinis consentit. De quibus unus, ut capreae, semper ad montem cursum suae disputationis direxit, et sagacitate cordis quasi per caliginem intuens Creatorem intra Paradisum penetrans saliit cervus, dicens incorporeum unum Deum rerum omnium conditorem, Beatum, Beatificum, Optimum, nihil indigentem, ipsum conferentem cuncta, caelestem, invictum, innominabilem, cuius natura nulli, nisi sibi sit cognita. Quae etiam si inveniri possit, dividi in multos omnino non posse pronuntiat. Hi ergo cursus verborum tam veloces, sic gloriose ad excelsa currentium, platonicae capreae comprobantur. Stoicorum autem haec est cervorum velocitas sensus. Haec palma, res, sententia, hic camporum discursus, mun-

dum pronuntians in rotunditate perfectum , Deique Omnipotentis providentia terminatum ; cuius mens per elementorum corpus infusa sic operetur universa gignendo , ut perpetuus cursus
indefessae molis agitetur. Quod utique convenire cum divina
sententia manifestum est, dicente Deo per Prophetam : *Coelum,
et terram ego impleo* (1) , *et non est locus ubi lateat quis ab* (1) Jer.
oculis meis. Nam quanta distantia est inter mansueta animalia
intra caulas nutrita , et caprearum , vel cervorum naturam ;
tantum distat inter populum hebraeum , unde sunt Patriarchae
et Prophetae , et alias nationes , quae alienae et agrestes a veri
Dei notitia effectae, in bestiarum feritatem fuerant commutatae.
De quibus supradictae philosophiae auctores extitisse probantur.
Qui intra Ecclesiae fidei septa conclusi, rectae doctrinae magnam
filiabus Jerusalem saltibus disputationis suae laetitiam exhibent
per momenta , dum litterarum saecularium velocitatem sensus,
perversos gentiles , vel callidos haereticos , sibi suis sententiis
occurrendo , concludunt. Per quod mirabile gaudium et Christianae congregationi , et supradictis filiabus Jerusalem praeparare noscuntur. Quod autem secundo haec verba repetuntur in
Cantico hoc , ubi secundo dumtaxat per capreas , cervosque
camporum adiurantur filiae Jerusalem ; non pigebit priora alterius libelli repetere dicta. In priore enim filiarum Jerusalem ad-
iuratione , in caprearum et cervorum , personas Thalesianae ,
et Ferecidensis philosophiae intelligi diximus. Quae licet in Ecclesiae doctrina non inferatur , sicut caprearum , et cervorum
animalia non sunt iussa a Mose in altari sacrificium Deo offerri,
ut iussa sunt agnus , vitulus , vel caprea in altari immolanda ,
tamen inter immunda non sunt reputata , et vesci iubentur populo , fuso sanguine in terra : Ita et praedicta philosophia non
est immunda in iniuriis Creatoris , sicut aliorum philosophorum
vita , vel dogmata , qui bestiis , canibus , et porcis comparandi
probantur, libidinem summum bonum esse docentes, a quorum
insania procul praedicta philosophia antedictis animalibus comparata esse dignoscitur. De quibus Thales nomine , initium omnium rerum aquam in suo esse dogmate pronuntiavit , et inde
omnia facta subsistere ab inviso , et magno. Causam vero mo-
tus aquae spiritum insidentem confirmat ; simulque geometricam artem perspicaci sensu prior invenit , per quam suspicatus

est unum rerum omnium Creatorem. Ferecides autem vocabulo, animam hominis prior omnibus immortalem auditoribus suis tradidisse docetur, et eam esse vitam corporis, et unum nobis de coelo spiritum. Alterum credidit terrenis seminibus comparatum. Deorum vero naturam, et originem ante omnes descripsit. Quod opus multum religioni nostrae conferre probatur, ut noverit turpiter natos, turpioremque vitam duxisse, dedecorosius mortuos, quos idolatriae cultor Deos affirmat. Tunc enim victrix sine labore existit Ecclesia, quando impugnatorum suorum arcana cognoscit. Tunc requiescit a laboribus praeliorum, quando ex suo dogmate gentilis, vel haereticus superatur. Tunc in requiei somno collocatur, cum ex adversariis quondam fuerit ordinata doctoribus; sicut legitur multos ex gentibus Apostolorum fuisse discipulos, qui contra errorem gentilium magnifice restitisse probantur. Haec ergo plebs hebraea mihi praesenti loco praedicta videtur usque ad hunc locum, cuius erat cor, et anima una, sicut actus Apostolorum docet, quae confirmata in fide, in quietem soporis collocatur. Et dum haec ut sponsa quiescit, alia plebs per desertum, idest de loco deserto adeo, magnae pulchritudinis sub imagine, amata a doctoribus ducatum ascendit; quam ista plebs conspiciens ascendentem miratur, dicendo: « *Quae est ista, quae ascendit per desertum sicut virgula fumi ex aromatibus myrrhae et thuris, et universi pulveris pigmentarii* (1)? Hanc ergo opinor plebem per desertum ascendentem, quam Doctor gentium Paulus ab Jerusalem usque ad Illiricum congregatam, et unguentis doctrinae delibutam, mysteriorumque sacramentorum caelestium aromatibus aspersam, usque ad pacifici regis lectulum perducit, sicut sequitur dicendo: « *En lectulum Salomonis, sexaginta ambiunt ex fortissimis Israel* (2).» Hoc est ergo miraculum plebi hebreae, gentium Ecclesiam ascendentem per desertum ad altitudinem notitiae Christi venire. Vere enim desertus est locus, ubi nomen Christi non fuerit nominatum. De qua plebe dicunt ad Petrum hi, qui crediderant de hebraeis: ergo et gentibus aperuit Deus ianuam misericordiae? cum ille domum Centurionis baptismate consecrasset; cum Antiochiae innotescit primum tanti nominis magnitudo, quod per millia annorum ignotum erat hominibus; ibi primum pretiosis gemmis ornata refulget regina Ecclesia gentium; ibi primum bono-

(1) Cant. III. 6.

(2) Cant III. 7.

rum operum odor, in unum corpus concreta, igne Deitatis amoto, una fumi confessionis virgula uni Deo Christo aromatizans ascendit ad coelum, cum ibi primum, docente amico Christi Paulo, sponsa Ecclesia populus Christi appellati sunt christiani, sicut actus Apostolorum probat historia. Namque quemadmodum mortificandae gentes miratae sunt Ecclesiam Israel ascendentem de Aegypto per desertum, ita miratur plebs hebraea vivificandam ascendentem Ecclesiam gentium, per arduam conversationis viam, de Aegypto erroris ad montem notitiae Creatoris, ad montem Christum, omnem in se portantem medicinam, rectae fidei exemplum, et suavissimi odoris bonae doctrinae pigmenta; de quibus adhaerentibus sibi adolescentulis, et medicinae exemplum vitae, et odoris exhibeat suavitatem. Nam sicut multa, et pretiosa suavissimi odoris in unum pulverem redacta pigmenta ad delicias regum arte pigmentarii aromata praeparantur, et dum sint multa in unum corpus collecta, unam magni odoris fumi virgulam vaporata ignibus reddunt : ita unanimitatem multorum populorum, confessio rectae fidei et orationum, et unum suavitatis odorem in conspectu Dei reddere demonstravit, ut in alio loco orat David propheta : *Dirigatur* (inquit) *oratio mea, sicut incensum in conspectu tuo* (1). Per quod exposuit, thimiama illud in veteri testamento, quod incensum in altare a Summo Pontifice ponebatur, orationes populi rectae fidei typum tenuisse, quo se Deus ita delectari perdocuit, quemadmodum reges aromatum incensi odore; cum ait Angelus ad Cornelium Centurionem : *Orationes tuae, et eleemosinae tuae ascenderunt in conspectu Dei. Accersi Petrum, et baptizare ab eo* (2). Habet ergo multas bonorum operum species in se orationis nostrae thimiama, quibus circumdata anima, delectabilem regi suo vel Creatori reddit odorem. Quae sunt iusta iudicia, bonitas, disciplina, scientia legis divinae, misericordia, dilectio proximi, mansuetudo, patientia, veritas, benignitas, continentia, ieiunium, sobrietas, castitas, martyrii amor. Has autem omnes species, in unum Deum credendo, velut pigmentarius rationalis congregat sensus, et coeleste aroma vel thimiama componit divino igne Sancti Spiritus vaporandum. His namque specichus composito aromate in odorem suavitatis, sponsa per supradictum desertum ascendit, sicut virgula fumi ex aromatibus

(1) Ps. CXL 2.

(2) Act. X. 4. et seq.

11

myrrhae, et thuris, et universi pulveris pigmentarii; ut agnito Creatore Christo, bonorum operum suorum unum odorem placationis offerat ei: myrrhae scilicet, ut credat eum verum hominem morti subiacuisse; thuris, ut Dei claritatem non dubitet in eo semper viventem, cui Sanctum Sacrificium laudis sine cessatione debeat immolare. In myrrha videlicet mortem Christi circumfert Ecclesia. In thure gratia Spiritus Sancti refulget: In universo autem pulvere pigmentarii, mandatorum vel testimoniorum eius multimoda scrutatio subtilissimorum sensuum scripturae divinae, qui recte expositi in conspectu Dei suavissimum reddunt odorem. Quos peritissimus artifex pigmentarius Paulus bene vivendo probat, bene exponendo, ad subtilitatem et suavitatis odorem perducit. Quibus odoribus circumdatus ad se suosque similes Ecclesiam trahit dicendo: *Christi bonus odor su-* (1) 2. Cor. II. 15. *mus* (1); et tractam ad se, ut exornatam moribus bonis, usque ad regis coelorum cubiculum introducit, dum ad plebem Galatarum dicit: *Despondi enim vos uni viro virginem castam exhi-* (2) 2. Cor. XI. 2. *bere Christo* (2). Quando enim mysteria passionis eius exponit, quae intrinsecus in arcanis scripturis divinis absconsa sunt, ubi promittitur carne vestitus Deus cum hominibus conversari in terris, Deo proximat audientem et sequentem se plebem. Cum autem exponit Christum Crucifixum, hominem perfectum pro hominibus mortuum, sed liberum pro obnoxiis, sed iustum pro iniustis, et sine contagione peccati pro impiis aqua baptismatis lotum, et unguento chrismatis delibutum, corpore eius et sanguine eius corpori sociato, Ecclesiam in secretum cubiculum pacifici regis inducit, cum ait: *O insensati Galatae, ante quorum* (3) Gal. III. 1. *conspectum Christus crucifixus est* (3). Ad Corinthios similiter: *Tradidi* (inquit) *vobis primum quod Christus Dominus noster mortuus est pro peccatis nostris, et quia resurrexit tertia die, et quia visus est Cephae, et post haec apparuit plusquam quingentis fratribus, deinde tanquam abortivo novissime om-* (4) Cor. XV. 3. et *nium visus est et mihi* (4). Hac ergo Ecclesia, cum exponit seq. Apostolus verum hominem mortuum pro nostris criminibus, et verum Deum tertia die resurgentem pro nostris iustificationibus, redimita monilibus scientiae, et sapientiae, et intelligentiae divinae legis, velut sustentata manu introducta aulam regalem, lectulum ei ubi post laborem itineris, ascensum deserti requiescat

ostendit, sicut sequitur: *En lectulum Salomonis.* Et illam adhuc
pristinos diaboli impetus, quos in tetro Aegypti error posita
perpessa fuerat pavitantem fidere monet, simulque docet quibus praesidiis sit lectulus iste vallatus : « *Sexaginta* (inquit) *fortes ambiunt ex fortissimis Israel. Omnes tenentes gladios, et
ad bella doctissimi. Uniuscuiusque ensis super femur eius propter nocturnos timores* (1).» Hic igitur chori cantantes, in per- (1) Cant III 8.
sona Apostolorum eorumque similium doctorum voce introduci
cognoscuntur; secundum quod carmen nuptiale Christo, et Ecclesiae nubenti Spiritum Sanctum cecinisse intelligi diximus. Qui
narrant cantando virtutes, et mirabilia, celebrationesque harum gloriae nuptiarum, et in quanta claritate sublimaverit omnipotens Pater hunc laetitiae diem, hunc redemptionis diem, de
quo dixit Propheta : *Haec dies , quam fecit Dominus , exulte-
mus et laetemur in ea* (2): Quando per passionis mysterium ad (2, Ps. CXVII. 24.
praedictum lectulum introductae suo corpori corpus coiunxit Ecclesiae Christus. Retro itaque ubi Ecclesia Christo dicit: *lectulus
noster floridus,* Domini nostri Christi sepulchrum intelligi diximus, quod aromatibus, quae de multis herbarum floribus vel
generibus conficiuntur, per Nicodemum, et Joseph in Christi
sepultura respersum est. Hic autem sublimius aliquid demonstratur, cum solius Salomonis lectulus appellatur, cum sexaginta
fortissimi ex Israel circumdare pronuntiantur. Salomon igitur,
ut saepe dictum est, interpretatur pacificus; Israel mente videns
Deum. Et quis alius potest intelligi pacificus, nisi Christus Redemptor noster? Qui secundum Apostolum Paulum pacificavit
quae in coelo sunt, et quae in terra, et reconciliavit Deo Patri
humanum genus per sanguinem assumpti hominis sui. Cuius in
adventu pacem terris nuntiavit Angelorum exercitus ; qui rever-
surus ad coelum pacem viaticum suis Apostolis dereliquit, dicendo : *Pacem meam do vobis, pacem meam relinquo vobis* (3). (3) Jo. XIV. 17.
Hic ergo pacificus sibi hunc lectulum de virga, quae egressa est
de radice Jesse, fabricavit in Virgine Maria, super quam de-
cumbens, humiliando se, hominibus loqueretur. Super quem lectulum confirmat Isaias propheta septiformem requiescere spiritum, qui proculdubio Deus est ; qui etiam super animam sibi
obedientem, sibique coniunctam requiescere comprobatur. In
sexaginta vero fortissimis ambientibus lectulum, Angelorum

erga eum ministeria demonstravit. De quibus Evangelista dicit :
*Tunc reliquit eum diabolus * usque ad tempus*, et accesserunt*
Angeli, et ministrabant ei (1). Qui per singulos sensus corpo-
reos, visus, auditus, odoratus, gustus, tactusque, quinquies
duodecim, hoc sacrato sexagenario numero in eo gloriosa ministeria implent. De quo numero, tempore passionis ad Petrum
dictum est : *An putas me non posse rogare Patrem meum, et*
exhibebit mihi duodecim legiones Angelorum? sed necesse est
scripturas adimpleri (2). Simulque ostendit, quod illi ad ministerii gloriam his qui Christum induerunt per supradictos sensus necessarii sunt ad magnam custodiam animarum ; *fortis-*
simi vero, quod ait, ostendit plus Angelos Sanctos posse, quam
daemonum legiones. *Tenentes gladios*, praeceptum eos Creatoris semper tenere edocuit. *Ad bella doctissimos*, ait, quia per
sanctitatis bonum doctiores sunt daemonibus praevidere malorum insidias ob custodiam animarum, quam illos nocendi arte
excogitare monstravit. *Ex fortissimis vero Israel*, quod ait,
ostendit ministeria ista de illo exercitu esse, qui faciem Patris
semper vident in coelis, per quos custodit Israel mente Deum
videntem, idest eos, qui mente Deum vident. In quo ministerio princeps est ille, de quo dicit Gabriel Angelus Danieli Prophetae affligenti se pro populo suo : *Viginti et uno die restitit*
mihi princeps regni Persarum, et nemo mihi fuit adiutor, nisi
princeps vester Michael (3). Qui utique Daniel Propheta de populo erat Israel, quae plebs facta est portio Domini, et funiculus haereditatis eius, cum divideret excelsus gentes, et dissemi-
naret filios Adam. *Uniuscuiusque ensis* (quod ait) *super femur*
eius propter nocturnos timores, edocuit semper Angelos Sanctos
contra singulos principes vitiorum, qui supradictos obsident
sensus, spiritualibus armis accinctos propter insidias occultas eorum, ad hominum defensionem stare ; horum dumtaxat super
quos per vitam sanctam Deus requiescit. Qui humilitatem Christi imitantes corpus, suum per munditiam castitatis, per sanctam
conversationem, per studium legis divinae, lectulum praeparant
Verbo Dei Patris, qui est pax nostra, verus Salomon, qui pacificus interpretatur : sicut de Elia, Eliseo, et Daniele, vel
tribus pueris hisque similibus scriptura divina testatur. Qui inter caetera castimoniam excolendo, requiei lectum in se paraverunt

(1) Matth. IV. 11.

(2) Matth. XXVI. 53.

(3) Dan. X. 13.

Domino maiestatis, super quos ut lassus viator in lectulo, ita
Dei sermo requiescere delectatur. Aut non tibi videtur quasi
mutato grabato Spiritum Sanctum, qui Deus est, qui requie-
verat super Eliam Prophetam, super Eliseum requievisse imitan-
tem magistri vitam, assumpto Elia, sicut narrat Regum historia? Quidquid autem de custodia supradicti lectuli, idest assumpti hominis narratur, non quod ille hac custodia indigue-
rit Angelorum, sed totum ad Ecclesiae munimen respicere comprobatur, quae in eo per adunationem, omne gaudium, peren-
nem requiem, divinitatis collegium, firmissimamque ab impetu
daemonum custodiam invenisse cognoscitur. Usque ad lectuli
scilicet introductionem haec dicta sunt. Nunc sequuntur epularum exultationes, atque in quantam gloriam sublimaverit
praedictum laetitiae diem, et qualia praeparaverit pulmentaria,
vel cuius decoris construxerit thalamum Christus, quando per
incarnationis, passionisque sacramenta sibi coniunxit Ecclesiam,
narrantur; et cuius pulchritudinis ferculum fecerit sibi ipse de
lignis libani; et quomodo propter multitudinem virginum filiarum Jerusalem, quae ad has nuptias convenerunt, tapetia charitatis straverit, ne discurrentes pedes offendant, sicut sequens
demonstrat versiculus dicens: « *Ferculum fecit sibi Rex Salo-*
mon de lignis libani. Columnas eius fecit argenteas, reclinato-
rium aureum, ascensum purpureum. Media charitate constra-
vit propter filias Jerusalem (1).» Inducuntur itaque chori can- (1) Cant. III 9. et
tantes, ut retro dictum est, in persona Apostolorum narrantium seq.
per doctrinam, quantam gloriam praeparaverit ad has nuptias
rex iste pacificus Redemptor humani generis, quale sibi vel ad
delicias amicorum inter caetera ferculum fecerit. Ut non dubites cuius saporis sint pulmentaria ferculo superposita, cum
agnoveris de lignis thureis factum; quorum succus soli Omnipotenti Deo in odorem suavitatis adolebatur incensus. Libanus
enim thus in nostra lingua interpretatur; in quo fame periclic-
tantibus animabus in toto mundo pulmentaria portarentur. De
quibus dicit Propheta: *Gustate, et videte quoniam suavis est*
Dominus (2). Videtur ergo mihi hoc ferculum Domini nostri (2) Ps. XXXIII 9.
Jesu Christi crucem intelligi, ubi totius mundi vitam, licet nesciens Judaeus imposuisse probatur; sicut ipse Dominus testatur dicendo: *Si quis manducaverit carnem meam, et bi-*

(1) Jo. LIV. 56.

berit sanguinem meum, habebit vitam aeternam (1). Et : *ego sum panis vivus, qui de coelo descendi, et do vitam huic*

(2) Ibid.

mundo (2). Ferculum enim a ferendo quid, nomen accepit, quod dicit de Libani lignis factum. In quo monte lex data est hebraeo populo per Mosen. In quo monte quantum fragilitas pati potuit, Deum vidit Moses. In quo monte, ut potuit, vocem Dei populus audisse refertur. De quo monte praeparata sunt ligna ad constructionem templi, quod imaginem corporis Christi praetulisse monstratur. Quod ferculum Crucis secundum haec mysteria non erit incongruum de lignis cedrinis factum intelligi, quae mons Libanus gignit ; cuius ferculi columnas dixit argenteas factas, reclinatorium aureum, ascensum purpureum. Quod sub figura thalami ferculum nominavit, de quo maiestas Deitatis, sermo Patris, pacificus Rex, pretiosa anima circumdatus ut sponsus, ad praeparandum credentibus regnum processit. De quo dixit Propheta : *In sole posuit Tabernaculum suum,*

(3) Ps. XVIII. 5.

et ipse tamquam sponsus procedens de thalamo suo (3). In cuius columnis argenteis verum immaculatumque a contagione peccati corpus candescit, et gloriosae animae auri rutilat fulgor. In qua nunc usque Dei sermo reclinatorium habere probatur, et purpureus regalisque divinitatis coruscat ascensus. Haec quippe tria in praedicto ferculo crucis fuisse, esseque absque iniuria divinitatis, nullus rectae fidei dubitabit. In cuius ferculi Sacramento, quidquid per pacificum regem agnoveris consumatum, hoc et in Apostolis, qui cum eo unum effecti sunt, convenire non dubites. Nam duo ligna, unde crux facta est, geminatam duorum testamentorum figuram pinxerunt. De quibus quattuor cornua procedentia quattuor Evangelistas ostendunt, qui insignia gesta Christi, quae hic per aenigmata narrantur, declarant. Qui una divinitatis confessionisque fibula, media compage solidati, unum Evangelium in quattuor membra connexum, gloriosum ferculum facti probantur. In quo Evangelii ferculo credentium animarum sanitas, et vita aeterna per doctores in toto mundo portatur ; qui per splendidam rectae fidei doctrinam saepe dicti ferculi columnae argenteae facti intelliguntur ; reclinatorium aureum per castitatis et integritatis fulgorem; per martyrii vero gloriam, purpureum sacri sanguinis exemplo sui posteris praebent imitationis ascensum. Quantum autem ad mysterium passionis intendit , hoc ferculum in modum thalami ore Salomonis factum describit Spiritus Sanctus : ubi inter Deum , et homines, qui offenderant Deum , charitatis refert tapetia esse constrata , ubi cantantes, laudantesque ad diem laetitiae regis , vel amicorum eius , liliae Jerusalem discurrant dicendo : *Media charitate constravit propter filias Jerusalem.* Quae utique ne offendant pedes in lapidem offensionis , non credendo Dominum maiestatis servilem formam indutum, cruci confixum pendere , turbando elementa , saxa scindendo , monumenta concutiendo , minuendo dies, idest biduum in triduo vertendo , ne non vera Christi praedictio probaretur ; media inter divinam potentiam humanaeque fragilitatis imbecillitatem, coruscante virtutibus charitate constravit ; ut ipse in Evangelio dicit ✠ : *Nemo maiorem hac charitatem habet, ut ponat quis animam suam pro amicis suis*(1).Est ergo firma charitas in medium humanitatis , et maiestatis constrata , ut assumendo hominem , Paradisum redderet, quem homini tulerat hostis. Media charitate constravit humiliando se charitas, Deus, usque ad ignominiam Crucis, pro suae maiestatis imagine reparanda. Media charitate constravit, Resurrectionis accelerando mysterium, ne inter moras electi etiam eius in incredulitatis offendiculo colliderentur. Haec sunt proculdubio tapetia charitatis, quae media humanae naturae et maiestatis consternuntur , propter sanctarum animarum salutem, et gaudia filiarum illius supernae Jerusalem. Haec est utique constrata charitas, quae omnia sustinet secundum Apostolum Paulum , quae calcata numquam cadit, sed allisos etiam erigit suo humilitatis exemplo.Hae igitur filiae Jerusalem , quae ante supradictum thalamum ludunt, « constrata *a)* » saepe dicta charitate, fuerant paululum consternatae; nunc miraculis coruscante die desponsationis regis pacifici, toto tripudiant corde , et non solum ipse , sed etiam filias Sion ad societatem laetitiae , ad stupendum decorem sponsi invitant dicendo : « *Egredimini, et videte filiae Sion Regem Salomonem in diademate , quo coronavit eum mater eius in die desponsationis eius, in die laetitiae cordis illius* (2) . » Ad hanc utique laetitiam, ad hoc miraculum, ad huius tam profundi mysterii contemplanda

(1) Jo. XV. 13.

2, Cant. III 11.

† Finis fragmenti. — *a)* nisi constratae —

secreta , non infirmae aut parvae scientiae animae convocantur, sed perfectae , quae aliud in Rege Salomone pacifico , qui est pax nostra , intelligere possunt intrinsecus , aliud pervidere extrinsecus. Sion enim mons est , unde Dominus ascendit in coelos : in quo vel in cuius finibus , haec quae exponuntur , ab initio mundi mysteria praeluxerunt : qui mons speculum vel habens speculum interpretatur , qui ex eo tempore nomen accepisse Sion adprobatur , ex quo in eo Abraham filium suum Isaac ad victimam duxit , et ibi vidit Abraham redemptionis humanae in Isaac et ariete futurum mysterium, aliud devotione mentis , et aliud manibus immolatum; Et vocavit nomen loci illius , *Dominus vidit* , vel *Dominus visus est.* Quaecumque ergo animae harum personarum lacte doctrinae fuerint « enutritae a) » et effectae fuerint , quales sunt praedicti « immolator , et immolatus b) » per quos mons nomen accepit : quae circumspectae in fide Trinitatis , inter caetera opera bona vitam suam duxerunt, et quibus ita in corde aequalitas Trinitatis ostenditur , sicut praedicto Abrahae in effigie Angelorum in tabernaculo ostensa probatur; « Istae sunt filiae Sion c).» Beatam namque animam Abrahae figulariter intelligi dictam Sion non erit incongruum opinari , quae vere ut mons inter alias animas eminentior adprobatur , in qua Deus velut in monte excelso speculator consistens , ad eius vitae exemplum omnes animas hortatur ascendere , quae eius imitatrices effectae , eiusque doctrina generatae , ipsas necesse est intelligi filias Sion , et appellari. Et istae invitantur ad regis insignia pervidenda. His vero dicitur : « *Egredimini et videte filiae Sion Regem Salomonem in diademate , quo coronavit eum mater eius in die desponsationis eius , et in die laetitiae cordis illius* (1). » Ad has utique fit sermo in similitudinem chori cantantis « per carmen doctrinae Apostolico ore d) » ut dum audiunt praeclarum exponi mysterium passionis , diemque salutis totius mundi (quod impiis ignominia videbatur), egrediantur de conclavi ignorantiae ad vere scientiae aulam , de sensu Judaico ad Apostolicae lucem doctrinae , per quam videant « geminum specimen e) » in una salutis victoria, aliud moriens, aliud semper vivens , aliud coronatum spinis a crudelissima ma-

---

a) doctae — b) immolatores — c) Istae filiae — d) per doctrinae Apostolicae os — e) se seminum specimen —

tre aliud exaltatum semper manens cum Patre, id est, verum hominem a scelerata matre synagoga visibiliter coronatum spinis ; et verum Deum Verbum Patris, ipsam credentium plebem quae de illo creatur, pro corona invisibiliter gerentem, sicut ei per Isaiam Prophetam dicendo, promittitur : *Vocabitur tibi nomen novum, et eris corona gloriae in manu Domini, et diadema regni in manu Dei tui* (1). Crudelis mater spinis vi- (1) Is. LXII. 2 3. sibilibus coronavit filium pacificum regem : clementissimus vero filius sua morte invisibilibus eam gemmis, si credat, ornavit. Illae igitur animae ad epulas intelligentiae huius mysterii invitantur, quae possunt capere magnae gloriae esse illius « irrisionis *a)* » funebrisque spectaculi diem, quando sibi, quasi tradito annulo in conspectu omnium virtutum coelorum, effuso pretioso Sanguine despondit Ecclesiam : quando sacrilega mater spineo diademate coronavit eum synagoga. De qua praedixit David in 108 Psalmo : *Peccatum matris eius non « deleatur b)* (2) : » quae (2) Ps CVIII.14. crudelior extitit mulieribus adulteris, et homicidis, quae crudeliter furtimque generatos filios crudelius trucidabant : quae gloriose editum morte turpissima condemnavit. Ostendunt ergo filiabus Sion desponsationis diem inter Dei Filium Verbum, et Ecclesiam in eius passione celebratum. « Desponsatio enim annuli et osculi traditio est. Quod Christus in traditione corporis, et sanguinis sui Sacramento *c)* » sub passionis tempore in Apostolis tradidisse probatur. Quod ergo in capite huius Cantici Ecclesia precatur ad Patrem sponsi, dicendo : « *Osculetur me osculo oris sui* (3) » nunc praesenti loco, quomodo consumma- (3) Cant. I. 1. tum sit, figuris enarratur. Diem vero laetitiae cordis Christi esse Spiritus Sanctus edocuit, die qua lugubriter gaudebat Judaeus, et laetitiae lachrymas in morte Christi fundebant Apostoli, lugebant et elementa « pendentem *d)* » in patibulo condemnatum ; sed laetabatur qui pependit, quoniam mors pendentis omnibus credentibus vitam, et gaudia adportavit. Cordis utique erat laetitiae dies Domini Christi, quando meretrix lachrymas fundendo, raptor quadruplo male direpta restituendo, publicanus relicto telonio, praesentibus lucris contemptis, sequendo, latro vociferando regnum coelorum a se longe alienum per-

---

a) invisionis — *b)* delebitur — *c)* Desponsationem enim annuli, et osculi traditionem, corpo. ris, et sanguinis sui Sacramentum — *d)* pendebant —

vasisse monstratur : sic quippe coronatur a matre pacificus, quae eum secundum carnem genuit synagoga , rex Christus verus Salomon. Et haec fuit dies desponsationis cordisque laetitiae, cum immaculatus coniungitur maculatis , quatenus sui corporis , et sanguinis tactu efficeret immaculatam Ecclesiam, quam ab omni macula peccatorum mundatam sacrosancto « lavacro baptismatis *a)* « et omni ruga haereticae attractionis doctrinae « extersa *b)* » pulcherrimam reddidit Jesus Christus Dominus noster : Cui es gloria , et imperium in saecula saeculorum. Amen.

FINIT LIBER QUINTUS.

INCIPIT LIBER VI.

(1) Cant. IV. 1.

» *Quam pulchra amica mea , quam pulchra es , oculi tui columbarum , absque eo quod intrinsecus latet* (1). » Abrasa scilicet omnium vitiorum consuetudine carnis, et a multorum Deorum turpium cultu ad unum Deum conversae Ecclesiae gentium , et animae et corporis geminam pulchritudinem laudat Dominus Christus. Prima est enim animae pulchritudo , ut cognoscat factorem suum. Secunda , ut semetipsam agnoscat, qualis vel cur creata sit. Deinde pulchritudinis ornamenta sunt , desinere a malis operibus , et facere bona , ut jurgia fugiat , pacem et charitatem sequatur , ut casto auditu aures ornentur, ut verecundiae retinaculis ab omni quod turpe est , oculi teneantur , ut qui consueverant in modum accipitris inhiare ad praedam, ad concupiscendum aliena, et lasciva, nunc agnito Christo, columbarum simplicitate compositi , misericordiae , mansuetudinis , et castitatis lumine coruscent. Nihil enim inter caetera membra Ecclesiae , nisi hi , qui oculorum vices agunt, primum laudantur : eo quod non sit in omnibus membris corporis quidquam oculis charius. Exemplo suo ergo huiusmodi personae , vel sermone doctrinae , ducatum toto corpori Ecclesiae prae-

---

a) Baptismate — *b)* luto extensa —

bendo in mansuetudine, in simplicitate « in charitate *a)* » congrue oculi Ecclesiae nuncupari intelliguntur, et harum avium
oculis comparantur, quarum natura est, adversarium venientem de longe videre. Circumspecte igitur vivendo, nullum of-
fendiculum ponendo viventibus, columbarum oculis comparantur. Quando vero intrinsecus Deo reddunt decorum « in
mente *b)* » aspectum « sicut·*c)* » foris hominibus, ipsum est,
quod a Christo cultum laudatur, quidquid illud boni operis fuerit, dicendo : *Oculi tui columbarum, absque eo quod intrinsecus latet* : ut quidquid agunt, totum Deo, et nihil ad
laudem hominum et vanae gloriae detur. « *Capilli tui sicut
greges caprarum, quae ascenderunt de monte Galaad* (1). » (1) Cant IV. 1.
In oculis, ut dictum est, duces rectoresque populi christiani,
id est sacerdotes intelliguntur : in capillis vero, religiosorum divitum persona monstratur, qui delicatis tegminibus contecti
auro gemmisque resplendent, fragrantissimis pulveribus aromatum asperguntur ; delibuti unguento, servulorum ministerio
stipati, lumine rectae fidei suae et misericordiae operibus de-
corati, totum Ecclesiae corpus exornant. Hi enim propter quod
in rebus corporalibus iucundantur, et « ardua Philosophia apostolicam gravitatem *d)* » sequi non possunt, caprarum gregibus comparantur « et danti *e)* » reddendo divitias, capilli Ecclesiae esse meruerunt. Et non quibuscumque capris, quasi
vilibus comparantur ; sed his, quae ascenderunt de monte
Galaad : Galaad namque, *transmigratio testimonii* interpretatur. « Istae *f)* » sunt utique animae, quarum « malitiae testimonium ad bonitatis *g)* » per conversionem rectae fidei transmigravit, de quibus dicebat Paulus Apostolus : *Fuistis aliquando
tenebrae, nunc autem lux in Domino* (2). Et quibus dicebat : (2) Ad Ephes. V 8.
Gloria mea, et corona mea vos estis si stetis in Domino (3). (3) Ad Philip. IV.
Quae ex rapacitate ad misericordiam, ex multorum comple-
xuum illuvie ad unum legitimum coniugium castum, ex omni
« lasciviae cantu *h)* ad unius Domini Creatoris laudem in per-
petuo transmigrant. De monte autem descendere dicitur, et in
montem ascendere ; sed istae animae, quia ex deterioribus ad
meliora transmigrasse docentur, laudantur utique de monte

---

a) in castitate — *b)* mentis — *c)* secus — *d)* Apostolicam philosophiam gravitate — *e)* et quanti — *f)* Justae — *g)* malitia et testimonium, ad bonitates — *h)* lascivia caste —

Galaad non descendisse, sed ascendisse : Caprarum enim consuetudo est, cum lasciviae cursu de monte ad camporum pla-
niciem descendere, ad montem vero cum magna ascendere gra-
vitatis quiete. Unde ergo intelligitur, quod pars illa divitum,
quae suis contenta est, et alienis non inhiat rebus, et per supradicta a temporalibus ad aeterna ascendit, Ecclesiae corpori
glutinatur : Illa vero, quae in convalle cupiditatis remanet, aut
de praedicto monte, ubi ascenderat, descendit, ab Ecclesiae
corpore, velut capilli, de capite evulsa proiicitur, et versa vice
a bono ad malum testimonium transmigrasse notatur. « *Den-*
tes tui sicut greges tonsarum, quae ascenderunt de lavacro,
(1) Cant. IV. 2.   *omnes gemellis faetibus, et sterilis non est inter eas* (1). »
Dentes itaque Ecclesiae, illos opinor intelligi, qui non lacte
doctrinae indigent, sed infantiae transcendentes aetatem, non
solum fortissimum cibum mandunt, sed etiam « ut ossa fortissima *a)* » in Ecclesiae corpore ad dividendam et ruminandam
carnem verbi Dei constituti probantur, et acutissimi ingenio
ad dividendas unicuique animae pro possibilitate « quid conveniat, divinorum verborum sententias *b)*. » Omnes quidem dentes in uno ore consistunt, sed aliud officium agunt qui labiorum vicinitate iunguntur, qui in partes dividunt cibum, et aliud
qui divisum ad unam subtilitatem spiritalem redactum, ad
omnia membra Ecclesiae sustentanda transmittunt, sicut ait
magister gentium Paulus : *Unicuique,* (inquit) *divisit Deus se-*
(2) Ad Rom.XII. *cundum mensuram fidei* (2), *et primum constituit Deus in*
3.
(3) I. ad Corinth. *Ecclesia Apostolos, inde Prophetas, tertio Doctores* (3). Pri-
XII. 28.
mi ergo dentes videntur mihi, secundum historiam exponendo,
dividere verbum Scripturae divinae, quid unicuique personae
conveniat esse praeceptum, secundum illud : *In lege Domini*
(4) Psal. I. 2.   *meditabitur die ac nocte* (4). Et illud : *Et nunc reges intelli-*
(5) Psal. II. 10. *gite, erudimini qui iudicatis terram* (5). Et illud : *Eripite pau-*
(6) Psal.LXXXI. *perem, et egenum de manu peccatoris liberate* (6). Gregibus
4.
vero quod comparantur tonsarum de lavacro ascendentibus,
illud videtur docere in prophetia, quia semel tonsi, novi et
veteris Testamenti gemino cultro doctrinae, et abscissa ab eis
veteris consuetudine sordentis peccati, lavacro baptismatis ad

---

a) mutuo fortissimi — *b)* ut cuique conveniat, divinas sententias —

meliorem et immaculatam vitam superascendunt : Sicut enim
post « tonsuras, greges ovium *a)* » ab omni sorde mundissimi
efficiuntur, loti in aqua ; ita et hi loti semel salutifero fonte,
nunquam stolam candidissimam, quam suscipiunt in Baptismate, inquinare docentur. Et ad cumulum laudis, semper eos
discipulorum gemellis foetibus multiplicari et decorari demonstrat, nec unquam imminuto numero sterilitatis vitio decresce-
re, sed foecunditatis « benedictione, alios doctrinae sermone *b)*»
alios vitae exemplo pariendo, gemellis foetibus quotidie in-
novari. « *Sicut vitta coccinea labia tua, et eloquium tuum
dulce* (1). » Coccum color est sanguinis. Vitta coccinea, mitra (1) Cant IV. 3.
dicitur, quae colligata pendebat in capite Aaron summi Ponti-
ficis, regalem demonstrans insignem honorem, qui per confessionem nominis Christi veri Regis adquiritur, qui proculdubio
cruor martyrum intelligitur in Ecclesiae labiis rutilare. Confessorum enim et martyrum « personae, labiorum vices agentes,
magnam *c)* » Ecclesiae pulchritudinem reddunt : Ipsam enim
ab iniuriis retrodicti dentes defendunt, ut qui non credat verbo
Doctoris, et irreprehensibilem legem ab Omnipotente Deo (ore
Prophetarum vel Apostolorum) non processisse blasphemet,
quae vitam aeternam post mortem corporis repromittit, martyrum testimonio credat. Qui amicitiis suis, quas uni Deo credendo adquisierunt a Deo, et meritorum magnitudine, ut labia dentes, ita et eos virtutibus signorum, qui verbum Dei
ruminant, ab iniuriis malorum hominum, vel daemonum infestatione, suis orationibus defensare probantur. Quos etiam
pro Christi nomine interfectos vivere cernunt, et mortis suae
auctores daemones, flagris verberibusque perspiciunt agere. Nam
sicut de intra conclusione dentium, et labiorum spiramine vox
resonans repercussa melodiae dulcedinem reddit ; ita « virtutum, signorumque *d)* » martyrum, et gratia interpretationis arcanorum mysteriorum per eos, qui dentium vices agunt, exponendo recte verba legis divinae, inspirante Spiritu Sancto,
dulce eloquium Ecclesiae redditur. « *Sicut fragmen mali punici :
ita genae tuae, absque eo quod intrinsecus latet* (2). » In ge- (2) Cant. IV. 3.
narum pulchritudine, virginitatis vel castimoniae verecundia

---

a) tonsarum ovium greges — *b)* benedictione — *c)* personae — *d)* virtute signorum —

intelligitur demonstrari : quoniam nihil ita speciosum in Ecclesiae specie , quod fideles simul et infideles possit magnificare ,
nisi castimoniae decus. Nam quod dixit : *Sicut fragmen mali
punici*, id est, granati, Domini Christi nostri operum ostendit
imitatricem esse virginitatem.. De quo retro dixit Ecclesia :
« *Quasi malum punicum inter sylvas , sic dilectus meus inter
filios* (1). » Quae arbor profert ex se pomum , et visione pulcherrimum, et sapore dulcissimum, et satis commodam languen-
tibus medicinam ; quia qui pro hominum salute per Virginem
mundo ostensus est, integritatis et castimoniae flores toto orbe
sparsit. Cuius pulchritudinis partes , id est , fragmen, virginitatem et continentiam ostendit « habere, in quibus *a)* » Ecclesiae facies intacti sanguinis conservati pulcherrima demonstratur : Illud vero quod ait « *absque eo quod intrinsecus latet* (2) »
solam prae omnibus bonis operibus etiam castitatem in his qui
ministri sunt plebis christianae, (in qua homines vident castitatem speciosam Ecclesiam reddere) absque eo quod intrinsecus in secreto mentis Deo pulcherrimum est, et homines latet.
Principes autem « genarum *b)* » Ecclesiae , alteram in veteri
Testamento , alteram in novo, duas Marias (sororem Mosis et
Aaron , et electam Matrem Domini) , virgines opinor intelligi,
quae primae coeperunt sponsae Ecclesiae genas mirandas efficere , integritatem servando. « *Sicut turris David collum tuum,
quae aedificata est cum propugnaculis suis : Mille clypei dependent in ea , omnis armatura fortium* (3). » Collum Ecclesiae, eos intelligere possumus, qui studio lectionis instructi
sunt scientia rectae fidei , per quos totum corpus Ecclesiae, ita
ut est Pater in Filio, Filius in Patre, Spiritum Sanctum de
utroque manentem , unius essentiae, loqui probatur : qui suscipientes supradictarum expositionum sententias legis divinae,
qui oculis, labiis, vel dentibus comparantur ; fidei verbum animae, cibum ad totum Ecclesiae corpus, non solum voce , sed
et vitae exemplo transmittunt : qui per illustrem vitam inter
caput Ecclesiae Christum et caetera membra consistunt , adsi-
milati Beato Mosi, per quem Deus ad populum Israel , et ipse
loquebatur cum Domino : qui non « erecta *c)* » cervice super-

(1) Cant. II 3.

(2) Cant. IV 3.

(3) Cant. IV. 4.

a) habere — *b)* Virginum — *c)* recta —

biae, sed inclinato collo humilitatis incedunt ante Deum et homines, sicut de Mose Scriptura testatur : *Erat* (inquit) *Moses mitis et mansuetus super omnes homines.* (1). De cuius similibus per Isaiam Prophetam Dominus dicit : *Super quem requiescam, nisi super humilem et mansuetum, et trementem sermones meos* (2) *?* Isti sunt ergo, qui collum Ecclesiae congrue intelliguntur, super quos caput Ecclesiae Christus sedere probatur, glorificantes et portantes Dominum in corpore suo. Nam quod ait : « *Sicut turris Dávid collum tuum, quae aedificata est cum propugnaculis « suis. Mille clypei dependent in ea, omnis armatura fortium a)* (3) » similes eos, qui collum Ecclesiae sunt, Mosi esse ostendit: qui Christi, et suam similem prophetiae dignitatem fecit dicendo ad populum de Christo : *Prophetam vobis suscitabit Dominus « vester ex vobis b)* » *quem sicut me audietis : et quicumque non audierit Prophetam illum, exterminabitur de populo suo* (4) : in quo velut in turre Dominus requiescens, legem populo promulgabat. Quem opinor hac de causa David turrim intelligi, cui collum Ecclesiae similatur, eo quod David manu fortis interpretatur. Et quis fortis manu alius potest intelligi, nisi ille qui ex semine David, quasi de turre ostensus hominibus per carnis assumptionem, verum se brachium Patris, universa se creantem probavit? Quicumque ergo rectam fidem tenuerit de incarnatione, et mansuetudinem possederit beati Mosis ; et qui dignus sit a Deo susceptam gratiam revelationis arcanorum mysteriorum hominibus impertire ; hic mihi videtur Ecclesiae collum intelligi, attracta in se similitudine illius turris, quae per manum fortem aedificata est de materia carnis ex Virgine. Cui dexterae dicit Propheta : *Deduxisti me, quia factus es spes mea, turris fortitudinis a facie inimici* (5). Quod ergo ait : « *Quae aedificata est cum propugnaculis suis* (6) » docuit non sufficere solam rectae fidei scientiam ad devitandas insidias inimici, nisi super hac aedificata fuerint propugnaculorum exempla, quae faciendo tradidit Christus sermo Patris, manu fortis; id est, dilectio proximi., misericordiae inconcussa veritas, contemptus praesentium rerum, tranquillitas mentis, ieiuniorum et assiduae ora-

(1) Num. XII 3.

(2) Isai. LXVI. 2.

(3) Cant. IV. .

(4) Deu. XVIII. 15. Actor III. 22. et seq.

(5) Psal LX. 3. et seq.
(6) Cant IV. 4.

---

a) suis — *b)* vester —

tionis consuetudo. Haec sunt utique propugnacula, quae in
nobis bonae voluntatis manibus fabricantur : Ista sunt propugnacula proculdubio, quae impetus sagittarum aerearum potestatum repellunt, quae per carnis concupiscentiam in negligen-
tem animam infiguntur. Cuius similitudinem propter hostium
insidias Rex David in arce Sion legitur fabricasse, ubi arma et
« cibus *a)* » regis sit. Unde etiam verus David manu fortis,
Verbum Patris ad coelos ascendit, qui nobis in arce Sion (saepe
dicta turre) cibum animarum nostrarum, Corporis et Sanguinis
sui, et Crucis arma defensionis nostrae posuisse docetur. De
quibus armis in praesenti dicitur : « *Mille clypei dependent in*

ea, omnis armatura fortium : Mille (1) » plenarius numerus
est, qui ab uno et primo elemento litterae surgit, secundum
Hebraeam et Syram et Graecam linguam, et consummatur
in uno, ad quem, dum millia millium « numeraveris *b)* » rever-
teris, cui addere nihil potes ; si detraxeris, numeri plenitudi-
nem dissipasti; quem, si in partes duas secaveris, imparem facis,
si tripartieris, non erit par illis concordia numeri, secundum
arithmeticam vel geometricam disciplinam, quae millenarium
numerum solidum, indivisibilemque esse pronunciant. Quem
Ecclesiastica in plerisque non renuit regula, eo quod multa mysteria comprehendantur a Spiritu Sancto per numeri rationem
in scripturis divinis. Qui millenarius numerus in Hebraea Syra
et Graeca lingua, per primum elementum litterae, ut dictum
est, sicut unum per solam litterarum primam sine apice ducto, ita et millenarius numerus tracto apice demonstratur ; ut
intelligatur, sicut in uno et in primo numero per primum elementum ostenso, unius et primi (ante quod nihil) Dei Patris
omnipotentiam demonstrari. In quo elemento numeri, ducto
apice, indivisibilis et coeterna per millenarium numerum Trinitas declaratur : Quae arma nobis per Crucis mysterium in-
victissima, contra daemonum turmas donata esse noscuntur.
Quia ut Hebraeus Syrus et Graecus calculus « millenarium numerum per primam litteram signat *c)* » ita in latino calculo
vigesima prima littera « figurare *d)* » videtur, quam * *hics* * la-
tinitas nuncupat : quae duabus virgulis intersertis, scilicet ia-

---

a) custodia — *b)* numerum hauris — *c)* millenarii numeri per primam litteram — *d)* singulare — * *idest* X. *

centibus, Crucem « depingit millenarius numerus *a)*. » Quae
littera in vigesimo primo numero posita « per ter septem septiformem spiritum *b)* » splendescens perfecta Trinitas, protegens
credentium in se animas demonstratur. Duobus « autem apicibus ipsa hera *c)* » dextera, laevaque conclusa, duorum Testamentorum veteris et novi, « medio *d)* » Crux, integro « confessionis numero arma signantur *e)*. » Quae arma ex illo dependent : *Qui factus est ex semine David secundum carnem,*
qui praedestinatus est Filius Dei in virtute, qui factus est
nobis turris fortitudinis a facie inimici, quia ex ipso, et per
ipsum, et in ipso sunt omnia arma (1) militiae populi christiani, quibus hortatur Apostolus Paulus militem circumdari :
per arma (inquit) *iustitiae a dextris et sinistris* (2). Haec
ergo turris de convalle lachrymarum, credentibus praestat ascensum ad montem Paradisi. Hanc turrim per manum fortem fa-
bricatam ridebat Judaeus, compunctus mirabatur Centurio,
confitendo ascendit Latro ad regnum coelorum. Cui turri gloriosae animae comparantur, quae collum Ecclesiae meruerunt
« esse, in quibus similitudinem suam agnoverit Christus. Nam
quod ait *f)* : » « *Omnis armatura fortium* (3) » illud edocuit,
quod nemo sit fortis, neque principum, nec quisquam divitiarum mole « suffarcinatus *g)* » neque praepotens membrorum
robore, neque bellica arte edoctus, nisi ille, qui pro scuto,
Cruce Dominica, toto mentis affectu protectus incedit. Ipso
enim clypeo fortissimi « pugnatores Apostoli communiti, ab
ignitis iaculis malignorum spirituum *h)* » non timuerunt ; quae
arma velut in turre dependebant in Paulo, per quem Christus de corpore Ecclesiae loquebatur, et ridens gloriando dicebat : *Nemo mihi molestus sit, ego enim stigmata Domini*
mei Jesu Christi in corpore meo porto (4). Et : *Mihi absit*
gloriari nisi in Cruce Domini mei, per quem mihi mundus
crucifixus est, et ego mundo (5). Haec sunt utique vera et
fortissima arma, quae illaesum possunt Christi militem conservare dimicantem adversus cuneos aerearum potestatum, quae
per vitiorum immissiones cum fidelibus dimicant quotidie. Sed

(1) Rom I. 3. et Sed

(2) II Corinth VI 7.

(3) Cant IV 4.

(4) Ad Galat. VI 17.

(5) Ad Galat VI 14.

---

a) depingit — *b)* per septiformem spiritum — *c)* autem — *d)* media — *e)* defensionis nostrae numero arma designat — *f)* esse — *g)* suffragatus — *h)* protecti, iacula malignorum spirituum —

fortis est huiusmodi miles , cui « tam gloriosa victoria *a)* » pugnanti repromittitur per Prophetam dicendo : *Cadent a latere*

(1) Ps. XC. 7.
tuo mille , et decem millia a dextri: *tuis* (1). Per hanc arma-
turam totus mundus redemptus est ; cum hac expugnaverunt
martyres ., reges et principes terrae , et omnes daemonum legiones. De hac magna fiducia tribuitur iusto , cum dicitur :
Scuto circumdabit te veritas ◂ *eius , non timebis a timore no-*

(2) Ps. XC. 5.
cturno b) » (2) id est , veritas Verbum Dei Patris , scuto defensio-

(3) Jo. XVI 6.
nis per Crucem, qui dixit : *Ego sum via , veritas , et vita* (3).
Haec autem saepe dicta armatura Crucis , quam diu maledictos
trucidabat dependentes in se mortalium iudicum , infirmorum
erat armatura poenalis ; ubi vero suspensus , mortificatusque in
ea est benedictus , fortium et semper viventium armatura effecta est in ipso praedicto millenario numero clypeorum. Sed
haec armatura fortem ᴗ pro fide *c)* ᴖ Trinitatis bellatorem requirit , qualis erat unus de illis fortibus , qui dicebat : *Sed in*

(4) Ad Rom. VIII.
37.
his omnibus superamus (4). Et : *gratias ago ei , qui me confor-*

(5) ad Timoth. I.
I. 12.
tat (5). Et ut parvulus ab omni iactantia subtractus, *nihil aliud*

(6) I. Corinth. II.
2.
se scire , aiebat , nisi Christum , et hunc crucifixum (6) pro
totius mundi peccato. ᴗ *Duo ubera tua , sicut duo hinnuli ca-*
preae gemelli , qui pascuntur in liliis , donec aspiret dies , et

(7) Cant. IV. 5
et seq
inclinentur umbrae (7). ᴖ Per duo ubera sponsae Ecclesiae , duos
filios Aaron primi in lege sacerdotis , Eliezer , et Phineen prae-
figuratos opinor quorum loco subrogantur qui nunc in plebe
Dei , doctrina salutari et vitae sanctae exemplo , parvulas adhuc
et lactentes in fide animas nutriunt auditorum. Pectus autem
Ecclesiae , de quo praedicta ubera germinaverunt , ipsum Aaron
intelligi non mihi videtur absurdum : qui ita auro textis vestibus gemmarum varietate inradiante circumdatus , iubetur in
tabernaculum testimonii ingredi , sicut sponsa regina regi nu-
ptura , toto vernante pectore auro , gemmisque refulgens , thalamum vel cubiculum regis ingreditur. Duo ubera propterea
dixit, quoniam hic ᴗ qui se *d)* ᴖ doctorem profitetur, et animarum nutritorem, nisi de utroque testamento docuerit auditores,
id est, vetus et novum ab uno omnipotenti Deo processisse, homicida animarum est. Nam unum uber sugendo, quisquis num-

---

a) ad vitam gloriosam victoria — *b)* eius — *c)* profecto — *d)* quidquid —

quam augebit vires , ut ad perfectum perveniat virum , et aetatem plenitudinis Christi. Sed aut cum Judaeo solum vetus suscipiendo , tabefactus , aridisque gressibus « subvectione *a)* » alterius indigebit : Aut cum Manichaeo solum novum, et aquoso hydropi superbiae morbo distentus morietur. Ideo duo ubera sicut duos hinnulos capreae gemellos dixit , ut aequalitate duorum et similitudine testamentorum convenienti sensu doctrinae lac porrigere auditoribus moneantur hi , qui Ecclesiae ubera se praebere noscuntur : ut quidquid vetus Testamentum per typos in prophetia futurum pro humana salute pronunciavit , hoc in novo ostendatur perfectum per Domini Nostri incarnationem. Per quem Trinitas , quae non evidenter , sed sub imagine in lege mosaica coruscabat , nunc velut sol in totius mundi facie splendescit. Verbi gratia ; dixit Deus per Mosen in primo libro Geneseos : *In principio fecit Deus coelum et terram* (1). (1) Genes. I. 1.
Et in sequentibus: *Spiritus Dei superferebatur super aquas* (2). (2) Genes. I. 2
Ecce habes tres personas in una potentia : Principium, Deum, Spiritum ; qui fecit, in quo fecit, qui facta animavit. Harum autem trium personarum unitas omnifariam in novo Testamento , per Beatum Joannem Evangelistam , per Verbi vocabulum luce clarius manifestatur, dicendo: *In principio erat Verbum, et verbum erat apud Deum , et Deus erat Verbum* (3). Patrem autem in (3) Joan I. 1
Filio omnia fecisse , ipse filius adprobavit , qui interrogatus a Judaeis : *Tu quis es* (4) ? Respondit se esse principium, in quo (4) Joan VIII 25
Beatus Moses coelum et terram facta testatur , dicendo : *Principium , quod et loquor vobis* (5). Principium autem interpre- (5) Joan.VIII 25
tatur , ante quod nihil ; ut evidenter doceret , ante Principium, ante Verbum Deum , ante Spiritum Sanctum nihil fuisse , sicut confirmat Apostolus Paulus : *Omnia ex ipso* (6) id est , (6) Rom. XI. 36
ex Patre , *et in ipso* , id est in Filio , *et per ipsum* constant , qui est Spiritus Sanctus. Haec est igitur similitudo , vel pulchritudo unius « fidei uberum , quae *b)* » gemellis caprearum hinnulis comparantur « qui coaevi *c)* » de uno pectore Ecclesiae · Spiritus Sancti pinguedine replente , lactea doctrina ore Doctorum orthodoxorum germinasse laudantur , quemadmodum hinnuli capreae gemelli unam similitudinem gerere com-

a) subiectione — *b)* fidei , uberumque — *c)* quaeque —

(1) Cant. IV. 5.

probantur. Nam quod ait : " *Qui pascuntur in liliis* (1) "
pulchritudini dantur augmenta : simulque declaratur , ut sicut
hinnuli caprearum amplius sursum erecta frutetorum, quam solum herbidum delectantur depasci , ita et illorum , de quibus
lac doctrinae in auditorum corda infunditur , semper debent et
sermo et vitae exempla non de inferioribus flosculis secularium
litterarum , sed de supernis Apostolicis montibus , exhortando
flores depasci; semper in eis de pudicitia, de continentia, de con-
servanda integritate, exhortatorius sermo ad populum resonare;
et semper eis in castarum animarum exemplis pascua doctrinae
esse collocanda: eorum praecipue, qui inter spinosas sylvas " im-
pudicorum, quasi liliorum candor , castimoniae odoribus reful-
serunt *a)* " id est , Beati Eliae , Elisei , Danielis , Jeremiae ,
Josephi , Joannis , Mariae , Teclae , vel quicumque sunt horum similes , quos enumerare longum est. De his liliis decer-
pendi flores imitando , de his flloribus manducandum est docendo , de his exemplis unicuique " ruminandum *b)* " est cogitando. Tunc enim licet plena sint praedicta ubera pinguedine
Spiritus Sancti , cum additur pulchritudo cum his liliis , hinnulorum more, imitando pascuntur : tunc quam maxime imple-
buntur lacte doctrinae, talium cum florum fuerint vitae exempla
depasti. Ubi enim amor est castitatis , ibi spiritus multiplex sapientiae Dei : et ubi Spiritus Dei , ibi sermonis libertas , et ubi
libertas , ibi nulla servitus conscientiae turpis , et ubi nulla servitus conscientiae , " ibi affluentis amor doctrinae *c)*. " Nam hoc
est quod docet Spiritus Sanctus , ut sicut hinnuli capreae gemelli, pascentes inter florentia lilia, delectabilem praestant aspectum ; ita et populi doctor iucundissimum auditoribus in se gaudium exhibebit , si inter alia bona , castitatis candore , toto suo
vitae tempore fuerit circumdatus, sicut sequitur : " *Donec aspi-*
ret dies , et inclinentur umbrae (2)." Per quod declaravit tamdiu plebem Dei necessariam habere sanam doctrinam , donec
dies ille magnus iudicii aspiret , qui " expers est *d)* " tenebrarum , et cuius aspiratio huius tenebrosi saeculi umbras in occasum inclinat. Quidquid enim in hoc saeculo magnum videtur,
umbra vel somnium deputandum est: pulchritudo scilicet corpo-

(2) Cant. IV. 6.

---

a) in praedictorum quasi in liliorum candor castimoniae odoribus fluxerunt — *b)* pascendum —
c) affluentia mirae doctrinae — *d)* pars est —

ris , sapientia literarum , robur membrorum « infulae dignita-
tum *a)* » regni potentia , omnia haec ad comparationem illius
aeterni iudicii diei , umbra et somnia comprobantur. Hinnulis
ergo caprearum Ecclesiae ubera comparantur , eo quod semper
unius aspectus , et pulchri sint visione , et veloces ad fugiendas
sacculi cupiditates , et illecebras , et numquam pigri excelsa et
ardua Deo placita consectari. Nam unicuique animae tunc aspi-
rat dies , quando per poenitentiam suum quaesierit Creatorem ,
et desinendo a malis operibus inclinatae fuerint ei ignorantiae
umbrae. « *Vadam ad montem myrrhae, et ad collem thuris* (1).» (1) Cant IV. 6.
« Ubi igitur *b)* » per retrodicta doctrinae mysteria , perfectam
reddidit Dominus noster Christus Ecclesiam , quam diximus per
amicum sponsi Paulum Apostolum usque ad cubiculum regis
ex deserto adductam ; nunc ad aliam gentem amarissimam , et
pro suo nomine morituram , et per sanctam vitam hostiam ac-
ceptabilem quandoque futuram convertitur. Montem enim no-
minando , potentissimam in malitiae supercilio demonstravit.
Myrrhae namque montem dicendo , salutarem eius , quae per
disciplinam adquiritur « mortificationem carnis ostendit *c)* »
quam Apostolus ad praesens amaram esse testatur , postea vero
per exercitationem sensus , fructum pacatissimum parere dixit;
quod beata anima pacationis munus suo offert Creatori. Thus
autem peculiare Deo sacrificium , in veteri legimus Testamento;
quod humilitatis bonum accipere possumus , quod per cordis
contritionem adquiritur. De quo dicit propheta : *Sacrificium
Deo spiritus contribulatus , cor contritum et « humiliatum Deus
non spernit d)* » (2). Quicumque ergo mortificationem Christi (2) Ps I. 19
in corpore suo circumferre laetatur , pro iustitia tribulationes
non refugiendo amarissimas (quod myrrha interpretatur) , et
quisquis membra sua ab omni foeditate luxuriae continentiae
lomento diluerit , et dulcissimam thuris hostiam per hanc vitam praeparaverit carnem suam Deo : hic mons myrrhae et collis efficitur thuris , super quem sermo Dei ascendat ad totam
pulchritudinem Ecclesiae contemplandam , id est, cui reveletur,
si nullam offensionis maculam adtraxit plebs , an ex alio offendiculo castigatio admovenda est. « *Tota pulchra es amica mea,*

---

a) in flore, in dignitate, in — *b)* Vadam — *c)* mortificationem — *d)* humiliatum --

(1) Cant. IV. 7.

et macula non est in te (1).*»* Fides est namque recta , in qua
Christus iussit Apostolis baptizare omnes gentes unitate Tri_
nitatis , et vita immaculata , quae totam pulchram et ab omni
macula detersam Ecclesiam vel animam reddit. Haec est utique
plebs , ad quam contemplandam ad montem *«* myrrhae, et col_
lem thuris *a)* *»* se iturum per suam doctrinam Salvator ait in
Evangelio : O*ves meae vocem meam « audiunt , et sequuntur*

(2) Jo X 27.

me b) (2).*»* Et : *Alias oves habeo, quae non sunt ex hoc « ovili,*
hoc est alterius linguae gentes c) *»* *et ipsas me oportet addu_*

(3) Joan. X 16

cere , ut sit unus grex , et unus pastor (3) : id est , grex unius
fidei in toto mundo ; ut unus grex populus christianus in una
fide , et unus pastor Dominus Christus , qui promisit ovibus suis
vel pastoribus : *Ecce ego vobiscum sum omnibus diebus usque*

(4) Mat XXVIII. 30.

ad consumationem saeculi (4). Haec ergo gens quae per desertum ascendit , per beati Pauli doctrinam , quae ex diversis po_
pulis congregatur et gentibus , quibus dicit : *Gratias ago Deo*

(5) 1. Cor. XIV. 13

meo , quia omnium vestrum linguas novi (5) , edocta, veri Dei
et veri hominis , per incarnationis, passionis , et resurrectionis
Sacramentum , nunc ad perfectionis culmen martyrii amore
ascèndit , et ita gloriosa singulis membris effecta , in qua nulla
sit macula. Quicumque enim in hac plebe in humilitate illustrio-
res , et in martyrii culmine sublimiores reperiuntur , ipsi montes myrrhae , et colles thuris intelliguntur , quia humilitas Christi discipulum facit , martyrium Christo vicem repensat pro eius
nomine moriendo , quem pro suis peccatis mortuum cognovit

(6) Ps CXV. 15.

esse. Nam sicut *pretiosa est in conspectu* (6) Angelorum , Ar-
changelorum , et Dominationum , pro impiis Christi Domini
mors : ita et Sanctorum martyrum pretiosa in conspectu eius laudatur. Cui est gloria in saecula saeculorum. Amen.

a) thuris — *b) audiunt* — *c) ovili —*

FINIT LIBER SEXTUS.

INCIPIT LIBER VII.

« *Veni de Libano*, *soror mea sponsa. Veni de Libano*, *ve-ni* (1).» *a)* Perfecta per Apostolos eorumque discipulos, et in ⑴ Cant. IV ⁸ omnibus mandatis et fide fundata in antedicto libello plebe, quam ostendit Spiritus Sanctus in montem myrrhae collemque thuris effectam, nunc eius conversionis exemplo, aliam poten-tissimam in malitia ferocissimamque, idest absconsam et altam sapientiam mundi incolentem, de excelsis montibus vocat. Unde nisi signis et virtutibus et humilitatis exemplo adduxisset eam per Apostolos ad cultum nominis sui Christus, doctrinae illuc numquam proficeret accessus. Quod nunc operante Domino Christo per servos suos, quotidie in magicarum artium homini-bus, in maleficis, in sacrilegis, et in ferocissimis gentibus fieri videmus. Haec namque plebs vocatur de Libano, de alta et su-perba sapientia, quae sibi in litteratura et philosophia confide-bat; et ideo soror appellatur, quia nonnulli ex ipsa perscrutantes studiose, unum, verum, invisibilem, innatum, incorporeum confessi sunt Deum coeli, et hunc humanae naturae parentem, idest hominum Creatorem ; sed sibi et non donanti Deo scien-tiam adscribentes, stulti sunt reputati. Qui .pia miseratione Creatoris de superbiae montibus, ubi stando in figmentis ma-iestatem quaerebant, praedictis signis et virtutibus ad planam lucidissimamque fidem Christi vocantur. Quae plebs propter ni-torem sermonis rhetorum vel philosophorum, in quorum do-ctrina quasi in montibus longe a Creatoris notitia habitabat, mons Libani appellatur. In quo monte doctrinae erat quidem quasi odor Libani, sensus rationalis inditus a factore, sed in va-nitatibus et in mundi honore flagrabat. Soror ergo, ut dictum est, propter sapientiae amorem appellatur. Sponsa vero propter gratiam sacrosancti lavacri, ubi unus cum Deo Spiritus effici-tur anima. Quod autem tertio vocatur dicendo : « *Veni de Li-bano*, *soror mea sponsa, veni de Libano veni* (2).» In Trinitatis ⑵ Cant. IV. ⁸ confessione ad tanti Regis consortium venire docetur, et tria

---

a) Summatim hic perstringit Aponius, quae mox sub finem Lib. VI. fuse iam disseruerat. Ex quo manifestum est lib. hunc quemadmodum et reliquos ineditos cum antecedentibus editis neces-sario coniungi.

remedia ei tribus medicamentis a caelesti medico, si necesse fuerit, promittuntur; primum scilicet baptismi, secundum poenitentiae, tertium beati martyrii conferendum. Quamvis enim magna sibi videatur anima, nisi vocante Domino per scripturas divinas, de altitudine inflatae sapientiae pennis obedientiae deposuerit se ad plenam et simplicem Christi doctrinam, ad montem Paradisi ascendere minime poterit, ubi verissimi odores vitae aeternae repositi sunt. Quae plebs quantum cum magno mysterio de Libano ad consortium Christi Regis ut regina vocatur, tanto altiori mysterio promittitur coronari dicendo : « *Coronaberis de capite Amana, de vertice Sanyr et Hermon, de cu-*

(1) Cant. IV. 8. *bilibus leonum, de montibus pardorum* (1). Interpretatur autem Amana *mecum a)* in hebraea vel syra lingua, per quod docuit illam animam coronari, quae cum Christo effecta fuerit unum. Quales erant illorum animae, de quibus dicebat ipse Salvator ad Patrem : *Pater sicut ego et tu unum sumus, ita et hi*

(2) Jo XVII 21 *in nobis unum sint* (2). Huius ergo ad Ecclesiam vox est assumpti hominis, de quo magister gentium Paulus dicit : *Humiliavit se usque ad mortem crucis, propter quod illum Deus exaltavit, et donavit illi nomen, quod est super omne nomen; ut in nomine Jesu omne genuflectatur caelestium, terrestrium,*

(3) Phil. II.8 et *et infernorum* (3). Hic utique vocatae credentique in se plebi
seq vel animae promittit dicendo : *Coronaberis de capite mecum.* Benedictio est ergo credentis in Christo animae corona, de qua Propheta credentibus nuntiat in octogesimo tertio Psalmo : *Be-*

(4) Ps LXXXIII. *nedictionem dabit qui legem dedit* (4). Quae cum in diversis do-
8 nis charismatum gratiarum detur, tamen in martyrii morte quam pretiosa sit, declaratur. Quae corona primum post maledictionem primi hominis ad perfectum super Christum a capite Deo in columbae specie in Jordane descendit. De qua in benedictionibus duodecim Patriarcharum iam tunc in Christi persona sub vocabulo Joseph designavit, dicendo : *Benedictio illius qui apparuit in rubo, veniat super caput Joseph, et super verticem*

(5) Deut XXXIII. *Nazaraei eius* (5). Nam sicut diadematis corona, in cuius ca-
16. pite fuerit, omnium hominum Dominus dicitur; ita et haec benedictio Spiritus Sancti de capite Patre omnipotente super Chri-

a) Vid. Praef. num. VIII.

stum porrecta, quem Ecclesiae caput verum imperatorem assumptum hominem fecit, cui omnis lingua confiteatur, et omne
flectatur genu. Qui Sanctus Spiritus cum assumente verbo Patris unum effectus, Ecclesiae impertit coronam; per quem ab
omni conditione libera efficitur, et regina, sicut docet Aposto-
lus: *ubi Spiritus Domini, ibi libertas* (1). Quae corona septem (1) 2 Cor. III.17.
pretiosis gemmis per septiformem spiritum in capite Ecclesiae
toto mundo coruscat. Ubi ergo vocata venerit anima ad Christum, fit quaedam placidissima commutatio; dat videlicet obedientiae voluntatem descendens ad Jordanis lavacrum, et inaestimabilem suscipit supradictam coronam de capite Christi, qui
est omnipotens Deus, secundum B. Pauli sententiam, qui caput Christi asseruit Deum. Sed haec corona quinque vocabulis
praesenti versiculo super animam ostenditur confirmari, cum ait:
« *Coronaberis de capite Amana, de vertice Sanyr et Hermon,
de cubilibus leonum, de montibus pardorum* (2). Hoc est, ut (2) Cant. IV. 8.
credat vocanti Deo, ut baptizetur, ut anathema dicat diabolo,
qui eam elongaverat a Creatore, et corpus Christi sibi coniun-
gat, et eius sanguinem assumat in se. Nam sicut *Amana* mecum
interpretatur *a)*, ita et *Sanyr*, leva novitatem vel dens lucernae. Cum igitur vocati per scripturas divinas, vel ore doctorum
venerimus ad secundam generationem sacrosancti baptismatis,
ibi deposita vetustate erroris, levamus super nos novitatem sensus, levamus novum hominem de vertice novitatis, idest a
summa et ineffabili divinitate, quam utique, tres personas in
unam aeternitatem manentes super nos confitendo levamus;
quae tribus vocabulis uno splendore credentes illuminat, sicut
lucerna tribus materiis, lini scilicet, olei et ignis plena, unum
lumen ostendit, quod dentem lucernae intelligere possumus.
Quando enim confitemur nos credere in Deum Patrem, Filium
et Spiritum Sanctum, levamus super nos novitatem, et ex vetere efficimur modo geniti infantes. Ubi vero renunciaverit quis
mundo et quae gloriosa mundi videntur, efficitur lucerna. In
quo verbum Dei lucens illuminet in ignorantiae tenebris ambu-
lantes, qualis erat lucerna beatus ille Baptista Joannes, quem
Deus Pater Christo suo paraverat praecursorem, de quo Propheta

---

a) Vid. Praef. num. VIII.

16

(1) Ps. CXXXI. 17. praedixit ex Patris persona : *Paravi lucernam Christo meo* (1) , et ipse Salvator confirmat, dicendo : *Joannes lucerna fuit*, *et* (2) Joan. V. 35. *vos voluistis ad horam exultare in lumine eius* (2). In his utique talibus viris verbum Patris Christus loquendo resplendet, qui est vertex Sanyr, super quem resedit plenitudo Deitatis summa maiestas, de cuius novitate tollunt, vel levant super se illi, de quibus Ecclesia coronatur. Coronatur enim Ecclesia de capite Amana in martyribus. De vertice Sanyr in eis, qui non indigent post baptismum poenitentia ; coronatur de Hermon, de his scilicet qui post violatum baptismum et nefanda crimina, anathemate digni, ad poenitentiam conversi, Angelis in coelo gaudium, et Ecclesiae in terris coronam praeparare ex suae fructu poenitentiae edocentur, eo quod Hermon anathema interpretatur. Aut non tibi videtur de talibus Ecclesia coronari, cum videas raptorem alienarum rerum propria largientem, impersecutorem martyrem, Latronem Paradisum possidere, meretricem virginibus comparatam, Christi sepulturam praevenientem ? Cum videas blasphemum, et contumacem Christi pro Christo cum omni laetitia contumelias passum, non reponere talionem, verberibus affectum gaudere ? Ex ipsis ergo materiis, quas diabolus pro spoliis possidebat, Christo vincente, de eius manibus ereptis, Ecclesiae corona quotidie fabricatur. Coronatur et de cubilibus leonum, et de montibus pardorum. Daemones igitur pro multis calliditatibus suis, et variis deceptionum suarum artibus, multis nominibus appellantur. Pro crudelitatis saevitia, leones ; pro magicarum artium, et variorum criminum adinventione, pardi nuncupantur. In quorum persona, diversae gentes, quando relinquebant Deum, super populum Judaeorum mittebantur ad vindictam. De quibus ait Jeremias Propheta : *Vorabit eos leo de sylva, lupus ad vesperam vastabit eos. Par-* (3) Jer V. 6. *dus vigilans super civitatem eorum discurrit* (3). Item beatus Petrus Apostolus commonet auditores suos : *Vigilate* (inquit) *et orate, quia inimicus vester diabolus, ut leo rugiens, cir-* (4) I Petr. V. 8. *cuit quaerens quem devoret* (4). De quarum bestiarum cubilibus vel montibus, vox Christi repromittit Ecclesiam coronari dicendo : « *Coronaberis de capite Amana, de vertice Sanyr,* (5) Cant. IV. 8. *et Hermon ; de cubilibus leonum , de montibus pardorum* (5).» Quemadmodum enim leones occupant sibi cubilia in spelaeis te-

nebrosis, ubi captam devorant praedam, et ut pardi secretis-
simos montes, ubi discurrentes animalia simpliciora captivent;
ita et praedicti daemones in subditorum sibi hominum mentibus
prolongantium a Creatoris notitia, cubilia collocaverant. In quibus saevitiam suam per homicidia, per crudelissima sacrificia,
per humanarum carnium devorationem explebant. In aliis vero
per incantationes magicarum artium, per maleficia, per auguria,
per astrologiam, per mathesim, et avium voces vel transitum,
per haruspicinae vel fibrarum inspectionem, montes sibi abdi-
tissimos in talium corde fecerant daemones. Nam quid dissimile
habebant leonibus, vel pardis, gens Zelonum *a)* vel Pontica,
et horum similes quamplurimae gentes? In quibus inter multas
alias crudelitates, ut leones, hominum carnes daemones devo-
rabant, qui per has abominationes vere in suis mentibus leonum daemonum cubilia praeparabant. Aut non tibi videntur
montes esse pardorum, Jannes et Mambres magi Aegyptio-
rum, qui restiterunt Mosi ; qui utique inter alios homines
per operum magnitudinem velut montes intendebantur, et
huiusmodi multos haberi consimiles, nemo quis nesciat? De
quorum montibus eos virtus nominis Christi in adventu suo
expugnatos longe fugavit, quibus expulsis nunc ipse potentissimus victor, in eorum cordibus Leo de tribu Juda habitator
existit, probante beato Paulo : *Fuistis aliquando tenebrae,*
nunc autem lux in Domino (1). Et : *vos estis templum Dei, et* (1) Ephes. V. 8.
Spiritus Sanctus habitat in vobis (2). Et ipse Christus in Evan- (2) I. Cor. III. 16.
gelio : *Si quis diligit me,* (inquit) *et mandata mea servat, ego*
et pater veniemus, et mansionem faciemus in eo (3). De illis (3) Jo. XIV. 23
ergo nequissimis gentibus, vel personis, quae praedicta scelera
perpetrabant, haec prophetata ita ab Spiritu Sancto, ore Salomonis intelligamus, quibus nulla opera legis, nulla praecessit
observatio mandatorum, nisi sola voluntas, quae a Domino
per auditum Evangelii praeparatur. Quae praeparatio gignit fidem in Domino uno, et vero, quae fides salutis occasio est,

---

a) Pro *Gelonum* , G in Z mutato, quemadmodum et in quam plurimis aliis dictionibus con-
tigisse novimus. Gelonum vero aliarumque gentium feritatem de qua hic Aponius loquitur, breviter describit Mela Lib. II. Cap. I. *Apud Antropophagos ipsae etiam epulae visceribus humanis*
apparantur. Geloni hostium cutibus equos seque velant ; illos reliqui corporis, se capitum. Vid.
etiam eumdem Mela. Lib. I. Cap. 19.

per quam ad notitiam Dei per baptismum venientes, diversa praeclara opera pro spe vitae aeternae facientes, variis pretiosis gemmis eorum animae comparatae in diademate Ecclesiae affigi probantur. De quibus promittebatur ei per Isaiam prophetam: *Vivo ego dicit Dominus Deus, quia omnibus his sicut vestimento vestieris, et quasi sponsa ornamento circumdabis tibi eos* (1): *Et erunt Reges nutrices tui, et Reginae nutrices tuae: Vultu in terra dimisso, pulverem pedum tuorum lingent, et scies quoniam ego Dominus Deus tuus, super quo non confundentur qui expectant eum* (2). Haec est utique soror, sponsa, plebs, quae variarum gentium ferocissimarumque in alta sapientia, vel alta credulitate, vel superbia commorans prophetata est coronari. Quae ex nequissimis supradictis personis fidelissimos confessores, et martyres suscipiendo ornamenta in membris suis tantae pulchritudinis effecta est, ut etiam ipsi Creatori suo sponso grande miraculum generet, et quodammodo vulnus cordis infligat, cum aspicit eam; videlicet in supradictis martyribus rutilare unguento proprii sanguinis delibutam, flammarum aromatibus redolentem, stibio *a)* lachrymarum oculis, depecta in poenitentibus crine capitis, in divitiarum perditionem pro suo nomine, tolerantiae pectine usque ad collum deductam. Hanc utique gloriam pulchritudinis intuens dicit: « *Vulnerasti cor meum, soror mea, sponsa; vulnerasti cor meum in uno oculorum, et in uno crine colli tui* (3). » Vocata igitur de Libano, ut diximus, de alta sapientia, quae stultitia reputata est, et de thurificationis ritu, coronata per ea, quae supra diximus, ut regina cum Christo, de capite Amana, de vertice Sanyr et Hermon, de cubilibus leonum, de montibus pardorum (ut praedictum est de anima conversa ad verum Deum; ut gemmis pretiosis esse eam ornatam, quae aliquando cubilia leonum, et montes pardorum fuisse intelliguntur); Nunc ergo, nimio decore radiante admirando dicit ei sponsus: *Vul-*

(1) Isaiae XLIX. 18.

(2) Ibid. V. 23.

(3) Cant. IV. 9.

---

a) Idest, flentem, quasi lachrymae animae poenitentis oculis ornamento sint, non secus ac stibium apud veteres Romanos, Graecos, Judaeos, Persas etc. faciem et oculos praesertim decorabat. Sane Jezabel ut placeret Jehu venienti in Jezrahel, vel ut regiam dignitatem vultu quoque ostentaret, *depinxit oculos suos stibio.* Reg. IV. Cap. IX. 30. De eius virtute ita Plinius: Lib. 33. 6. *Vis eius astringere ac refrigerare. Principalis autem circa oculos. Namque ideo etiam platyophtalmon id appellavere, quoniam in callibus, mulierumque epiphoris dilatet oculos, et fluctiones inhibeat, oculorumque exulcerationes.* Similia habet Dioscorides Lib. V. Cap. 49.

nerasti cor meum. Sed vulneratio ista cordis non ad infirmitatem respicit sponsi, qui utique nullis subiacet passionibus, sed ad perfectum fidei sponsae et augmenta iustitiae, ad ardentissimam fidem, vel ad perfectum poenitentiae, et ad contemptum divitiarum supradictae plebis. Haec ergo incipit primum ad pristinum decorem in quo creata est revocari, derelinquendo idola vocibus Apostolorum, et Prophetarum, qui tuba sunt Christi vocati, de supradicto Libano veniens ad notitiam Christi sponsi. Post haec exemplo vitae suae docendo iniquos vias Domini, licet toto corpore ita sit pulchra ut macula non sit in ea, tamen nimis fit decora in uno oculorum suorum; idest in eis, quos; unam fidem baptismatis praedicando, unum Deum nec ante se, nec post se, nec initium, nec finem habentem, unam . poenitentiam demonstrando, singulare lumen posteris fecit splendere, qui per perfectum vitae, Ecclesiae oculus esse mereantur. Duos esse oculos, quibus bona et mala corporaliter videmus, nemo ignorat, et nisi uterque oculus pulcher in homine fuerit, foedum necesse est reddat. Sed quomodo hic unus laudatur, ipse Redemptor noster rogandus est, ut ostendat. Ipsum enim tertium oculum animae audio numerantem, de quo dicit: *Si oculus tuus simplex fuerit, totum corpus tuum lucidum erit* (1). Quem in se turbatum lamentans propheta, poenitentis persona suscepta, dicebat: *Turbatus est prae ira oculus meus* (2). Et quem in se creari orabat idem propheta David dicendo: *Cor mundum crea in me Deus* (3). Et de quo dixit Salvator Deum videri, cum ait: *Beati mundo corde, quia ipsi Deum videbunt* (4). Vides ergo? Secundum Christi sententiam, de duobus corporeis oculis praesentia et terrena cernere docemur, et de uno oculo cordis, qui in sponsa laudatur, caelestia contuemur. Iste proculdubio oculus, qui futura perspicit, sive iustorum gloriam, sive impiorum supplicia, ad unam spem facit animam convolare. De cuius pulchritudine non solum Angeli admirantur, sed etiam ipse eorum Rex sponsus proclamat cor suum vulneratum; in admirationem utique, non passionem, eo quod seipsum quasi in lucidissimo speculo in eius inspicit corde. Est enim miraculum magnum Christo, et Angelis, ut haec anima, quae cacco corde palpando per tenebrosos errorum montes superbiae, multitudinem Deorum turpium praedi-

(1) Matth VI. 22.

(2) Psal. VI. 8.

(3) Psal. L. 11.

(4) Matth. V. 8

cabat, nunc ipsum vocantem se, quem ignorabat, pro oculo
utitur, sicut ait Michaeas propheta : *Si sedero in tenebris , Do-*
(1) Mich. VII. 8. *minus lux mea est* (1). Simili modo et Zacharias propheta as-
signat, dicendo : *Quia Dominus oculus est hominis , et omnium*
(2) Zach. IX. 1. *tribuum Israel* (2). Hoc est eorum, qui per immaculatam vitam in Ecclesiae faciem positi, et ipsi corde Deum vident, et
aliis membris suo exemplo lumen ostendunt. Sicut igitur Ecclesiae singularis oculus in eisdem monstratur, qui praeter unam
spem inaestimabilem, incorruptam, numquam cessaturam ab
uno Deo promissam, pro eius unico amore et nihil aliud corde
intendunt ; ita et nunc quaerendum est, quid sit Ecclesiae uni-
cus crinis, per quem sic exornetur, ut eius pulchritudine cor
suum Christus proclamet vulneratum. In puellae namque figura per singulas personas diversa iustitiae opera facientes, quasi
singulis membris Ecclesia pulcherrima redditur. Hic quippe in
uno crine illos opinor intelligi, qui vera philosophia nuditatem
Christi secuti in praedicta plebe reperiuntur, qui obliti aliquid se divitiarum vel honoris in saeculo possedisse, exemplo
eius de capite germinati Ecclesiae, quos ita charitatis plexus simul univit, unanimitas fraternitatis in Christo : *Ut eos neque*
gladius , neque fames , neque nuditas , neque periculum, vel
illa, quae numerat Beatus Apostolus Paulus, *a charitate Chri-*
(3) Rom.VIII.35. *sti,* quae est recta fides, *valeat separare* (3). Qui per infusionem olei laetitiae enutriti, usque ad Ecclesiae collum exornan-
dum perveniunt ; idest usque ad gratiam Mosis, qui a capite
Deo suscipiens verbum ad totum Ecclesiae corpus porrigebat
docendo. Qui crinis, non credendo Christo, minime exornat Iu-
daeos. De quo crine Ecclesiae singularem laudem actus Apostolorum extollit, dicendo : *Multitudinis autem credentium Chri-*
(4) Act. IV. 32. *sto erat cor unum et anima una* (4). Tunc igitur unusquisque
fidelium exornat Ecclesiae collum, idest laetificat eum, per
quem loquitur Christus, quando propter unicum Christi amorem, divitias regum vel honores contemnens, exemplo Mosis
eligit affligi cum populo Dei pro iustitia, quam habere tempo-
ralem laetitiam huius mundi, qui Aegyptus intelligitur. Sicut
enim soluti, sparsique capilli foedant, et in unum collecti
per plexum, unus crinis effecti decorum reddunt caput vel collum sponsae ; ita et multitudo fidelium misericordum in uno

vinculo charitatis ab Spiritu Sancto connexa propter unam spem
vocationis Christi, impendendo omnem substantiam suam in cibos pauperum, pulcherrimam nimis reddunt Ecclesiam; eos alen-
tes videlicet, qui a capite Christo cibum animae susceptum ad
Ecclesiae membra sua exhortatione praevidentiaque transmittunt. Duae sunt quippe inter caeteras operationes magnificas
nimis placitae Deo, quae praesenti versiculo, oculo crineque
valde speciosam animam, vel Ecclesiam reddere edocentur.
Quae mihi videntur dignam poenitentiam, et veram absconsam
hominibus misericordiam debere intelligi. Poenitentia enim col-
lirium cordis esse probatur, et interioris hominis oculus, de
quo Deus videtur; misericordia vero crinis adornatio, bene-
dictionumque receptaculum, de quo, parentis maledictione abstersa, per aquam benedictionis unguentum descendat. Per quod
ante tribunal Christi splendore tali huiusmodi plebs eius ore
laudata refulget, cum dicitur: *Venite benedicti Patris mei. Esu-*
rivi enim, sitivi, nudus fui, hospes fui, infirmus fui. In car-
cere fui, et ministrastis mihi (1). Haec sunt utique praecipua ^{(1) Mat. XXXIV 25}
duo membra in Ecclesiae corpore; ubi se quasi in speculo in-
tendens sponsus prae admiratione gaudii proclamat cor suum
vulneratum, cum ait : « *Vulnerasti Cor meum, soror mea,*
sponsa, in uno oculorum tuorum, et in uno crine colli tui (2). » ^{(2) Cant IV 9}
Oculus ergo decorat caput, crines collum exornant. De collo
vero pectori infunditur verbum doctrinae, ex quo germinant
mammae vel ubera; quae impleta nutriunt parvulos adhuc,
qui nuper quotidie generantur. De quibus mammis sequenti dicitur versu : « *Quam pulchrae sunt mammae tuae, soror mea,*
sponsa. Pulchriora ubera tua vino, et odor unguentorum tuo-
rum super omnia aromata (3). » Mammae igitur ad fecunditatis ^{(3) Cant. IV. 10}
benedictionem, ubera vero ad virginitatis gloriam respicere opi-
namur. Quae sacramenta per Incarnationem Christi utique
factura, ore Salomonis ad Ecclesia decorem Spiritus Sanctus
praedixit. In genitricibus enim mammae, in virginibus ubera
appellantur. Quibus Ecclesia ex tempore apparitionis Christi
utrisque pulchra ostenditur, eo quod quotidie concipit, quotidie lactat, et Virgo est. Hoc igitur qui non credit Deum per
Ecclesiam facere, quod fecit per Virginem Mariam, infelix incredulus miser est. Nam ut moralem sensum non omittamus, quan-

do immaculatum thorum coniugii docent in sanctificationem
posteritatis possidendum antistites populi Christiani, et hoc non
in passionem ignominiae, sed ad gloriam auctoris naturae; pulcherrimas mammas lactentibus Ecclesia porrigit, sicut fecit per
eum, qui dicebat: *Unusquisque vir suam uxorem habeat, et*
unaquaeque mulier suum virum habeat; et vir mulieri debi
tum reddat, similiter et mulier viro. Et mulier sui corporis po
testatem non habet, sed vir. Et vir sui corporis potestatem
non habet, sed mulier. Et qui suam uxorem diligit, carnem
I. 2. *suam diligit* (1): Et servis: *Obedite Dominis vestris cum omni*
timore non ad oculum servientes, sed et fide sicut Deo, scien
tes quod a Domino recipietis retributionem. Et vos, Domini,
quod iustum est, servis praestate. Filii obedite parentibus cum
omni honore. Parentes diligite filios vestros. Mulieres subdi
tae estote viris vestris sicut Dominis. Viri diligite uxores ve
8. et *stras, et nolite amari esse ad eas* (2): Et ad discipulum Timotheum scribit: *Divitibus* (inquit) *huius saeculi praecipe non*
superbe sapere, neque sperare in incerto divitiarum, sed in
Deo, qui dat nobis omnia affluenter. Ammone eos divites fieri
I. 17. *in fide, facile tribuere non habenti* (3); et alia multa his similia. Cum ergo talia proferuntur ad plebem ab his, qui habent locum docendi, mammae parvulis porriguntur. Quando
vero profundiori mysterio sensus scripturae divinae tractantur,
et de arcanis, vel quae maneant ad gloriam conservantibus castitatem, et quam magnum sit sacramentum integritatis, quod
Dominus, propter quod arduum iter est, non legalibus praeceptis inseruit, sed Beatus Paulus in quo Christus loquitur sancto consilio persuadet, sive cum individuae Trinitatis unitas
traditur, cum de gratia Dei, et animae libertate tractatur;
Ecclesiae ubera pulchriora sunt vino: illo scilicet gaudii nuntio quod prophetarum ore laudatur; dum patriarcharum vita
eorumque coniugia casta laudantur, et eorum persona ad typum Ecclesiae exponitur portendisse: Ut Abraham pater gentium, Isaac gaudium, Jacob luctator, vel supplantator; Ut
Sara virtus, ut Rebecca sapientia, ut Rachel ovis interpretetur; quomodo tria haec, virtus tolerantiae in adversis, sapientia quae in fine laudatur, et ovium mansuetudo, quae ad beatorum terram perducit, Trinitati coniuncta, Patri, gaudio, et

supplantatori in Ecclesiae praeluxerint forma ; quomodo in figura Christi fuerit Jacob Patriarcha , et quatuor coniugia eius
quatuor evangelia praefigurata, vero Jacoh Domino Christo supplantatori Diaboli coniuncta sint, quae secundum spiritum duodecim Apostolos genuerunt: De quibus innumera multitudo germinasse probatur , sicut Jacob quatuor coniugiis duodecim
Patriarchas legitur genuisse: Ut Matthaei Evangelium in Lia intelligatur , Joannes in Rachel , quae novissima genuit , qui ex
ipsa gente ducunt originem , de quaque Christus secundum carnem ; ut Lia , et Rachel consanguinitate iunctae Jacob ; Balam
vero et Zelpham , Marci et Lucae tenuisse imaginem ; qui non
ex regia gente hebraea sicut Joannes et Matthaeus , sed de ex-
tranea gente incircumcisa graecorum quos non dignitas gentis , sed Christi coniunctio ad nobilitatis culmen perduxit , ut
magnarum animarum genitrices efficerentur ; de quo numero
erat bcatus ille, qui dicebat : *Per evangelium ego vos genui* (1) : ^{(1) 2. Cor. XII.2}
Vel quae sit causa , ut quatuor animalia , homo, leo, vitulus ,
et aquila in quatuor Evangelistis accipiantur ; et quomodo ipsa
quatuor unum corpus efficiant Christi , unam eius victoriam passionis una voce narrantia ; Hominis namque facies in Matthaeo
humanitatis eius nativitatem narrantis , Leonis potentia in Mar-
co , qui ut leonis vocem in deserto clamantis inchoando Evangelium inducit ; Vitulus vero immolatus pro totius mundi peccato in Luca , qui Zachariam ponentem incensum in altare in
tempore sacrificii vespertini, Evangelii sui initium sumit ; Aquila
in Joanne, qui hominum mentes a sensu Judaico, ut aquila praedam deicctis terrenis ad coelum levavit , dum quaerentibus eius
originem, qui susceptum hominem ad coelum portavit, ostendit
dicendo: *In principio erat Verbum, et Verbum erat apud Deum,
et Deus erat Verbum* (2). Et ne ultra curiositas humana progre- ^{(2) Joan. I. 1.}
deretur quaerendo, ait : *hoc erat in principio apud Deum* (3). ^{(3) Ibid. I. 2.}
Haec utique dum pie exponendo tractantur, pulchriora supradi-
cto vino ab sponso Ecclesiae ubera praedicantur ; quia quod
in veteri testamento obtectum mysteriis nuntiabatur , nunc ab
his, qui sponsae ubera esse meruerunt , iam factum luce clarius
quotidie demonstratur. Quippe chrismatis visibilis Spiritus Sancti unguenta infundunt credentibus, et docendo spiritualia opera
pictatis ; quibus Christus quasi odoribus suavissimis delectatur ;

liniunt eas animas, quae per supradicta opera pietatis et fidem inviolatam, caesaries sponsae efficiuntur. In quibus delibuta pulchra mammis uberibusque voce sponsi laudatur dicendo : *Et odor unguentorum tuorum super omnia aromata* (1). Plurali itaque numero unguenta pro multiplici gratiaquae ab uno spiritu Sancto procedit, intelligitur posuisse ; qui in Ecclesiae corpore variis virtutibus suavissimos diversis operibus in conspectu Christi reddit odores. Is namque super omnem credentem in lavacro descendit, sed ibi cuiusque virtutibus signorum reddit odorem, ubi semper bonae voluntatis igniculo, sanctarumque operum commixtione fervescit, sicut commonet gentium Doctor : *Orationi* (inquit) *instantes, spiritu ferventes* (2), et alibi : *Spiritum* (ait) *nolite extinguere. Prophetias nolite spernere* (3). Qui licet multiplex sit, in decem vocabulis in Ecclesiae membris docuit esse effusum magister gentium Paulus, dicendo: *Alii datur manifestatio Spiritus, alii sermo scientiae, alii fides, alii gratia sanitatum, alii operatio virtutum, alii prophetatio, alii discretio spirituum, alii genera linguarum, alii interpretatio sermonum* (4). Et hoc est quod praefigurabat unguentum illud, quod iussus est Moses componere in veteri testamento, quod quinque speciebus admixto oleo mandatum est confici, ut fieret pontificale unguentum, de quo Aaron et filii eius, et omnia utensilia tabernaculi ungerentur. Quod ut vere Spiritus Paraclyti ostenderet figuram, praecipitur ne quis ex eo vel tali compositione alius ungeretur, nisi supradicti, qui Ecclesiae portabant imaginem: Qui Spiritus nunc quinque motibus, quibus actiones corporeae peraguntur, consociatur ; idest visus, auditus, odoratus, gustus, tactusque. Cum eius voluntatem impleverint haec officia, fragrantissimis unguentis in conspectu Domini anima redolebit, et quae per singula supradicta singulos foetores peccando habuit, generare, singulos virtutum suarum odores, quasi artifex unguentarius suo Creatori componit. Haec sunt utique unguenta charismatum, quae praecellunt illa omnia aromata, quae in veteri testamento, quando erectum est tabernaculum, a duodecim principibus inter alia munera offerri sunt iussa, de quibus praesenti versiculo dicitur : *Odor unguentorum tuorum super omnia aromata* (5). A quibus utique vel a diversitate illa sacrificiorum, vel odoris fragrantia multum

(1) Cant. IV. 10.

(2) Rom. XII.12.

(3) I. Thes. V.19.

(4) I. Cor. XII.7. et seq.

(5) Cant. IV. 10.

praecellit gratiarum diversitas, vel iustitiae opera, quae Dominus noster Christus in suo adventu credentibus in se impertiri dignatus est, quae animam sive Ecclesiam suavissimis odoribus per singula membra faciunt redolere. *Favus distillans labia tua sponsa, mel et lac sub lingua tua* (1). Singulas scilicet donationum gratias in singulis membris Ecclesiae collocatas ostendit. Favum videlicet, legem veteris testamenti intelligere possumus, qui de floribus coelorum campi in modum apum a Patriarchis, et Prophetis vario sermone futurae gloriae redemptionis nostrae constructus extrinsecus, unam mirabilem suavitatem concludit. Quem favum moralia praedicando, idest mores quos diligit Deus, vel mansuetudinis formam ostendendo, distillant hi qui Ecclesiae labia esse meruerunt; Illi quippe quorum tota vita martyrium est, qui sibi pro spe futura exilium, quod persecutores pro poena martyribus iniungebant, voluntarie imponunt. De quibus indesinenter favus futurae laetitiae, laudes Angelorum imitando, hymnorum canticorumque dulcedo distillatur. Qui opus iustitiae pacem excolunt diligendo, et cultum iustitiae silentio decorare probantur. Quorum omne negotium vitae praesentis in Dei omnipotentis laudibus pendet *a)*. Linguam vero eos intelligere possumus, qui sermone paratissimo, et scientia sancta praediti sunt ad revincendos Ecclesiae adversarios, vel eos qui propter defensionem Ecclesiae cuiuslibet causae nullius pertimescunt personam; qui vulneratis diaboli iaculo animabus mel medicinae sermonis illiniunt, ad emundandas de cordibus earum peccati putredines. Lac autem, consolationis verbum parvulis adhuc in Christo, ad perfectum iustitiae vel ad poenitentiam exhortando ministrant, et amarissimam scientiam, inflatamque litteraturam mundanae sapientiae mitissimo sermone in mellis suavitatem convertunt, qui sanguinolentam superbiam in candorem humilitatis, et benignitatis lac mutarunt. « *Et odor vestimentorum tuorum, sicut odor thuris* (2).» Vestimenta Ecclesiae eos opinor intelligi, qui in Dei omnipotentis honore decimas de iustis laboribus suis, ministris Ecclesiae praebent, sicut in Levitico Dominus fieri iubet; qui necessaria corporis altari inservientibus libenter impertiuntur, et perituros cibos

(1) Cant. IV. 11.

(2) Cant. IV. 11.

---

a) In medio margine Codicis haec leguntur : mores monachorum.

hic in saeculo manentes egenis ministrant, et indumentis pauperum corpora tegunt, ut cum eis mereantur futuri sacculi aeternum regnum partiri. *Beati* enim *pauperes spiritu, quoniam*
ipsorum est regnum coelorum (1). Horum dumtaxat, qui propter amorem Dei et spem futurae laetitiae, voluntate potiusquam
necessitate, se in pauperum numero aggregaverunt. Talibus
quam maxime ministrantes, iuste digneque suavissimos odores
redolentia vestimenta Ecclesiae collaudantur. Quorum famam
eis similem pronuntiat Spiritus Sanctus, qui sacrificium Dei
efficiuntur, idest martyrum, eo quod thus soli Deo in odorem
suavitatis offerri sit iussum. Nam sicut vestimenta daemonum
intelliguntur, per quos vestitus diabolus persequitur innocentes,
et illi per quos Ecclesia spoliatur substantia temporali, nudan-
tur pauperes, affliguntur pupilli et viduae, iniuriis et falsis criminibus lacessuntur ministri altaris; quos utique non est dubium
putredine iniquitatis suae ultra omnem foetorem in conspectu
Dei et Angelorum horridos comprobari : Ita et hi, qui Ecclesiam in pauperibus vel in omnibus supradictis vestiunt,
et ab impugnatione tuentur, suavissimi odores Ecclesiae vestimenta efficiuntur. De quibus Ecclesiae dicitur: *Odor vestimen-*
torum tuorum sicut odor thuris : idest, sicut eorum laus toto
redolet mundo, de quibus supradictum est, qui se Deo Patri, pro Christi filii eius nomine moriendo, sacrificium obtule-
runt. Quorum figuram vel typum gerebat thuris species, quod
in thimiama sanctum commixtum, singulari Deo in odorem
suavitatis in altari imponebatur. « *Hortus conclusus, soror*
mea sponsa, hortus conclusus, fons signatus. Emissiones tuae
Paradisus malorum punicorum cum pomorum fructibus. Cy-
pri cum nardo, nardus et crocus ; fistula et cinnamomum
cum universis lignis Libani ; myrrha et aloe cum omnibus pri-
mis unguentis. Fons hortorum, puteus aquarum viventium,
quae fluunt impetu de Libano (2).» Perfectam virtutibus in singulis membris plebem vocatam de Libano cum ostendisset Spiritus
Sanctus ore Salomonis, nunc gloriosos fructus eius laudibus effert, et quomodo per culturam Apostolicae doctrinae ad aetatem fertilitatis iustitiae pervenerit, docet ; et quos species medicinae protulerit, vel quam flagrantissimos germinaverit flores
vitae exemplo, vel quam suavissimam pomorum copiam, unde

(1) Matth. V. 3.

(2) Cant. IV. 12.
et seq.

ipse Dominus epuletur, sicut in sequentibus eius edocet vox : *Veniat* (inquit) *dilectus meus in hortum suum, et comedat de fructu pomorum suorum* (1).» In qua utique in tantum Apo- (1) Cant. V. 1. stolicus profecit labor, ut magnae delectationis hortus, et deambulatorium regis coelorum effecta sit. In qua nulla desit medicina salutis ; quae ita undique vitam imitando apostolicam, et fidei regulam conservando, praeceptorum maceria exclusit furem diabolum ; ut pro magna laude hortus conclusus, ut fons signatus regis sigillo sit appellata, eo quod novum ortum germen David, quod in signum gentium ad salutem stat, novo ordine natum de Virgine suscepturo Salvatorem praedicetur. Conclusus enim hortus intelligendus est quicumque, nulla fraude corruptionis reserato utero, credit et confitetur editum Salvatorem. Erit hortus irriguus, quo nulli furi immundi spiritus adeundi patebit ingressus. Est igitur soror hortus conclusus Ecclesia vel anima, credendo perfectum hominem Christum Virginem peperisse. Est et fons signatus, verum Deum Verbum Patris credendo, in homine ex utero processisse, qui fons vitae et fons luminis a Propheta est appellatus, de quo dicit ad Patrem : *Quoniam apud te fons vitae, in lumine tuo videbimus lumen* (2). (2) Ps XXXV 10. Fit ergo Ecclesia hoc quod Christus fons signatus, cum eum ut caput suum toto diligit corde, utpote corpus eius effecta, sicut ipse de se confirmat Judaeis, dicendo : *Si illi ad quos sermo Dei fiebat, Dii sunt appellati ; quem ergo Pater signavit, et misit in mundum, dicitis quia blasphemat, Dei se filium confitendo* (3) ? Sicut ergo fons vitae signatus a Patre dicitur (3) Jo. X. 35. et seq. Christus, ita Ecclesia fons signatus regali videlicet signaculo Crucis appellatur a Christo, continens intra se aquam baptismatis ; quod signaculum in frontem suscipiunt ii, qui in signato baptismatis fonte lavantur; quos dixit emissiones Paradisi, malorum punicorum cum pomorum fructibus, eo quod nisi quis renatus fuerit ex aqua et Spiritu Sancto et induerit Christum, qui maligranati arbor cum pomorum fructibus figuratur, ornamentum Paradisi esse non poterit. Nam quicumque emissus ex utero Ecclesiae Paradisi fuerit, necesse est ut arbor mali punici, id est similis Christo fiat, eius in se reparando imaginem; et non inani nomine solo Christianus, sed cum pomorum fructibus, operibus bonis scilicet fuerit; ut et ipse in conversatione,

mente sanctus sit , et doctrina sua vel exemplo patientiae, spiritualem cibum esurientibus tribuat suavitatis , et eos qui tribulationibus et moeroribus fatigantur , confirmet , sicut in praesenti ait : *Cypri cum nardo.* Interpretatur enim Cyprus tristitia
vel moeror. Vide ergo pomorum ordines ministeriorum in Ecclesia positos , quos dulcedine pomorum punicorum , quod est
laetitia qua comperta conversi ad Deum gaudemus, amara et
tristia persequutionum nobis edenda germinant poma. Quae
tamen si patienter suscipiantur continuo medicinae consolatio,
Spiritus Sancti nardus subsequitur ; cuius commonitione futura
respicientes praesentes non sinamur pavere tristitias. Nardi enim,
et Croci consolationis medicinae , post tristitias et moerores sequuntur , per quod spe iam tenemus promissa eius , qui dixit :

(1) Matth. V. 5.   *Beati qui lugent, quia ipsi consolabuntur* (1). Nardus enim rigorem de algentibus membris expellit, crocus ardentibus refrigeria
confert ; hoc est , nardus timorem praesentis mortis expellit ,
et crocus futurae vitae amorem accendit. « *Fistula et cinnamo-*

(2) Cant. IV. 14.   *mum cum universis lignis libani* (2).» Fistula abstinentiae fructum significat , eo quod in tenerrimis virgultis secata, a verme
propter dulcedinem omni eius medulla conrosa, solo propter austeritatem cortice reservatur. Quae infirmitates omnium visce-
rum intrinsecus corporis curat , sicut abstinentia omnem male
dulcem medullam concupiscentiae devorat , et extenuata pelle
corporis, animae medicinam reservat. Cinnamonum autem, secundum quod vicino cespite fistulae gignitur , et diutissime
suam vivacitatem servare probatur , spiritalis sensus vivacitatem, sapientiae vel scientiae, abstinentiae vivacitate gigni demonstrat. Cum universis vero lignis Libani , quod ait , magni odoris fructus Spiritus, quos Apostolus enumerat Paulus, simul germinare de abstinentia , et verbo sapientiae docuit. « *Myrrha et*

(3) Cant. IV. 14.   *Aloe cum omnibus primis unguentis* (3).» Myrrha ad mortificationem membrorum accipienda est secundum Apostoli discipli-
nam , quae ad praesens amara videtur , dicentis : *Mortificate
membra vestra quae sunt super terram.* Fornicatio , immun-

(4) Col. III. 5.   ditia , ira , rixae , dissensiones , et caetera (4) : haec utique non
in coelo vivunt ubi Pauli conversatio erat ; sed in non mortifi-
catis membris, terrenis actionibus animam captivam tenentibus.
Quae disciplina, caelestis medicina salutis, cognoscitur de arbore

vitae Christo procedens, de qua dixit Propheta : *Disciplina tua*
correxit me in finem (1) : Et alio loco : *Bonitatem , et discipli-* <small>(1) Ps. XVII. 56.</small>
nam , et scientiam doce me (2)$;$ sicut myrrha de arbore manare <small>(2) Ps. CXVIII. 66.</small>
probatur, et multas infirmitates mederi, ut in alio loco vox
Ecclesiae confirmat: *Fasciculus myrrhae* (inquit) *dilectus meus*
mihi. Aloe autem, propter quod succus virtusque herbae monstratur, et in multis vivis ac mortuis corporibus necessaria species edocetur, medicinale illud exemplum multiplici medela animarum et corporum repletum, quod secundum carnem factus,
per contemptum habendi, et nullam ab hominibus gloriam requirendo tradit mortalibus Christus, intelligendum est ; quibus
pigmentis, ut haec vera intelligantur, aspersus ponitur in sepulchro cum omnibus primis unguentis ; idest, charismata Sancti Spiritus, et donationes, de quibus delibutus magister gentium Paulus exultans dicit : *Omnia omnibus factus sum, ut om-*
nes lucrifacerem (3). Qui spiritus multiplex, ita in animam, mun- <small>(3) I. Cor. IX. 22.</small>
dum sibi domicilium mentis parantem invisibiliter illabitur, et
unitur, sicut visibile oleum invisibiliter corpori uniri probatur.
Et cum sit unus spiritus replens orbem terrarum, multimoda
dona impertiendo, prima unguenta efficere comprobatur; et
ideo prima unguenta supradicta huiusmodi dona appellavit, ut
quamcumque de multis donationibus, et gratiam meruit possidere, prima credatur : quia in Deo nihil imum, nihil novis-
simum, sed totum primum, totum summum agnoscitur. « *Fons*
hortorum, puteus aquarum viventium, quae fluunt impetu de
Libano (4). » Una est Ecclesia in toto mundo de Apostolorum <small>(4) Cant. IV. 15.</small>
congregata personis, cuius caput corporis Christus. Unus fons
vitae per lavacri regenerationem cognoscitur. Quae per singulas
gentes, congregatis ad fidem membris, connexa subsistit, et Christo unita per altitudinem sensuum Paraclyti, quem ut fluvium
recepit in se, puteus aquarum viventium, de quo omnes ortac gentium nationes inundatione caelestis scientiae irrigantur, effecta
est. Et quia multitudo animarum vel diversarum gentium, ut
dictum est, nationes de eius fidei doctrina a Christo suscepta
rigantur, ideo fons hortorum est nominata. Puteus vero aquarum viventium, ad laudis cumulum omni naturae est nominata;
eo quod profunda et occulta antiquae generationi sapientia Christi, per Trinitatis mysterium, et de ea, vel per eam in aliis gen-

tibus inundasse intelligatur ; quae scientia vel notitia Trinitatis,
quam scire vita est, ignorare ultima mors, de illo monte proculdubio descendisse praesenti edocet loco, qui secundum Danielem
sine manibus excisus de monte lapis, et tantae altitudinis mons
effectus, ut totam terram impleret. Qui, propter quod sacrificium acceptabile repropitiationis pro hominum peccatis effectus
est, Libanus nominatur, quod thus patria dicitur lingua. De
quibus aquis promissum est per Isaiam Prophetam, dicendo: *In
foramen aspidis ablactatus ab ubere mittet manum suam*, et
non nocebunt in monte sancto meo. Quia scientia Dei replebi-
tur omnis terra, inundante sicut aqua maris (1). Et de quibus
aquis ipse Christus commemorat : *Qui credit* (inquit) *in me si-*
cut dicit scriptura, flumina de ventre eius fluent aquae vivae.
Hoc dicebat, ait Evangelista, *de spiritu quem accepturi erant*
credentes in eo (2). Postea ergo vocata est de supradicto Libano
plebs, quae inter omnes nationes magnis laudibus coronatur.
Quae non solum amica, sicut retro dictae aliae sunt appellatae
personae, sed soror, sponsa, hortus conclusus, fons signatus,
puteus aquarum viventium. In qua plebe quantum abundavit
iniquitas, tantum dicitur superabundatura gratia Christi', in
cuius adventu coepit reparari paradisi hortus ad primam culturam per secundum Adam, qui desertatus fuerat per primum
Adam : idest, ubi in fide qua unus creditur Deus, et pro
amore Christi per quem innotuit fidelium vita, confirmatae sunt animae martyrio coronari, nunc Aquilo suscitatur,
et Auster a suis sedibus properare iubetur, dicendo : » *Sur-*
ge Aquilo, et veni Auster, perfla hortum meum, et fluent
aromata illius (3) ; » ut rigor Aquilonis, et calor Austri, tem-
perato aere, efficiant poma paradiso provenire ; quo possint com-
mixto rigore tribulationis, non inane nimio securitatis calore
baccae animarum paradisi defluere ad terrenos actus delapsae.
Exaltando igitur regnum Aquilonis super omnia regna orbis terrarum omnipotens Deus, quod est regnum Romanum, surgere
iubet suscitando ab austro Prophetas, ostendendo Christum
suum per Virginem, quem Prophetae ab austro cecinerunt venturum, ut ait Abacuc Propheta : *Deus ab austro veniet*, idest
sermo Patris : *Et sanctus de monte umbroso* (4), qui assumptus intelligitur homo, et condenso intactoque corpore pro-

(1) Is. XI. 8. et seq.

(2) Jo. VII. 38. et seq.

(3) Cant. IV. 16.

(4) Abac. III. 3.

cessisse. Coepit paradisus aromatibus martyrum mortibus pretiosis mirandisque odoribus redolere , et regi coelorum Domino omnique caelesti exercitui magnam efficere delectationis laetitiam , sicut praedixit Propheta : *Pretiosa in conspectu Domini mors sanctorum eius* (1). Revocata ergo ad notitiam Creatoris (1) Ps. CXV. 5. post evulsionem paradisi humana natura , credendo ei et obediendo , quasi arbusculae odorantissimae , ex quibus aromatum conficitur pulvis , in paradiso replantata est , in spe promissa confitenti in cruce latroni , cui dicitur confitenti : *Amen dico tibi, mecum eris hodie in Paradiso* (2). Sed quia gloriosus fru- (2) Luc XXIII ctus occultus erat populo nascituro , et suavitatis odor quem 43. per amicitias diaboli amiserat imparentis , aliter non poterat , nisi per eius inimicitias reparari , permittitur regnum aquilonis veluti durissimus ventus surgere super omnia regna. In quo diabolus glutinatus durissimi praecepti flamine contritioneque poenarum , ad subtilitatem spiritalis sensus redactas credentium Christo animas , ut tempestas decussis corporibus interficiendo , pretiosa aromata paradiso fudit. Lex enim vel Evangeliorum doctrina, ab austro spiritalem virtutem suo calore inspirans, humanis mentibus ut arbusculis indidit dulcissimi succi medullam; quam aquilonis immundus spiritus super regnum Romanorum , manibus truculentium, sanctorum corpora laniando, ad odorem suavitatis , nesciens, coelorum virtutibus ut aromata perfruendam produxit. Aromata ergo , ut saepe dictum est , multae fragrantissimae species in unum redactae pretiosum efficiunt pulverem , qui tunc maxime reddit suavitatis odorem , quando in necessarios usus fuerit ventilatus. Ita et Deo credentium animae, tunc suavitatis exempli sui aromata fundunt posteris profutura , quando daemonum tempestate de corporibus fuerint patiendo decussae. Pugnantibus igitur Aquilone et Austro , idest infidelitate et fide , impietate et pietate , moeroris spiritu et consolationis inter se , spectante sponsa , pretiosus aromaticus liquor martyrum sanguis fluxisse probatur. Agit namque horticuli vice nesciens satanas , qui vere ut damnaticius obcoecatus malitia , et suo crudeli labore , hortum Domini aromaticis sanctorum floribus picturavit. Laboravit in malo, eius famulos persequendo qui in bonis suo Creatori servire contempsit. Ex quo enim per regnum Romanum quasi perturbatum ab Aquilone, coepit per-

18

sequutionis lolium serere, et rastris ungularum diversisque poenarum ferramentis sanctorum effodere carnes, immanem copiam pomorum iustitiae diverso meritorum sapore paradisus exuberat. Ibi namque martyrum, confessorum, virginum, continentium, gratissimi iustitiae fructus; ibi virentia gramina castissimae copulae lege concessa, diversi sexus vel aetatis credentium Christo, dulcissima poma meritorum de animae voluntate prolata. Ibi post damnum integritatis criminumque naufragia, potentiae myrrha. Ibi ex amore lectionis Divinae Scripturae, ignitus sapientiae favus eloquii dulcedinem continens, diversarumque gratiarum aromata. Ecce quibus epulis praeparatis, quibus amoenitatibus ad hortum paradisi Ecclesia Christum invitat dicendo, ut sequens versiculus docet : *« Veniat dilectus meus in* *hortum suum, et comedat de fructu pomorum suorum* (1). » Narrat igitur hoc sponsa adolescentulis consodalibus suis, quomodo laboribus passionum, sponsi vel Apostolorum verba flores congregant, et in modum apum rectae fidei expositionum favum componunt. Quae per omne receptaculum doctrinae suae, illius incarnationis sacramentum, illius passionis et resurrectionis mysterium congregant, sive quomodo sponsa hortus laetitiae sit effecta, seu in hortum paradisi ad antiquam gloriam sit regressa; unde reatu commissi pulsa fuerat in Adam; et quae unius pomi contactu persuadente diabolo contra Creatoris praeceptum vocem Domini sustinere non potuit ab ignominia nuditatis; nunc sacro lavacro muñdata, retrodictis unguentis delibuta, praedictisque vestibus vel monilibus decorata, per eius praesentiam corporalem regali reddita aulae, ad comune convivium sponsum invitat. De quo dicit Baptista Joannes : *Qui ha-* *bet sponsam, sponsus est* (2); ut primitias boni operis, fructum pomorum virginitatis ipse consecret; ipse delibet procedendo de Virgine; ipse gaudii poenitentiae pomum susceptum ab Ecclesia, Angelis transmittat ad coelum; ipse myrrhae botrum degustans, regni retribuat munus; ipse dulcissimum mali punici, hymnorum canticorumque laudum bibat liquorem, sacrificii suavitatem, quod iubetur prophetam singulare sacrificium immolare, dicendo : *Immola Deo sacrificium laudis, et* *redde Altissimo vota tua* (3). His itaque fructibus Christus in Paradiso Ecclesiae quotidie epulatur, et cum magna laetitia me tit fructus bonae voluntatis, quos in anima seminavit creando; de quibus nunc ait sequenti versiculo : « *Veni in hortum meum, soror mea, sponsa, messui myrrham meam cum aromatibus meis. Comedi favum cum melle meo* (1). » Venit scilicet invita- tus lacrhymis Prophetarum, vel omnium, qui intelligere potue-runt tantam gloriam perditam terrae viventium reparari posse per eum. Venit in hortum plebis suae, per incarnationis my-sterium. Messuit myrrham, amaram quondam, nunc medicinae exemplum, conversionem truculenti latronis, cum aromatibus poenitentiae meretricis, vel illius qui direpta quadruplo reddit aliena, Zachaei, et propria divisit cum pauperibus. Messuit myr-rham cum aromatibus suis, dum latronis exemplo, homicida pro gladio saccum cineremque accinctus devicto diabolo, relicta nocendi via, ad paradisum tendit armatus ; et meretrix pro sti-bio et cerussa, fletibus faciem liminaque depingens, contem-ptis turpium osculis, pedes Salvatoris humidat osculando, et coelorum regnum invadit violenter. Cum publicanus relicto ra-ptoris officio, Evangelii minister efficitur. Cum gens immundis-sima Chananaeorum in Syrophoenissa muliere, catellorum impor-tunitate per medelam filiae, Dei populo sociatur ; cum Centurio humilitatis sublimitate, fidei scintilla resplendens incircumcisae gentis, tenenti legem populo praeponitur Israel. Comedit au-tem favum cum melle suo; in his delectando scilicet, qui studio pervigili intelligentiae legis divinae, in corde suo quasi in vasculo, Prophetarum vel Apostolorum verba ut flores congregant, et in modum apum, rectae fidei expositionum favum compo-nunt. Qui per omne receptaculum doctrinae suae, illius incar-nationis sacramentum, illius passionis et resurrectionis mysterii congregant mella ; cuius eloquia dulciora super mel et favum in ore suo propheta testatur David. Qui ut mel de favo, ita con-gruis testimoniis novum de veteri testamento producunt. De quo favo mellifluo Isaias propheta testatur, dicendo de eo : *Si posuerit* (inquit) *pro peccato animam suam, videbit semen lon-gaevum, et voluntas Domini in manu eius dirigetur ; pro eo quod laboravit anima eius, videbit et saturabitur* (2). Hos ergo tales, quorum omnis opera in factis dictisque Omnipotentis Pa-tris plena est, dulcissima voluntate videbit, et saturabitur. Quem cibum manducare se dixit, quando fatigatus de itinere, ad

(1) Cant. V. 1.

(2) Is. LIII. 10. et seq

puteum Samaritanae bibere postulabat, cum ait Apostolis: *Meus*
(1) Jo. IV. 34. *cibus est, ut faciam voluntatem eius, qui misit me* (1) ; Patris
doctrina videlicet, quae nihil perverse de Trinitate aeterna,
nihil de gratia Dei, nihil de libertate hominis, nihil de animae
statu in se continet, favus est melle plenus. Hunc sponsus favum sumit in cibum, quem melle rectae fidei plenum in Ecclesia se invenisse testatur ; cuius etiam figuram post resurrectionem suam, in conspectu Apostolorum postulatus ab eis comedit, et reliquias ipsis propinavit, ut eos participes suae laetitiae suarumque epularum, in talium amorem facere monstra-
retur. Quicumque enim laetificat Christum, necesse est ut lae-
tificet Apostolos eius, qui cum eo unum effecti sunt, et super
thronos sessuri sunt in iudicio. Omnis quippe orthodoxus talem
construit favum doctrinae, qui Christo aptus sit cibus, qui dulcedinis in se contineat formam. Nam omnis haereticus construit
quidem favum exponendo legem perverse, sed veritatis mella
non congregando, minime ea pascitur Christus, et ideo docet
suos sequenti versiculo, qualem favum debeant esurientes Dei
verbum appetere, qui dulcis est animae cibus, dicendo : « *Co-*
(2) Cant. V. 1. *medite amici, et inebriamini charissimi* (2).» Per talem enim doctrinam verbo caelesti saturantur Christi amici, quo ipse per
Apostolorum credulitatem se comedisse testatur, et eos sibi
charissimos effici, laetitiaeque vino Sancti Spiritus virtute ine-
briari ; quo pleni Apostoli, veniente Spiritu Sancto super eos,
ebrii putabantur; quibus mirantibus suae resurrectionis velocitatem exponit, aliud dormisse in mortem, aliud numquam potuis-
se in huiusmodi somno retineri ; sed expertum mortis soporem,
et in aeternitatis vigilias perdurantem, sicut dicit Apostolis post
resurrectionem : *quid ascenderunt cogitationes in corde vestro?*
palpate et videte quia ipse ego sum, et non sum phantasma ;
quoniam spiritus carnem et ossa non habet, sicut me videtis ha-
(3) Luc. XXIV.
38. et seq *bere* (3). Quos docet praesenti versiculo humanitatem a somno
mortis detentam, non intrinsecus Deitatem, dicendo: « *Ego dor-*
(4) Cant. V. 2. *mio, et cor meum vigilat* (4).» Divinus utique sermo, qui sub
cordis vocabulo intelligitur nominari, numquam obdormit ; neque dormitat intra viscera carnis absconsus, qui baiulat dormientem, qui alto mysterio exponit amicis et charissimis suis
in se credentibus, quos ad participium gaudii humanae salutis

invitat; ne, dum viderint eum secundum humanitatem in somno mortis detentum, deficiat fides eorum, per quam integram in eo semper vigilantem conspiciant maiestatem. Ego, inquit, dormio vobis per absentiam corporalem, sed vigilo corde, numquam recedendo a vobis per praesentiam Deitatis. Opinatur plerumque insipiens anima, Deum se ut dormientem fallere delinquendo, cum ab eius vindicta suspensa sententia in praesenti, futuro iudicio reservatur. Sed non potest falli, in cuius manu sunt omnes fines terrae; et sicut cor totum vegetat corpus, ita totam mundi implendo agitat molem, cui est gloria in saecula saeculorum. Amen.

EXPLICIT LIBER SEPTIMUS.

INCIPIT LIBER VIII.

„ *Vox dilecti mei pulsantis : aperi mihi soror mea, amica mea, columba mea, immaculata mea; quia caput meum plenum est rore, et cincinni mei guttis noctium* (1).» In capite (1) Cant. V. 2. huius cantici dictum est, sponsae Ecclesiae et Christo nubenti nuptiale carmen ab Spiritu Sancto ore Salomonis esse in mysteriis figuratum. Quae Ecclesia in his animabus, quae aliquando per opera bona immaculatae effectae, in domo mentis suae Deum habitaculum parant, et malis operibus claudunt ingressum usque ad diem iudicii venientis ad eam per bonos actus et recedentis per malos, personam Christi per singulas generationes inducit. Cum enim nullis tribulationibus stimulatur anima, non requirit an prope sit sponsus, an longe abierit horrens desidias atras. Ubi autem nimium amator animarum Dominus Christus viderit eam securam, carnis deliciis occupatam, per quod ingressus praebetur in corde latroni diabolo, licet contemptus abierit contristatus parumper, tamen dum viderit eam vallatam insidiis inimici, reversus per noctis secretum, idest per occultam compunctionem pulsat ostium montis eius, ut suscitata a somno lethali videat se periculis circumdatam, et deprecetur ad se ingredi adiutorem, ad cuius praesentiam necesse est omnes catervas daemonum effugari. Quae etiam etsi expoliata iaceat veste, quam Christi gratia contulit, etsi nudati lotique sint pedes, qui calceati fuerant spe beatitudinis consequendae in praeparatione Evangelii pacis, non erubescat exurgere de lecto malae consuetudinis, et Christo pulsanti poenitendo suae mentis aperire ingressum. Quod si differendo tempus de die in diem distulerit aperire, iratus pertransit ab huiusmodi, atque declinat; et quam iustas irascendi declinandique habeat causas, praesenti versiculo docet; quomodo eam quadriformi amore mulcendo provocaverit de inertiae somno exurgere, cum ait : « *Aperi mihi soror mea, amica mea, columba* *mea, immaculata mea* (1).» Sorori igitur honorem tribuit secundum carnis assumptae originem, amicae per lavacri reconciliationem, ubi ex inimicis, amici efficiuntur homines Deo; columbae per imaginis eius reparationem, quae per Spiritus Sancti coniunctionem reparata est; qui in columbae specie super Ecclesiae caput Christum in Jordane descendit; immaculatae vero, similitudinem eius, agnita rectissima fidei regula Trinitatis per repudium Idololatriae, in se reformando : quae tamen ad hoc donum nisi effuso eius sanguine non poterat pervenire. Ecce quibus honoribus, quantis beneficiis provectam animam, sibi ad consortium regni et germanitatis gloriam sublimavit. Et haec numerat, ut memor horum, nulli praeter sibi, mox ut pulsaverit, aperiat sui cordis ingressum, antequam prolongetur offensus; ut si forte praeventa daemonum arte clauserit Deo peccando, saltem mox pulsanti aperiat poenitendo. In quibus versiculis licet voluntas animae demonstratur, tamen nihil sibi sine adiutore Dei verbo in opere, vel in sermone sapientiae, propria virtute monetur praesumere. Quia sicut civitas, quae suis fortissimis vallata muris consistit, quamvis referta sit populis, nisi intra se habuerit doctissimos fortesque armatos, subruitur; ita et anima etiam si signis et virtutibus polleat, et omni scientia sit repleta, nisi spiritum veritatis, qui cum Christo unum est, intra se habuerit, subruta daemonum vastitate nudabitur. Si vis, inquit, aliquid boni operis agere, o immaculata anima, noli clauso ostio propriis viribus confidendo, casso labore consumi, sed aperi mihi ostium mentis tuae, invocando

(1) Cant. V. 3.

me in veritate, exquirendo me in toto corde; praebe mihi velle
tuum , ut per te adversarium tuum triumphem. Praebe mihi
tubam vocem tuam, ut verba mea audiantur in ore tuo. Praebe
mihi calamum linguam tuam , ut meo articulo scripta , per te
laudentur revelata quaeque occulta legis mysteria. « *Aperi* (inquit) *mihi soror mea , amica mea , columba mea , immaculata mea ; quia caput meum plenum est rore , et cincinni mei
guttis noctium* (1). » Rore , inquit , sapientiae , rore pruden- (1) Cant. V. 2
tiae , rore scientiae, quo tu indiges de te presumendo , meum
plenum est caput. Aperi ergo mihi, pie casteque vivendo , ut
ad ingressum meum ros iste descendat in te, per cuius roris ve-
nam , fontes et flumina de tuo corde procedant. Per quem iustitiam scripserunt Patriarchae , Prophetae, Apostoli; sine quo
iniustitiam scripserunt philosophi , vel haeretici , de quorum
mente non flumina , quae irrigarent animas sitientes vitam aeternam , sed amara et venenosa fluenta egressa sunt , sugge-
rente diabolo , quae usque hodie interficiunt ignorantes , qui
clauso ostio cordis superbo spiritu semper sedentes, non aperue-
runt ei , qui docet hominem scientiam ; et cum de Deo , sine
Deo , volubilitate linguae resonantia verba rotarent , pro honore laudis in Deo blasphemias scripserunt. Vox igitur Domini
Christi est, dicentis ad animam : « *Aperi mihi, quia caput meum
plenum est rore , et cincinni mei guttis noctium* (2). » Et quod (2) Cant V. 2.
sit caput Christi, magister gentium Paulus docendo ostendit: *Caput* (inquit) *mulieris vir , et caput viri Christus. Caput autem
Christi Deus* (3). Ipse est utique plenus praedicto rore sapientiae, (3) I. Cor XI. 3.
prudentiae , et scientiae. Cincinni vero huius capitis intelligun-
tur eius ministri Angeli , Archangeli , Virtutes , Throni, Dominationes cohaerentes ei , facientes voluntatem eius. Qui guttis
occultae sapientiae omnibus pleni sunt , et de capite delapsi in
se, stillant in eis, qui membra Ecclesiae sunt, nuntiando futura,
revelando arcana mysteria, deferendo Dei mandata prophetis ;
sicut legitur in prophetis ab Angelis factum , quemadmodum
refert Daniel se a Gabriele visione edoctum, et Zacharias simili
modo : *Et dixi* (inquit) *ad Angelum , qui loquebatur mihi :
Qui sunt isti equi nigri , albi , rubei , et varii* (4) ? Et sicut (4) Zach. VI 4.
ab Angelo edocetur Manue de nativitate Samson , et multa si-
milia invenies ; de quo rore clamat Isaias propheta : *Ros , ait,*

qui abs te est, sanitas est illis; et secundum hebraea exemplaria : *Quia ros lucis ros tuus* (1). In quibus evidenter docuit rorem istum sapientiae, lucem animarum et sanitatem probari, quod est sapientiae et veritatis doctrina; sine quibus anima infirma et caeca est; qui scilicet ros a bono capite Deo Patre, assumpto homine in Christo, et de Christo super Ecclesiam descendere comprobatur. Et sicut ros cum sit singulare nomen multis creaturis herbarum vel frugibus nutrimenta impertit; ita et sapientia, qua sub roris vocabulo caput suum plenum esse Christus testatur, multorum Charismatum dona impertit. Ecce quo rore caput suum plenum asserit Christus. De quo rore super se quiddam stillare precatur Beatus David, dicendo : *Intellectum da mihi, et vivam. Bonitatem, et disciplinam, et scientiam doce me, quia in mandatis tuis credidi* (2). Quam doctrinam sapientiae per angelos ministratam his, qui haereditatem salutis capiunt, Paulus Apostolus probat. Quos cincinnos praesenti nominat loco, quos guttis noctium, idest occultorum mysteriorum doctrina, et eorum salutis refrigerio, qui ignorantiae nocte sunt circumdati, plenos esse testatur. Stat igitur Dominus ante ostium animae dormientis, eius quippe, quae cum fuerit immaculata, superbiae pessulo clausit Deo ingressum, et occultis commotionibus pulsat. Cuius fores cum viderit ut civitatem ab hostibus daemonibus obsideri, clamat sibi aperiri, priusquam daemones invadant dormientem, dicendo : " *Aperi mihi soror mea, amica mea, immaculata mea* (3). " Ne forte his tantis, inquit, gloriosis honoribus priveris; propter te enim has in nocte excubias facio, ut tu non timeas ab occulto timore nocturno. Inducitur ergo sub vocabulo sororis, eius animae persona, quae postea cum adepta fuerit omne sapientiae vel scientiae donum, et excoluerit sensus sui hortum, et omnibus cum retrodictis pomis floribusque decoraverit, et invitatus ibidem venerit sermo Dei, et degustaverit fructum pomorum suorum, quos plantavit in mente eius; et per haec, elationis contagionem contraxerit, per quam in iudicium incidat diaboli; quae opus habeat flagellis emendari, quibus Paulus emendat Hymenaeum, et Alexandrum, ut discant non blasphemare; quae cum multis divitiis spiritualibus praepotens, et in sapientiae thesauris locuples videretur, sicut ait Propheta : *Divi-*

(1) Isaiae XXVI. 19

(2) Psal. CXIII. 144 66.

(3) Cant V. 2.

tiae animae, sive salutis sapientia eius (1) consilii magistri Pauli
oblita, charitatis se tunica exuit, quam ille loricam nominavit ;
et pedes, quos ille spe beatitudinis per servitium debitum
Deo contegi iussit *a)*, quasi horridum ministerium quod Dominus Christus suo humilitatis exemplo praebuit, desidiae aqua
delavit. Ideo vocata, ut reparando se bona consuetudine, aperiat verbo Dei pulsanti cor eius, excusando respondit : « *Ex-*
poliavi me tunica mea, quomodo induar eam? Lavi pedes meos,
quomodo inquinabo illos (2) ? » Docemur ergo, per hanc malam
consuetudinem, difficile posse mutari, et vix aliquando cum
magno labore, et semel expoliatam animam charitatis tuni-
cam tarde satis reindui, quae sola utique cooperit omnes animae nuditates, idest multitudinem peccatorum ; ut ait beatus
Apostolus : *Charitas cooperit multitudinem peccatorum* (3), et
semel revocatos pedes a via angusta Evangelica, per deliciarum
consuetudinem et desidiae aqua delotos, cum magna contri-
tione cordis posse in reparationem Evangelii regula revocari ac
dirigi, et spe beatitudinis nudatos recontegi. Sicut ergo delicatam puellam lotis pedibus, expoliatam tunica, requiescentem
in lectulo, nocturno silentio pigeat exurgere, et per lutosam
viam incedere ; ita exosa facta ostendit huiusmodi anima Evangelica et Apostolorum exempla. Quicumque enim rectae fidei
doctrinam, quae unum Deum, unam fidem, unum baptismum
tenet, credit, et confitetur, et humilitatis exemplum Christi
sequitur, quod in pedum lavatione Apostolis tradidit, hic con-
sors, et comparticeps regis, imperatorisque Christi effectus est.
Huius quasi imperatoris vermiculato auro gemmisque tegimine
contecti sunt pedes, qui etiam arduam non sentiant discurrendo
Evangelicam viam, qualis erat ille, qui dicebat de Deo : *Qui*
perfecit pedes meos tamquam cervorum, et super excelsa sta-
tuit me (4). Haec autem anima, cuius hic inducitur vox, oblita
nobilitatem superius dictam, quae per unum baptismum traditur, oblita Domini traditam sibi veram doctrinam, suam
statuere elationis supercilio gestiens, oblita Christi praeceptum
Apostolis traditum, ut qui semel lotus est, iam lavari necesse

---

a) Juxta illud Marci VI. 8. 9. *Praecepit eis ne quid tollerent . . . . Sed calceatos sandalis :*
Et illud Pauli Ephes. VI. 15. *Et calceati pedes in praeparatione Evangelii pacis.* Nihilominus ad
lotionem pedum a Christo peractam hic respicere videtur Aponius.

ultra non habeat , et dum se mundiorem opinatur prae caeteris,
nihil ei mundum videtur , nihil immaculatum , nihil sanctum,
nec ipsa quae a fidelibus contraduntur Christi baptismata ; ita
et alterius negat baptismate peccatorum sordes posse mundari ,
nisi a se crudeliter aliud fuerit irrogatum *a)*. Quae cum se iacti-
tat velut male lotum relavare secundo, nigriores carbonibus mortuis efficit animas miserorum., sociata criminibus illius , quae
circumcisionem carnis sacratissimo praeponit baptismati ; cuius
plebis ostium mentis quotidie pulsare Christus per orthodoxos et
fideles probatur. Sed illa, haec quae praesens versiculus declarat,
respondit:« *Expoliavi me tunica mea, quomodo induar eam? lavi*

(1) Cant. V. 3.

pedes meos, quomodo inquinabo illos (1).» Charitatis utique tunica , unitatem fidei omittendo , se expoliavit ; quae proculdubio
magisterio B. Pauli impenetrabilis animae lorica docetur : Pedes
autem animae corpus mihi significare videtur, quod animam portat, quod solum ab haereticis absque anima rebaptizando lavatur.
Nam cum coeperis haeretico persuadere , ut ad charitatem Dei,
ad unitatem Ecclesiae revertatur, respondit se huiusmodi so-
cietatibus inquinari, sicut nunc ait : *Lavi pedes meos , quomodo
inquinabo illos* ? Certum est enim , ut quisquis religionem
quam non colit , eius societati coniunctus se inquinari causetur.
Omnis autem qui credit, non manu hominis , sed invocatione
individuae Trinitatis maculas peccatorum lavari, non dicit ex-
tollendo , sed sanctitatis munditia Deo pulsanti ore doctoris :
Lavi pedes meos, quomodo inquinabo illos? Sed respondit: *Multum lava me ab iniustitia mea , et a peccato meo munda me* ;

(2) Ps. L. 3. 8.

lavabis me et super nivem dealbabor (2). Facit enim diabolus,
eum quem persuadendo expoliaverit charitate , de bono malum , de dulce amarum , de mundo coinquinatum ; ut infelicem
animam in sua perversitate teneat semper captivam ; cui clemens Dominus , cum viderit imminere interitum , non ad eius
duritiam , vel stultitiam , sed ad suam immobilem bonitatem
intendens , invitam etiam nolentemque eam, signorum virtutibus , occultis compunctionibus ore doctoris attractam de lethar-

---

a) Rebaptizantes hic manifeste reprehenduntur, Donatistae scilicet, et magis Valentiniani ,
Seleuciani et alii , qui verba Matthaei Cap. III. 11. *Ipse vos baptizabit in Spiritu Sancto et
igne*, litteraliter accipienda esse autumabant, et ipsum baptismum, igne humano corpori crudeliter admoto , conferebant.

gico erroris excitat somno, sicut sequens ipsius animae indicat vox : « *Dilectus meus misit manum suam per foramen, et venter meus intremuit ad tactum eius. Surrexi ut aperirem dilecto meo. Manus meae stillaverunt myrrham, digiti pleni myrrha probatissima. Pessu um ostii mei aperui dilecto meo, at ille declinaverat, atque transierat* (1).» Cum utique per supradicta, in quocumque errore posita anima pulsanti non aperuerit Christo, per foramen mittit manum suam castigando contumacem, et quasi in lecto contactae, facinorum consuetudine recubanti, iuxta ventrem idest mentis vicinia, apprehensum attrahit vestimentum, ut quae voce deprecantis desuper se abiicere tegimen consuetudinis contemnebat, invita abiicere cogeretur ad tactum eius quo pro manu dilectus utitur ; ad vindictam attrahit flagellando per damna rerum, per famem, per vastitatem hostilem, per orbitatem propinquorum, per calumniarum ergastula, per variarum infirmitatum tormenta. Nam quod, ait, *per foramen*, hoc est, ut sentiat quidem, sed non clare videat manum quae corripit contemptorem ; ut anima quae Christo contemnit aperire mentis ingressum, tremendam eius per foramen praedictam sentiat manum, de qua Deo dicebat Propheta : *Quoniam die ac nocte gravata est super me manus tua* (2). Intremiscit enim venter animae, idest sensus, quando pro peccatis suis iunctus ei fuerit acerrimus flagellator ; sicut contigit plebi Israel post mortem Jesu Nave (3) ; cuius ostium cordis sermo Dei ore prophetarum pulsabat, ut de malae consuetudinis surgeret lecto, et emendando aperiret ei. Quae cum supradictis sermonibus excusaret contemnendo, misit manum per foramen, tradendo eam domesticis et amarissimis hostibus sibi subiectis. Aliquando iuste vivendo, et venter eius, idest sensus intremuit, dum se captivam aspicit captivorum, surrexit aperire dilecto suo clamando ad eum cum tribularetur : *Manus eius* (sicut ait) *stillaverunt myrrham, digiti eius impleti sunt myrrha probatissima* ; hoc est opera eius, quae pro manibus accipiuntur, stillaverunt per amaros gemitus compunctionis, mortificationem peccati. De qua digiti confessionis culparum procedunt, qui pleni fiunt lachrymarum probatissimae myrrhae, ingerendo pulverem capiti suo, clamando ad Dominum liberatorem, fundendo lachrymas lugubri corde, proiiciendo de fi-

(1) Cant. IV. et seq.

(2) Ps. XXXI. 4.

(3) Judith. II. 11. et seq

nibus suis idolorum figmenta, sicut probat Judicum liber. Pessulum ostii superbi arbitrii sui aperuit, recordando Dei Patrum suorum : *Qui liberavit eam in Patribus de manibus Pharaonis, qui divisit mare, qui convertit petram in stagnum aquae, qui siccavit Jordanem, qui fecit mirabilia* (1) ; quae in Judicum libro continentur, dicendo : *Ubi est Deus, qui liberavit Patres nostros de terra Aegypti, qui fecit mirabilia magna cum Israel* (2) ? At ille declinaverat atque transierat, non interficiendo neque subdendo hostes eius, quos propter eius disciplinam servabat, sicut fit de contrariis potestatibus, quae ad animarum contumacium impugnationem reservantur, quibus traduntur rebelles a Paulo Apostolo, ut disciplinam accipiant ne blasphement. « *Anima mea liquefacta est* (3).» Dum loquitur per Angelum, videlicet de monte, dicens : *Quid clamatis ad me ? Ite, clamate ad Deos vestros, quibus sacrificatis, et ipsi vos liberent, quia me obliti estis, et mirabilia quae feci cum Patribus vestris* (4). Quibus ignitis loquutionibus anima eius ab omni rigore criminum tumidaeque superbiae, velut cera aliquantulum suscipiendo praecepta, liquata est. Et quae diabolo velut glaciei adhaerendo in deliciis posita, nullum in se boni operis lumen gerebat ; nunc attracta castigationum flagellis, et minarum ignitis loquutionibus, splendorem emendationis reddere demonstratur. Nam quod ait in sequenti versiculo : « *Quaesivi eum, et non inveni ; vocavi et non respondit mihi* (5).» Non perseverando ex fide quaerens, nec in toto corde exquirendo, non inveniet eum. Sicut illi de quibus dicit idem Salomon : *Facile invenitur ab his qui non tentant eum* (6). Vocavit et non respondit ei, quia non obliviscendo alios falsos Deos, unum et verum Deum vocavit. Ideo non respondit ei ; non enim fecit quod ille, qui dixit : *Clamavi in toto corde meo, exaudi me, Domine* (7). Dum ergo multi quaeruntur ab anima, nullus liberator Deus invenitur. Et cum multitudo invocatur, nullus exaudit. Haec igitur omnia, quae illi populo in figuram secundum carnem contingebant peccanti, nobis nunc agnita veritate, quod durius est, et secundum carnem plerumque et secundum animam contingere approbantur ; qui non secundum carnem, sed secundum spiritum iussi vivere sumus. Illi enim daemoniis immolando tradebantur ferocissimis hostibus castigandi;

(1) Ps. CXIII.

(2) Ps LXXII.12.

(3) Cant. V. 6.

(4) Jud. X. 12. et seq.

(5) Cant. V. 6.

(6) Sap I 2.

(7) Ps. CXVIII. 145.

nos vero faciendo contra Christi praecepta, in cordibus nostris
idola fabricamus, ubi non Deus, sed diabolus ad nitorem perversitatis ingredi delectatur. Avaritiam videlicet diligendo, mendacium, turpem sermonem, blasphemiam ex ore proferendo,
perversum iudicium iudicando, viduam, pupillum, peregrinum,
et pauperes expoliando, odio frustra proximos persequendo, signa et auguria observando, calumnias diligendo, impie de
coaeterna Trinitate sentiendo, declinat a nobis Dominus Christus clamantibus in tribulatione, atque pertransit. Quo decli-
nante tradimur non solum carnalibus hostibus, sed etiam nequissimis spiritibus castigandi, et qui in deliciis positi pulsando
per retrodicta detrectavimus aperire ianuam mentis, verberati
iam prolongantem in tribulationibus positi, quaerimus eum et
invocamus. Sed nisi digne plagis castigatis non dignatur nec aurem nec praesentiam commodare, sed de longe loquitur, ia-
culando ignea improperii, ut dictum est, verba, quae lique-
faciant animum conturbatione gehennae. Sicut ait per hunc
ipsum Salomonem : *Clamabatis* (inquit) *et non audiebatis, ex-*
tendebam verba mea, et non intendebatis (1). *Itaque et ego in*   (1) Prov. I. 24.
interitum vestrum a) ridebo ; et per Isaiam similiter : *Numquid*
non est in me virtus ad liberandum (ait) *Dominus ? Aut in-*
firma est manus mea ut salvare non possim ? Sed veni et non
erat vir, vocavi et non fuit qui audiret (2). Item per Jere-   (2) Isaiae L. 2.
miam : *Clamavi* (ait) *rogans sustinens tota die. Sed sicut mu-*
lier contemnit amatorem suum, sic plebs mea contempsit iu-
dicium meum (3). Propter quam contumaciam respondetur ei   (3) Jer. III. 20
in alio loco per Isaiam Prophetam : *Cum veneritis ante con-*
spectum meum offerentes munera, non suscipiam de manibus
vestris, et cum clamaveritis multiplicantes preces auribus meis,
avertam faciem meam, et non exaudiam vos, nisi in sacco
et cinere poenitentes revertamini ad me (4). Haec est namque   (4) Isaiae I 12 et
terribilis loquutio quae liquefacit animam contemnentem Dei   seq.
praecepta, animam non in Deo, sed in propriis viribus confidentem, non in Dei eruditione, sed in propria sapientia
gloriantem, repudiantem verum Redemptorem mundi in Patris nomine venientem, et alium deceptorem Antichristum su-

a) In margine : Iu vestram perditionem

scipientem, et serpentem egredientem de antro incredulitatis ad
quaerendum Christum, quem importunum clamantem propria
voce testimoniis prophetarum, clamantem virtutibus sui cordis sustinuit pulsatorem. Haec ergo ad omnem animam errantem et post culpam poenitentem a Salvatoris adventu usque
in finem sacculi licet pertineant verba ; tamen ad plebem Judaicam convenire quam maxime opinamur : in ea dumtaxat multitudine, quae incredula extiterat Christo, et nunc poenitendo
alieno suffragio ad Christum reverti desiderat. Quae utique la-
chrymabiliter dinumerat quanta et qualia perpessa sit mala, eo
quod mox pulsanti aperire contempsit, ut ait : « *Quaesivi et non
inveni illum ; vocavi, et non respondit mihi. Invenerunt me
custodes, qui circuunt civitatem, percusserunt me et vulnera-*
verunt me, tulerunt pallium meum mihi custodes murorum (1).».
Quisquis igitur toto corde credendo quaerit Christum, qui est
via ducens ad Deum Patrem, invenit Deum, et huic invocanti
Christum in tribulatione posito Deus exaudiendo respondit.
Plebs namque sive Judaica, sive illa quae agnita veritate re-
demptioneque sacrosancti baptismatis, nunc incredula Christo
est, quaerit eum expectando venturum, sed non suo tempore
quaerit : Vocat eum sed non quando prope est, non quando
dicitur ei per Isaiam Prophetam : *Quaerite Dominum dum in-*
veniri potest, invocate eum dum prope est (2). Et quomodo
possit inveniri, ostendit : *Derelinquat* (ait) *impius vias suas,
et vir iniquus cogitationes suas ; et convertatur et redeat ad
Dominum, quoniam multus est ad ignoscendum, et mise-
rebitur ei.* Abscondit se ergo et prolongat offensus Dominus
Christus animae negligenti, quae pulsanti per saepe dicta aperire contempsit. Quo prolongante, latrones approximant animarum, qui ubi viderint desertam a Christo animam, fortes efficiuntur, sicut homicida cum absconso die tenebras viderit. Et
quemadmodum insidiator armatum cernit remansisse inermem;
ita et daemones invalescunt in animam, a cuius adiutorio prolongatur Christi protectio. Qui inter omnes nequitias suas, magno, studio, rectae fidei ut hostes die noctuque circuientes per-
vigiles, insidiis suis custodiunt civitatem, quae apostolicis muris ambitur : Unde si quempiam foris repererint, percutiunt,
vulnerant, atque expoliant, non credendo veram carnem in Chri-

(1) Cant. V. 7.

(2) Isaiae LV. 6.
et seq.

sto, quae ligno affixa est, unde verus sanguis ictu lanceae flu-
xit, et verum Deum qui veram animam quam gestabat, quando
voluit posuit, quando voluit, positam sumpsit *a)*. De qua civitate praecinit Propheta Isaias, immo digito demonstravit dicendo : *Ecce urbs fortitudinis nostrae Salvator est, ponitur in
ea murus, et antemurale* (1) ; in qua civitate nos suo consi-   (1) Isaiae XXVI
lio post daemonum insectationem, Beatus Paulus introducit di-   1.
cendo : *Quomodo cupiam vos omnes in visceribus Jesu Chri-
sti* (2). In qua nos fundari et circumdari exhortando persuadet   (2) Philip. 1. 8
Archiapostolus Petrus : *Coaedificamini* (inquit) *in ipso summo
angulari lapide Christo* (3). De qua civitate, ut dictum est,   (3) Ephes. II 20.
quisquis errando a fide, declinando a mandatis Dei, mox ut
egressus fuerit, statim a praedictis custodibus, idest insidiato-
ribus percutitur telo haereticae persuasionis, viperea lingua vulneratus, retinendo ipsum venenosum dogma in corde. Expolia-
tur vero perdito sacrosancti baptismatis pallio, dum polluentem
et execrabilem secundum decepta susceperit anima *b)*. Et hoc
ideo evenire monstratur, quia rectam fidem, aut foris egressa de
civitate praedicta, male tenendo, haereticorum ore seducta, aut
omnino minime credendo non est ingressa, et daemonum prae-
dae patuit. Per quod evidenter docemur, ut quicumque desiderat invenire Deum in assumpto homine de Maria Virgine, cum
apostolis quaerat eum credendo ; et quisquis cupit audire vocem eius, cum Beato Philippo Apostolo vocet eum, et in Christo respondebit ei, qui culpatur cur tanto tempore cum au-
disset loquentem in Christo, et non agnoverit loquelam eius.
Nam si quis hos muros egressus fuerit, haec proculdubio patie-
tur, quae praesens indicat sermo ; percutitur, vulneratur, ex-
poliatur baptismi sacramento. In quo periculo tres intelliguntur
devenire personae ; illius videlicet, quae in superbia elata, non
ponendo Deum adiutorem suum, sed sperando in multitudine
divitiarum suarum, sive sapientiae mundanae, seu praesentium
rerum, verbo Dei pulsanti renuit aperire ingressum. Alteram opinamur intelligi in haereticorum dogma dilapsam. Tertiam vero
huius quae nunc extra refugium salutare prolongata est, Judaicae plebis, ad quam vel ad eius consimiles Apostolus dicit: *Te-*

---

a) De Cerinthianis, Marcionitis, Arianis, aliisque haereticis hic proculdubio sermo est.
b) Vid. adnot. pag. 145.

stis mihi est Deus, quomodo cupiam vos omnes in visceribus Chri-

(1) Phil. 1. 8.

sti esse (1). Harum itaque personarum, illius quae ad poenitentiam revertitur, vox ista lamentationis intelligenda est, dicentis:
« *Percusserunt me, vulneraverunt me , tulerunt pallium meum*

(2) Cant. V. 7.

mihi custodes murorum (2).» Quae licet daemonum saxis percus-
sa, licet vulnerata eorum sagittis, licet expoliata praedicto pallio
sacramenti , tamen ad Creatoris sui servitium , ad beneficia Redemptoris , ad nobilitatem generis per poenitentiam repedare
festinat, et tantum in se indignam et degenerem credit effectam , ut non audeat iam pro se fundere preces ; sed filiabus
Jerusalem supplicat lamentando , idest sanctis animabus , quae
possunt suis precibus ad pristinum statum revocare animam poenitentem. Quae etiam tantam peccatorum molem considerat ,
ut dubia sit , an et ipsae possint audiri ; ne forte et ipsis quaerentibus, abscondatur dilectus offensus, cum ait : « *Adiuro vos ,
filiae Jerusalem , ut si inveneritis dilectum meum , ut annun-*

(3) Cant V. 8.

tietis ei, quia amore langueo (3).» Precatur ergo , ut dictum est,
ut quem ipsa iam allisa, iam amissis viribus, iam confusioni-
bus plena invenire minime confidit, filias Jerusalem lachryma-
bili prece coniurat , ut ipsae dignentur intercessionibus suis lamentationem eius dilecti auribus intimare ; quatenus errantem
revocet, consoletur percussam , vulneratam suo vulnere sanet,
expoliatam sua vestiat nuditate , secundum Isaiam Prophetam ,
amoris stimulo languentem ad sua dulcissima oscula propitiatus
invitet. Filias autem Jerusalem , caelestes virtutes omniumque
sanctorum choros , ut saepe dictum est , intelligimus. Quae illius caelestis Jerusalem filiae indicantur , quae docentur per
haec, exemplo beati Mosis, poenitentibus sua intercessione opem
suffragii ferre, in cuius intercessione cognoscitur quantum valeat
sanctarum intercessio animarum , qui solus tanta millia peccatorum prece sua a reatu criminis liberavit. In quo versiculo docemur , si quando anima nostra similia incurrerit , sanctorum pedibus provoluti supplicare, ut eorum precibus indulta venia, ad
Christi amicitiam revocemur , sicut haec persona cuius vox inducitur fecisse docetur. Quae tanta mole criminum se oneratam
confitetur , ut etiam filias Jerusalem dubitet suum posse invenire dilectum ; metuit enim ne forte et ipsis abscondatur nimis
offensus , dicendo : « *Si inveneritis dilectum meum , ut annun-*

tietis ei quia amore langueo (1). « Posuit scilicet similitudinem (1) Cant V 8.
amoris carnalis, de quo turpes turpia diligendo periclitantur ;
qua mensura debeat diligi Christus, qui animam nostram, post
innumera mala quae in eo irrogavimus delinquendo, quasi nutrix infantem suo aperto sinu suscipit venientem, et velut dilectam coniugem de longinqua patria desideratam amplectitur revertentem. Per illud vero quod interrogant Jerusalem filiae,
qualis sit quem inquiri precatur, fides eius discutitur, quomodo eum verum Deum, verumque hominem suae credat Redemptorem salutis ; quia nisi utrumque fuerit credendo confessa,
eum invenire non potest, sicut ipse dicit in Evangelio : *Qui
me confessus fuerit coram hominibus, confitebor et ego eum
coram Patre meo, qui in coelis est* (2) ; idest verum hominem, (2) Mntth X 32.
verum Deum ; *et qui me negaverit, negabo eum* ; ideo interrogant filiae Jerusalem deprecantem, dicendo : « *Qualis est dilectus tuus ex dilecto, o pulcherrima mulierum ? Qualis est
dilectus tuus ex dilecto, quia sic adiurasti nos* (3)? « Interro- (3) Cant. V. 9
gant filiae Jerusalem in persona Apostolorum vel Sacerdotum,
qui eorum Vicarii derelicti sunt in hoc mundo, poenitentem
animam, qualis, et cuius potentiae, vel cuius pulchritudinis
sit hic, qui dilectus fuerat ante culpam, et ex dilecto factus
est post peccatum ; ut dum certa dederit eius pulchritudinis
signa, et suavitatem loquelae, rectam eius fidem confitendo
et suum pronuntiando errorem fidei, iam filiae Jerusalem supplicando quaerant dilectum, quem confitendo secundum symboli fidem dictavit ; et ipsa cum eius formam recolet exponendo,
amplius in eius desiderio accendatur, et doleat se tanto ac
tali amatore fraudatam. Quod autem ait : *Adjuro vos filiae
Jerusalem*, et non declarat, per quod adiurentur, subaudi-
tur, per quidquid in tota anima et in tota virtute et in toto
diligunt corde, eas esse adiuratas, et ideo quasi conturbatae vim
sustinentes respondent: *Dic* (inquiunt) *qualis est quem quaeris.
et invenire desideras*, quia sic terribiliter adiurasti nos, per
eum scilicet, quo charius nihil habemus ; cui Abraham nec
dulce unicum pignus praeposuit ; qui in decalogo, in toto corde
in tota anima et in tota virtute diligi iussus est. Ad haec illa
non solum potentiam, pulchritudinem, vel proceritatem dilecti, sed etiam omnia lineamenta membrorum eius describit,

20

dicendo : « *Dilectus meus candidus et rubicundus, electus ex*

millibus (1).» Candidus, quia lux mundi est, quia sol iustitiae est illuminans omnem hominem venientem in hunc mundum, secundum Joannem Evangelistam, vel praeconia Prophetarum. Rubicundus, quia carneo indumento de Maria Virgine abstracto vestitus ambulaturus erat in terris, miraculum etiam Angelis praebiturus, levando in coelos, interrogantibus ore Isaiae Pro-

(2)₂ Isaiae LXIII. phetae : *Quare rubicundum est indumentum tuum* (2) ? Quod maxime ictu lanceae rubricandum portendebatur. Electus vero ex millibus, eo quod a lapsu primi hominis usque ad Virginis partum unus ex millibus inventus de stirpe Adae, qui electus a Deo mitteretur ad bellum contra hostem diabolum, ne iustitia turbaretur, per quem unum hominem liberentur millia millium filiorum Adam. De quo praedixit David : *Frater non redimit,*

(3) Psal. XLVIII. *redimet homo* (3) ? In cuius electione nulla etiam pars membro-
8. rum laude careret, nec aliqui sensus motusque obnoxii tenerentur peccato, sed diversa membra diversis actionibus sanctis, magnis laudibus, variisque virtutibus splendescerent. Qui pro immensa clementia, quidquid validum, quidquid pulchrum, quidquid pretiosum inter spolia, quae de manu tyranni diaboli tulit, idest credentium multitudinem, sive in Apostolis, seu in omni Sanctorum vel Martyrum turba, totum glorificandum ad necem inimici, suo immaculato corpori sociavit. Quos·pro diversis charismatum donis Spiritus Sancti diversis membris suis, sequentibus versiculis aptasse monstratur, cum ait : « *Caput eius aurum optimum. Comae eius sicut elatae palmarum, nigrae quasi cor-*

(4) Cant. V. 11. *vi* (4).» In capite fulgorem divinitatis signavit, quo pretiosius animae nihil debeat esse, eo quod caput Christi assumpti hominis, secundum Apostolum Paulum, Deus esse probatur; et quod amandus sit prae omnibus quae excogitari possunt, solus Deus in toto corde, in tota anima, in tota virtute, sicut caput prae caeteris membris diligitur, et velut aurum obrizum a cupidis regibus amari probatur, qui pro eius amore mortibus se et acerrimis bellis committere non pertimescunt. Quod quantumcumque in subtilitatis laminas fuerit productum, splendidius redditur, et ductilitate sua semper crescit in maius, et nec augmentum, nec detrimentum ponderis sentit; ita et divinitatis potentia, quanto amplius de eius volueris scrutari maiestate,

tanto immensum pelagus dilatatur. Et quemadmodum auri materia, quocumque duxeris, sua mollitia sequitur ; ita maiestatis
immutabilis bonitas, quantumcumque ab impiis, innumerabilibus irritetur peccatis, a sua non frangitur irascendo bonitate ;
sed patientiae suae longanimitate, usque ad diem iudicii, conversionem eorum potiusquam poenam expectat. Caput ergo Domini.
nostri aurum optimum dixit, eo quod Deus Pater caput Christi, lux dicitur, vel splendor, sive quod credentibus in se fulgorem aeternae vitae donabit, ipso dicente in Evangelio : *Justi
fulgebunt sicut sol in regno Patris mei* (1). *Comae eius sicut* (1) Mattli. XIII
elatae palmarum. In comis scilicet virtutes coelorum, throni, 43
dominationesque monstrantur, quia, ut retrodictum est, sicut
caput decorum efficiunt comae; ita praedictae virtutes ornamentum sunt terribilitatis, et potentiae maiestatis. *Elatae vero sicut palmarum comae*, quod dixit, docuit praedicta ministeria
numquam inclinari a sua potentia suoque officio, sed semper
sublimia permanere, sicut palmarum comae semper viroris virtute tendentes in sublime elatae sunt, et numquam marcoris infirmitate mutantur. Et sicut caput continere et portare comas
probatur, ita et Deus qui caput est omnium, secundum Apostolum, omnia portare verbo virtutis suae docetur : *Nigras autem quasi corvi*, dicendo, latibulum secretorum mysteriorum
et magnis obscuritatibus angelorum ministeria obtecta, per quos
iusta exercentur iudicia, demonstravit, ut ait Propheta David :
*Nubes et caligo in circuitu eius, et posuit tenebras latibulum
suum, et judicia Dei abissus multa* (2). Nigrescente ergo my- (2) Psal XCVI.2
sterio legis divinae, his, qui oculos cordis coecos habent, nec XVII 12.
vident per Angelorum ministeria honorari amicos Dei et cruciari
inimicos, nigrae sunt comae eius quasi corvi ; sicut de Aegyptiis scriptura testatur : *Misit in eis* (inquit) *iram indignationis
suae, immissionem per Angelos malos* (3). Non quia mali na- (3) Psal LXXVII
tura sint, qui Dei implent voluntatem, sed quod illis mali et 49
tenebrosi videntur, qui digni sunt poena. Unum enim atque
idem ministerium Angelorum impleri cognoscitur in eis qui vin-
dicantur, et in eis qui exsolvunt vindictam ; illis scilicet, qui
vindictam consequuntur per Angelos, comae palmarum sunt.
Illis vero, in quibus vindicatur, propter terribilitatem poenarum nigrae sunt quasi corvi. Sic factum in Aegypto, Exodi le-

ctio refert. Dum Aegyptiis inter tenebrarum planctum in primo-
genitorum percussione, vel in singulis plagis nigresceret dies,
filiis Israel, elatarum palmarum vindicta candescens, gaudia re-
sonabat, secundum quod ait Sophonias Prophēta, diem iudicii
iustis nimio candore fulgere, impiis autem magnis tenebris ni-
grescere, dicendo : *Dies enim tubae et ululatus, dies tribula-*
tionis, et miseriae, dies nebulae et caliginis, dies turbinis, et
tenebrarum dies illa (1). « *Oculi eius sicut columbae super ri-*
vos aquarum, quae lotae sunt lacte, et resident iuxta fluenta
plenissima (2).» Oculi totius corporis duces sunt, sine quibus
omnis pulchritudo corporis obscuratur, secundum ipsius Domini
nostri Christi sententiam, dicentis : *Lucerna corporis tui est*
oculus tuus (3). Quibus inter omnia membra nihil in corpore
charius : quos congrue opinor orthodoxos divinae legis, soli Deo
adhaerentes, ad scrutanda arcana testimonia eius, viros intelligi,
beato concurrentes Joanni Evangelistae, qui sedulo studio, ea
quae aliis sanctis clausa a saeculis fuerant, prior de Christi pectore animarum lumen attractum ostendit, dicendo : *In prin-*
cipio erat Verbum, et Verbum caro factum est, et habitavit in
nobis. Et erat lux vera illuminans omnem hominem venientem
in mundo, et omnia per ipsum facta sunt (4). Hi ergo tales viri
exponendo legem divinam, recte docendo, ostendunt simplicio-
ribus et minus intelligentibus animabus, imminere occultas et
subreptivas insidias daemonum ; et semper intendentes Prophetarum, Patriarcharumque vel Apostolorum dicta, qui rivuli vel
flumina aut fontes intelliguntur, per horum dicta volitantes
perveniunt ad plenissima Evangeliorum fluenta ; ubi meditando
residentes, a tergo hostis venientis ante se proximantem umbram acumine cordis intendunt. Sicut naturae columbarum a
Phisiologis esse narratur, quae bibentes in aqua, ac si in speculo,
ante se de longe vident postergum adversarium venientem acci-
pitrem : ita et hi, qui non divitiis, non honoribus saeculi, non
desideriis illecebrarum rerum insident, sed mente et corpore
super rivulos aquarum, qui sunt libri Patriarcharum et Prophetarum, iugiter volitant meditando, quo usque de altitudine
sensuum rivulorum, arcana iuxta fluenta plenissima Evangeliorum intelligendo perveniant ad residendum, iuxta aquae fluenta,
ab omni peccati nigredine, longa purgatione omnium vitiorum

(1) Soph I. 15. et
seq

(2) Cant. V. 12.

(3) Matth. VI 22.

(4) Ioan I. 1. et
seq

loti lacte doctrinae caelestis iugiter residendo , accipitris diaboli
de longe post se venientis ante se umbram per cogitationes sini-
stras prospiciunt. Quem cum per umbram de longe praeviderint venientem , de terrenis actibus sollicita mente ad astra di-
rigunt suae voluntatis alas ; totus enim in coelo est , qui nihil
desiderat possidere in terra , nec dignatur sedem collocare in
terris , et a mortalibus magnus videri. Qui in tam glorioso capite collocatus , oculus meruit esse , et candore iustitiae in quo
creatus est, per lavacrum baptismatis semel reductus, numquam
ulterius iam vitiorum sordibus infuscatur , nec doctrinae Christi in se per eius humilitatis exempla collatae , vel effusi pro se
sanguinis existit ingratus. Nam sicut ex sanguine lac effectum
ubera replet , parvulis alimoniam ministrando; ita sacratissimus
sanguis Christi in animarum salutem conversus , et vitam tribuit
sempiternam , et Angelorum splendorem candidissimum refert
animabus , quae societatem Spiritus Sancti promeritae , unus
cum Deo Spiritus efficiuntur ; sicut ille , qui eum in specie columbae super se venientem in Jordane suscepit. « *Genae illius
sicut areolae aromatum consitae a pigmentariis* (1).» In singulis igitur laudibus membrorum dilecti Christi , singulae charismatum donationes monstrantur. Quatenus non doleat se unusquisque omnes minime possidere , dummodo unam quamlibet
gratiam possidendo , in corpore Christi membrum esse merca-
tur ; ne cupidus plures sectando , unam quam potuit perfecte
possidere , amittat. In genarum ergo pulchritudine intactus rutilat sanguis , qui conscientiae intrinsecus Creatori integritatem
servando , et foris hominibus pingendo exemplo, faciem Christi
decorat. Multum enim conferunt ad Christi decorem membra ,
quae in se fidei et pudicitiae integritatem studiose conservant ;
quae simul cum his , veritatis, bonitatis , mansuetudinis , patientiae , tranquillitatis , benignitatis , vel sobrietatis suavissimi
odoris inviolata pigmenta intra vasculum cordis sui illaesa continent. Hae sunt proculdubio genae speciosae , quae areolis aromatum a pigmentariis Apostolis consitis comparantur. Haec enim
omnia, ita in unum Deum credendo , servata areola aromatum,
efficiunt conservantem ; in quo sit delectatio multitudinis pacis,
sicut ex multis pigmentis suavissimi odoris redactis in pulverem, uno vasculo colliguntur miscenda ; quod simile cribro est,

cum quo frumenta in area a paleis expurgantur. Consitae, idest commixtae a pigmentariis, quod ait, Apostolorum labore et arte doctrinae intelligi voluit ad hanc gloriam huiusmodi animas sublimatas, ut faciem Christi dignac sint decorare, et delectabilem odorem suo reddere Creatori. « *Labia eius lilia distillantia myrrham primam* (1). » In labiis illis videntur intelligi, qui vices Christi agunt in terris, quibus ligandi, et solvendi tradita est potestas ; qui ore Christi prolata iussione iuste peccantes alligant condemnando, et iuste poenitentes reconciliando, condemnationis vinculo solvunt ; qui sine personarum acceptione, omnifaria veritate subnexum proferunt verbum ; qui praeter lilii candorem justitiae, et casta eloquia, nihil in conversatione demonstrant, nihil praeter sanam doctrinam, et ea quae ad Dei respiciunt laudem ex suo proferunt ore : quae sapientibus quasi liliorum odor indefessam delectationem et animae medicinam ministrat. Insipientibus autem velut myrrha amara sentitur; sed cum eius succo ab insipientiae fuerint infirmitate curati, laudant admirantes et ipsi tantae medicinae de liliis myrrham manasse. Quae viventia corpora doloribus intrinsecus sanat, et mortua a corruptione vermium illaesa conservat. Ita et memorata doctrina, et in praesenti saeculo ab illecebrosis languoribus obsita curat, separat, et prolongat, sanitatem animae conferendo, et in futuro iudicio a verme poenarum conservat. « *Manus illius tornatiles, aureae, plenae hyacinthis* (2). » Manus Christi illos opinor intelligi, quibus potestas eiiciendorum spirituum immundorum indulta est. Qui fulgore purae conscientiae mentis Deo, et in conversatione hominibus torno praecepti tam limpidati resplendent, ut nullus in eis pallor sinistrae conscientiae resideat, qui diabolo in pervasis corporibus tribuat potestatem. In manibus enim opera virtutum, quae diaboli vires enervat, intelligitur ; per quam elisus dimittit animas vel corpora, super quas ut leo praedam incubans obtinebat. Per quos habitaculum Spiritui Sancto, in quibus corporibus sibi domicilium fecerat inimicus ; per quos quasi per manus, sanitates diversarum infirmitatum Christus operari probatur. Nam sicut inimicus sua membra fecerat impios, mendacium persuadendo ; ita et Christus sua membra fecit iustos, veritatem docendo, pro quibus petit Patrem dicendo: *Volo ut sicut ego et tu unum*

(1) Cant V 13.

(2) Cant. V 14

sumus , ita et isti in nobis unum sint (1) ; quos *a)* pro di- (1)Joan.XVII.11.
versis virtutibus vel possibilitatibus, diversis sponsa eius comparata membris , credo simul et illos intelligi manus , qui longani-
mitatis robore semper consistunt , et pervigili cura de saxosis
montibus gemmeas animas per momenta excludunt , quas velut
hyacinthinas gemmas per eos plenis manibus Christus quotidie
cum magno gaudio offert Patri. Qualis erat illa manus , quae
dicebat de aliis manibus : *Amplius illis* (inquit) *omnibus la-*
boravi. Qui ut ostenderet , sicut manus sine corpore , ita nihil
posse fieri bonum sine Christo : *Non ego solus* (ait) *sed gra-*
tia Dei mecum (2). Haec ergo talis anima digna est quadriformi (2) I.Cor.XV 10
laude extolli. Ut et manus Christi intelligatur, et aurea manus,
et torno examinationis praecepti decorata manus, et plena pretiosis hyacinthinis gemmis. Manus, quae semper mortificationem Christi circumferendo plena est gemmis , et suo sermone,
et vitae exemplo lucrifactas animas de lapideis nationum montibus praeparat Christo offerendas Patri Deo ad coelorum ornatum , eo quod hyacinthus *praeparans* interpretetur. Hae sunt
utique praeparationis gemmae, quibus gloriosae manus plenae
laudantur , quae in corpore positae exhortatione sua praemiserunt ad coelorum thesauros saepe dictas pretiosissimas gemmas,
et post exitum corporis usque ad diem iudicii, scriptis suis quotidie praeparare non cessant. Nam quomodo eorum qui contra
auctorem vitae scripserunt blasphemias , magicarum artium inventores ante se praemiserunt deceptorum animas , quas gehennae pabulum praeparaverunt, et post se quotidie attrahunt praeparantes suis tormentosis scriptis , de quibus ipse Paulus ait :
Sunt quorumdam hominum peccata praecedentia ad iudicium,
quaedam autem subsequuntur. Similiter vero et facta bona (3); (3) I.Tim V 24.
et seq
ita et eorum opera , qui manus Christi intelliguntur , et vivi
et mortui per supradictas animas Deo Patri offerendas Christo
quotidie praeparare noscuntur. « *Venter eius eburneus, distin-*
ctus Sapphiris (4). » Venter conceptaculum escae est , ubi to- (4) Cant V. 14.
tius corporis substantia congregatur. Ebur ossa sunt pretiosa
elephantina , pene rationabilis bestiae. Sapphirus gemma regalis est , cuius nomen interpretatur *speciosus* , sive *egregius.* In

a) Vid. Praef. N. VIII.

quo illi intelliguntur, qui licet alios docere suo sermone non
studeant, cibum tamen animarum, Spiritum Sanctum vitam
conferentem, quem suscipiunt renascendo per sanctam conversationem, iugiter intra se pacis silentio clausum conservant.
Quorum vox est per Isaiam Prophetam : *A timore tuo, Domi-*
ne, in ventrem concepimus spiritum salutis tuae (1). In quibus
ita residere sermo Dei vel Spiritus Sanctus delectatur, sicut con-
sules in throno eburneo. In quibus dum secretas animarum divitias reconditas per aenigmata ostendisset, nec martyrii gloriam
silentio praeteriit, eboris in eis decorem, fortitudinem, et im-
putribilitatem demonstrando. Ipsi sunt enim pretiosa et imputribilia ossa, quae numquam contrita in favillam oblivionibus convertuntur: sicut de impiorum memoria propheta testatur dicendo: *Periit memoria eorum cum sonitu* (2) ; sed illaesa in perpetuum permanent ad bonorum memoriam, de quibus propheta
testatur : *Dominus custodit omnia ossa eorum, unum ex eis*
non conteretur (3). Qui super omnem gloriam retrodictam di-
stincti, idest picturati gemmis, integritate Sapphiri praedicantur ; qualis illa est multitudo, sacrato numero distincta, Beato
Joanni ostensa in monte Syon, cum Agno ambulans, centum quadraginta et quatuor millia signatorum, si cui tamen
ipsum libellum recipere placet a) quorum opinor cum signo fidei, hoc esse maximum ac laudabile signum ; ut angelicum
signum integritatis, quod detulit nascendo in mundo, intactum
reportet egrediendo de mundo. Qui inter caeteras sanctimonia-
les laudes, materia virginitatis ebore et Sapphiro veritatis con-
structa in eis speciosa egregiaque sede Spiritui Sancto, laudantur
dicendo : *Hi sunt qui venerunt de tribulatione magna, et lave-*
runt stolas suas, et candidas eas fecerunt in sanguine agni (4),
et cum mulieribus non sunt polluti, virgines permanentes, et
in ore eorum non est inventum mendacium et dolus (5). Ecce
speciosus venter integritatis, veritatis incorruptae, et in martyrii gloria regalibus gemmis distinctus. Digni namque qui egregius eburneusque, castimoniae gemmis distinctus, speciosi formae prae filiis hominum venter intelligantur, qui in se ex omni
parte gloriosam ostendunt veramque imaginem Creatoris. De

(1) Isaiae XXVI. 18.

(2) Psal IX. 7.

(3) Psal XXXIII. 21

(4) Apoc. VII.14.

(5) Apoc. XIV 4. et seq

a) Vid. Praef. N. V.

quibus et proculdubio dicitur, quod ipse commemorat Christus: *Beati ventres qui non genuerunt* (1). A quibus utique numquam non peregrinatus est sanguis, sed occultus in suis sedibus usque ad corporis finem resedit. Dignae igitur animae, quae triformi laude extolli mereantur; quae non ostentationis scientiae studio, sed obstaculum peccato ponendo, thesaurus factae sunt divinorum eloquiorum, venter Christi eburneus, tolerando scilicet pro iustitia durissimas passiones, eburneus venter effectae, et in sapphiris speciosis egregiisque praedictis castimoniae gemmis distinctus. « *Crura illius columnae marmoreae, quae fundatae sunt super bases aureas* (2).» Crura igitur tanti corporis illi mihi videntur intelligi, qui se humiliando tantae efficiuntur fortitudinis, ut omnia membra capitis, totumque corpus Ecclesiae subvehant, sicut ipsius vox per Prophetam praedixit: *Super quem requiescam nisi super humilem et quietum, et trementem sermones meos?* Qui veram perfectamque philosophiam Christi inconcusse obtinere noscuntur; qui tempestate daemonum, per quamlibet tribulationem non incurvantur; quos a charitate Dei, neque fames, neque gladius, neque ullum periculum separat. Nam sicut crura, si sanissima fuerint, totum pondus corporis portant; ita sapientes gravissimi, et vere philosophi viri sua moderatione patientiae, varias Ecclesiae impugnationes supportant, et suo exemplo infirmiores etiam titubantes, et in periculis lapsos, inclinatos superbos de praecipitio mortis revocant, et super humilitatis basem stabiliunt, et confirmant. Illa ergo crura laudantur, quae columnarum robur, et marmorum decorem, et illius petrae in se imitationis similitudinem continent, de qua dixit Apostolus Paulus filios Israel in deserto potatos, sicut ait: *Bibebant de sequenti eos petra, petra autem erat Christus* (3). Quae habent invisceratam fortitudinem patientiae, veritatis, contemptum rerum praesentium, et caetera, quae relucebant in Christo; cuius fortitudinem ipse malleus principis mundi miratur interfector Pilatus. Quae tamen columnae, ut nobis a viris antiquissimis et perfectis, discendi quae bona sunt, aditus panderetur, super bases aureas fundatae laudantur. De quibus basibus opinor esse Abel, Seth, Enos, Noe, Abraham, Isaac, Jacob, Joseph, Job, Eliam, Eliseum, Danielem, eorumque consimiles, qui

(1) Luc. XXIII. 29.

(2) Cant. V. 15.

(3) I. Cor. X. 4.

21

vere per bonum naturae aureae, per humilitatis planitiem, et
stabilitatem mentis, bases intelliguntur. Quae nulla violenta
manu de sua quadrata fidei intentione potuerunt moveri, sed
perstiterunt in suo vestigio sanctitatis, unum verum Deum colendo, sicut fuerant ab artifice Deo ad exemplum omnium gentium collocatae ; ut super carum exemplum etiam praedictae columnae marmoreae fundarentur. Quae ideo aureae, quoniam
patientia in eis, quae toto mundo refulsit, laudatur. Ideo aureae, quia sicut aurum de squalido luto, pretiosa materia inter
impias nationes emicuisse probantur. Ideo aureae, quoniam si
quid de istius turbulenti saeculi pallore infuscationeque peccati
contraxerant, camino tribulationis decoctum est et colatum.
In quarum animarum fide fundati quique fortissimi viri sunt,
qui crura speciosi corporis Christi, et columnae fortissimae de-
(1) Cant. V. 13. monstrantur. « *Species eius ut Libani, electus ut cedri* (1).»
Libanum iam saepe diximus odoris incensum, altaris limpidis-
simum thus, in quo macula nulla est, interpretari ; quod a
Summo Pontifice super hostiam pro peccato oblatam, et holocaustum, idest totum combustum, quod peculiare Deo erat
sacrificium, iubebatur imponi. Quae duo hostiae velut peculiare sacrificium intelliguntur Dei. De ea igitur quae pro peccato
offerebatur, Summis Pontificibus masculini sexus edendi copia
est permissa. De illa vero, quae holocaustum appellatur, nulli
contingere indulgetur.Quae utique congrue in specie Verbi carne-
facti referenda intelliguntur. Alterum, quod pro peccatis humanae naturae a principibus Sacerdotum super altare crucis, licet nescientibus, ut libanus, odor suavitatis imponitur. Quae
hostiac Sacerdotibus per sacrum lavacrum effectis,qui nihil in se
foemineae conversationis, sed totum masculinum constrictumque continent in mente,edi iubentur in eius corporis Sacramento.
Alterum vero, quod singularis hostia suavitatis Deo Patri effectus est. Est ergo species sicut Libani, nihil de contagione peccati, conversando inter impios et peccatores, contrahendo.
Cuius opera nihil quod coelorum virtutibus displiceret, sed omnis actus eius sacrificium Omnipotenti Deo Patri acceptabile portendebat : sicut species Libani, quae *thus* interpretatur, soli
Deo, ut saepe dictum est, in odorem suavitatis incensum ponebatur. De qua opera praedicit Propheta : *Speciosus forma*

prae filüs hominum , diffusa est gratia in labiis tuis (1). Et (1) Psal. XLIV.3.
alius Propheta sic ait : *Obstupuerunt super eum multi* (2) , sic (2) Isaiae LII. 14.
gloriosus erat aspectus eius inter filios hominum. Quae spe-
cies utique ad opera respicit sancta , quae decorum , vel speciosum in conspectu Dei reddunt amplectentem se. Quod autem
ait : *electus ut cedri* , immobilem patientiam , vel humilitatem
eius, per quam dolus non est in ore eius inventus, praedici videtur ; per quam eum exaltatum inter omnes sanctos , consortes-
que eius , vel electos cedros, Reges , Prophetas , vel Apostolos
demonstrat , confirmante de eo Magistro gentium Paulo : *Humiliavit se* (inquit) *factus obediens usque ad mortem crucis.
Propter quod Deus illum exaltavit , et donavit illi nomen ,
quod est super omne nomen ; ut in nomine Jesu omne genufle-
ctatur, caelestium , terrestrium , et infernorum* (3). Quae ele- (3) Philip II. 8.
et seq
ctio non ad verbum singulare Patris , sed ad omnem electum
ex millibus assumptum de multitudine, convenire probatur. Qui
inter omnes homines solus electus inventus est plenus veritate.
In quo Pater mendacii nihil reperiret suum, tentando. Qui inter
omnes iustos fortissimus praeliator , qui aculeum mortis con-
fringeret , solus electus est ; cuius victoria , exaltatio ut cedri
inter myrices, coelorum virtutibus singulare miraculum praebuisse monstratur. Porro autem electio eius ideo cedri est comparata , quia quotidie in augmentum corporis sui , quod est Ecclesia , crescit ; sicut cedri arbores semper crescere augmenta-
rique dicuntur , ut ait Propheta : *Justus ut palma florebit , et
sicut cedrus quae est in Libano , multiplicabitur* (4). « *Gut-* (4, Psal XCI 13.
*tur illius suavissimum , et totus desiderabilis : talis est dilectus
meus , et iste est amicus meus , filiae Jerusalem* (5).» Guttur (5) Cant V. 16.
Domini nostri Jesu Christi illi mihi videntur intelligi , qui ab
omni mundiali negotio se ita prolongaverunt , veram philosophiam arripientes ; ut non opera hominum, non felicitates bre-
vissimi temporis, non clades et miserias mortalium , non turpia verba , non impia lucra , non cachinnos risus stultitiae , similes ardentium spinarum strepitus, sed semper melliflua eloquia Dei eorum gutture meditando, suavissimum guttur effecti
sunt Christi. Qui ne daemonum guttur efficerentur , malorum
hominum acta loquendo , relictis urbibus, deserta petentes, ab
hominum consortio migraverunt, Prophetarum exempla sequen-

tes, Eliae, Elisei et Joannis Baptistae, per solitudines et spe-
luncas petrarum oberrantes, ne impiorum hominum errore
participarentur in urbibus ; in quibus nullum officium huius
mundi voluptas, sed totum obtinet Christus ; de quibus non
est dubium dixisse Apostolum : *Nam qui Christi sunt, carnem
suam crucifixerunt cum vitiis, et concupiscentiis* (1). Qui om-
nes· actiones corporeas omittentes, solum se indefessis laudibus
Creatoris instando die noctuque, suavissimum guttur Christi
praebuerunt. Cum enim nihil aliud quam laudes hymnorum, et
exultationes Dei eorum resonant fauces, desiderabile suavissi-
mumque Angelis et hominibus, totum in se Christi corpus efficiunt, dum nihil in se triste, quod displiceat maiestati, sed
totum quod plenum sit gaudium Deo et Angelis, continent.
Nulla igitur causa facit amaros et exosos homines, nisi lata
possessio cum suis amatoribus peritura ; et nulla alia causa facit suavissimos, et desiderabiles Deo et hominibus sanctis,
nisi parva vel contempta possessio mundi. Et ideo totum desiderabile efficit corpus Christi, is qui guttur per supradicta efficitur : dum vident homines opera eius bona, et glorificant Patrem Deum, quia totum se omnifarie suavissimum reddidit,
omnia contemnendo. Exposuit ergo interrogata a filiabus Jerusalem poenitentis persona, per singula membra pulchritudinem
Christi ; caput eius ad divinitatis fulgorem referens, et caetera
membra ad electorum Apostolorum gloriam coruscantem. Per
quod docetur, ut si quando anima, quolibet errore vel delicto
decepta fuerit, et veniam peccatorum cupierit promereri, verum Deum, verumque hominem in Christo creditura est confitendo : et omnem hominem, qui secundum magistri Pauli sententiam, Christum induit, et renascendo os de ossibus, et caro
de carne, et membrum de membris eius effectus est, tamquam
se diligere, et immaculatum fieri, desiderare, optare et credere edocetur : sicut supradicta singula membra Christi diversis
laudibus extollit, et diversis pretiosis materiis comparavit. Nam
si quis diligere se profitetur Christum, et praedicta non diligit
membra, mendax est. Quis enim umquam quolibet amore diligit quempiam, et aliquam partem corporis eius vult deperire ?
Aut non eum magis omnibus lineamentis membrorum vult sa-
nissimum, et decorum semper durare ? Illud vero quod dicit

supradicta persona : « *Talis est dilectus meus , et iste est ami-cus meus, filiae Jerusalem* (1): » Hoc vult intelligi, quod ipse sit (1) Cant.
vere dilectus et amicus Christi per quem Christus diligitur , qui
se per supradictam philosophiam , contemnendo mundum cum
pompis suis , suavissimum exhibuerit guttur eius ; hic est (inquit) dilectus meus pro mea dilectione mortuus , verus homo ;
et iste est amicus meus, pro mea glorificatione resurgendo a mortuis, verus Deus. Hunc utique poenitentis persona ex dilecto dilectum suum diligendo effectum , et amissas amicitias eius per
lachrymas reparasse testatur. Nam quae laethali somno oppressa *a*) et deliciis resoluta pulsantem audire contemnendo perdiderat, fatigata quaerendo per devia afflictionis itinera, inter lilia
continentiae et castitatis pascentem invenit. Primum enim cum
interrogassent filiae Jerusalem , (quarum officium est pro poenitentibus supplicare) qualis esset dilectus ex dilecto, per offensa
prolongatus , ut scirent an Domino Christo vero Deo , an alii
alicui desideret suum nuntiari amoris languorem, eo quod multi
sint errantis animae adulteri vitiorum spiritus dilecti , vel amatores , quos nimio odio execrantur filiae Jerusalem , idest sanctorum personae ; eius illa per singula membra pulchritudinem
exposuit poenitendo ; nunc autem interrogant : « *Quo abiit* (inquiunt) *dilectus tuus , o pulcherrima mulierum ? quo dilectus
tuus declinavit , et quaeremus eum tecum* (2)? » Ne forte non (2) Cant. V. 17.
credat eum de cruce in Paradisum inducendo confitentem latro-
nem abisse, deinde ad inferos, inferni carcere trusas animas red-
dendas superis declinasse , sed quasi phantasma in acra lapsum,
ut asserit impius manichaeus. Ubi vero agnoscunt confiteri vel
credere eam haec , quae evangeliorum nunc sermo testatur ; et
pulcherrimam eam appellaut, et pariter se ad quaerendum per-
gere pollicentur , respondente ea : » *Dilectus meus descendit in
hortum suum , ad areolam aromatis , ut pascatur in hortis, et
lilia colligat* (3). » Descendit utique cum trophaeo victoriae de al- (3) Cant VI. 1.
titudine crucis in hortum suum Paradisum , qui clausus fuerat
per Adam , ut pascatur ibidem primum laetitiae fructum , salutem confitentis latronis ; ubi areola aromatis , una confessio fidei , multa merita animarum multis tribulationibus acquisita

---

a) Codex habet : expressa

complecti ostenditur, quas de regione inferni ereptas aggregavit, ab inferis resurgendo. Quicumque enim sanctorum ante
eius adventum extiterunt, tribulationibus et aerumnis subiacuisse leguntur, per quod laetitiae horti eorum animae sunt effectae. De quibus nunc ait : *Ut pascatur in hortis, et lilia colligat.* In quibus hortis eum pascentem invenit utpote agnum,
et multitudinis in unam fidem vel charitatem glutinatae arabico
confessionis animarum, ut regem delectari odore. Inter quas
animas, in quibus hortis pro eius meritis liliis comparatas credo, propter candorem castimoniae elegit nimiam delectationem in suis manibus, quasi sponsus aggregat conservandam ;
de quibus hortis per Jeremiam praedixit Spiritus Sanctus : *Erit,*
(inquit) *animarum eorum, idest credentium Deo coeli, sicut
hortus irriguus* (1). Et de quibus liliis idem pronuntiatum est,
talium animarum gloriosa dilectio per Isaiam : *Eris* (inquit) *corona gloriae in manu Domini* (2); et alius huic similiter: *Anima
mea in manibus tuis semper, et legem tuam non sum oblitus* (3).
Unde ergo evidenter docemur, hortos intelligi diversarum credentium Christo nationes, quos sua doctrina per Apostolos ex-
coluisse monstratur. In quibus hortis, animas lilia appellari
opinor, quae hoc in se magno studio servant, quod contulit
natura nascendo, idest integritatem, per quam ipse Christus
apparuit mundo. Quae simul humilitatis, et fidei, vel contemptus praesentium rerum in se continent suavitatis odorem. Quae
legem eius indesinenter meditando, numquam obliviscuntur.
Quae eum imitantur in omnibus, in quibus conversatus est, et
docuit super terram. Has pro liliis in manibus gestat. Inter has
absconsus latet animae peccatrici sive a fidei tramite declinanti,
sive incredulae plebi Judaicae. Inter quas eum invenit, eas imitando anima poenitentis. Ibi eum talia diligendo reperit. Ibi ei
repropitiatus apparuit post offensam. Ibi eam iam dignam suis
alloquiis fecit. Ibi eam, reparata pristina pulchritudine quam
peccando amiserat, collaudat. Ibi filiae Jerusalem caelestis,
quae est mater sanctorum, quarum est magna laetitia in con-
versione poenitentis, invento communi gaudio perfruuntur ; ut
cuius foeditate offensus declinaverat, nunc eius pulchritudinem
admiretur dicendo : « *Pulchra es amica mea, suavis et decora sicut Ierusalem. Terribilis ut castrorum acies ordina-*

(1) Jerem.XXXI.
12.

(2) Isai. LXII.7.

(3) Psal. CXVIII.
109.

ta (1).» Pulchritudo animae in lenitate morum, et suavitas in munditia cordis ostenditur. Decor autem in amore pacis monstratur, eo quod Jerusalem visio pacis interpretatur; terribilitatem vero eius in veritatis et castimoniae fiducia docuit permanere, quia intactae veritatis castimoniaeque armis accincta anima, non solum nihil metuit in procinctu contra hostes suos, sed etiam terribilitatem falsiloquis, et incestoribus sua praesentia incutere comprobatur. Acies enim ordinata est contra diaboli iacula, veritatis et castae conscientiae lorica pectus armatus. Quamvis igitur aliorum vitiorum anima mole praematur, si supradictis armis fuerit communita, nullius mortalis perfacile potentia deterretur. Quae cum magna in omnibus sint, tamen in his quam maxime qui Ecclesiae praesunt, gloriosum obtinent locum; in quibus triformis castitatis vigor, sanae fidei, recti iudicii, et corporis pudicitia terribilitatem adversariis sicut castrorum acies ordinata ostendit. « *Averte oculos tuos a me, quia ipsi me avolare fecerunt* (2).» Sunt namque oculi nequissimi in anima errante a notitia Creatoris, qui perversitate doctrinae diaboli strambi effecti *a)*, lucem Christum non recte intendendo, totum corpus et animam tenebrosam efficiunt. De quibus in Evangelio dicitur: *Si oculus tuus nequam fuerit, totum corpus tuum tenebrosum erit* (3). Quibus oculis eum intendit pulsantem ianuam mentis suae, quando offensus avolaverat ab ea dum quaerit eum, et incidit in latrones, quos dixit custodes murorum. Sive ergo localem credendo eum, et opinetur esse aliquem locum, quem Christus ignoret, sive adimat ei incarnationis mysterium, nequissimis oculis eum intendit; sicut illi quos Propheta detestatur, dicendo: *Pupillum et viduam occiderunt, et advenas interfecerunt. Et dixerunt: non videbit Dominus, nec intelligit Deus Jacob* (4). Seu iudaicae plebis inducatur persona, quae adhuc non credit Christum in carnem venisse, et secundum Jeremiam Prophetam, Deum in terris visum venisse in Christo, cum hominibus conversatum; monetur utique huiusmodi persona post errorem facinorum reversa ad notitiam Creatoris, ne cum illis oculis intendat, quibus eum solum hominem inter latrones pendentem in cruce nequissimis oculis intenderant crudelissimi interfectores. Sed illis se oculis

a) pro *Strabi*

(1) Cant. VI. 3.

(2) Cant. VI. 5.

(3) Matth. VI. 23.

(4) Psal XCIII 6. et seq

intendi desiderat Christus, de quibus dixit Apostolis : *Beati* (1) Luc. X. 23. *oculi, qui vident, quae vos videtis* (1) ; quibus utique extrinsecus homo videtur, intrinsecus intelligitur Deus. Non igitur personarum eum acceptio fecit avolare, sed animae male vivendi voluptas. Ubi enim recte credendo, simplicitatis obtutibus aspicit anima Creatorem, simplicitatis columbarum eius oculi comparantur oculis. Et non dicitur ei : *Averte oculos tuos a me, quia ipsi me avolare fecerunt ;* sed dicitur : *ostende mihi faciem tuam, quia decora est.* In hac autem persona, quae pulsanti non aperuerat, soli oculi, qui aliquando non recte videbant redemptionis humanae mysterium, iubentur averti. Alia vero membra in ea plebe, capilli, dentes, et genae laudantur, hoc est illi, qui per bona opera decorant Ecclesiam, sicut sequitur dicendo : « *Capilli tui sicut greges caprarum, quae apparuerunt de Galaad. Dentes tui sicut greges ovium, quae ascenderunt de lavacro. Omnes gemellis foetibus, et sterilis non est in eis : sicut cortex mali punici, sic genae tuae absque*
(2) Cant. VI.4. et seq. *occultis tuis* (2). » De his quidem membris iam retro, prout Dominus donavit, in alio diximus libello. Sed ne in toto videamur praetermittere praesentem locum, capilli huius (quae post offensa ad dilecti sui gratiam per poenitentiam revocata est, et post nuditatis foeditatem ad pristinam pulchritudinem), illi intelliguntur in ea, qui non sermone scientiae, non continentia ieiuniorum, non castitatis gravitate (propter quod caprarum gregibus lascivis, levibusque animalibus comparantur), sed sola in eis credulitate rectae fidei, et misericordia iustis laboribus laudantur ; eo quod ministris Dei impertiendo solatia, Ecclesiam Christi decorare probantur ; eo quod non dicit eas, quibus eius capillos comparat, ascendisse de monte Galaad, sicut retro in eo loco, ubi de ea plebe tractatur, quae non est ad vomitum reversa peccati, sicut nunc de hac, de qua sermo est, intelligitur factum, sed dicitur : Capilli tui sicut grex caprarum quae apparuerunt, non de monte, sed de Galaad. Inter ascendere enim et apparere multum distat. Nam secundum Geometricae disciplinae formam, vel numerum, ascensio in tribus dividitur partibus : longo, lato, et grosso; apparitio autem in duobus tantum, longo, et lato ; quae nimiae tenuitatis plusquam aranearum tela attenuata monstratur. Unde ergo datur

intelligi, illos qui ascendentibus capris comparantur de monte
Galaad, esse qui ab inferiore sensu carnali ad superiorem spiritualem, quasi retorti inplexum velut capilli in capite sponsae,
ad Trinitatis notitiam, et intelligenda spiritualia sacramenta su-
blimantur, eo quod Galaad acervus transmigrationis vel testimonii interpretatur. In his nempe talibus sedit acervus testimonii: In illis vero, qui apparentibus de Galaad capris comparantur,
transmigratio testimonii. In quibus longitudo et latitudo novi
et veteris testamenti credulitas vix tenuiter apparet, quibus sufficit novum et vetus credere testamentum, quod Christum
promisit, et quod Christum ostendit apparuisse in terris; qui
et si peritiam tantae scientiae minime fuerint assequuti, quo
unius divinitatis potentiam in tribus possint coaeternis approbare
personis, sufficit fides. In dentibus vero, hi de plebe Judaica,
qui loti sunt sacro lavacro, et tonsa ab eis est veteris consuetudo peccandi in Christo, et ex nigredine facinorum candidi fide
effecti, laudari intelliguntur. Qui ex luporum avida feritate, humilitatem Christi sequentes, mansuetis ovibus comparantur, cum
dicitur : « *Dentes tui sicut greges ovium, quae ascenderunt de
lavacro* (1).» Qui propter acumen boni ingenii, et verbum Dei (1) Cant. VI.5.
ruminando, et robur tolerandi propter Christum iniurias, fortissimi dentes Ecclesiae nuncupantur; propter innocentiam autem vel patientiam, ovibus similantur. De terrena vero et coeno
demersa consuetudine vitae praesentis, sive ad baptismi gratiam,
sive ad meliorem conversationem conversi ascendere collaudantur, qui mentis intrinsecus Deo placitos, et corporis actionibus, bono exemplo sanctitatis gemellos generant foetus; ut
Apostolus virginem laudat, quae corporis et spiritus sanctitate
refulget, sicut in praesenti nunc ait: « *Omnes gemellis foeti-
bus, et sterilis non est in eis* (2).» Illa proculdubio beata est ani- (2) Cant. VI.5.
ma in grege Christi, quae non inanibus verbis compta homini-
bus gestit videri, sed fructus mentis, Sancto Spiritu seminante.
generat Deo. In quibus omnibus bonis operibus illud quam maxime credendo concipit, praedicando parit, ab uno vero Deo
omnium Creatore novum et vetus testamentum manasse. In
genarum autem pulchritudine eos intelligere possumus, qui la-
psi post baptismum, luxuriae maculis imaginem in se foedave-
rant Creatoris; mundati vero lachrymarum lamento, per poeni-

tentiam ad pristinam pulchritudinem reformati, faciem Ecclesiae pulcherrimam reddunt. Qui ideo cortici maligranati comparantur, quo delicata grana contecta servantur, et in multis medicinae gerit medelam; cum lapsus sui metu, vel gemitus vel cautelae exemplo, alios qui asperitatem poenitentiae laboremque ignorant, continent a peccato, alios autem iam aegrotos suo exemplo medentur huiusmodi. *Absque occultis tuis* quod ait; pulchriorem docuit castitatis cultorem in intrinsecus mentis Deo decorem gaudii praeparare, omnibus turpissimis cogitationibus foris exclusis, praeter quod hominibus conversationis suae angelicum speciosumque ponit exemplum. Illa enim, quae occulta sunt hominibus bona, tam magna apud Deum probantur, ut comparationem excedant; et ipsa sunt sola, quae solum habere probantur laudatorem et iudicem Deum. Istae ergo tales animae, quae per satisfactionem ignorantiae, et innovationem vitae praeclarae, genarum loco, sanctae verecundiae rubore decorant Ecclesiae faciem, pro muro ostenduntur esse, exemplo vitae illustris aliis animabus delicatis, et nullo tempestatis crimine laesis, cortici maligranati eas assimilando, qui ab iniuriis laesionis suavissimos fructus occultat. Quae omnem austeritatem, quae etiam medicina est, ostentant, ne videantur ab hominibus gloriam consectari; et omnem suavissimum Deo sanctimoniae fructum occultant, implentes illum psalmographi versiculum dicentis: » *Omnis gloria eius filiae regis ab intus* (1). Quae per veram patientiam, et firmissimam humilitatem et iustitiam, pro fratribus morti succumbere paratae, veram in se Christi imaginem expresserunt. In genarum enim pulchritudine, virginitatis pudicitia, ut saepe dictum est, intelligitur refulgere. Quo bono nec ista expers est plebs, quae per poenitentiam absconsum invenit Christum. Huic utique pomo castimoniae assimilatur, quod Christus qui arbori malogranato comparatur, nascendo per castam Virginem, gignit; et quia per ipsum creata sunt omnia, non incongruum est angelorum naturam in cortice maligranati per aenigmata nominatam opinari. Nam simile est quod ipse Christus huiusmodi promisit: *In resurrectione* (inquit) *non nubent, neque nubentur, sed erunt sicut Angeli in coelo* (2); et quod praesenti versiculo ait: *Sicut cortex mali punici genae tuae.* Quemadmodum enim, ut

saepe diximus, fructus maligranati cortice continentur ; ita animae credentium Deo, Angelorum sanctorum custodia, (qui
sunt virtutes, et potestates omnipotentis Dei) ab impugnatione
et insidiis daemonum, velut clausae communiuntur, et ideo in-
veniabile erit iudicium, quia doctrina salutis sicut aqua maris
semper mundatus est mundus. Et unde non fuerunt exempla
bonorum, adiutoria divina, et defensionis angelicae nobis etiam
nescientibus ingeruntur ; et haec omnia Creatoris largitas confert ne peccemus. Et quia persuadente diabolo labimur in culpam, remedium poenitentiae praestitit post peccatum. Quae
quantum valeat, licet in multis evidentissime doceatur, tamen
praesenti loco luce clarius demonstratur. Ubi pulsanti, vocanti,
trahentique dum non commodat voluntatem Spiritui Sancto, declinavit huiusmodi animam, atque transivit contemptus, et sub-
ducta defensione passus est eam percuti, vulnerari, atque nu-
dari ; et tamen post satisfactionem in earum gloria revocatur,
quae immaculatae sunt velut columbae. Justi enim vita beata
est, sed occulta. Poenitentia autem peccatoris diabolo luctum ;
et Angelis Sanctis magnum praeparat gaudium, Christo Domino
nostro sui adiutorii dextera porrigente. Cui est gloria in saecula
saeculorum. Amen.

EXPLICIT LIBER OCTAVUS.

INCIPIT LIBER IX.

*« Sexaginta sunt reginae, et octoginta concubinae, et ado-
lescentularum non est numerus. Una est columba mea, perfecta mea. Unica est matris suae. Electa est genitricis suae. Viderunt eam filiae, et beatissimam praedicaverunt, reginae,
et concubinae, et laudaverunt eam* (1).* Sicut omnis scriptura
divinitus spirata sacris mysteriis sit involuta, tamen praesens locus tanta nube contextus est, ut nisi ipse sermo Dei Patris Omnipotentis, qui haec scribenda dictavit, deprecatus affuerit, et
ipse nobis illuminare dignetur, quod ipse sacramenti caligine

(1) Cant. VI. 7. et seq.

texit, hebes erit sensus noster, et sermo. Obsecranda ergo est Christi Redemptoris nostri insuperabilis pietas, ut nobis elinguibus primo in loco aperire dignetur, quod sibi sexagenarius numerus, et octogenarius velit; deinde quae sint reginae, quae concubinae, vel quae sint filiae, aut quae adolescentulae quae numero carent, vel quis earum rex et Dominus cognoscatur, nec non quae sit illa unica matri, et electa genitricis suae, tantis laudibus elevata. Vigilanter ergo intendat diligens lector, numeri rationem minime posse liquere, nisi eorum sententiis fuerit terminatum, qui omnia numero, pondere, et mensura constare asserere sunt conati. Non igitur videatur sanctae religioni contrarium, si in paucis praedictorum sequamur sententiam, qui a Creatore susceptam sapientiam sibi et non donanti deputando, stulti sunt reputati; qui Dei providentia si qua bona nobis dixerunt, tamen, ut dictum est ab antiquis, sibi vixerunt. In quibus si quippiam nostrae Religioni aptum reperiatur, id ut aurum de luto collectum, velut pretiosissima gemma de stercore ad dominicum thesaurum reportatur. Inter quos geometrica et arithmetica, vel dialectica ars certis in causis non est ab Ecclesia repudianda, quibus et obscura per numeri rationem monstrantur, et occulta falsitas verisimilibus declaratur. Nam primum iudicium Salomonis, ubi duabus mulieribus altercantibus, necato filio unius, sine teste, interitum minando viventi, reperit veritatem (1): et ubi Joab magister militum David pro Absalon filio eius instruit mulierem, cuius sermonibus lacrymosis ad pietatis indulgentiam inclinaretur David rex (2): et pene omnes Domini nostri Jesu Christi altercationes cum Judaeis, dialecticae conclusiones probantur; in loco illo quam maxime, ubi de baptismo Joannis, et de adultera lapidanda, vel de censu Caesari reddendo interrogatur. Disciplina autem geometricae et arithmeticae artis, mensura et numero omnem creaturam docet constare. De quibus, quia omnis sapientia a Domino Deo est, aliquanta videntur divinis literis interserta, secundum illud Prophetae verbum, quod mandavit in mille generationes; vel illud Apostoli, quod hortatur auditores suos comprehendere de mysterio crucis, quae sit altitudo, longitudo, latitudo, et profundum; et illud: *Habeo* (inquit) *quinque verba, quae loquar vobis in Ecclesia* (3). Et multa his similia

(1) Reg III 3

(2) Reg. II. 14·

(3) I. Cor. XIV. 19

inveniuntur in libris divinis, quae per numerum declarant mysteria. Sunt autem apud supradictos alii divisibiles numeri, alii
indivisibiles; alii inter multas divisiones secantur, alii in unam.
Nec illud vacuum opinandum est, quod in aedificatione arcae
iubet Deus ad Noe, numero vel mensura eius crescere con-
structuram. Similiter in Ezechiele Propheta, ubi figura constru-
ctionis Jerusalem vel templi iubetur describere, numero et
mensura legimus omnia sicut in figura esse patrata; et multa
his similia curiosus lector inveniet in libris divinis. Primum vero,
ut dictum est, iudicium Salomonis, dum adolescens adhuc regnare coepisset, de duabus mulieribus altercantibus de filio interfecto, unius dialecticae argumentationis occulta veritas populis demonstratur. Disciplina autem artis geometricae et arithmeticae, altera numero, altera agit mensuris, et ita esse cognatae
probantur, ut una sine altera non posset; et hae, mensura et numero omne quod est, docent constare. Et sunt apud eos, ut
dictum est, numeri divisibiles, et indivisibiles. Sunt scilicet, qui
in duas partes secati aequas partes ostendunt: ut duo, quattuor, sex, vel octo, sexdecim, viginti, quadraginta, sexaginta, octoginta. Indivisibiles vero sunt apud eos, tres, quinque, septem, novem, vel omnes qui divisi, iterum secati in
partes, separes sunt a). Et sunt certi numeri qui unam divisio-

---

a) Esto $\frac{n}{2} = $ k ; $\frac{k}{2} = $ k', Si n numerus sit impar, vel *separ*, licet integer, nec fractus,
per scriptores ab Aponio laudatos n est numerus indivisibilis; secus vero divisibilis, et toties
divisibilis quoties k, k', k''... erunt numeri pares. Hisce positis, 60 (sexagenarius) unam recipit
divisionem, scilicet $\frac{60}{2} = $ 30, vel 60 $=$ 30 $+$ 30. Aliam divisionem non recipit, quia $\frac{30}{2} = $ 15
qui est numerus separ. Eadem ratione quadragenarius numerus tres recipit divisiones; revera

$$1^o \ 40 = 20 + 20. \ \text{vel} \ \frac{40}{2} = 20.$$

$$2^o \ 20 = 10 + 10 = \frac{20}{2} = 10.$$

$$3^o \ 20 = 10 + 10 = \frac{20}{2} = 10.$$

Uterque enim terminus alterius membri 1ae aequationis per 2. dividendus est. Ulterius progredi
non possumus; nam $\frac{10}{2} = $ 5, qui est numerus separ. Ibidem Octogenarius numerus divisiones
suscipit septem.

$$1^a \ 80 = 40 + 40 \ ; \ \text{vel} \ \frac{80}{2} = 40.$$

$$2^a \ 40 = 20 + 20. \quad . \quad . \quad . \quad . \quad .$$

$$3^a \ 40 = 20 + 20. \quad . \quad . \quad . \quad . \quad .$$

$$4^a \ 20 = 10 + 10. \quad . \quad . \quad . \quad . \quad .$$

nem recipiunt, ut sexagenarius. Sunt qui tres, ut quadragenarius. Sunt qui septem, ut octogenarius, sed longum est per
singulos currere. Sufficiat autem hos 'numeros tangere, qui in
hoc cantico habentur in manibus; in quibus Spiritus Sanctus
ore Salomonis mysteria signat. Sexagenarius ergo, ut diximus,
numerus apud eos non recipit amplius, quam unius divisionis:
octogenarius vero septem sectiones, ut deni octies demonstren-
tur. Millenarius autem numerus apud eos solidus indivisusque,
ut unus subsistit, qui unius divinitatis tenet figuram, a quo
sexagenarius numerus generatur, qui reginarum nobilitatem
ostendit *a)*. De quo indivisibiles numeri nascuntur, novi et veteris testamenti signantes imaginem, in quibus cohaerentes animae in toto corde, reginae efficiuntur: in quarum medio rex
Christus consistit. Et sicut ipse Rex et Dominus dicitur a re-
gendo, et dominando coelorum virtutibus, Angelis, hominibus, vel omni creaturae; ita et perfectae animae, quae in se
veram illam nobilitatem, in qua creatae sunt, imaginis et similitudinis eius reformaverint, Reginae dicuntur vel coniuges,
pro eo quod regent vitiis, regent peccato, vel regendus eis populus Christo credentium sit commissus in terris. Quae ita unus
cum eo spiritus fiunt, ut eis dicatur: *Quicumque vos recepe-*
rit, me recipit (1); Et *qui vos spernit, me spernit* (2); Et *qui-*
bus dimiseritis peccata, dimissa erunt: et quorum retinueritis,
retenta erunt (3). Quae adhaerendo verbo Dei, concipiunt, et
pariunt reges. De quibus ipse rex assumptus homo ore David
praedixit ad patrem: *Narrabo nomen tuum fratribus meis, in*

(1) Matth. X. 10.
(2) Luc X. 16

'3) Jo. XX. 23.

$$5^a \ 20 = 10 + 10. \ . \ . \ . \ . \ .$$
$$6^a \ 20 = 10 + 10. \ . \ . \ . \ . \ .$$
$$7^a \ 20 = 10 + 10. \ . \ . \ . \ . \ .$$

Porro harum aequationum 4^a 5^a 6^a 7^a 10 (denos) octies in alteris membris demonstrant, ut patet.
Ad hanc rem Vid. Udalrici Regii censuram et scholia in fine operis.

a) Manet scilicet indivisus ex hypothesi, quod quantitas quaelibet q. considerari potest veluti
1; q = 1.

Unde sexagenarius numerus generari dicitur, fortasse quia post millenarium = 1. qui nullam recipit divisionem (haberetur enim $\frac{1}{2}$, ... contra hypothesim) ii veniunt numeri, qui
unam divisionem recipiunt, inter quos sexagenarius, de quo supra. Indivisibiles autem numeri,
qui e sexagenario oriuntur, et veteris ac novi testamenti signant imaginem, sunt 30 + 30. Vid.
Apon. textum paulo inferius. Recte autem indivisibilis 30, quia $\frac{30}{2}$ = 15. qui numerus separ est.

medio Ecclesiae laudabo te (1) , idest in medio sacrato hoc nu- (1) Psal.XXI 23.
mero sexagenario reginarum. Qui numerus per Patriarchas et
Prophetas, usque ad tricenarium in doctrina veteris testamenti
pervenit, idest per legem naturae ante diluvium , per circumcisionem et legem mosaicam , quae promisit regem salutis.
Qui ostensus est in novo testamento per baptismum , per poenitentiam , et per martyrium , idest tricenarium numerum signatum ; quia hoc quod figurabatur in veteri testamento per
Prophetas , in novo ostensum est per Apostolos. Nam sicut trigesimo anno, secundum Lucam Evangelistam, rex noster Christus ad fluvium Jordanem baptizandus advenit , et aperti sunt
coeli , adveniente Spiritu Sancto super eum , et voce paterna ,
quae suum filium verbum firmavit , ostensus est mundi Redemptor noster : Ita Ezechiel Propheta eius portendens imaginem,
super fluvium Chobar in terra Babylonis, aetatis suae anno trigesimo , prima mensis , idest martio, quartadecima die mensis,
quod apud hebraeos est quartadecima luna , sicut Christus passus est , apparuisse sibi visionem Dei et coelos apertos pronuntiat , et quattuor animalia effigie hominis , leonis , vituli , et
aquilae , plena oculis corpore toto , et rotam in rota insertam.
Quam visionem proculdubio salutis nostrae mysteria , quae celebrata sunt per Christum in Jordane , vel celebrantur quotidie,
novo in veteri testamento , et vetere in novo currente in modum rotarum , et quattuor animalia in Evangeliorum figura ,
in omni corporis sui compage animabus credentium luminis sui
visum ostendentia , credimus, intelligimus : et tenemus, Christum in veritate per suum adventum in terram hanc confusionis , quod est Babylonis , et extremae captivitatis venisse ; qui
expugnato principe aereae potestatis , liberatas de eius manibus
animas amore imaginis suae , et ad necem diaboli, reginas sibi
et coniuges per profectum iustitiae facere est dignatus : Illas
dumtaxat , quae Trinitatis coaeternae fidem veram , ita ut in
veteri et novo testamento suscipiunt, immaculate custodiunt.
Quae propterea sacrato numero , qui unam recipit divisionem,
calculantur; quia semel divisae per unum indivisibilem Deum,
mundi huius contagionibus ultra se non reddunt terrenis operibus mortuis, ut iterum necesse habeant dividi, vel secerni. In quo
sexagenario numero, ita omnium perfectarum animarum calcu-

lus designatur, sicut in multitudine fidelium in toto mundo dispersa una Ecclesia dicitur. Quarum amore tanto flammatur sermo divinus, ut eas ad summum gradum honoris, summamque celsitudinem perpetuae charitatis reginas faceret suique regni consortes. Nihil enim ita Deo coniungit, nisi cum operibus iustitiae recte sentiendo de Deo, sicut ait idem Salomon: *Sentite de Deo in bonitate, et in simplicitate cordis quaerite eum* (1), et nihil ita inimicum execrabilemque constituit, nisi perverse sentiendo de Deo. Quaecumque ergo anima in omnibus Christi exercitata mandatis vixerit, et sic docuerit homines, haec secundum Christi sententiam magna vocabitur in regno caelorum. Et quae magnae vocantur in regno caelorum, necesse est ut coniunctae magno regi Christo, participes regni eius, reginae appellentur vel coniuges. De quibus intelligimus in hoc carmine dictum: *Sexaginta sunt reginae*. Illae vero, quae non fecerint omnia prius Dei praecepta, et sic docuerint alios homines rectam fidem tenentes, pro eo quod recte docent, vocabuntur quidem in regni consortio, sed quasi concubinae minimae vocabuntur. De quibus ipse rex Christus evidenter perdocuit dicendo: *Quicumque fecerit prius, et sic docuerit homines, hic magnus vocabitur in regno caelorum; et quicumque non fecerit prius, et sic docuerit, minimus vocabitur in regno caelorum* (2). Quem minimum gradum in concubinarum vocabulo vel nobilitate signavit, ut ait praesenti loco: *Octoginta sunt concubinae, et adolescentularum non est numerus* (3). Qui octogenarius numerus apud supradictos Arithmeticos, qui mensuris agunt, vel Geometras, divisiones recipit septem, ut octies dena membra designet a). Dividitur enim aequis partibus in

(1) Sap. I. 1.

(2) Matth.V. 19.

3) Cant. VI. 7.

a) Vid. pag. 173. in adnot. Unde etiam patet ex aequatione 1ᵃ octogenarium numerum aequis partibus dividi in 40. ex 2ᵃ et 3ᵃ bis in 20. ex 4ᵃ 5ᵃ 6ᵃ et 7ᵃ secari in denos. Hinc etiam $\frac{80}{2}$ ex 2ᵃ et 3ᵃ remanent bis in 20. et ex 4ᵃ 5ᵃ 6ᵃ 7ᵃ semel! in denos, quia (20 + 20) bis additus efficit 80, et quilibet terminus prioris membri 4ᵃᵉ 5ᵃᵉ 6ᵃᵉ et 7ᵃᵉ aequationis, idest 20, *semel* secatur in denos. Denarius autem numerus ideo ex constituta hypothesi indivisibilis dicitur, quia $\frac{10}{2}$ = 5. qui est separ numerus; vel etiam quia huiusmodi numerus Romano charactere expressus, nempe X. in duas partes dividi nequit, quin in absurda quis incidat. Nam si duo I, I, quibus transversim se ipsas secantibus constat X, meccanice dividas, habebis $\frac{X}{2}$ = 1. Si vero X ita partiaris, quasi X sit = $\bigvee\limits_{\bigwedge}$ seu X = V + V, si in duas partes, inquam, denarii numeri symbolum partiaris, erit adhuc X indivisibilis numerus, eo quod V sit numerus separ, quemadmodum iam superius dictum est.

quadraginta, inde bis in viginti. Deinde secatur in denos, et
remanent bis in viginti, et semel in denos. Quem denarium numerum indivisibilem ponunt, quia per duo iota in latino se
invicem complectentes signatur per calculum, quem si dividere
aequis volueris partibus, non quinque, sed unum contra veritatem numeri ostendis. Qui octogenarius numerus octies in decem divisus, octo beatitudines germinat, quae in Matthaeo Evangelista dinumerantur. Quae octo septiformem spiritum divisiones
intersertum recipere comprobantur; de quo beatus Paulus ait:
Operatur haec omnia unus atque idem spiritus. Divisiones do-
nationum, idem autem Deus dividens se unicuique ut vult (1). (1) I. Cor XI. 12.
De quibus beatitudinibus quaecumque anima avidius quaerendo
amplius potuerit possidere, vel omnes, digne pro meritis magna in regno coelorum vocabitur, vel regina. Quae autem unam,
aut aliquid parum adepta fuerit, vocabitur et ipsa, ut dictum
est, in regni consortio; sed minima a supradictis, concubinae
vocabulo vel dignitate, non tamen reginarum. De quibus octo
beatitudinibus, et septiformis spiritus qui super Dominum Christum ab Isaia propheta requiescere est praedictus, et in omni
baptizato, in hoc ipso Salomone intelligitur designari, et hanc
ipsam intelligentiam octogenarii numeri declarari, ubi ait: *Da*
partes octo, necnon et septem (2). Quae concubinae per hoc quod (2) Eccl. XI 2
credunt coaeternam Trinitatem, et de manu inimici sancto lavacro humanum redimi genus, et septiformi spiritu signari, ut
possit ad beatitudinem pervenire; (in quo nos dixit signari Apostolus Paulus) quae cohaerent domino suo, et de verbo eius
aliquando concipiunt, et pariunt filios per doctrinam per hoc,
quod Christum induunt in sacrosancto baptismate, et corpus
eius et sanguinem suo corpori iungunt, sed aliquando appro-
pinquando, servandoque praecepta eius, nonnumquam prolongando minime servantes, concubinarum vocabulo, ut ancillae et minimae appellantur. Nam sicut illae animae, quibus
dicitur: *Sedebitis et vos, cum sederit Filius hominis super se-*
dem maiestatis suae, super duodecim thronos, iudicantes duo-
decim tribus Israel (3). (Quae utique secundum nobilitatem (3) Matth XIX.
magnos probantur per doctrinam et vitae exemplum filios ge- 28.
nerare). Adolescentularum autem carentium numero, opinor illarum induci personam animarum, quas imperitiae vel negligen-

23

tiac aetas de verbo Dei, licet ei iungantur per baptismum, concipere prohibet. Quae adhuc sub pedagogorum, et procuratorum, idest angelorum, et doctorum cura, vel arbitrio gubernantur, quousque rudimenta credulitatis infantiae negligentiaeque iuventutis deserentes, in mensuram fidei, in perfectionem aetatis plenitudinis Christi perveniant; quae dignae sint, vel potissimae sexagenario reginarum, aut octogenario concubinarum calculo copulari. Quas immatura aetas non sinit parere filios per doctrinam et exemplum, sicut reginae vel concubinae parere possunt. In quibus adolescentulis et illas intelligi animas necesse est, quae dexteram et sinistram ignorant, quales erant Ninivitae, centum viginti millia hominum Jonae praedicatione salvata. Quae animae redemptionis mysterio sola credulitatis responsione renascendo, sacrantur; quae solo verbo sacerdotis quocumque ductae fuerint, sequuntur; quibus magister gentium Paulus quasi infantibus, et corporalem laetitiam diligentibus, diem festum, neomenia, et sabbatorum epulas indulget dicendo: *Nemo vos iudicet in die festo, aut neomeniae,*

(1) Colos. II. 16. *aut Sabbatorum* (1), et: *unusquisque suam uxorem, et unaquaeque suum virum habeat propter incontinentiam fornicationis;* et quibus scribunt Apostoli Antiochiae, dicentes: *Non vobis amplius pondus imponimus, nisi ut abstineatis vos ab im-*

(2) Act—XV. 28. *molato idolis, a sanguine vel suffocato, et fornicatione* (2).
29. Sunt ergo significati praesenti versiculo tres ordines meritorum in Ecclesia secundum haec aenigmata: Doctores videlicet immaculate viventes: Docibiles, qui doctorum vitam imitantur, et sermonem doctrinae magno desiderio student intelligere, et dijudicare sanam vel minus sanam doctrinam. Tertius vero ordo est adolescentularum, quibus sola credulitas in ·unum Deum subvenit ad salutem. Quae non sunt dignae adhuc sacrato numero copulari. Quae omnes licet habeant regem verbum Patris, qui in principio erat apud Patrem, et semper in Patre Deum, tamen distat dignitas meritorum. Qui rex noster Dominus Deus inter millia millium animarum laetificantium, et glorificantium se, quas ad laudem suam creavit (de quibus dixit per Isaiam: *Populum istum ad laudem meam creavi, gloriam meam lauda-*

(3) Is. XLIII. 21. *bit* (3), unam immaculatam, unam perfectam columbam in tota congerie reperit animarum, quae Regina reginarum, et Do-

mina esset omnium Dominorum. Quae fixa in gradu plasmationis suae per arbitrii libertatem stans, portas mentis suae numquam patefaceret hosti diabolo. Quae dotem voluntatis a Creatore susceptam in ipsis voluntatis operibus dilatando, regestorium cordis implevit, et plenum cum magna vigilantia semper clausum habuit, et signatum; ne haberet princeps mundi, ubi aliquid suum ingereret persuadendo. Quae omnium praesentium rerum contemneret pompam, quae omnibus corporalium delectationum numquam accommodaret consensum, quae futuris bonis indeclinabiliter aciem mentis dirigeret. Quae omne desiderium suum in nullis omnino saeculi laudibus, in nullis perituris rebus, in nullis mundialibus actionibus, nisi in sola verbi Dei glutinatione poneret, semperque sola in terris, omnibus animabus humilior, perfectiorque praescita cognoscitur, sicut unus Deus in coelo super omnes virtutes dominationum, thronorum, sedium, angelorum, vel omnium potestatum Dominus · et Creator probatur. Quae ut caput omnium animarum sanctarum, verbo Dei non adoptive, aut ad tempus, sed corporaliter unita, materia manente a) unum cum eo effecta, devitans omnia peccatorum opera, carens omni malitia, columba dicitur et perfecta, per quam sermo Dei patris peccatum damnavit in carnem, mundum redemit de maledictionis sententia; qui debacchante diabolo, ratione non potentia vicit, ut hominem de eius manibus liberatum pristinae redderet libertati; per quam trina gloria refulgente ex carne, caro visibilem iudicem uteretur. Per quam redimendae animae sui generis Redemptorem gauderent, in quo vera caro, et vera anima; et carnem resurgendo a mortuis suscitaret, simul et animas ad iudicium congregaret, et verus Deus immortalem sui regni gloriam in sequentibus condonaret. Haec est proculdubio una anima reginarum regina, quam Dei sermo assumptam portasse probatur, per quam inferna concussit, et clausis aperuit animabus, et reddito corpore secum reduxit ab inferis resurgendo; per quam et in qua, contra rerum naturam coelo mirabiliter ingressa est humana fragilitas; per quam expulso diabolo, aula deitatis effecta

---

a) Materia hic non sumitur pro eo quod est extensum, iners etc.; sed pro rei natura, ut sensus sit: humanam naturam Verbo Dei hypostatice unitam, cum divinitate minime esse confusam.

est carnis natura *a)*. Is enim qui verbum caro factum , adunando se carni, habitavit in nobis, quam de nostra natura traxit ex Virginis visceribus , secundum Evangelistae sententiam dicentis: *Et*
(1) Jo I. 14: *Verbum caro factum est, et habitavit in nobis* (1): et hanc unicam animam de nostra materia * animarum sibi indissolubiliter univit, idest per contubernium Spiritus Sancti, qui corporaliter super eam semper mansurus in Jordanem descendit. Cuius coniunctione, perfecta et columba probatur. Columba virtutibus Spiritus Sancti cum operatione in omnibus coaequata. Perfecta autem Dei patris omnipotentia, in omnibus obtinendo; quae sola et unica Dei Verbo, ut ductilis materia igni adhaerendo, unum Redemptorem, solum Judicem, unicum Filium patris saeculis condonatum ostendit. Quam praevidens Spiritus Sanctus in medio animarum sanctarum unam solam sine peccati initio vel fine omnibus praefulgere , ore Salomonis dixit: «*Una est columba mea, perfecta mea. Unica est matris suae. Electa est genitri-*
(2) Cant. VI. 8. *ci suae* (2). » Manifestissime scilicet unica est matris suae synagogae plebis habraeae , quae eum genuit secundum carnem. Cuius anima numquam dedit voluntatis suae dexteram peccato, quae sola cum omnia hominis habeat, hoc solum non habuisse probatur. Electa est genitrici suae , illi proculdubio virtuti Altissimi, quae omnes animas generat ; quae dixit per Isaiam pro-
(3) Isaiae LVII. 16. phetam : *Spiritus a me procedit , et flatus omnes ego facio* (3). Et per Johel : *Virtus mea magna faciet haec.* Quae beatam Virginem Mariam in eius conceptu sua obumbratione implevit, cui Evangelista narrat ab angelo dictum : *Spiritus Sanctus superveniet in te , et virtus Altissimi obumbrabit tibi. Ideo quod*
(4) Luc. I. 35. *nascetur in te sanctum , vocabitur Filius Dei* (4). Quae virtus dum iussione sua omnem multitudinem generet animarum , ut unus in trina potentia Deus agnosceretur; unam elegit, per quam unum mundi ostenderet Salvatorem : Non sicut Photinus blasphemando multos asserit Salvatores, dum solum hominem Christum intendit probare dicendo : Quisquis, cuius animam sua doctrina convertit ab errore vitae suae , huius salvator efficitur ; et non videns in omni homine verba pietatis prophetantem ad lucrum animarum , Christum Salvatorem loquentem :

---

a) In margine: O maris stella. * Vid. Adnot. pag. 179.

Hic loquebatur in Paulo. *Unica est ergo matri suae* genti hebraeae, quae sola de homine quidem nata, sed non humano
ordine procreata, electa est genitrici suae, supradictae virtuti
ante saecula in praescientiam, ad redemptionem creandi hominis per liberam voluntatem a diabolo depravandi. Nam ut
doceret omnes animas hominum non a corporibus, sed ab eius
potentia generari; non dixit: *Unica est genitrici suae*, sicut de
synagoga dixerat: *Unica est matri suae*; sed ostendit inter multitudinem animarum, unam esse electam, mediatricem inter
robur divinitatis, et carnis fragilitatem. Quae in se verum Deum,
veramque carnem adunatam, unam personam ostendit. Quae
missa in corpus, cum corpore egressa, intactum uterum Virginis derelinquens, nec ante se, nec post se habendo consortem nascendi, unica effecta est Virginis matris. Quae mammas
lactigeras porrigendo iure dicitur mater; et virtute altissimi,
quae se per Isaiam prophetam genitricem docuit animarum,
iusta ratione tam gloriosa anima eius electa probatur, quae
semper Dei verbo adhaerendo, ut ignis carbunculus, tota ignita
effecta est. Et ut ignitus carbunculus inter multitudinem mortuorum carbonum coniunctus omnes accendit; ita in medio animarum vitae aeternae mortuarum, sola, unica, electa, omnes credentes in se animas vivificavit, et sibi similes fecit, et
ad suam pulchritudinem adduxit. In quarum tamen medium
unico splendore, ut luna perfecta in coelo inter stellas, super
omnes micare probatur in pulchritudinem sempiternam; et
electa ut sol in maiestate paterna inter omnes virtutes caelestium potestatum, admiranda ab omnibus praedicatur, sicut
sequens versiculus docet: « *Viderunt eam filiae, et beatissi-*
mam praedicaverunt, reginae, et concubinae, et laudaverunt
eam (1). » Viderunt eam scilicet quaecumque sunt virtutes, (1) Cant. VI 8.
caelestis Jerusalem cives, claritati paternae unitam, nascentem
in terris, pannis obvolutam, maiestatis gloria coruscantem; et
beatissimam praedicarunt, dicendo: *Gloria in excelsis Deo,*
et in terra pax hominibus bonae voluntatis (2). Multas siqui- (2) Luc. II. 14
dem animas, gaudia genitoribus deferentes nascendo in terris, novimus advenisse. Sed nulla carum hanc beatitudinis praedicationem meruisse docetur; quae coelo gloriam, et terris pacem
conferret in ortu suo; quae omnes beatitudines sola inter om-

nes in integro obtinuisse monstratur. De quibus si quis unam potuerit obtinere, beatus est : quanto magis haec, quae omnes in se aggregavit, superlativo gradu beatissima praedicanda est? Quem gradum praedicationis filias solas asserit Spiritus Sanctus nosse. Reginae vero et concubinae, retrodictae animae, pro viribus eius pulchritudinem laudant, quantum eam per munditiam cordis conspicere possunt. Adolescentulae vero pro imbecillitate aetatis, sicut pariendi, et oculo cordis expertes sunt, ita et voce laudandi; illa, qua per confessionem fidei ex perfectis operibus eius pulchritudo laudatur, quae procul sunt; quae satis procul sunt a consortio praedictarum, eius pulchritudinem praecelsis vocibus collaudantes dicunt: « *Quae est ista, quae egreditur quasi aurora consurgens? Pulchra ut luna, electa ut sol, terribilis ut castrorum acies ordinata* (1)?» Egreditur videlicet antedicta anima beatissima ut luna ad illuminandas ignorantiae tenebras et peccatorum, manifestando Israeli, et ad iter boni operis provocando in tenebris umbrae mortis sedentes, de infantiae aula miraculis coruscando, et post ignorantiae tenebras matutina luce quasi aurora consurgens·, venit ad sacrum baptisma in Jordanem; ubi per adventum Spiritus Sancti in specie columbae de coelo quasi aurora resplenduit inter mortales. Ubi veluti commoniti viatores, iam surgente aurora, credentes Deo coeli, ut discusso somno ab oculis mentis, arripiant iter, monentur. Ubi ac si dicatur. : Ecce aurora consurgit, tempus est ambulandi; ita dicitur per Joannem: *Ecce Agnus Dei, qui tollit peccatum mundi* (2). Aurora, de qua dixit Evangelista : *Est lux vera, quae illuminat omnem hominem venientem in mundo. Et lux in tenebris lucet, et tenebrae eam non comprehenderunt* (3). Pulchra ergo ut luna per signorum virtutes ostenditur, sive quas cum hominibus conversando fecit in mundo, seu quas Apostolis largiendo concessit. Quae tot annis, sapientia et aetate corporis proficit in hac saeculi vita, quot diebus luna complet, et minuit orbem. In cuius occasu, vel renovationis vicinia, plerumque elementa coeli tetris nubibus obscurata mutantur; sicut trigesimo, ut putabatur, completo anno, per signorum virtutes, aquam in vinum mutando, pulchritudinem suam obfuscatis tristitiae nubibus, nuptiis demonstravit. Quae vere, ut luna in ortu ostensionis suae, in tenebris

(1) Cant. VI. 9.

(2) Joan. I. 29.

(3) Joan. I. 9. 5.

nocturnis praestat laetitiam viatoribus, ita contristatis nuptiis exhausto vino, splendorem gaudii illustravit. Propter quod primum signum virtutis, ut lunae, inter inicia credentium obscuratum habentium adhuc intellectum, eius splendor ostenditur. In cuius occasu, tempore passionis, non solum coelorum elementa, sed etiam totum mundum tremoris tempestas quassavit, et amotis luminaribus, tenebris operuit, ne tanto videretur interesse sceleri. Cui lapsanti in chaos, ut renovatio lunae, resurrectio velox subvenit, quae fidem vacillantem magnorum Apostolorum constabiliret, per quos de incredulitatis barathro erectus est mundus. « *Electa vero ut sol* (1), » post resurrectio- (1) Cant. VI. 9. nis gloriam plenissimam, paternae claritatis plena semper consistens praedicta est. De qua claritate particulam in vertice montis, Apostolis transfiguratus in gloriam demonstravit; ubi cum electione humanitatis, in conturbationem Apostolorum et terribilitas simul maiestatis ostenditur. Possunt siquidem tres gradus isti laudibus pleni, idest pulchritudo, electio, et terribilitas eo ordine intelligi, quo in singulis tribus personis, promeritis futuro iudicio apparebit; iustis hominibus in pulchritudine lunae, coelorum virtutibus in maiestate refulgens ut sol apparere praedicitur, impiis autem deputandis aeterno igni, terribilis ut acies ordinata ostenditur. Ubi vere ut rex, post patratam victoriam, fortiter dimicantibus victoribus, et fugacibus, seu rebellibus reddendo promeritis, agnorum vel haedorum ante tribunal suum aciem ordinabit. Ubi plebs impia quae semper pravam voluntatem daemonum fecit, quadrigas agnoscere cogitur, sceleratis manibus immaculatae carni quasque plagas inflixit. Quae excolentem spinosam mentem suam magnum agricolam, blasphemiis egit in cruce, et deambulantem Dominum docentem in hortu suo, vel vinea, quae secundum prophetam Isaiam domus Israel est, cum armatorum agminibus irruens persecutionis tempore conturbavit, sicut sequenti versiculo ait: « *Descendi ad hortum nostrum, ut viderem poma convallis, ut inspicerem si floruisset vinea, et germinassent mala punica. Nescivit anima mea, conturbavit me propter quadrigas Aminadab* (2). » Reddit videlicet (2) Cant. VI. 10 11. rationem descensus sui in hoc loco sermo Dei Patris, unitus isti unicae et electae animae ex millibus, qui unum iam effectus cum anima, quidquid hominis assumpti est, totum sibi deputat factum , salva impassibili maiestate. Descendit ergo ad hortum suum, exinaniendo se potentia Deitatis,per quam cum Patre unum est , ut capere eum possit humanitatis fragilitas, per quam cum homine unum est. Inter utrumque mediator effectus , ad hortum , idest gentem , suam notitiam habentem , ubi Patriarchae et Prophetae non parum desudaverant laborando in doctrina , ad convallem huius mundi descendit , idest conversationem humanam post offensam Adae; ut videret poma convallis, hoc est lacrymas iustorum , quas pro exilio vel carcere omnium hominum , qui in inferno a diabolo sive in errore idololatriae tenebantur captivi, fundebant. Nam quid aliud in convallem lacrymarum , nisi lacrymas sanctorum gementium et dolentium descendit videre? De quibus pomis mandatur ad Ezechiam regem per Isaiam prophetam : *Vidi lacrymam tuam, et gemitum tuum audivi* (1). Erant igitur,licet inter spinas, in hac convalle paucissima poma praedicta, quorum odoribus delectatus descendit. Haec namque fragratio pomorum Deum descendere cogit in Aegyptum ad liberandos filios Israel , sicut ait ad Mosen : *Clamor filiorum Israel pervenit ad me , et gemitum eorum audivi , et descendi liberare eos* (2). Haec poma si protulerit arbor , idest voluntas animae nostrae post illa infertilitatem antiquam ignorantiae , velociori cursu revertitur ad nos Deus misericorditer descendendo, quam prius discesserat exaltando offensus , dum nullum in nobis poenitentiae fructum videret. Haec namque poma protulit convallis , licet pauca , in illis qui altiori intellectu mundum in condemnationem positum lamentabant. Qui humiliati afflictionibus aerumnisque , vallibus comparantur ; quibus in exaltationibus , iustitiae fructus per Isaiam Prophetam futurus promittitur , qui exaltationem humilium , et allisionem superborum praedixit, cum ait : *Omnis vallis exaltabitur , et omnis mons et collis humiliabitur* (3). Et quod exaltatio vallium , fructus spirituales sint , quos Apostolus dinumerat , David declarat dicendo : *Convalles abundabunt frumento.* Et ut doceret de profectu hominum credentium prophetatum, ait : *Clamabunt enim, et hymnum dicent* (4). Ubicumque enim poma lacrymarum praecesserint , ibi dulcedo indulgentiae subsequatur necesse est ; et ubi dulcedo indulgentiae , de qua dixit David : *Quia melior est misericordia tua super 'vitas* (5), ibi proculdubio hymno-

(1) Is. XXXVIII. 5.

(2) Exod III. 9.

(3) Is XL. 4.

(4) Ps. LXIV. 14.

(5) Ps LXXII. 4.

NONUS 185

rum , laudumque laetitia. Hic ergo in convalle lacrymarum necesse est lacrymae seminentur , de quibus se dicit sustentatum
Propheta : *fuerunt* (inquit) *mihi lacrymae meae panes die ac nocte* (1) , ut cum exultatione manipuli iustitiae colligantur, sicut ⁽¹⁾ Ps. XLI ı
ait in alio loco idem Propheta : *Qui seminant in lacrymis , in
gaudio metent* (2). Ad huiusmodi igitur convallem non dedi- ⁽²⁾ Ps.CXXV 6.
gnatur descendere sermo Dei ; ut qui contristatus fuerat in ma-
lesano gaudio peccatorum , laetificetur in gaudio poenitentium.
Talium proculdubio convallium descendit , humiliando se Dei
Filius, poma videre. Quidquid enim dignum sibi est , hoc videt
Christus. Et quidquid videt , hoc se nosse testatur in die iudicii ; et quidquid noverit , hoc ad dexteram collocat tribunalis.
Has igitur animas quasi arbusculas bonis fructibus plenas de convalle lacrymarum in montem Paradisi coronandas, ad Angelorum
laetitiam , transplantat. Sicut Deo Moses inter caeteras laudes
inducit : *Planta eos in montem haereditatis tuae* (3). Ubi etiam ⁽³⁾ Exod. XV. 17.
praesentia simul et futura signantur. « *Descendi* (inquit) *ad
hortum nostrum , ut viderem poma convallis* (4).» Quid enim ⁽⁴⁾ Cant VI. 10.
Deus non commune cum assumpto possideat homine , qui pro-
pter salutem hominis reparandam homo fieri est dignatus, sicut
ipse assumptus homo asseruit ? *Omnia Patris mea sunt , et
Pater non iudicat quemquam , sed omne iudicium tradidit Fi-
lio , quia Filius hominis est* (5). Quod futurum praesens versi- ⁽⁵⁾ Jo. V. 22
culus portendebat : « *Ut inspicerem* (inquit) *si floruisset vinea* (6). » Illa utique, de qua Isaias Propheta dicit : *Vinea* ⁽⁶⁾ Cant. VI. 10.
Domini sabaoth , domus Israel est (7). Quam alius Propheta, ⁽⁷⁾ Is. V. 7.
de Aegypto , ciectis gentibus , in terram repromissionis asserit
transplantatam. Ad cuius culturam operarios doctores praemi-
serat ante se Prophetas , et ipse ad definitum prosequutus est
tempus , ut inspiceret , si in ea aliquid profecisset cultura , sive
flores sanctarum cogitationum orirentur in ea , per quod dignus
fructus poenitentiae adolescat. « *Si germinassent* (ait) *mala punica* (8):» praeconia scilicet prophetarum , quae intra se my- ⁽⁸⁾ Cant. VI. 10.
sterium magnae dulcedinis , vel medicinae obtectum continent
animarum , quod verbo doctorum remota super faciem credentium quotidie multitudinem nutriant. Quae punica mala in beato
Joanne Baptista, per virginitatis conservandae amorem, in descen-
dentis adventum coeperunt germinare. Qui quantum in se haec
21

poma decoris, vel quantum dulcedinis continerent occultum, verbo doctrinae et vitae exemplo ostendit. Descendit ergo ad hortum suum, et eius animae, cui omne iudicium tradidit faciendum, demonstrando se Deum in carne, per quam a carneis oculis proximus videretur in terris, per quam colligeret velut manibus de convalle spinosa tribulationum ad Paradisum Sanctorum animas, ab inferis resurgendo. Cum ergo ad haec peragenda ambularet in terris, ubi potestas daemonum bacchabatur, intolerabilis eius praesentia visa est malis, et conglobata in eo quadrigarum daemonum saeva caterva tempore passionis irruisse monstratur. Quarum nesciens superventum peccati, conturbatum se animae pavore asseruit, dicendo: « *Nescivit anima mea,*

(1) Cant. VI. 11.   *conturbavit me propter quadrigas Aminadab* (1).» Nihil aliud nescisse se proculdubio attestatur, nisi culpam peccati, cur tantis iniuriis a persecutoribus ageretur; sicut per alium Prophetam praedixerat : *Adversum me laetantes convenerunt; con-*

(2) Ps. XXXIV. 15.   *gregata sunt super me flagella, et ignoravi* (2). Hoc est, non fuit, pro quo fieret crimen, quando *astiterunt reges terrae, secundum idem David, (Herodes scilicet, et Pilatus) et princi-*

(3) Ps. II. 2.   *pes convenerunt in unum* (3). Daemonum nempe catervae adversus Dominum, et Christum eius, qui dum per se nihil valerent immaculatae carni aliquid triste inferre, de infelicissimis persecutoribus consentientibus suo sceleri, sibi quadrigas fecerunt et currus, per quos credebant se Dominum de propria sorte expellere occidendo. Qui cum fuissent aliquando exercitus Dei, in tyrannidem versi contra Dominum coeli Christum arma arripiunt. Et hos homines, qui currus vel quadrigae debuerant esse, super quos sedens Dominus et Creator, suae dominationis iugo suisque habenis praeceptorum astrictos ageret, daemonum turmae, ut diximus, persuasionibus captivatos, suos currus vel quadrigas fecerunt, et suis stimulis actos in Dominum Christum compellunt illudere, iustum et insontem iniuste et impie condemnantes. Hic enim Aminadab., de cuius progenie ipsi interfectores descendunt in tribu Juda, idest Principes sacerdotum, Scribae, Pharisaei, et traditor Judas Scarioth, octavus ab Abraham per lineam generationis a Mattheo Evangelista dinumeratur, qui interpretatur hebraea lingua populus meus spontaneus. Hic ergo populus immundorum spirituum, qui im-

piorum cervicibus insident ad scelera perpetranda, per hoc quod
factura Dei est, quandiu voluit per libertatem arbitrii in sanctitatis stare fastigio, populus Dei fuit; ubi vero in superbiam
elatus propria voluntate refuga factus est, et in terris corruens,
relicto Domino rege suo, spontaneus factus, quanta potest calliditate, homines ad suum inclinat servitium; qui iunctis supradictis quadrigis, Herode, Pilato, militeque Romano, vel pro-
miscuo vulgo acclamante : *crucifige*, Christum conatur occidere.
Ecce quibus quadrigis se dicit ab assumpta anima conturbatum
propria voluntate exinanitus, dicendo : « *Nescivit anima mea,
conturbavit me propter quadrigas Aminadab* (1). » Narrante (1) Cant VI. II.
Evangelista, tempore passionis coepit, inquit, taedere et moe-
stus esse, dicens : *Tristis est anima mea usque ad mortem* (2). (2) Marc.XIV.34.
Et factus est in agonia, et coepit prolixius orare, et sudor eius
distillare in terra sicut guttae sanguinis, et descendens Angelus
confortavit eum. Hae sunt utique conturbationes, in quibus
compatitur assumptae animae suae, vel carni ; cum descendis-
set per Incarnationis mysterium in hortum suum, hunc mundum, vel plebem suam habentem notitiam sui ; ut pro gratissimis pomis in conspectu suo poneret lacrymas servitute diaboli
lamentantium, sicut dicit Propheta David : *Posuisti lacrymas
meas in conspectu tuo* (3). *Ut inspicerem* (inquit) *si floruisset* (3) Ps LV. 9
vinea, quae est, ut saepe diximus, domus Israel. In qua in
adventu suo, gratissimos flores in beato Simeon, et Anna vel
Nathanahel, de quo dixit ipse Christus : *Ecce vir Israelita, in
quo non est dolus* (4) : horumque consimilibus inspexisse pro- (4) Joan I 17.
batur: Et ut intueretur germen malorum granatorum praedictarum arborum in Ecclesiis gentium, in Centurionis laudabili fide,
qui se indignum iudicavit Deum subter tecta sua inducere, et
in Chananea muliere cuius itidem fides Domini praeconio ma-
gnificatur, vel in Cornelio Centurione qui a beato Petro di-
luitur, nec non in Eunucho Candacis reginae Ethyopum, corumque similibus, in quibus Ecclesiae in toto mundo quasi de
una arbore multa mala punica, unam fidem tenendo, germinasse
probantur. Et cum haec delectabiliter inspiceret, princeps mundi
non ferens eius visionem in terris, omne in eum cum populo suo
iunctis supradictis quadrigis furoris sui bellum commovit. De quo
bello praedixerat beatus David in psalmo, futuro in Sion. *Ibi* (in-

quit) *in Sion confregit potentias, arcum, scutum, gladium, et*
(1) Ps. LXXV. 4. *bellum* (1). Ubi electis ascensoribus quadrigarum triumphatis,
quae in ligno Crucis infelicissimae quadrigae per erroris confu-
sionisque campos pavide terga verterunt, et factum volentes oc-
culere, pecuniam numerantes custodibus, mendacium compa-
rant. Quam miserabilem plebem potentissimus Rex pietate
plenus, post patratam victoriam, pro magnis spoliis de manibus
daemonum ad suam tenet et revocat ditionem, et suas ex adversariis cupit quadrigas efficere per poenitentiam, si sequantur,
dicendo : « *Revertere, revertere, Sunamitis; revertere, rever-*
(2) Cant VI. 12. *tere, ut intueamur te* (2).» Reverti persuadetur utique per poenitentiam, quae a Dei facie fugerat, tantum sceleris perpe-
trando; et ut proprie de ipsa plebe persecutorum intelligatur,
interpretatio nominis docet. Sunamitis enim, despecta, captiva,
vel comparata interpretatur. Hanc plebem diabolus scilicet cum
suis ministris persuasionum habenis adstrictam, sub iugum sui
dominii miserat, et iumentis insipientibus fecerat comparari, et
quae fuerat Domina in honore regio constituta, et omnibus
gentibus admiranda quasi regina, despectam reddidit et defor-
mem. Quam clemens Dominus Christus quadrisona voce per
quattuor Evangelia vocatam, ad poenitentiam revocat quotidie
ore doctorum, dicendo : « *Revertere, revertere, Sunamitis,*
(3) Cant. VI. 12. *revertere, revertere, ut intueamur te* (3).» Ut quae stimulata
fuerat Dominum occidendo, et terga verterat, eius resurrectio-
nem celando, credendo revertatur ad Creatoris notitiam, et
reversa eius efficiatur quadriga. Ut quae solebat agi spiritu ma-
ligno ad innocentum sanguinem effundendum, nunc agatur Spiritu Sancto, pro eius nomine cum gaudio suum fundi sanguinem delectetur. Per quod cum magna fiducia, intuente in se Patre, Filio, et Spiritu Sancto, illam lachrymabilem per Jeremiam Prophetam poenitentiae vocem emittat. *Converte me, et*
(4) Ier.XXXI.18. *revertar, quia tu es Deus meus* (4). Quarum trium personarum
de assumpto homine vox sonare probatur, dicentium plebi im-
piae, infidae animae peccatrici. « *Revertere, revertere, Suna-*
(5) Cant. VI. 12. *mitis; revertere, revertere, ut intueamur te* (5).» Ut per confessionem Trinitatis, et lavacri mundationem, vel dignae poenitentiae
fructum, imago, inquit, nostra quam in te creando contuli-
mus, videatur in te : sicut Apostoli, in quibus videtur, et lo-

quitur Deus , utpote qui unum cum eo per societatem spiritus
eius effecti sunt : ita et ista Sunamitis despecta , captiva , de
qua quadrigas fecerant daemones, triumphatis nequissimis ascensoribus , Christi voce ad eius amicitias revocatur , qui dixerat
per Ezechielem Prophetam : *Nolo mortem peccatoris , sed ut
convertatur a via sua , et vivat.* (1). Ut sicut diabolus per ma- (1) Ez. XXXIII.
las cogitationes per mala verba, malignaque opera conspiciebatur ¹¹·
in ea : ita e contrario per sanctam cogitationem , per casta verba , bonisque operibus , lux Dei Patris , splendor Filii , candor-
que Spiritus Sancti relucescat in ea. Et per quam bellum contra
Creatorem attentabat inferre diabolus , nunc ipse eius pedibus
conteratur; per quod insultetur diabolo de eius profectu iustitiae
per momenta , sicut nunc sequenti versiculo dicitur : « *Quid
videbis in Sunamite , nisi choros castrorum* (2) ? » Sunt pro- (2) Cant VII. 1.'
culdubio multis et diversis armis iustitiae muniti , galea salutis , lorica charitatis , scuto fidei , gladioque spiritus assiduae
orationis , chori castrorum ex illa plebe iudaica , quae Christum
persequendo , daemonum fuerat effecta quadriga. Qui chori
contra aereas potestates, sancte vivendo, orationi instando , necessitatibus indigentium communicando , psalmis et canticis
Deum in Trinitate laudantes , castra contra diabolum compo-
nunt quotidie. Nam sicut nulla alia virtus protectionis armigeri
contra bostem , nisi adunatio scutorum , quod testudo appellatur , quae potenter munita potentiorem protegit militem; ita
christianum populum militemque caelestem , unanimitatis congregatione a mucrone diaboli muniri , et protegi in hymnis et
canticis spiritualibus laudantium Deum probatur. Multitudinis
enim pugnantium si fuerit unus consensus , gravissimo praelio
imminente , aversa facie alter alterius terga tuetur. In singulari
autem certamine dubius erit vitae eventus , ubi ex quo latere
iaculum prius caveas veniens , ignoras. Nam ideo illi chori in
actibus Apostolorum , qui contra daemonum turmas unanimitatis castra construxerant, magnis laudibus exaltantur; quia
multitudinem una tenet voluntas , de quibus dicitur : *Multitudinis autem credentium erat cor et anima una* (3). Et nemo (3) Act. IV. 32.
quicquam proprium vendicabat , sed ante pedes Apostolorum
dividenda necessitatem patientibus ponebantur. Quam plebem
de persecutore populo fuisse quis dubitabit? Quos suos iugales

diabolus fecerat, vel quadrigas? Stat namque diabolus ore cruento, nimio dolore perculsus, dentibus frendens, cum aspicit se per eum expugnari, per quem alii solebat mala inferre; dum se ante cineres martyrum confitetur ardere, dum a parvulis animabus, et fragili sexu, in crudelissimis regibus et tyrannis vincitur; cum in toto campo huius mundi, die noctuque inter choros sanctorum, patientiae, misericordiae, pudicitiae, ieiuniorum, crebris orationum, rectae fidei confessione psallentium quotidie tunditur contis, cui quotidie dicitur insultando a Christo Domino nostro: *Quid videbis in Sunamite*, idest despecta, et captiva, iumentis comparata plebe vel anima, *nisi choros castrorum?* Sive ergo iudaica plebs, quae auctorem vitae interfecit, sive illa gentilium, quae martyres, utraque daemonum fuisse quadrigae noscuntur. Istae utique animae, quae prius quadrigae immundorum spirituum ad malum fuerant faciendum, conversae ad Creatoris notitiam, pugnante Christo, deiectis crudelissimis ascensoribus, nunc equitantem in eis Spiritum Sanctum diversis virtutibus contra diabolum, choros castrorum, sancte vivendo, cautissima arte ordinant ad bellandum; et unaquaeque virtus gratiae donationis Dei suum ducit exercitum, suum castrorum ordinat chorum, idest unicuique animae, pro possibilitate, impertit Spiritus Sanctus. Sicut docet magister gentium Paulus, cum ait: *Alii datur manifestatio Spiritus. Alii sermo sapientiae. Alii sermo scientiae*, et caetera (1). Et sapiens anima, in quo se viderit opere sancto robustiorem, in co semper vigilantem contra diabolum ordinat castra pugnandi. Alter enim vincit per abstinentiam deliciarum cordisque contritionem daemonum turmas, alter assidue orando, alter hymnis et canticis studiose Creatorem laudando, alter lectioni divinae tota mente inhaerendo, alter sermonem doctrinae sitientibus animabus ministrando, alter firmissimam custodiam ori ponendo, ne opera hominum caduca loqui cogatur; alter per laborem manuum die noctuque operando, propter minus fortium necessitatem adiuvandam alter integritatem carnis servando, alter libens pro iustitia sufferendo iniurias, alter per multiformem misericordiam et aliis bonis operibus, quas enumerare longum est. In his utique dolet hostis choros castrorum ordinatos sancte vivendo. In his quotidie dici-

(1) I. Cor. XII. 7. et seq.

tur hosti prostrato a Christo : « *Quid videbis in Sunamite, idest despecta , nisi choros castrorum* (1) *? Et ubi est mors victoria tua* (2) *? Ubi est mors aculeus tuus ?* » Nam usque ad praesentiam corporalem Redemptoris Regis Christi , despiciebat hostis deiectam surgere humanam naturam ; sed gratia Dei Patris , verbum in carne mortali adunando , donavit nobis victoriam per Christum , cui est gloria et imperium in saecula saeculorum. Amen.

(1) Cant. VII. 1.
(2) I. Cor. XV.55.

EXPLICIT LIBER NONUS.

INCIPIT LIBER X.

« *Quam pulchri sunt gressus tui in calceamentis tuis , filia principis* (3). » Filiam istam principis illam opinor intelligi plebem , quae cum longe posita esset a legis divinae notitia vel ab his finibus , ubi humana redemptio celebrata est, in ultimo aquilone per Doctores qui ex illa egressi sunt plebe , quae soror vel amica est appellata , vocata veniens credendo Deo Omnipotenti , facta est prope sanguinem Christi ; quae hoc adepta est fidei gressibus currendo , et confessionis voce clamando a finibus terrae. Quod et illa quae per praesentiam corporalem Christi gavisa est, quae sine lege vivendo, per infinita tempora procul recesserat a proprio Patre Creatore suo , et sacrificando daemoniis et non Deo , Deum perdiderat Patrem , et facta fuerat filia principis huius mundi. Quae nunc suscipiendo Verbum carne factum, ore Apostolorum, vel similium eorum doctorum, facta est charissima in deliciis illius plebis, quae Apostolos genuit. Cuius ideo prae omnibus membris primum pulchritudo gressus laudatur. Quia non prius capita ducum, vel reges de ea conversi sunt ad doctrinam Apostolorum , sed illi qui subiecti Regibus , et minimi in potentia pedibus comparantur. Qui pulchri quidem viam praeceptorum Dei currentes, aliis membris ducatum praestando, laudantur ; non tamen sola sui nuditate arbitrii , sed muniti contectique adiutorio divinae virtutis laudantur, dicendo : *Quam pulchri sunt gressus tui in calceamen-*

(3) Cant. VII. 1.

(1) Psal. XII. 8.

(2) Matth XIX. 30.

(3) Is LII. 7.

tis tuis , filia principis. De quo dixit propheta : *Adiutorium nostrum in nomine Domini* (1). Et a pedibus usque ad caput comasque ascenditur collaudando praedicta plebs. Nam in aliis personis retrodictis , quae honore sororum vel amicarum sunt appellatae , a capite earum pulchritudo usque ad pectus describitur ; pro eo , opinor , quod proceres illius plebis primi sint ad notitiam Creatoris conversi; huius vero, cuius a pedibus caepta est pulchritudo laudari illi intelliguntur de ea primi conversi. Qui apud hominum nobilitatem humiles et deiecti videntur , nec degeneres tamen ab illis, quae in capite sunt membris nominata. Sed docemur per haec , ut qui apud hominum dignitate inferiores videntur , conversi ab errore ad veritatem , apud Deum fortiores. Et qui totius plebis infirmitati sustentandae eliguntur, et in bonis operibus ducatum etiam regibus praebeant suo exemplo , monstrantur. Qui omnimodo illi mihi videntur intelligi in ista plebe laudum primitias in pulchritudine gressuum consequi , qui imitatores sunt eorum gressuum , qui in beato Apostolorum principe, Christum moriendo sequuntur ad coelum. Quae plebs ita exemplo beati Petri de terrenis actibus , mortificando carnem suam, migravit ad coelum : sicut illa , quae Christum caput sequendo , de tenebris ignorantiae venit ad lucem. In qua illud Domini Christi portendebatur praedictum : *Erunt primi novissimi , et novissimi primi* (2). Hoc est : omnis nobilitas Romanae togae senatus , qui capita videbantur , anteceduntur ab illis ad Christi fidem , qui eorum pedibus credebantur subiecti. De quibus non est dubium , cum Apostolis ore praedictum Isaiae prophetae : *Quam pulchri super montes , pedes annuntiantes pacem , praedicantes salutem* (3). Hi sunt proculdubio pulchri gressus Ecclesiae , qui primi suo sermone doctrinae , plebi romanae salutem animae et pacem corporis annuntiaverunt; quoniam praeliorum historiae docent, in Christi apparitione cessasse crudelia gentium bella. Hi sunt ergo , qui sancto suo sermone , et vitae exemplo velut dormientes suscitant eos, qui coniugiis vel diversis negotiis mundialibus iuncti sunt, ut adhaereant doctoribus rectae fidei , docentes eos, quomodo Deo iuncti sint, in occulto opera iustitiae et misricordiae faciendo, et labore manuum corporis necessaria quaerant absque fraude peccati ; per haec enim spiritualem sibi similem generant prolem. De quibus nunc sequitur : *Junctura feminum tuorum sicut monilia , quae fabricata sunt manu artificis.* His namque membris generari posteritatis prolem manifestum est , et haec membra velata semper teguntur, et in ipsis consistit operationis utilitas , et perquam necessaria successionis proles adornandum totum corpus Ecclesiae, totumque mundum implendum iunctis misericordiae operibus , quae semper a sapientibus Dei cultoribus occulta teguntur. Congrue magnorum doctorumque virorum , qui gressus Ecclesiae intelliguntur , dignitati iunguntur qui derelictis vanitatibus idolatriae, iuncti fideli populo Judaeo, corde circumciso non carne , unum corpus Ecclesiae construunt manu artificis , Christi exemplo et doctrina fabricati laudantur. Digni enim Christi ore laudari, qui exemplo sanctae conversationis ita generant sui imitatricem prolem , occulta et contecta hominibus infidelibus opera iustitiae facientem, de iustis laboribus manuum suarum ; sicut praedicta membra occultis operibus redivivam posteritatem generare probantur. Nam sicut per generationis successionem totus mundus ornatur ; ita hi qui prompti sunt in operibus misericordiae desudare , exornare et decorare totum corpus Ecclesiae comprobantur. Qui amplius student occultare misericordiae bonum , quam ipsam misericordiam operari, implentes illud Salvatoris praeceptum : *Cum facis eleemosinam, noli tuba canere ante te , et nesciat sinistra tua quid faciat dextera tua* (1). Quae opera tantis latebris absconsa est (in die iudicii manifestanda) ut etiam ipsi vix agnoscant, qui operati sunt, dicentes iudicii Christo laudanti : *Domine quando te vidimus , vel quando ministravimus tibi* (2) ? Hi ergo necessario in propatulo ponunt poenitendo mala sua , qui occultant hominibus infidelibus bona sua ; et secundum Creatoris iussionem misericordiam faciendo, iusta ratione monilia Ecclesiae fabricati manu omnipotentis artificis praedicantur. « *Umbilicus tuus crater tornatilis numquam indigens poculis* (3). » Nunc membrorum Ecclesiae laus in umbilici pulchritudine praedicatur. In quo mihi videntur illi laudari, qui abscisso turpissimo desiderio, operisque nefandi actu , et bonae consuetudinis torno expoliti sunt ad castum caelestemque commutatum. De quo velut de cratere, aut futurae iustitiae dulcedo , aut amarior felle reatus retribu-

(1) Matth. VI. 2.

(2) Matth. XXV. 37.

(3) Cant VII 2.

tionis, verbo doctrinae quotidie ministratur. Numquam enim indiget vini laetitiae poculo crater castissimus, desiderii coaequandus Angelis actus, si diutino supradicto torno ante conspectum Creatoris amotus fuerat limpidandus. De quo propheta dicebat in psalmo : *Ante te est, Domine, omne desiderium meum* (1). Et revera magni intelligendi sunt, quorum persona in huius membri pulchritudine collaudatur. In quo, sub vocabulo Jerusalem, anima peccatrix per Ezechielem prophetam criminis rea notatur, dicendo inter caetera : *In die ortus tui, in die qua nata es, umbilicus tuus non est praecisus, nec aqua lota es in salutem* (2). Hi vero, non solum terrena et sordida desideria, renascendo abscinderunt a peccato, sed etiam, ut diximus, torno boni desiderii vel consuetudinis admirabiliter expoliti, ore Christi laudantur ; et impleti vino laetitiae, non solum ab omni inquinamento, aquis salutaribus loti relavari ultra non indigent, sed etiam aliis indigentibus hanc animae ablutionem exemplo conversationis ministrant. Nullus enim ita animam sitientem Deum, post criminum ariditatem, ad pinguedinem sanctitatis perducit, nisi exempli laudabilis poculum subministret. De quo sibi, et intuentibus se gaudii poculum propinat quotidie. Ibi enim abscindendo turpissimos actus laudatur, et castitatis dulcedinem aliis sitientibus porrigitur, quando diaboli potestas vicina consistere per beatum Job declaratur ; et per Ezechielem prophetam incircumcisi umbilici Jerusalem culpa notatur, cum dicitur : *Umbilicus tuus non est praecisus ;* et beati Job sub vocabulo Behemoth a Deo exponitur virtus diaboli, dicendo inter caetera: *Nam virtus eius omnis in lumbis, et potestas eius in umbilico ventris* (3). Sicut ergo illa anima culpatur sub Jerusalem vocabulo, quae notitiam Creatoris adepta est, et consuetudinem turpissimam luteamque non abscidit, per quod victa vitiorum flagitiis culpas suas factori Deo adscribit : Ita et praesenti loco abominabilem consuetudinem abscindentis gloriosae animae pulchritudo laudatur, quia unde aliquando exempla luxuriae praecedebant, et ubi potestas diaboli morabatur, nunc castitatis pocula ministrantur. In quo docemur, ut sicut parvulis mox de visceribus matrum egressis, obstetricum cura umbilicus praeciditur, qui adhuc in utero retinetur, et omnis cura nutriendi sollerter impenditur : Ita et animabus adhuc parvulis in Christo ; adhuc

(1) Ps XXXVII. 10.

(2) Ezech. XVI. 4.

(3) Job. XL. 11.

facinorum consuetudine terrenis luteisque, regendis a praepositis christianae plebis, doctorum diligentiam commonitionis per quam necessariam demonstrari, nec sine suo periculo damnationis offensam aeterni iudicis effugere, si huiusmodi credant negligentes. Nam si labor talium Christi ore laudatur, quanto magis beatitudinis palmam aquirunt, qui suo sermone doctrinae vel vitae exemplo, hispidas et spinosas criminibus limpidaverint animas, quas in membris Ecclesiae pulcherrimas, atque ad aliarum utilitatem profuturas effecerint? Quae et ipsae sua irreprehensibili conversatione decorent Ecclesiam, et aliis sitientibus iustitiam, exempli sui pocula subministrent? De quibus nunc praesenti versiculo ad laudem Ecclesiae dici intelligi datur : « *Umbilicus tuus crater tornatilis, numquam indigens poculis* (1). « In talibus proculdubio animabus vinum laetitiae vitae aeternae, quasi in cratere mixtum gentibus portabatur. Quod recusaverat impia plebs Judaeorum, cum dicitur ei a Paulo Apostolo : *Vobis quidem missum fuerat Verbum salutis, sed quia indignos vos reputastis, ecce convertimur ad gentes* (2). Quo audito gentes gavisae sunt, quia dignae essent verbo salutis. De quo cratere praedixerat Spiritus Sanctus per eumdem Salomonem, sapientia inebriaturum inopes senum. Quem, laetitiae vinum, veteris et novi testamenti coniunctionem, Deum hominemque unitum monstrando, miscuisse probatur. « *Venter tuus sicut acervus tritici vallatus liliis* (3). » Sicut enim venter conceptaculum est escae per quam tota moles corporis roboratur, ita docentur animae vigilantes in verbo Dei, conceptaculum rationabilis sensus, qui a Deo per naturam insertus est, implere, eloquia Dei abscondendo in corde, et suo sancto labore alias animas sustentare, quae infirmiora membra Ecclesiae intelliguntur. Hi ergo per rationabilem sensum, non consentiendo diabolo, reversi ad Creatoris notitiam, in membris Ecclesiae inseruntur pro laboris qualitate, pro gratiae dono in Ecclesiae corpore nominantur. De quibus ille utique venter Ecclesiae iusta intelligitur ratione, qui sensum rationabilem in quo imaginem et similitudinem sui factoris suscepit, verbo divinae legis quasi esuriens impleverit per momenta. Quoniam sicut militi bellandi robur, et rus colendi tribuitur virtus, ventre repleto esca substantiali; ita et sermo legis divinae appetenti se, contra diabo-

(1) Cant. VII 2.

(2) Act XIII 26. 46.

(3) Cant. VII 2

lum vires tribuit resistendi ; per quod contra hostem proprium
et ipse victor existat, et contra Ecclesiae hostes haereticos, si
necesse fuerit, caeteris membris robur scientiae tribuat dimi.
candi. Ac si iste etiam receptaculum legis divinae suum cor ef.
ficiat, iam non invenit hostis diabolus, ubi suarum possit per.
suasionum ingerere pabula peccatorum. De quibus unus est ille,
qui clamat in psalmo : *In corde meo abscondi eloquia tua , ut
non peccem tibi* (1) , et alio loco : *Legem tuam, Deus, in corde
meo bene nuntiavi , et iustitiam tuam in Ecclesia magna* (2).
Isti igitur tales , quidquid de campo legis divinae, ad animae
vitam in suam congregant mentem , sive exhortationis sermone
de uno et legitimo thoro immaculato coniugii secundum praeceptum Apostoli possidendo ; seu integritatis et pudicitiae conservandae, vel rectae fidei assertione competentibus testimoniis
fulta : quomodo tres in una, et una in tribus personis unius
Deitatis maiestas sit, et quomodo inter multa triticea verba Dei,
unum illud granum verumVerbum sit, quod non angelorum ore,
sicut dicitur : factum est Verbum Domini ad illum, vel illum
prophetam : sed proprio ore patris, non factum, sed eructando
genitum, ad salutem captivorum vel famem patientium hominum misit in terris ; vel quaecumque rationabiliter interpre-
tata divinorum librorum ab antiquis patribus in se congregant
retinendo, ad omnium membrorum Ecclesiae respiciunt lucra.
Recte enim huius studii viri, venter Ecclesiae acervo tritici
comparatus intelliguntur, qui iam a palearum levitate separati,
gravitate morum, pudicitiaeque liliis circumdati, illius splen-
didissimi grani tritici expresserunt in se imaginem, qui pro totius mundi vita in terra absconsus est singularis, homini suo
compatiendo, et in toto mundo pullulaminum credentium in
se, resurgendo, fructeta porrexit. Gloriosi ergo et merito digni,
in quibus Ecclesia de errore ignorantiae ad se venientes concipit, et eorum vitae exemplo parit animas coelo renascentes.
Sed tamen omnia supradicta bona, liliorum candor castitatis decorare monstratur, dicendo « : *Venter tuus sicut acervus tritici
vallatus liliis* (3). » Convenit ergo, ut huiusmodi venter intus
in conclavi cordis granis sanctorum verborum repletus sit, foris autem in corpore, omnis sit pudicitiae splendore vallatus.
« *Duo ubera tua , sicut duo hinnuli gemelli capreae* (4). » Hoc

(1) Psal. CXVIII. 11.

(2) Ps. XXXIX. 9. 10.

(3) Cant. VII. 2.

(4) Cant. cap. VII. 3.

igitur ratio naturae exposcit, ut cum impletus fuerit ex conceptu femininus venter, horrea lactis nascituro in augmentum uberum construantur, ne forte nascenti in vita, tota vita negetur. Similis ergo mihi videtur huius plebis, quae filia principis nominatur, causa narrari; in cuius corpore, idest congregatione, alia intelliguntur esse membra, quae concipiunt, alia quae nutriunt animas in vita aeterna. Illi enim, quorum vita in secreto est, et ab hominum conversatione habitatio procul, sancto exemplo paratas confirmatasque animas in Dei timore de tenebris errorum nutriendas ad ubera adducunt, venter Ecclesiae intelliguntur. Hi vero vices uberum in Ecclesiae corpore agunt, qui sermonis doctrinae lacte parvulas animas in amorem Christi enutritas, ad maturam aetatem martyrii perducunt. Qui ideo duo dicuntur et gemelli, quoniam de utroque novo et veteri testamento flores decerpunt ad exuberanda in cordibus suis sanam doctrinam. Et quia mens eorum Deo, et sermo eorum populis amabilis approbatur, totum in eis caelestis possidet amor. Hinnulis vero gemellis propterea similantur, ut et pulchritudo sensus, et unitas similitudinis prophetarum, doctrina Evangeliorum, gratia de lege mosaica, simul per Spiritum Sanctum unius aetatis processisse doceretur. Capreae autem filiis comparantur, quia sicut didicerunt a lege mosaica Christum venturum, vitam omnium animarum: ita et eos, quos nutriunt sua doctrina, ad montes apostolicos necessitatis tempore confugere instruunt, sicut facere capream in aliis locis iam diximus. Quibus peculiare est in natura, insectationis tempore, veloci cursu ad montes confugere; quae et acumen visus, et velocitatem cursus tota vita obtinent iuventutis, et filios suos, quousque adolescant et magistri efficiantur ad cursum, semper abscondunt. Ita et praedicti, qui vices uberum in corpore Ecclesiae agunt, secundum Domini Christi praeceptum, qui in tempore persecutionis fugere docet, ne forte in conflictu certaminis resistendi deficiant vires, aut in haereticorum palestra non solum minime superent, sed eorum versutia teneantur captivi. « *Collum tuum sicut turris eburnea* (1). » (1) Cant. VII. 4 Collum opinor eos intelligi huius plebis, qui colla sua sub iugum praeceptorum Christi semel mittentes, numquam subducunt. In quibus humilitatis et patientiae candor gemmarum irradians, totam Ecclesiam pulcherrimam reddit; qui pro toto Ecclesiae corpore decorando, persecutorum gladio colla obiectantes, proximi facti sunt capiti Christo, quem pro se mortuum esse cognoscunt. Qui gloriosum exemplum martyrii a capite Christo susceptum, ad totum corpus Ecclesiae posteris profuturum transmittunt. Qui digne turri eburnae comparantur, dum in toto mundo, altis virtutibus ab omni populo et clariores conspiciuntur. In quibus nihil carnalis sensus fragilitatisque, sed totum rationalis et fortitudinis obtinuit spiritus ebori comparandus, qui quandiu carne obtegitur, non apparet pretiosus, cum autem a carne fuerit separatus, tunc ad ornatum proficit regis, vel consulis. Ita et supradicti. Tunc apparet praecisa eorum anima, pretiosa morte ab omni culpa limpidata. Tunc erit thronus vel turris eburnea, ubi Deus per virtutem signorum sedere conspicitur, cum a corpore fuerit separata; et qui moribus bestiae fuerant, dum carnaliter viverent aliquando, nunc agnito Creatore, pretiosa martyria in conspectu Domini per pretiosam effecti sunt mortem. « *Oculi tui sicut piscinae in* *Esebon, quae sunt in porta filiae multitudinis* (1). » In oculis scilicet Ecclesiae, pro eo quod piscinis Esebon comparantur, illi videntur ostendi, qui sive pro suis aliquando commissis, seu pro alienis criminibus fontes proferunt lacrymarum, et suscepta lugendi beatitudine, ad alios exemplum paenitentiae, ducatum praebentes transmittunt. Et cum sint immaculati a suis, aliena facinora quasi sua deplorant. Sapiens enim quisquis, unum damnum in suam, et proximi culpam deputat, Christi. Qui vere huiusmodi congrue oculis comparantur, qui aliorum membrorum facinorum maculas suis fletibus mundant. Qui ita hoc dono repleti sunt peculiari, ut sive laetitiae regni coelorum narretur, seu gehenna et tristitia, vena in eis non desinat lacrymarum. Qualis erat magnus ille Jeremias, qui propter peccata populi lamentando aiebat : *Quis dabit capiti meo aquam, et oculis* *meis fontem lacrymarum, et plorabo die ac nocte interfectos* *filiae populi mei* (2) ? De quibus ipse Dominus Christus dicit : *Beati qui nunc lugent, quia ipsi consolabuntur* (3). Qui numquam a lacrymis continendo, similes efficiuntur piscinis urbis Esebon, quae cogitatio moeroris, sive cingulum moeroris interpretatur. Quae civitas fuit Amorrhaeorum, qui amari inter

(1) Cant. VII. 4.

(2) Jer. IX. 1.
(3) Matth. V. 5.

pretantur, ubi propter comitatum regis, populi multitudo habitabat, quae de piscinis Esebon enutriebatur aqua. Qui oculi per hanc comparationem ita suis lacrymis docentur ab imminente periculo gladii vel cuiuslibet flagelli suis lacrymis populum liberare, sicut piscinae Esebon urbis habitatores a sitis periculo liberabant. Haec ergo Esebon urbs, cuius piscinis huius filiae principis oculi comparantur, in qua regnum tenuit Rex Seon, qui germen inutile interpretatur; quam interfecto Rege cum habitatoribus destruxit et reaedificavit Israel; et facta est possessio Israelis, quia interfecto in ea germine inutili, coepit in ea germen necessarium, et ad omne opus bonum utile multiplicari. Sunt ergo multae animae in quibus spiritus moeroris collocaverat sedem. Ubi rex amaritudinis, gaudii dulcedinem, spem vitae aeternae nuntium ingredi non patiebatur. Sed ubi venit scientia, notitiaque legis divinae, quae est mens cum virtute exercita, sensuum sanctorum, quibus spiritualis intelligitur lex, et mente Deus videtur, (quod interpretatur Israel): Destruitur in anima iniquitas, aedificatur benignitas. Destruitur iniustitia, aedificatur iustitia. Destruitur impudicitia, aedificatur castitas. Destruitur avaritia, aedificatur largitas. Destruitur cogitatio moerorem gehennae parturiens, aedificatur cogitatio sancta, aeternam laetitiam generans, et ex diaboli habitaculo, efficitur Spiritus Sancti, vita commutata in melius. Nomen vero propter bonum exemplum stat moeror ad poenitentiam commutatus. Magnis etiam viris comparationis praestat exemplum; quia suis liberi, ut diximus, pro aliorum facinoribus affliguntur: sicut beatus Daniel, Jeremias, Salathiel, vel tres pueri, Ananias, Azarias, et Misahel pro alienis peccatis fecisse leguntur. Nam intelliguntur et illi Ecclesiae oculi, qui prius fuerunt contumeliosi Deo per sapientiam mundi, nunc vero studium scientiae, agnita veritate vertentes in legem divinam, coecorum corde oculi facti sunt, et Deum coeli quem per inanem fallaciam gentilium philosophia inhonorabant, nunc laudando et praedicando, veris assertionibus in errorem positis coecis demonstrant. Et qui erant piscinae Esebon, idest moeror, vel cingulum moeroris, nunc auditores suos supradicto conversationis exemplo, aeterna laetitia cingunt. " *Nasus tuus sicut turris Libani, quae respicit contra Damascum* (1).» Narrat historia regum, domum in Libano (1) Cant. VII. 1.

a Salomone aedificatam, in qua non incongrue opinamur potentissimum regem in magna laetitia constitutum, propter delectationis aspectum, turrim altissimam construxisse, quae respexisset Damascum civitatem. Cui turri comparantur hi, qui nasus huius saepedictae filiae principis intelliguntur. Sed quia omnia, quae a Patriarchis vel Prophetis gesta sunt, spiritualem in se continent intellectum; turris Libani, cui nasus Ecclesiae comparatur, turris thurea interpretatur, eo quod thus, Libanus patria dicitur lingua, Damascus vero osculum sanguinis, vel potus sanguinis interpretatur. Qui duo, thus et potus sanguinis, respiciunt se, sive in Dei Omnipotentis sacrificio, seu in execrando diaboli; eo quod nullum sacrificium sine istis celebrari ab utrisque cultoribus manifestum est : sicut in veteri legitur testamento, ubi in Dei sacrificium et thus accendebatur, et hostiarum sanguis effundebatur. Quod simili thure quidem, sed non simili fide faciunt idolorum cultores, qui tantis sacrificant Diis, quantos in eorum cordibus finxerit Satanas. Qui velut tyrannus omnia similia contra Creatorem facere gestit. Fecit enim sibi Deus turrim Libani, idest suavissimi odoris, in deserto per constructionem tabernaculi, et columnam nubis vel ignis, de qua suis cultoribus loqueretur. De qua legimus eum ad Mosen et Aaron vel Mariam loquutum. Fecit sibi e contrario diabolus templa, lucosque vel fanaticos vates, de quibus et per quos propinato sibi poculo sanguinis per cruenta sacrificia, deceptis suis cultoribus loquebatur. Cum ergo diabolus deceptis hominibus cruenta amicitiarum suarum oscula sanguinis propinaret vel pocula, fecit sibi omnipotens Deus turrim Libani suavissimi odoris, ubi nullus foetor peccati reperiretur, per carnem assumptam de Maria Virgine. Cuius turris illa nubes praeferebat imaginem in deserto, unde respiciendo destrueret diaboli regnum, cruenta pocula blasphemiarum hominibus porrigentis. De qua turri praedixit Isaias Propheta : *Ecce Dominus ascendet super nubem levem, et ingredietur Aegyptum, et omnia simu-* (1) Isaiae XIX. 1. *lacra eius conterentur* (1); Quod utique sub vocabulo Aegypti, qui tenebrae interpretatur, huius mundi errores tenebrosos, lux vera ad idolorum contritionem ingressa praedicebatur. De qua turri in alio loco ex Dei Patris persona intelligitur idem Isaias dixisse : *Plantavi vineam electam, et aedificavi turrim in me-*

dio eius (1). De qua idem Salomon ait : *Sapientia aedificavit* (1) Isaiae V. 2.
sibi domum, suffulsit columnas septem (2). Quae utique septi- (2) Proverb. IX. 1.
formis spiritus, ad fragilitatem carnis sublevandam ad consortium
maiestatis, per haec praedicta intelliguntur. Per cuius assumptionem, homines imaginem Creatoris et similitudinem, quam
peccando amiserant, receperunt ; et necessa est, ut huic, prout
possibile est, comparentur vel similentur homines credentes
in eum, pro quibus hostia immaculata factus est Patri, qui digni sunt odoratus Ecclesiae nuncupari. Et quia omnia magnifica
opera quae Ecclesiae aedificant corpus, nullus alius nisi Christus implevit, singuli nunc quique in Ecclesiae corpore Sanctorum, pro sua possibilitate, singulorum membrorum officia gerunt. Et quis in quo opere sollertior fuerit, hoc et vocabulo in
membris Ecclesiae nominatur. Unde hi mihi videntur nasus Ecclesiae intelligi, quibus maior zelus, et ardentior fides in de-
structionem idolatriae inest. Hi utique non frustra supradictae
turri comparantur ; qui vitae exemplo, virtutibus refulgentes,
inter gentiles positi, daemonum culturam destruunt, potius quam
sermone. Qui inter caeteras donationes gratiarum praescientiae
munus promeruerunt. In quibus Ecclesia quasi per olfaciendi
officium, et prolongantem iratum, et appropinquantem propitium Deum agnoscit ; quibus annuntiantibus, aut futura aut
praesentia mala mox ut cognoverit plebs, ad adorationis ieiu-
niique et misericordiae auxilium confugiens liberatur ; aut perpetuae pacis coniunctionisque Spiritus Sancti bono laetatur
odore. Per quos plerumque occulta hominum vitia, in eis qui
magni putabantur, arguuntur, et in despectis personis saepe
numero absconsa sanctitas revelatur. In quibus Christus qui est
caput Ecclesiae, odorationum odore totius plebis perfrui pro
thuris incenso delectatur ; cum talibus intercessionibus totum
corpus Ecclesiae gaudet, quia vere, ut nobis natura est na-
ribus suavissimos odores et foetores stercorum agnoscere, ita
et in eorum conversatione vel praesciente dono, Ecclesia agnoscit sancte viventes Deo laetitiae odores conferre, et impie agentes foetores tristitiae. « *Caput tuum ut Carmelus, et comae ca-*
pitis tui sicut purpura Regis vincta canalibus (3).» Caput huius (3) Cant VII. 5.
plebis reges Romanos datur intelligi, illos dumtaxat, qui agnita
veritate, Christo supplicem exhibent famulatum. A quibus piae

leges, veneranda pax, et sublimis humilitas erga cultum sanctae Ecclesiae, quasi de Carmelo fluvio manaverunt; eo quod
Carmelus fluvius, mollis sive cognitio circumcisionis interpretatur. Mollities autem, ad delicatam mansuetudinem, regni personam, respicere comprobatur, secundum Salvatoris sententiam
qui ait: *Ecce qui mollibus vestiuntur, in domibus regum sunt* (1).
Hi sunt videlicet quibus, revelante Deo, vera circumcisio non in
carnis obtruncatione sed in anima desecanda cognita facta est. De
quibus Ecclesiae per Isaiam Prophetam promissum est, dicendo: *Erunt reges nutricii tui, et reginae nutrices tuae. Vultu*
in terra dimisso, pulverem pedum tuorum lingent (2). Qui verissima ratione sub Christo rege regum militantes, omnium capiti Christo coniuncti, caput huius plebis intelliguntur, quae ex
filia principis mundi, Dei effecta probatur. Nam in tantum reli-
giosissimi reges vices Dei agentes in terris, caput christianae
plebis esse noscuntur, ut, si quando morbo haereticae conta-
gionis aut persequutionis, Ecclesiae corpus coeperit infirmari,
ipsorum auctoritate ad pristinam sanitatem reformetur, si sani
fuerint in fide, aut si insani, per ipsos infirmari necesse sit. Comas autem capitis regali purpurae comparatas vinctae carnalibus, eas personas intelligere possumus, quae Christum vene-
rantes, lateribus regum coniunctae sunt; quae ita ministerio
suo decorant regem, sicut comae caput decorare probantur; et
sicut purpura circumdatum regem fulgentissimum reddit, ita et
praedictae personae, largitate, benignitate, amore religionis
sanctae, veri imperatoris Christi, qui est caput Ecclesiae, corpus exornant. Nam sicut comae, pro velamento gloriae, caput reginae pulcherrimum reddunt; ita et praedicti, corpus Ecclesiae
sua veneratione suisque muneribus decorare probantur; maxime dum per confessionem martyrii, de eorum effuso sanguine
purpuratur Ecclesia, per quos sanctorum sanguis consueverat ante
effundi. Qui ita in fide Trinitatis, Ecclesiae capiti devincti monstrantur, sicut regalis purpura suscepto conculae liquore vincta
canalibus, quibus decurrens succus suscipitur iterum profuturus. Ita et martyres saepedicti, et ipsi per suam confessionem
Ecclesiam decoraverunt, suum sanguinem fundendo; et aliis
proficit, qui eorum intercessionibus misericordiam consequuntur, vel eorum exempla sequi desiderant. Haec est igitur decem

(1) Matth. XI. 8.

(2) Isaiae XLIX. 23.

membrorum totius corporis huius plebis mirabilis pulchritudo, quae implendo decem praeceptorum decalogum, nullam in se partem membrorum foedam reliquit, nec sine charismatum donationis gratia decoratam. Quibus ornamentis ornatam Ecclesiam beatus edocuit magister gentium Paulus, ita dicendo : *Alii datur manifestatio spiritus*, qui utique corpus Ecclesiae portat, qui est Spiritus Sanctus. *Alii datur sermo sapientiae ; alii fides ; alii gratia sanitatum ; alii operatio virtutum ; alii prophetatio ; alii discretio spirituum ; alii genera linguarum ; alii interpretatio sermonum ; haec autem operatur* (inquit) *unus, atque idem spiritus, dividens singulis prout vult* (1) : Hoc est, prout viderit uniuscuiusque possibilitatem. Sicut ergo his ornamentis pulcherrima redditur anima, ita e contrario, quae non impleverit decem illa praecepta manu Dei scripta, tradita per Mosen, necesse est decem plagis, quibus Aegyptus flagellata est, castigando foedari, unde venit interna paralysis, ut nullum officium animae iam possit ad opus bonum moveri. Et inde est, quod miramur plerumque terrenis actibus ita constrictos nonnullos, ut etiam flagellati non resipiscant a diaboli laqueis, a quibus capti tenentur, futurum iudicium cogitando, unde nascitur omnis animae decor. In quo saepedicta, singulis membrorum officiis, laudibus coronatur, quae deliciis temporalibus Christi improperium praeponendo, meretur audire. « *Quam pulchra es, et quam decora, charissima in deliciis. Statura tua assimilata est palmae, et ubera tua sicut botrus vineae* (2).» Liberata videlicet a crudeli patre principe mundi, qui eam genuerat per peccatum, ad antiquam pulchritudinem in Paradisi delitiis, agnito vero Patre, per baptismi sacramenta revocata, pulchra laudatur. Non sunt enim *a)* iucundiores delitiae animae, nisi cognitio et repropitiatio Creatoris. In quibus deliciis haec persona pulchra laudatur ; et quae consueverat ut rhamnus vix cohaerens terrae videri, Deos luteos adorando, nunc enutrita beati Apostoli Petri doctrina, cuius gressus pro spe vitae eternae in summitatem palmae Crucis perspexit intenta, ad palmae proceritatem provecta est, cum ait : « *Statura sua assimilata est palmae, et ubera tua sicut botrus vineae* (3).» Statura tua palmae assimilata, viris perfectis in aeternitate sublimatis in-

a) In codice vero· *iocundiores.*

(1) I Cor XII 7. et seq

(2) Cant. VII 6. 7.

(3) Cant VII. 7

dicium est. Quam docent Christi imitatores imitando , similem imitatoribus factam , de quibus unus dicebat : *Imitatores mei estote , fratres , sicut et ego Christi* (1). Assimilata illi scilicet , de quo dixit Propheta : *Justus sicut palma florebit , et ut cedrus Libani multiplicabitur* (2). Assimilata utique Apostolicis palmis , quorum nec in hiemis tribulatione , decore gaudii comae mutantur aut depereunt , et in aestatis laetitia florent. Quorum pulchritudini , eos imitando , haec filia principis similatur ; cuius ubera ex similitudine hinnulorum capreae , botro suavissimo similantur. Illi proculdubio , cuius gerebat imaginem botrus ille de terra repromissionis a Judaeis in deserto portatus ; qui gemino ligno suspensus , clavorum et lanceae ictibus expressus , suo sanguine iam mortuum mundum reddidit vitae. Cuius imitatrix plebs effecta , gratissimos confessionis , rectae fidei, martyrii, omniumque iustitiarum protulit fructus; quos ipsa beata anima, quam Dei sermo portavit, apprehendere delectetur, et cum gaudio patri munus offerre, sicut ait : « *Dixi : ascendam in palmam, apprehendam fructus eius* (3).» Quod vere luce clarius complevit praedicta anima Dei verbo unita tempore passionis. Ascendit enim in palmam crucis , et ibi quaesitos invenit victoriae fructus credulitatis, fructus poenitentiae praeteritae vitae , fructus castimoniae , misericordiae , mansuetudinis , futurae et perpetuae vitae. De quibus comminabatur Joannes Baptista infructuosis arboribus , dicendo : *Facite ergo dignum poenitentiae fructum. Omnis enim arbor , quae non facit fructum bonum , excidetur et in ignem mittetur* (4). Huius namque filiae principis statura quondam infructuosa , nunc virtutibus florens , assimilata palmae , apprehendit fructus praedictos; quae vere ut palma, post multorum annorum seriem vix aliquando multo labore doctorum Apostolorum saepe dictos protulit fructus , quos iam futuros in latronis poenitentia apprehensos , quasi primitias secum ad Paradisum Patri offerendos portavit. « *Et erunt ubera tua sicut botrus vineae* (5).» Illi proculdubio botri , quos palmites Apostoli sua doctrina protulerunt. De quibus unus dicit : *Secundum Evangelium Christi ego vos genui* (6) ; qui utique poenarum calcibus in torculari mortis, martyrii tempore sunt calcati. Quorum liquor exempli , signorumque , virtutum, toto mundo credentium laetificat multitudinem.

(1) I. Cor. IV. 16.

(2) Ps. XCI. 13.

(3) Cant. VII. 8.

(4) Matth. III. 8. et seq

(5 Cant. VII. 8.

(6) I. Cor. IV. 5.

Quae ubera his comparata, non infirmorum, sed fortium virorum scientiae cibo, qui ad praelium contra hostem diabolum
procedere possunt, plena esse intelliguntur ; qui et solidum cibum probatissimae vitae in se contineant, et laetitiae potum
doctrinae. Botri enim vineae ad utrumque sunt apti ; et cibum
esurienti, et potuum tribuunt sitienti. Quod etiam haec ubera
esurientibus iustitiam, vitae exemplo, et sitientibus scientiam
exhortationis sermone facere approbantur : « *Et odor oris tui
sicut malorum punicorum. Guttur tuum sicut optimum vinum
dignum dilecto meo ad potandum, labiisque eius et dentibus
illius ruminandum* (1). » Os huius plebis mihi videtur beatum (1) Cant. VII 8.9
Paulum Apostolum intelligi, qui prior et solus ad urbem Ro-
mam, quae caput est omnium gentium, proprio nomine epi-
stolam destinavit. De cuius epistolae intelligentia, quasi per os
loquitur Catholicus Doctor. In quo ore, sicut odor malorum
granatorum, omnium redolent exempla sanctorum, quorum succus castimoniae, de illius arboris medulla maligranati conceptus
est. Sub cuius umbra, quam multo tempore desideraverat, sedit sponsa ; qui etiam ut hoc ipsum probaret, non se singulum
sed multos sua doctrina hunc odorem adeptos, ait : *Benedictus
Deus, et Pater Domini nostri Jesu Christi, qui donavit nobis
odorem notitiae suae in omni loco, quia Christi bonus odor sumus* (2). Quicumque ergo quantulumcumque imitatores Pauli (2) 2. Cor II. 14
in supradicta plebe reperiuntur, ipsi dulcissimos odores eius com- 15.
probantur. Guttur vero eius, audacter Beatum Petrum eiusque
Vicarios pronuntiabo, ex quibus optimum vinum laetificans cor
sapientis, Trinitatis confessio, regula fidei, perpetua inundatione manare probatur. Cuius vini dulcedo nimis grata, ab his
animabus, quae labia et dentes intelliguntur dilecti Verbi, cui
immaculata, per quam mundus redemptus est, unita creditur
anima esse, laudatur ; quae opera hominum non loquuntur, et
quae verba scripturae, pro loco et ratione, dividunt parvulis exponendo, et intra conclavi conscientiae quotidie laudibus ruminant. Quod laetitiae vinum inenarrabile gaudium in Ecclesiae
guttur, quasi liquor dulcissimus malorum granatorum inundat,
praedictis labiis et dentibus Christi Filii Dei quotidie ruminandum. Cui est gloria in saecula saeculorum. Amen.

EXPLICIT LIBER DECIMUS.

INCIPIT LIBER XI.

(1) Cant. VII. 10. " *Ego dilecto meo, et ad me conversio eius* (1)." Haec vox illius animae intelligitur, quam filiae, reginae, et concubinae admirando collaudant. Quae dilecto suo verbo Dei ita totum sui amoris affectum, totamque suam obtulit voluntatem, ut nec in cogitationibus alterius cuiuspiam rei dilectionem admitteret, sed indivisibiliter semper inhaereret ei; pro quo munere ad eam conversio eius facta per Incarnationis collegium comprobatur, ita ut verbum caro fieret, de quo nunc ait: *Et ad me conversio eius*, et unus in ea Dei filius praedicetur. In quo mysterio praesentis versiculi vaticinium completum cognoscitur. *Ego dilecto meo* : Quid, nisi sanctam voluntatem? *Et ad me conversio eius.* Et quae conversio, nisi pro immensa bonitate et facturae redemptione, Deus homo fieri dignaretur? quatenus iustitiae tramitem tenens caro victa, aliquando vinceret hostem, et homo redimeret hominem venumdatum propria voluntate, de (2) Ps XLVIII. 16 quo dixit Propheta : *Frater non redimet, redimet homo* (2). Haec ergo immaculata unita cum Deo, hortatur eum, ut ad redemptionem aliarum gentium, quae eum non viderunt in carne, de aula synagogae et de civitate hebraeae gentis, in qua per suam notitiam vel apparitionem habitabat, in agrum gentium multitudinis egredi per discipulorum sermonem dignetur; sicut in Evangelio declarat, dicendo ad Patrem : *Non solum pro istis rogo, sed pro his, qui credituri sunt per sermonem eo-* (3) Jo XVII. 20. *rum* (3). Hortatur eum per haec utique egredi in agrum incultum, gentium conversationem spinosam, commorari in villis dirutis, conventiculis populorum, in quibus creaturas pro Creatore adorabant; sed nunc inhabitante in eis et commorante cum eis Dei filio Christo, per Apostolorum doctrinam aedificatae sunt villae idest conventicula veritatis in Ecclesiarum tecta. Ubi nunc Deus Pater in Christo per Spiritum Sanctum commoratur; et ubi in nocte ignorantiae egreditur per supradictam doctrinam, fit lux matutina ad lucis ingressum, per quam et in qua salutaris adhibeatur cultura, dirutis villis antedictis vel agro sentibus occupato, sicut nunc ait: *Veni dilecte mi, et egrediamur in agrum, commoremur in villis. Mane surgamus*

ad vineas (1). Cum ergo facturus erat Altissimus fabricam mun- (1) Cant. VII. 11 12.
di, quam hominibus ad suam imaginem fabricatis ad suam lau-
dem disponebat implere, iam tunc in praescientia ordinavit
principes angelorum, quibus commissae certo numero regeren-
tur gentes. Cum quibus etiam datur intelligi, partitum Altissi-
mum gentium nationes. De quibus, sorte currente, facta est
portio eius Jacob, funiculus haereditatis eius Israel. Qui principes in tyrannidem conversi, trahente propria voluntate, magnam partem de eius portione per idolorum culturam in suam
traxerant portionem. Quam, veniens quasi post multa tempora
in civitatem portionis suae Jerusalem, nascendo per Virginem,
quaesivit perditam ; moriendo immaculatus pro maculatis, resurgendo a mortuis, ascendendo coelos, mittendo Paraclytum,
inventa erutaque de eorum manibus credentium multitudine,
suae reddidit ditioni, sicut ipse ait : *Venit filius hominis quae-*
rere quod perierat (2) : Et : *non sum missus, nisi ad oves quae* (2) Luc XIX 10
perierunt domus Israel (3). Egressus est namque ad agrum gen- (3) Matth XV.24.
tium supradictum, per adventum Spiritus Sancti, qui igne virtutis suae per Apostolorum splendorem, et noctem ignorantiae
in agnitione veritatis in matutinam lucem converteret, et spinas turpium cogitationum comessationumque de praedicto agro
abstergeret. Per haec utique egreditur ad agrum, gentium conversationem, de plebe arrogante et praesumente de sapientia
legis Mosaicae ; de civitate, ubi in propria venit et sui cum
non receperunt. Et cum eum civitas sua non recepisset, cui lamentando improperat : *Jerusalem, Jerusalem, quae occidis*
Prophetas, et lapidas eos qui mittuntur ad te (4) : Egressus (4) Matth. XXIII 37.
est ad agrum, commoratur in villis, in simplicissimis videlicet
absque ullo disertionis sermone mentibus hominum, in quibus
praesentia Spiritus Sancti, ore doctorum cum ignorantiae tenebrae occidissent, mox matutina lux coepit consurgere, verita-
tis agnitio, sicut ait : « *Mane surgamus ad vineas* (5) : » Lo- (5) Cant. VII. 12
quendo verbum Evangelii ad eas animas excolendas, quae credulitatis suae iam fructum exuberant, et quae bonis operibus et
officio sancti ministerii aliis sitientibus poculum laetitiae vini
propinare intelliguntur. « *Videamus, si floruit vinea ; si flo-*
res fructum parturiunt (6). » Antequam egrederetur ad agrum 6) Cant. VII. 12.
per supradictam Apostolicam doctrinam, una erat vinea domus

Israel ; nunc autem tantae sunt vineae factae , quantae gentes in toto mundo in eius fide credere potuerint reperiri. Quae tunc videntur floribus decoratae , cum derelictis idolis, ad eius bap-tismum credendo venerint. Ipsi vero flores fructus parturiunt , praecepta servando , per quos tales botros iustitiae proferunt. De quibus Deus cum Angelis suis laetificetur in coelo , cum de illis gentibus , ex rapacibus largos videmus propria egenis im-pendere , ex prodigis castos , ex idolorum cultoribus martyres, ex impiis pios , ex blasphemis praedicatores Christi : « *Si flo-ruerunt mala punica* (1). » Flores malorum punicorum pro suo roseo colore , intacti sanguinis conservandae virginitatis deside-ria , mihi vindentur intelligi . Quae desideria , de exemplo beatae Mariae , in talium mentibus , quasi pluvia in arbori-bus , infunduntur. Qui flores desideriorum , cum in pomos *a)* conservatae virginitatis adoleverint , multo pulchriores effi-ciuntur. Cum autem per martyrium , aut per debitum resolu-tionis corporeae fuerint confracti , suavissimum Creatori suo gaudii poculum praeparant. Quod suum peculiare agnoscens praedicta anima illa electa genitrici suae de suorum uberum la-cte doctrina manare , et hoc intra caetera opera sanctitatis dul-cissimum fore , verbum patris quaerens inter amaenitatem vin-carum , idest Ecclesiarum fidem, delectabile umbraculum casti-tatis , ubi ei laetitiae ubera porrigat dicendo : « *Ibi dabo tibi ubera mea* (2) : » Ibi proculdubio in agro, in conversatione gen-tium, commorans in villis, in congregationibus credentium Deo, inter vinearum praedictos flores, qui ex conversatione sua alios laetificare parati sunt , inter malorum granatorum umbracula, ibi porrigit ei ubera doctrinae rectae fidei. Ibi porrigit ei ubera misericordiae. Ibi porrigit ei ubera sancti consilii conservandae integritatis. De quibus uberibus per Paulum Apostolum dici-tur : « *De virginibus praeceptum Domini non habeo ; consilium autem do* (3) ; » et vera ratione esurienti salutem humani ge-neris Verbo patris , praedicata anima haec ubera dat , quoniam quidquid uni ex minimis factum fuerit , sibi deputat factum. Nam sicut in agro, diversa genera herbarum , diverso colore flores , vel diversi odores redolent , et diverso sapore fructus producunt : ita et ager Evangelicae doctrinae , ubi dicit ad

(1) Cant. VII. 12.

(2) Cant. VII 12.

(3) I. Cor. VII. 25.

a) Cod. habue : *pomis.*

fructiferas arbores Christus : *Vobis dico amicis meis , ut eatis,* *(1) Joan. XV. 12.*
et fructum afferatis (1). Ita sunt et in isto agro arbores diversorum operum fructibus plenae. Tamen inter caeteras arbores,
tres se dicit quasi novas in agro videre, quae ante eius adventum non germinaverant : Pudicitiae, continentiae videlicet,
quas inter licita coniugia ex consensu florere videmus ; et castitatis, quae post propagationem liberorum, conservata viduitate,
Deo placentes, laetitiae fructus parturiunt, et malorum punicorum virginitatis iucundissimos flores. In his enim desideriis
ab hominibus Creator cognoscitur, non in passione libidinis
sed ad gloriam posteritatis, hominem ad suam imaginem dispari
sexu fecisse ; et ubi agnito vero Deo amor fuerit castitatis, ibi
est proculdubio Dei filius, ibi lactatus supradictis uberibus invitatur. Ibi ei promittit praedicta unica matris suae ubera sua
daturam, dicendo: « *Ibi dabo tibi ubera mea* (2). » Licet in mul- *(2) Cant. VII 12.*
tis Deo acceptis operibus haec ubera intelligantur, tamen duo,
integritatis, et martyrii, quae proprio de pectore eius germinasse probantur, quibus sermo Dei lactatur, alterum mihi videtur in principe Apostolorum Petro per martyrii gloriam,
alterum virginitatis in Joanne Evangelista intelligi, eiusque con-
simili Paulo. Quae, unita cum Verbo, iam unitis sibi uberibus
attrectanda per doctrinam gentibus dedisse probatur. Per quod
crevit, et multiplicatus est Dei sermo in toto mundo, sicut
ipse docet Paulus dicendo : *Ut crescat* (inquit) *et multiplice-*
tur Dei Verbum per nos , orantibus vobis. De quibus uberibus quotidie in doctrina populi, Dei Verbum lactatur. Qui praedicti utpote ubera pectori, ita isti unicae perfectae animae,
alius in pectore recubando, alius eius vices suscipiendo, in terris adhaesisse docentur, per quae ubera ita crevit sermo Dei ,
ut, qui in sola Judaea gente vix agnoscebatur, nunc totum orbem impleverit, et in omnibus gentibus totus sit semper ; cum
ab eis caro factus pro redemptione humana, ubique, et in omnibus nationibus praedicatur, et verum Deum in vera carne
et anima ubera matris Mariae suscepisse lactando exponitur. Sed
hoc non in Judaea plebe incredula, sed in praedicto agro la-
ctatum crevisse per suam notitiam Verbum Dei docetur. Ubi
martyrum, virginum, confessorum exuberant fructus, qui lae-
tificant Creatorem, super quod nihil sic gratum Deo, nihil tam

amabile ; Quod, sicut infans ubera, ita cum omni_iucunditate
amplectitur. « *Mandragorae dederunt odorem in portis nostris.*
Omnia poma nova, et vetera, dilecte mi, servavi tibi (1). »
Mandragora herba est, cuius radix per omnia absque capite humanum corpus format. Quae dum sit herba, mala germinat arboribus similia, magni odoris, et per singula lineamenta membrorum humanis corporibus. Medicina succus eius, folia, poma,
vel cortex, sive pulvis radicis eius ab auctoribus esse describitur, qui medendi arte, profutura posteris tradiderunt. Quae
herba, inter caetera virtutis suae medicamina, his maxime tribuere dicitur medelam, qui nausiae infirmitate laborant, et nec
continere, nec appetere possunt cibos. Et huius herbae, post
omnes odores qui in hoc nominantur, suavitatis laetitia praedicta anima delectatur. Et hi odores, non in agro inter vineas,
et mala punica, vel ubi caeteri flores sunt, sed in portis, idest
prope finem mundi, iam prope ingressum diei iudicii, dedisse laudantur odorem suum. Quae mandragorae, ferocissimae et quae
omnes actus suos terrae demersos habuerunt, gentes intelligi
mihi videntur, quae per legem naturae rationabilibus hominibus similes sunt, caput vero fidei non habent, idest Christum; caput enim viri Christus. Quae duabus ex causis de suis
sedibus evulsae ab Angelis, ad medicinam animae in nostris
terminis adducuntur : sicut praedicta herba propter remedia
corporum, non ab homine *a)*, sed reflexo stirpe, evelli de suis

(1) Cant. VII. 13.

---

a) Locum hunc haud parum obscurum satis illustrare videtur Josephus Flavius, De Bello
Jud. Lib. VIII. Cap. XXV. « *Vallis autem*, inquit, *qua Civitas* (Machaerus) *a parte Septentrionali
cingitur, quidam locus Baaras appellatur, ubi radix eodem nomine gignitur* (idest Mandragora, ut tradunt Botanologi) *quae flammae quidem assimilis est colore, circa vesperam vero
veluti iubare fulgurans, accedentibus eamque evellere cupientibus facilis non est : Sed tamdiu refugit, nec prius manet, quam si quis urinam muliebrem, vel menstruum sanguinem
super eam fuderit. Quin etiam tunc si quis eam tetigerit, mors certa est, nisi forte illam
ipsam radicem ferat de manu pendentem. Capitur autem alio quoque modo sine periculo, qui
talis est : Totam eam circumfodiunt, itaut minimum ex radice terra sit conditum, deinde ab
ea religant canem : illoque sequi eum a quo religatus est cupiente, radix quidem facile evel-
litur : canis vero continuo moritur, tamquam eius vice a quo herba tollenda erat, traditus;
nullus enim postea accipientibus metus est. Tantis autem periculis propter unam vim capi eam
operae pretium est. Nam quae vocantur daemonia, pessimorum hominum spiritus, vivis immer-
sa, eosque necantia quibus subventum non fuerit : haec cito, etiamsi tantummodo admoveatur
aegrotantibus, abigit. »*
   Plura his similia de Mandragora eiusque virtute reperies apud Teophrastum atque Diosco-
ridem.
   Itaque hoc loci, vulgarem licet falsam immo et perridiculam opinionem sequitur Aponius.

sedibus refertur ; per quam gentem , ut antidoto potatae lacrymis in mensura , ut ait propheta , animae habentes Dei notitiam , et nec appetebant cibos salutaris doctrinae Verbi Dei, nec
per vim inegestos poterant in sua mente continere , nunc angu-
stiis coarctatae cum magno desiderio in tribulatione et penuria vel captivitatis ergastulo requirunt cibos, quos in deliciis
et omnium rerum abundantia positae fastidiebant. Altera vero
ex causa adducuntur super ingratos , ut , dum pro correptione
christianus populus disciplinam accepit , ut emendetur : illae
occasionem salutis per veri Dei notitiam, ore sacerdotum quos
captivos obtinent , percipere gratulentur ; per quod in die iudicii inexcusabiles sint omnes gentes. Quae propterea ad vindictam super eos inducuntur, quia scientes Deum, eius mandata
contemnunt, et illae discant veri Dei culturam. Nam poterat alia
vindicta pestilentiae, aut necato cespite , fruge , aut bestiarum
dente , aut illis quibus Aegyptum castigavit , punire peccantes ; sed propterea homo per hominem flagellatur , ut alter disciplinam , alter occasionem salutis accipiat. Ut utrumque iusta
sit causa punitionis ; aut hic humiliatus cur non emendatur ;
aut ille exaltatus quare contempsit agnoscere Creatorem. Istae
ergo mandragorae , eo quod agrestes sunt et dissimiles vincis ,
et malogranatis, nec ab homine evelli de suis sedibus posse leguntur , congrue ferocissimae gentes , ut superius dictum est ,
intelliguntur. Quae in novissimis temporibus prope finem mundi , quod in portis, cum plenitudo gentium , idest ex omni
gente quae sub coelo est , quantitas ex eis fuerit conversa ad
Deum coeli , ingrediens in fidem Christi, tunc confessionis
suae credendo dabunt odorem. Tunc gaudens gloriosa anima
saepe dicta , cum iam tulerit ex omnibus gentibus diabolo regnum tradendum patri , velut gratissimis pomis refertum si-
num , diversarum gentium animas per unitum sibi verbum offert Deo Patri, in cuius pectore permanet aeternus dilectus, qui
utpote manus patris oblata patri suscepit munera , cui dicitur
a supradicta, sequenti versiculo : « Omnia poma nova et ve-
tera , dilecte mi , servavi tibi (1). » Nova mihi videtur per bap- ^{(1) Cant. VII. 13.}
tismum innovata animarum dicere poma. Vetera vero, poeniten-
tiae marcore , afflictionibus iciunii lacrymarumque , ab omni
decore praesentis laetitiae , et deliciarum fluxu peccati siccata.

Utraque in canistro Ecclesiae collecta intelligitur conservare. Et ideo primum nova, secundo vetera posuit servata dilecto; sive illa intelligantur, quae in novo in fidem Ecclesiae, quasi in canistro colliguntur quotidie, et vetera, quae in veteri testamento, et per Joannem praecursorem eius collecta sunt; non enim alienum intellexi. « *Quis mihi det te fratrem meum suggen-* (1) Cant. VIII. 1. *tem ubera matris meae* (1)? » Optativus sermo est, qui bonitate immensa creatoris ostendit, eum neminem velle perire. Cum quo predicta anima unum effecta, suae bonitatis affectum ostendit. Quae cum videt praedictarum gentium animas per se congregatas ad vitam aeternam, et solam remansisse incredulam plebem Judaeam, matrem secundum carnem, optat ita Verbum Dei, quod est frater per adunationem, a synagoga lactari, sicut ab Ecclesiis gentium lactatus in omnium populorum notitiam quotidie multiplicatur, et crescit: « *Ut inveniam te* (2) Cant. VIII. 1. *foris, et deosculer te, et iam me nemo despiciat* (2). » Usque hodie in littera legis veteris testamenti, Judeae plebi inclusum absconditur Dei Verbum, quod credentibus per Incarnationis mysterium palam apparuit, et in medio eorum quotidie conversatur, sicut dixit apostolis: *Ubi duo, vel tres congregati fue-* (3) Matth. XVIII. *rint in nomine meo, in medio eorum ego sum* (3). Et ecce ego 20. *vobiscum sum omnibus diebus usque ad consummationem sae-* (4) Mat. XXVIII. *culi* (4). Et cum ad omnium salutem sit missum a patre, di- 20. (5) Psal. CVI. 20. cente propheta: *Misit verbum suum, et sanavit eos* (5): Illis tantum se pro foribus intelligentiae praebet salvando, qui eum in toto corde secundum spiritum vivificantem exquirunt. Assumpta ergo in se persona Judaicae plebis, saepedicta beata anima redemptoris optat, ut eum foris litterae, in mysterio agni, excludentem vastatorem Aegypti, et tollentem mundi peccatum inveniat in Aegypto iugulatum; et ut eum in botro a duobus de terra repromissionis populis, Judaeo videlicet et Romano, in phalangam Crucis in torcular mortis exprimendo portato inveniat; et corporis eius Sacramentum suo corpori iungendo, et sanguinem eius suo sanguini copulet; et cognita veritate per ignominiam Crucis, gloriosam vitam aquiri inveniri in corde plebis Judaicae, iam palam altisque vocibus absque ulla verecundia, auctorem salutis et vitae perpetuae praedicet crucifixum: ut, quae dispectui solebat habere Christum nominantem, iam eam approbantem signis et virtutibus nemo despiciat, cum per testimonium prophetarum probat eius adventum : « *Apprehendam te, et inducam in domum matris meae. Ibi me docebis, et dabo tibi poculum ex vino condito, et mustum malorum granatorum meorum* (1). » Sicut enim quidquid triste a carne animaque assumpta agitur, sibi factum applicat Deus Dei Verbum, ita et memorata anima, quidquid gaudii collatum fuerit in plebem Judaicam, sibi asserit provenisse. Ipsa utique sola est in natura humana, quae potuit desiderando eum in tota virtute apprehendere, et circumdatum carne in domo matris synagogae inducere, et ibi ab eo doceri ea, quae nec oculus vidit, nec auris audivit, nec in cor hominis ascenderunt ; ea quae pro meritis repensanda sunt iustis et iniustis in die magno iudicii, vel ea, quae doctum ad vitam aeternam perducunt. De qua circumdatione vel apprehensione praedixerat Jeremias dicendo : *Quia creavit Dominus novum super terram. Foemina circumdabit virum* (2) ; et ibi in domo matris, ubi hoc mysterium celebratum est, ibi docetur haec plebs, cuius praedicata anima in se personam suscepit ; et quod docenda erat, ipse sermo patris clara voce exposuit : *Tollite* (inquit) *iugum meum, et discite a me, quia mitis sum et humilis corde, et invenietis requiem animabus vestris* (3). Mitis non irrogando, humilis non irascendo irrogatis iniuriis. Cum ergo docta fuerit anima, per quae opera gradiendum sit ad requiem regni coelorum, tunc dare poterit, vel unde dare habebit Deo laetitiae poculum ex vino condito, ex illo proculdubio vino ; idest confessionem Trinitatis, quod de illa vite, cuius pater caelestis agricola est, per infusionem Sancti Spiritus manare probatur. Hoc est igitur vinum conditum, coaeternae Trinitatis confessio, quod laetificat cor Doctoris ; huius dumtaxat, in quo loquitur Christus ; qui rectae fidei tramitem tenet, in quo est spiritus qui confitetur Jesum in carne venisse, et verum Deum verum hominem indutum de utero virginis processisse. Nam Judaeus non laetificat huiusmodi doctorem, cum solius vini poculum, Patrem Deum porrigit confitendo ; nec omnis haereticus qui offendit in Trinitatis aequalitatem. Sed cum iunxerit mellis dulcedinem filii charitatis, et caliditatem piperis ferventis Spiritus Sancti personam, laetitiae sempiternae temperatum in aequa-

(1) Cant. VIII. 2.

(2) Jerem XXXI. 22.

(3) Matth. XI.29.

litate essentiae trium personarum, unam Deitatem confitendo,
poculum ex vino condito Deo porrigere cognoscetur. Et ubi postea ipsius confessionis vini conditi dederit dilecto, tunc instigante diabolo, qui fornax intelligitur probationis confessorum,
et, ut verius dicam, praelum tribulationum persecutionumque,
ubi probati manifesti fiunt in conspectu caelestium potestatum:
compressa suavissima castigationum vel castimoniarum suarum
aliorumque bonorum operum musta offert dilecto suo, pro eius
nomine gaudens vulnera suscipiendo, sicut illi, qui in actibus
Apostolorum, cur nomen eius gentibus praedicarent, virgis
caesi, gaudentes ibant a conspectu concilii Judaeorum. Omnis
quidem perfectio huius animae, vel plebis, cuius in se personam saepe dictam suscepit, in his duobus exeniis a) ostenditur,
Creatoris post offensam amicitias reparasse vino condito, et
musto malorum granatorum, confessionis videlicet coaeternae
Trinitatis, et martyrii liquoris poculo propinato. Habebit namque, licet sero, hebraea plebs quasi serotina arbuscula dulcissimos
fructus supradictos, dum congregationis ipsius quae malagra-
nata intelliguntur, pro fide Christi coeperint pilo tormentorum
a persecutoribus ministris daemonum valenter contundi, et con-
fracto corpore pretiosa animarum grana dulcissima Deo exprimi
musta. In his igitur versiculis mihi videntur labores tribulationum prophetati plebis Iudaicae: Illius quae sub finem sacculi,
agnitionem redemptionis merebitur. De qua dixit Apostolus:
Cum autem plenitudo gentium introierit, tunc omnis Israel
(1) Rom. XI. 25.
26. *salvus erit* (1). Huius ergo vocem susceptam loqui ostenditur
gloriosa anima Christi, utpote per quem omnis efficitur opera
bona; quae omnibus pro eius salute gaudiis pascitur, eo quod
per singulos confessores vel martyres, quasi caput in membris
suis ipsa quotidie patitur. Quae post nimios labores, in supradictis ministrando, dilecto iam introducto in domum matris,
secretum cubiculi, in quietem somni collocatur, et ut fatigata
nimio labore utraque manu a verbo Dei sustentatur, paululum

---

a) *Exenia*, *ae*, vel potius *exenium*, *ii* : usurpatur a Papia in suo Glossario ad *donum* vel
servitium significandum. Clarius autem apud Mamotreftum (ad Ecclesiastici Cap. 20.) *Exenia*,
idest, *dona de longinquo missa*; ab *e* et *xenos*, quod est, *peregrinum*.

Exenia itaque, vel *exenium* est a graeca voce ξένιον, quae *donum* significat *peregrino ho-
spiti datum*, vel etiam donum quodcumque.

persecutione cessante, idest imperio Creatoris prolongante diabolo., ut nunc ait : « *Laeva eius sub capite meo, et dextera illius amplexabitur me* (1).» Laeva sub capite ponitur, repul- (1) Cant. VIII. 3. sis aliquantulum impugnationibus hostis diaboli, qui semper sinistris operibus suadendo stimulat animam. Dextera vero illius amplexatur, dextris desideriis caelestibus compungendo, et revocando a malis, et a bonis trahendo, laeva sub capite, et dextera intelligitur amplexari. Sed quia in hoc otio impatientes sunt filiae Jerusalem, et nimio desiderio erga huiusmodi personam, quae Dei amplexus promeretur, aguntur : volentes eam scilicet a daemonum laqueis liberatam in terris, ad suum optant consortium properare in coelis, ne inter moras aliquid damni patiatur in terris. Sed quum praescius dilectus sermo patris novit obcurare mundum sine talibus luminaribus animarum, tamdiu eas vult esse in hoc mundo, quamdiu ipsae voluerint. Ut aiebat beatus Paulus auditoribus suis : *Desiderium habeo dissolvi, et esse cum Christo, multo melius : Permanere autem in carne necessarium propter vos, et hic mihi fructus operis est* (2). Adiurat ergo filias Jerusalem, quas contristare in aliquo (2) Philip. 1. 23. penitus non vult, ut patiantur eam post persecutionum aerumnas aliquantulum requiescere in somno quietis, dicendo : « *Adiuro vos, filiae Jerusalem, ne suscitetis et evigilare faciatis dilectam, donec ipsa velit* (3).» Filias Jerusalem illius caelestis intelligi- (3) Cant. VIII. 3. mus (quae pax interpretatur) animas sanctorum, sicut retro iam dictum in aliis locis est, quae intolerabili desiderio de agonibus istius mundi cupiunt animam Deo dicatam liberari ; quippe quam ditatam, de commercio praesentis vitae ita desiderant suscipere revertentem ad Paradisum, sicut diutissime desideratum parentem de longinqua provincia, acquisitis multis divitiis, quis cupiat venientem suscipere in propria. Omnia igitur quae a capite huius cantici usque ad praesentem locum figuris narrantur, illa intelliguntur, quae ab Incarnatione Domini nostri Jesu Christi usque ad conversionem omnium gentium pro salute humani generis acta sunt, vel aguntur ; quando omnis plenitudo gentium introierit in Christi fidem, et sic omnis Israel videns imminentem mundi finem, et Antichristi apertam praesentiam stantem in loco sancto, credendo Christo, salvus erit, secundum Apostolum Paulum. Nunc vero a praesenti versiculo usque ad

finem huius cantici, ea quae usque ad diem iudicii agenda sunt,
ostenduntur significari. In quibus diebus erit tribulatio omnium
hominum, qualis numquam fuit, ex quo fuerunt homines super terram, sicut praedixit Dominus noster Salvator : *Qui per-*
severaverit usque in finem, credendo in Deum Patrem doctus
a Spiritu Sancto, hic salvus erit (1). Per Christum filium eius,
cui est gloria et imperium in saecula saeculorum. Amen.

(1) Matth. XXiv. 13.

‚ EXPLICIT LIBER UNDECIMUS.

INCIPIT LIBER XII.

" *Quae est ista, quae ascendit de deserto deliciis affluens,*
nixa super dilectum meum (2)? „ Scriptum est in Isaia Propheta
de filio Dei : *Pro eo quod laboravit anima eius, videbit et sa-*
turabitur (3). Laboravit ergo haec saepe dicta anima pro salute
mortalium per passionis mysterium ; per illam amarissimam
mortem, quae tormentorum atrocitate ab impiis illata probatur ; quae omnia utique laborum pericula non Deitatem impassibilem, sed animam quae condolet carni, sustinuisse manifestum est. De qua dicitur tempore passionis : *Tristis est anima*
mea usque ad mortem (4) ; et de qua dicitur per Prophetam : *Eripe a framea animam meam, et de manu canis unicam*
meam (5). Quae, post multos labores qui supra enumerati sunt,
quos pro lucro omnium gentium, tam per se, quam per Apostolos, sive quosque sanctos, in quorum labore eius labor est,
probatur peregisse usque ad illud tempus, quod Apostolus dixit : *Qui tenet, teneat, donec de medio fiat* (6), (quod retro
diximus manifesta Antichristi tempora) in securitatis somno a dilecto verbo Dei, in ea, cuius vocem inducit, collocatur. Et dum
illa requiescit paulisper in conversionem plebis, quae nunc est
Ecclesia toto mundo, sive Israel, quae nunc habitat in medio
populi christiani : Dilectus, de deserto ubi peccando a diabolo
fuerat deportata plebs, quae sub Osee rege Ephraim filio Elam
a rege Salmanassar Assyriorum in decem tribus captiva ducta

(2) Cant. VIII. 5.

(3) Isaiae LIII. 14.

(4) Matth. XXVI. 38.

(5) Psal. XXI. 21.

(6) II. Thes. II. 7.

est in Assyrios vel in diversis gentibus dispersa est, incumbentem super se, ad aulam regni notitiae suae ascendendo adducit .
Quae de ore daemonum liberata, et gloriosa agnita vita aeterna,
deliciis affluens , nixa est super dilectum istius praedictae plebis,
cuius personam illa unica matris suae suscepit praesenti loco. Quae
dum requiescit in sopore securitatis , persecutionis somno evigi-
lans , vidit eam incumbentem; hoc est , fidentem et credentem,
et totam spem suam in unum Redemptorem mundi dilectum
suum ponentem , et proficiendo de deserto incredulitatis ascendentem , mirando repentinam eius conversionem ab idolis ad verum Deum, ostendit dicendo : « *Quae est ista quae ascendit de
deserto, deliciis affluens, nixa super dilectum meum* (1)?» Quae (1) Cant VIII 5.
etiam ante conversionem ignorans, iam conversam ab idolorum
cultura ad Christi fidem venientem cognoscit , dicendo : « *Sub
arbore malo suscitavi te. Ibi corrupta est mater tua ; ibi vio-
lata est genitrix tua* (2). Docetur videlicet in his versiculis , (2) Cant VIII. 5.
quod plebs ista, quae ascendit de deserto , decem tribus , re-
gnum Ephraim, in Assyrios ducta a rege Salmanasar in captivitatem intelligitur. De qua prophetavit Jeremias, dicendo: *Vox
in excelso audita est, lamentationis, fletus , et luctus : Rachel
plorantis filios suos , et nolentis consolari super eos , quia non
sunt* (3). Quam sermo Dei consolatur, promittens spem futuram (3) Jer. XXXI.
in finem, ait : *Haec dicit Dominus : quiescat vox tua a ploratu* 15.
*et oculi tui a lacrymis , quia revertentur filii tui ad terminos
suos , et revertentur de terra inimici , et spes erit in novissimis
tuis, ait Dominus* (4). Audiens audivit transmigrantem Ephraim, (4) Jer XXXI
qui fuit filius Joseph , filii Rachel , de cuius semine Rex Osee ; 16. 17.
cuius populi poenitentiae vocem inducens, ita in sequentibus ait :
*Converte me , et convertar , quia tu es Deus meus. Postquam
enim castigasti me , egi poenitentiam* (5). Et respondetur ei Do- (5) Jer. XXXI
mini voce : *Pone tibi speculum , praepara tibi amaritudines ,* 18. 19.
*dirige cor tuum in via directa in qua ambulasti , et revertere ,
virgo Israel* (6). Quam utique , sub finem mundi revertentem (6) Jer. XXXI.
aliqua plebs credentium, non invidendo nixae super filium Dei, 21.
sed admirando, dicit: « *Quae est ista, quae ascendit de deserto,
nixa super dilectum meum* (7) ? » Et quam velut ignotam ascen- (7) Cant. VIII. 5.
dentem miratur, nunc sequenti versiculo, comperta fide eius, cognoscit , et eam sibi etiam aliquando in patribus recolit notam,

28

et eam , etiam sua voce fidei vel conversationis sanctae , de lethali incredulitatis somno excitatam monet, ut memor sit, et vitet
insidias eius, qui in peccatis idolatriae corrupit matrem eius, et in
sceleribus, effusione sanguinis innocentum, violavit genitricem
eius, dicendo « *Sub arbore malo suscitavi te* (1).» Idest, sub potestate diaboli dormientem, qui est arbor mortis, operibus mortis deditam, quod est somnus lethalis, sua eam doctrina vocavit,
suoque exemplo vitae excitavit. Nam sicut Christus arbor est
vitae aeternae, *cui diximus*, ait Jeremias, *In umbra tua vivemus
in gentibus* (2); Ecclesia retrodixit : « *In umbra eius, quam desideraveram, sedi , et fructus eius dulcis gutturi meo* (3).» Ita
et diabolus , ut diximus , arbor mortis probatur ; qui vere ma-
lus , et rebus et nomine evidenter docetur. Sub cuius servitu-
tis umbra quisquis devenerit , non est dubium quasi conclusum
struae lignorum circumdatum igni gehennae pabulum praebitu-
rum. In cuius lethali delectatione seducta aliquando gens Cethaea , propria voluptate a rationabili sensu corrupta est. Quae
toxicata doctrina exemploque dissolutionis, lactaverat hanc plebem , de qua sermo est in abominationibus suis, sicut impro-
peratur ei per Ezechielem Prophetam , cum ait : *Fili hominis ,
notas fac Jerusalem abominationes suas , et dic ei : Pater tuus
Amorrhaeus, et mater tua Cethaea* (4). Quae proculdubio gens
Amorrhaeorum, crudelitatem suam suadendo , eam genuit filios
suos daemoniis immolare : et gens Cethaea effoeminata , super-
stitiones docendo , nutrivit eam in sceleribus suis. Matris enim
nomen, non proprium, sed commune est , quod a mammis porrigendo , potius quam generando sortitur. Gens ergo Cethaea ,
super quam inducta est plebs Israel per Jesum filium Nave , ut
deleret eam penitus de terra pro nefandis criminibus suis , ipsa
reservata contra Dei praeceptum , lactando eam operibus suis ,
mater eius nuncupatur, eo quod per omnia eius facinora imitando, similis facta est eis. Quae ab arbore vitae , hoc est a notitia Creatoris prolongando, sub arbore mortis, principis mundi
redacta est potestate. Qui semel in tyrannidem versus, Christo se
per superbiam aequare praesumit. Qui arbori mali punici, idest
granato , ab Ecclesia comparatur. Cuius vino persuasionis inebriata et lethali somno oppressa , velut non sentiens corrupta est
mente a rationabili sensu et simplicitate , quam a factore su-

(1) Cant. VIII 5.

(2) Jer.Thren.IV. 20.
(3) Cant. II. 3.

(4) Ezech. XVI. 2. 3.

scepit, ne declinaret ab eius notitia, aut aversa repedaret, unum optimum Deum non in metallis sed in coelo commorari recogitando, ut dictum est, gens Cethaea. Genitrix vero huius plebis violata a diabolo, illa intelligitur plebs Judaea, in cuius visceribus captiva ducta est in Assyrios cum rege suo Osee, filio Helam. Quae genitrix iam in terra aliena a duobus sceleratis hostibus, idest pessimae gentis Assyriorum, et diaboli persuasionibus toxicatis, ad comparationem gentis Cethaeae, velut vi oppressa, supradicto sensu mentis suae, per longam nequissimam consuetudinem daemonibus flectendo cervicem, in idolorum cultura intelligitur violata. Mater ergo huius plebis Cethaea gens, et genitrix Israel intelligi datur dici ; ideoque in legalibus praeceptis, cum iustitiae iudicia in veteri testamento traduntur, virgo in civitate corrupta lapidibus utique cum adultero interfici iussa est (1) ; sin vero in agro, solus adulter occidi, eo quod alteri potuit vociferanti succurri in civitate, alteri in agro omnino non potuit. Ideoque, licet tradatur in manibus inimicorum, licet atteratur ab iracundis gentibus plebs Israel, quae genuit hanc plebem in Assyrios, quae per verbum Dei ascendit in deserto, ubi nec Deus colitur, nec hominum mentes, tamen non ita iubetur deleri, sicut Cethaea eiusque consimiles deleri sunt iussae. Quam in finem mundi, ut retrodictum est, significat de loco deserto per verbum carne factum ad veram fidem adduci. Quae postea quam ad eum adducta est, ostendit saepe dicta anima illa perfecta, quomodo unita verbo Patris per passionis somnum, sub arbore malo, idest sub potestate diaboli dormientem suscitaverit eam, ubi mater eius corrupta, et genitrix violata est. Nunc docet eam, inter caetera, duo haec magna, quibus bellum a sapientibus agitur ducibus, omni vigilantia custodire, hoc est prudentiam cordis, unde consilium gignitur salutare, et robur brachii ut semper ex se praesumat, dicendo : « *Pone me ut signaculum super cor tuum, ut signaculum super brachium tuum* (2).» Hoc est, ut crucifixus in cogitatione cordis sit semper, semper in operibus brachiorum, si desiderat anima adversarii nequitias superare ; sicut lex bellantibus esse probatur, certum sermonem a duce traditum secreto omnium corde teneri, quod symbolum nuncupatur, per quod hostis in conflictu aut collega agnoscitur, et signum certum

(1) Deut. XXII. 23. et seq

(2) Cant. VIII. 6.

in brachium ponere, quod prohibeat gladium commilitonis. In quibus versiculis docetur frustra sibi plaudere anima debere Dei cultura, si Dominum Christum non crediderit Dei sapientiam, quod est signaculum cordis, et Dei virtutem, quod est brachii invictum signaculum, secundum beati Pauli sententiam, Christum Dei sapientiam et Dei virtutem signantis, quod est cordis et brachii solum invictum signaculum indisseparabiliter positum, quod est verbum Patris Omnipotentis Dei. Hoc ut credat plebs ista de deserto adducta, ita saepe dicta anima per quam redemptus est mundus, hortatur. Quae ita se docet unitam cum verbo per haec quae sequuntur, ut, sine se, labor omnis inanis sit in quaerendo salutem; ut quicumque veram carnem de Maria Virgine, et veram animam cum Dei verbo unam negaverit effectam personam, quantalibet sit eius iustitia, non habuerit partem in vitam aeternam. Nam sicut omnis natus de carne non potest recusare corporis mortem, quae per peccatum inducta est in mundum; ita et supradicta unum effecta cum verbo, manente materia, dividi non potest. Ideo et talem comparationem praesenti posuit loco, dicendo: « *Quia fortis est ut mors dilectio. Dura sicut infernus aemulatio. Lampades eius, ignis atque flammarum. Aquae multae non potuerunt extinguere charitatem, neque flumina obruent illam* (1).» Cuius esset fortitudinis mors, quae invaserat mundum, perdocuit, cum eam dilectioni quae est inter se et verbum, praedicta comparare non horruit. Cuius fortitudo tanta fuit ac talis, ut a nullo, nisi a sola hac anima potuerit vinci, cuius vox est ad Apostolos consolandos: *Fidite, ego vici mundum* (2), *et veniet princeps mundi, et in me nihil inveniet* (3). Quae sola inter omnes animas hoc potuit dicere, et factis probare. Et sicut ita fortem ostendit mortem, ut a nullo, nisi a saepe dicta anima unita cum verbo Dei vinceretur, ita et quam dura sit aemulatio superborum praesumentium posse se Christo Domino nostro aequari, per opera bona demonstravit; sicut insanus Photinus, ut in alio libello dictum est, non metuit dicere: tantos efficit Christos, vel Salvatores, quanti reperti fuerint sermone suo et vitae exemplo, convertisse impios ab errore. Dum unus et solus ab uno verbo sit assumptus Redemptor Christus, et totius mundi Salvator, de cuius anima retro dictum est: « *Unica est Matri suae, electa*

(1) Cant.VIII.6.7.

(2) Joan.XVI.23.

(3) Joan.XIV.30.

est genitrici suae (1)! Extra hanc autem sententiam, vel regu- (1) Cant. VI. 8.
lam fidei quisquis elatus egredi attentaverit aemulando, super-
bae duritiae inferni diaboli comparatur, qui numquam poenitendo a sua duritia mollescere potest. Inferus enim tormentorum est locus, et tam durus, ut neque precibus, neque lacrymis, neque interventione cuiusquam possit ad pietatem molliri.
De quo dixit Propheta : *In inferno autem quis confitebitur*
tibi (2) ? et in alio Propheta : *quia non* (inquit) *infernus confi-* (2) Ps. VI. 6.
tebitur tibi, neque mors laudabit te (3). Cuius possessor diabo- (3) Is. XXXVIII.
lus per libertatem arbitrii, quod in natura suscepit, ita durus   18.
effectus est in malitia perdurando, ut nequeat a sua duritia
emolliri. Cui per omnia coaequati, Photinus, vel omnes haeretici, ita ei glutino perversionis suae uniti sunt, ut ab eo penitus separari non possint. Nam sicut humilis aemulatio, quae
Christum in corde, Christum in operibus pro signaculo profert
brachiorum, sublimat ad regnum coelorum, quam a se disci
Salvator hortatur dicendo : *Discite a me, quia mitis sum et*
humilis corde (4) ; ita et dura, idest superba aemulatio deiicit (4) Matth. XI. 29.
in infernum, de qua ipse Dominus dicit : *Qui se exaltaverit*
humiliabitur ; et qui se humiliaverit, exaltabitur (5). Magnus (5) Matth. XXIII
utique erit ille, qui se servum Christi audeat dicere confidenter,   12.
sicut inter caetera insignia, ad Romanos in epistola sua praenotat
Paulus, dicendo : *Paulus servus Christi Jesu, vocatus Aposto-*
lus, idest missus (6). Quod si quis amplius sibi aliquid prae- (6) Rom. I. 1.
sumendum putaverit, diaboli collegio deputabitur, vel Simo-
nis magi, qui plenus diabolo, Christum se non metuit affirmare.
Posuit ergo comparationem dilectionis insuperabilem, quam habet cum Verbo Dei, ita ut pro eius dilectione fieret quod ipsa
erat, ut ipsa fieret quod erat verbum ; et immobilem aemulationem infero comparatam, ut doceret, quaeque agnoscere
desiderat Creatorem suum, et ad aeternam requiem properare,
non ea praetermissa, gressus suae praeparet voluntatis, nec im-
memor sit eius vocem dicentis : *Sine me nihil potestis* (7) : sed (7) Joan. XV. 5.
semper se pro signaculo, corde et brachio esse portandam,
cum vadit ad Deum verbum. Quia sicut non potest transiri locus, qui sine signaculo regis iussus est non transiri, ita docuit
se in cogitatione et opere indesinenter portari, et nec posse
aliter transiri de morte ad vitam, nisi qui Christum eiusque

crucem in conscientiis praetulerit pro signaculo semper ; quoniam nullus potest jam inter dilectionem supradictae animae ver-
bique Patris admitti , quam invictricem pronuntiat , dicendo :

(1) Cant. VIII. 6. « *Quia fortis ut mors dilectio* (1).» Nec poterit aliquis ita aemu-
lator existere , ut Christo sine Christo aequetur , qui secundum
Apostolum Paulum : *Unus est mediator Dei et hominum , ho-*

(2) Tim. II. 5. *mo Christus Jesus* (2), cui tradidit Pater omne Judicium faciendum , quia filius hominis est ; sed sufficit profecto cuique, omnem dilectionem , omnemque sanctam aemulationem in ea anima ponere , quam audit in Evangelio pro sua positam esse salute.
Et sufficit secundum ipsius Christi sententiam : *ut sit discipulus*

(3) Matth. X. 25. *sicut magister , et servus sicut Dominus eius* (3). Ubi ergo dicitur sic , non aequalitas sed similitudo monstratur ; quia ut
non potest aliqua materia consueta igni pabulum praebere , sine
suo detrimento igni coniungi , ita et quisquis superbe praesumit predictae animae aequari ; ideo postea dixit fortem ut mortem dilectionem , et duram ut inferam aemulationem. Sequitur:

(4) Cant. VIII. 6. « *Lampades eius, ignis atque flammarum* (4)». De ista ergo coniunctione dilectionis, lampades ignis vivacitatem verbi Deitatis ,
et flammam illuminationis coecorum mentium, Spiritus Sanctus
velut de lampada, assumpto homine, procedere praesenti docuit

(5) Joan. IX. 5. loco , secundum quod *Lux mundi est* (5) ista Dei hominisque
dilectionis coniunctio , quae per veram carnem , et veram animam, veramque Deitatem, in modum lampadae unam efficit lucem. De quibus lampadibus, pro modulo capacitatis, super credentes illuminationis flamma infunditur. Et ut ostenderet, hanc
dilectionem vel aemulationem humilibus et credentibus, Dei
amicitias collocare , superbe vero et perverse de Incarnationis
mysterio , in quo est omnis spes nostra , sentientibus , tormentorum flammas parare , et de una eademque luce illuminari iustos , impios autem cremari ; lampadas ignis dixit procedere de
hac dilectione , quam etiam charitatem esse , quae Deus est ,
docuit , et hanc in baptismo generaliter super omnes credentes
infundi , sed unumquemque aut sanctis operibus augmenta ministrando in se accensam servare, aut negligendo extinguere, prae-
cipiente magistro Paulo : *Spiritum nolite extinguere ; prophe-*

(6) Thes. V. 19. 20. *tias nolite spernere* (6). Cuius charitatis tantam fortitudinem
esse perdocuit , ut nulla tempestatum violentia, impiorum, nec

multarum aquarum fluctus persecutorum in credentium corde
extinguere queat, sicut sequenti versiculo ait : « *Aquae multae
non potuerunt extinguere charitatem, nec flumina obruent il-
lam* (1).» De qua charitate dilectioneque beatus Paulus ita pro- (1) Cant. VIII. 7.
sequitur : *Quis nos* (inquit) *separabit a charitate Dei, quae est
in Christo Jesu Domino nostro ? tribulatio, angustia, an fa-
mes, an nuditas, an periculum ?* et caetera (2). Haec utique (2) Rom. VIII. 3.
mihi videntur aquae multae, quae in credentibus Deo non pos- et seq.
sunt extinguere igneam charitatem verbi caro facti, quae diffusa
est per Spiritum Sanctum in cordibus nostris. Haec utique charitas in credentibus Christo, eique coniunctis fide accensa, nec
per multitudinem profanorum insanientium populorum pro idolorum defensione, qui aquae multae intelliguntur, extingui potuit umquam, neque per crudelissimos reges vel principes, de
quibus terribilis turbida et undosa praeceptio tormentorum, quasi
de fluminibus inundabit. Sed horum inundatione populorum insanientium non poterit extingui charitas memorata, neque fluminibus obrui, quae unum effecta fuerit cum illa anima, quae
semper super dilectum verbum nixa est. Quod torrens ignis a
Propheta est appellatum, dicendo : *Ecce verbum Domini ardens
sicut torrens inundans, confringens montes, et liquefaciens
petras.* Hic ergo tantus ac talis habitans in credente anima,
flatu virtutis suae, in se retorta spumantia repellit flumina, et
collisa exterminat ; dum hic compendiosus exitus datur per acer-
rimam poenam, aut prolongantur tormenta, et patitur, ipse
tantus est, ut eius dilectionis, humiliando se, anima aemulatrix
existat. In perversis autem, aquae istae vel flumina non solum
extinguunt, sed nec inveniunt scintillam, quam extinguant, charitatis ; quum ipsi eam iamdudum nequissimis operibus extin-
xerunt in se. Carnis enim amore, animae charitas extingui probatur ; et quanto creverit carnis amor in corde, tanto minuitur
lux charitatis. Unde comparationem dilectionis, quae inter verbum Dei et animam est, ex carnis amore evidentissimam posuit ;
ut si non amplius (quod utique iure debetur) saltem ea mensura, eo igne flammata verbum vitae diligat anima credens Deo,
quo mortalis forma diligitur mulierum, dicendo sequenti versiculo : « *Si dederit homo omnem substantiam domus suae pro*

(1) Cant. VIII. 7. *dilectione , quasi nihil despiciet eam* (1)*» a).* Hic namque dilectionem pro amore posuisse monstratur ; et non caelestem qui ducatum praestat ad vitam aeternam , sed carnalem qui iter praebet ad mortem. In quod si quis inciderit, velut quadam insania correptus , nec periculum imminens cogitat , nec amissionem pecuniae metuit , nec si dederit omnem censum domus suae pellici , sentit , quousque desiderium compleatur amoris turpissimi , et quantum creverit in praetio turpissimus amor pellicis , tanto crudelius inflammat amantem se. Et quanto amplius dederit amator formae eius , tanto despicietur , quasi nihil dederit umquam. Et quanto amplius per multas formas cucurrerit diligendo , tanto vilior efficitur et despectus. Ad cuius comparationem , unius caelestis dilectionis animae perfectae inducitur amor praesenti loco : quae semel cum repudium dederit malignis spiritibus vitiorum , qui diversos amores alios latenter invitant , et verbi Dei dilectione fuerit inflammata , et ei toto affectu adhaeserit, numquam metuit pro eius nomine , pro eius fide , neque ignes , neque bestias , neque gladii rigorem , neque amissionem universae substantiae domus suae. Sed nihil aliud toto corde , tota mente , tota virtute desiderat , nisi ut optatus adveniat corporis finis , sicut martyres fecisse , vel innumerabiles turbae sanctorum probatur . Qui unius formae amatores extitisse docentur sapientiae , de qua dixit idem Salomon : *Factus sum amator formae illius , et disposui coniugem mihi as-*

(2) Sap. VIII. 2. *sumere eam* (2). Omnis enim casta anima , non multas , sed unam diligit formam , et ideo numquam dispicitur ab ea , sed usque in finem diligitur , et non exhaurit substantiam domus suae per multas , sed augmentat sapientiae mercimoniis thesauros domus mentis suae. De quibus ipse Salvator noster dicebat : *Bonus homo de bono thesauro cordis sui profert bo-*

(3) Matth. XII. *num* (3). De qua Propheta dicit in Psalmo : *Unam petii a*
35.
(4) Ps. XXVI. 4. *Domino, hanc requiram* (4) ; Et quam idem Salomon solam omnibus divitiis anteponens, a Domino postulatam accipit in

(5) Reg. Lib. III. libro regnorum (5) , sciens omnes divitias , omnes honores
Cap. III.
omnesque ultiones de inimicis in ea reconditas permanere.
Impudica vero anima per multas lenocinantibus oculis tracta,

· *a)* Haec scripturarum verba desiderantur in codice nostro mss. Ipsi addidimus , et Amanuensis negligentia praetermissa censemus.

non satiatur formas discurrere, sive a turpissimo amore carnis sive vanaegloriae capiatur laude. Nam philosophi amatores sapientiae appellati sunt; sed per multas corde vagando adinventiones, veram et unam ditantem amatorem apprehendere
nequiverunt et frustra exhaurierunt omnem substantiam domus
suae, mergendo in mare. Qui quantum a stultis mortalibus vanaegloriae laudem se aquirere sunt opinati, tantum ab ipsa
multimoda sapientia sunt despecti. Nam, ut nobis exempla castitatis vel sapientiae dilectio pingeretur, in divinis libris patriarcharum connubia describuntur, ubi amici Dei non multas
sed singulas coniuges dilexisse describuntur. Abraham igitur
non levitate tractus, sed propter posteritatem deprecanti Sarae
coniugi ut iungeretur ancillae, vix legitur praebuisse consensum : Qui tantum unam, de qua promissionis munus suscepit,
semper dilexit. Isaac similiter unam legimus dilexisse, de qua
dicitur : *Suscipiens Isaac Rebeccam dilexit eam, et consola-
tus est a luctu matris suae* (1). Jacob autem licet de quattuor
susceperit liberos, unam tamen legitur dilexisse Rachel. Et
quomodo per amorem Rachel caeteris iunctus sit, narrante historia, prudens lector docetur, quamquam omnia in mysterio
eo tempore acta intelligantur. Illorum enim singulae dilectae coniuges ad nostram unicam sapientiam diligendam portendebant
figuram. Nam horum, de quibus narratur multitudinem dilexisse uxorum, narrantur et culpae, narratur a Deo discessio,
narratur idolatriae nefanda cultura. In quibus mulieres extinxe-
runt charitatem, unius Dei notitiam. Quam in martyribus, vel
in sanctis viris supradictae aquae multae et flumina nec extinguere, nec obruere potuerunt, eo quod in eorum mentibus dilectio charitatis, quae omnia credit, omnia sperat, omnia sustinet, radicata consistit. Qui sapientiam diligendo, et castitatem animae et corporis, geminum dilectionis munus Christo
offerentes, unicam requiem aeternam promerentur. Quae dilectio regnum praeparat, a diabolo separat ac defendit, ad dexteram collocat maiestatis. Nam illa saepedicta gemina carnalis
dilectio, quae captivos tenet deceptos, tam insatiabilis est, ut
vix inveniat finem. Quae sive in amore turpissimo, seu in vanae
gloriae laudem astrinxerit quempiam. secum deducit ad inferos.
De quibus opinor eumdem Salomonem dixisse : *Amor mulie-*

(1 Gen. XXIV.
67.

29

(1) Prov. XXX. 16. *ris , et infernus non dicunt : satis est* (1). Turpis enim dile‑
ctio nec expoliatum facit sentire nuditatem , nec expoliantem
satiare divitiis. Quem quanto amplius expoliaverit , amplius et
detestabilius despicit. Haec de carnis dilectione dicta sint. Ani‑
mae vero dilectio , idest sapientiae , vanae gloriae praedictae ,
quibus poenis, quantisque distentionibus agat captivos suos, quis
possit enumerare ? Quae in philosophis, et in haereticis maxime
debacchatur , qui et amissionem rerum praesentium , et casti‑
tatem corporis , et scientiae opera magnanimiter arripiunt pro‑
pter hominum laudem ; sed quia charitas Dei quae diffusa est
fidelium mentibus, vanae gloriae obstaculo excussa est a cordi‑
bus eorum , inanis est huiusmodi labor et in philosophis et in
omnibus haereticis, quorum dilectionis laborem breviter con‑
cludens cassavit beatus Apostolus Paulus dicens : *Si habuero
fidem ita ut montem transferam , et si habuero omnem pro‑
phetiam , et si omnem substantiam meam in cibos pauperum
erogavero , et si flammis tradidero corpus meum , ut ardeat,*
(2) Cor XIII 2.3. *charitatem autem non habeam , nihil mihi proderit* (2). Qui
ergo pro eius nomine , quem perverse confitetur et praedicat,
etiam si omnem substantiam suam pauperibus dederit ; etiamsi
pro eius nomine interficiatur , quasi nihil despiciunt eum fecisse
boni operis poenarum angeli in die iudicii, cum in locum ve‑
nerit tormentorum. Quibus ipse Dominus et Salvator se prae‑
dicit dicturum in illa die : *Nescio vos , operarii iniquitatis ,
discedite a me.* Cui illi dicturi sunt quidem : *Domine , in pla‑
teis nostris docuisti , et in tuo nomine virtutes multas feci‑*
(3) Luc. XIII.26. *mus* (3). Et audituri sunt : *Amen dico vobis, nescio vos* (4). Qui
et seq.
(4) Matth XXV. 12. quidem videntur habere in se charitatem per hoc , quod effa‑
biles se hominibus praebent , sed quam aquae adulationum , et
persecutionum flumina extinguant , vel obruant , eo quod non
sit in eorum mentibus charitas Dei , quae non inflatur, non
aemulatur, non quaerit quae sua sunt, non est ambitiosa : quae
omnia sustinet , omnia sperat , omnia credit , quae etiam num‑
quam cadit ; et ubi haec non fuerint , ibi quantalibet pruden‑
tia sit litteraturae , quantalibet scientiae divinae scripturae, vel
abstinentia cibi , quantalibet humilitatis et morum tranquilli‑
tas, etsi omnem substantiam domus suae in cibos pauperum de‑
derit , etsi flammis tradiderit corpus suum pro eius nomine ,

quem perverse confitetur, quasi nihil despiciunt eum boni operis fecisse poenarum angeli, ut dictum est, in die iudicii. Cui
tamdiu in cogitationibus omnem scientiam daemones repromit-
tunt, quamdiu expolient mentem eius recta fide, quae omnium
bonorum caput est. Ubi vero omnem substantiam domus mentis suae, perdendo verae charitatis dilectionem, daemonibus dederit, iam captivum nudatumque omni praesidio Spiritus Sancti, pro nihilo despiciunt eum. Nam de hoc non est dubium
apostolum dicere : *Si quis totam legem servaverit, offendat autem in unum, factus est omnium reus* (1). Quid enim prodest (1) Iacob II 10
homini observatio legis haeretico, qui ipsum legislatorem per-
didit blasphemando ? Cuius dilectio unica excludit omnes fera-
les delectationes, quae exinanitum pro nihilo despectum suum
probantur reddere amatorem. Quem eversum a fide recta iam
non dignantur ulterius daemones in aliis vitiis impugnare ut fortissimum virum, in quibus sanctos impugnant ; sed quasi nihil
redactum, qui nec surgere posset, despiciunt eum. Quibus aenigmatibus docetur anima, ut cum de errore deserti adducta fuerit per Verbum Dei ad baptismum vel ad veram fidem, circumspectet, sicut suscepit renascendo custodiat fidem, in qua
Deus est, et charitatem, per quam Christus Dominus noster
non dispectum, sicut fuerat a diabolo, sed laudabilem hominem antiquae patriae paradiso reddidit. « *Soror nostra parva,
et ubera non habet. Quid faciemus sorori nostrae, in die,
quando alloquenda est* (2) ? » Soror proculdubio ipsa plebs iu- (2) Cant. VII 8.
daica sub finem mundi adducta de praedicto deserto appellari
intelligitur (quam diximus in novissimo tempore converti ad
Deum coeli) ascendens de incredulitatis deserto, ubi Deus non
colitur, nixa super Verbum Dei, deliciis affluens, cognita fide
individuae Trinitatis, sine qua non solum deliciae nullae sunt,
sed famis periculum sustinet anima. Soror, quoniam de semine
Abrahae descendit, de quo Christus secundum carnem, et Ecclesia secundum fidem, eo quod gentium pater a Deo sit constitutus. De quibus gentibus, Ecclesia unum corpus Christi per
fidem effecta est, sicut et anima Christi una persona cum Verbo
effecta probatur, cui sermo Dei Patris se univit, ad quem pietatis affectu pro antedicta plebe anima Domini nostri Christi
intelligitur dicere : « *Soror nostra parva, et ubera non ha-*

(1) Cant. VIII. 8. *bet* (1). „ Parva, quia in novissimis diebus renascendo per baptismum ad hanc gloriam fraternitatis ventura est. Per quam nativitatem Christi fratres efficiuntur credentes in eo. Soror autem verbi, secundum quod ad imaginem et similitudinem eius facta est, intelligitur appellari. Parva, quia magnis et profundis Apostolicis sensibus expers. Nam quod ait: *ubera non habet*, ostendit eam, imminente fine mundi, sapientissimos viros doctores legis divinae, sicut aliae gentes, non habituram, nec sacerdotes ex sua progenie, per quos nutriat alias animas ad salutem, eo quod infantiae tempore necdum ad pubertatem perducta, ubi aetas ubera dat, persecutionem Antichristi, et Spiritus Sanctus praecinit imminere. Quem etiam vix plebs illa valuit sustinere, quae plerumque Jerusalem appellatur, cuius vestigia fidei utpote genitricis sequendo, licet sera repedavit ad Creatoris notitiam. Cuius rudimenta fidei ne in allocutione diei conturbentur poenarum atrocitate, tractatur consilium, quibus adiutoriis eius credulitas debeat exornari; ut quae decora facta est credendo, pulchrior per Dei gratiam appareat adiuvata. Dicendo ergo vox animae praedictae: *Quid faciemus sorori nostrae?* non ignorat quid fiat ei, sed dilectionis pietatisque affectum demonstrat, respondendo, verus sermo Dei: „ *Si murus est, aedificemus super ea propugnacula argentea. Si ostium*

(2) Cant. VIII. 8. *est, compingamus illud tabulis cedrinis* (2). „ Beneficiorum suorum se munera nulli umquam negaturum edocuit, et compunctionis, per quam excitamur converti ad Deum ad benefaciendum: quae propugnacula argentea intelliguntur, de quibus ipse Christus dixit: *Sic luceat lux vestra coram hominibus, ut videant homines opera vestra bona, et glorificent Patrem*

(3) Matth. V. 16. *vestrum qui in coelis est* (3); et adiutorii protectionisque gratia, quibus velut imputribilibus tabulis anima communitur, ne persuasionum daemonum tempestate a robore bonae voluntatis suae madefacta depereat. Quapropter videtur mihi in hac plebe, eos qui unum Deum Omnipotentem cognoverint, murum intelligi proximos factos verbo patris, de quo prophetavit Isaias dicendo: *Urbs fortitudinis nostrae Salvator, ponetur in ea mu-*

(4) Isai. XXVI. 1. *rus, et circamurale* (4): Hoc est, vera anima veraque carne circumdatus ad mundi redemptionem ostensus. Illi vero, qui iam perfectiores, et parati sunt pro eius nomine sanguinem fun-

dere, qui exemplo suo incredulis praebent ad salutem ingressum, ostio comparantur. Licet enim omnium hominum naturam induerit Dei Verbum ad liberationem humani generis, tamen ille efficitur murus vel ostium praedictae civitatis, idest Christi, qui eius imaginem portans, intra se rectam fidem tenendo, sanctis operibus ipsum Verbum meruerit retinere, sicut promisit in propheta: *Inhabitabo* (inquit) *in eis, et ero illorum Deus* (1). Iudaeus namque, propter notitiam legis divinae [1] 2.Cor. VI. 16. quae Christum promisit venturum, propter quod aliis gentibus Deo vicinior videbatur, qui se dignatus est dicere civitatem, figuraliter intelligitur murus, vel ostium, qui ante Salvatoris adventum per legis doctrinam introducebat alias gentes ad Creatoris notitiam. Sed eiusmodi murus necessaria habet aedificari super se a verbo Dei Christo, per notitiam Trinitatis, per doctrinam Evangelicam pietatis, per baptismi Sacramentum, per Spiritum septiformem, vel multiformae sapientiae Dei, propugnacula argentea. De quibus absconditus a saeculis redemptionis nostrae splendor ut argenti de antro emicat, quo virtus imminuta repellitur hostis: In quibus propugnaculis tutissimus consistat a diaboli sagittis rationabilis animae sensus. Quae propugnacula Salvatoris manibus super credentes in eum, per incarnationis mysterium fabricantur; ut perfectus et decorus murus, iam qui Deum se nosse plaudebat, efficeretur. Nam sicut murus civitatis sine propugnaculis, nec defensionis auxilium, nec decoris praebet aspectum; et quomodo ostium ei insertum, nisi tabulis aeneis, ferreisque laminis compinctum fuerit, non potest hostilem ignem repellere; ita et perfectum Christianum in scientia legis, nisi haec praedicta munimenta fuerit circumdatus, inanis labor consumit. His vero communitum, et pro Christi nomine mori paratum, tolerantiae adiutorio fultum ita decorat confessionis et signorum splendor, sicut propugnacula murum, vel portam civitatis aenearum tabularum compinctio. Igitur tanta benignitas est Domini nostri Jesu Christi, ut quod ipse est per naturam divinitatis, hoc in imagine per virtutem signorum, martyres eius efficiantur; idest, ut sicut compincti virtutibus refulgebant Apostoli, quibus dicitur: *Maiora horum facietis, et qui vos recipit, me recipit* (2): Et *Sicut misit me vi-* [2] Matth. X. 40. *vus pater, et ego mitto vos: et qui credit in me, opera quae*

(1) Jo. VI. 58.
Id. X. 12.

ego facio , et ipse faciet , et maiora horum faciet (1) : Ita eorum exemplis, sequentes eos, similes fiant. Hic ergo magnus artifex Dei sermo in Apostolorum electione paravit sibi imputribilia materiae tabularum, per eorum vitae exempla, quos cedro
in alio libello intelligi diximus. De quibus decisa exempla virtutum , quae in se compincta eorum posteri susceperunt imitatores, Christus vestire virtutem suam , impertiendo, probatur.
Qui , quod a Christo per eius imitatores susceperunt , gentilibus etiam impertire noscuntur. Tunc enim erit perfectus Christi
confessor , dum Apostolorum fidei tolerantia atque munimine ,
ad diem allocutionis ante reges et praesides venerit circumdatus. Dies autem allocutionis ille mihi huius plebis videtur , ubi
aperta ante Christi praesentiam fuerit declarata , quando ab
Antichristo vel eius ministris alloquenda est plebs christiana, an
eligat, negato Christo, sibi inflectere colla, an atrocissimae morti
succumbat. Tunc enim aut verae laetitiae dies est consumato
martyrio, aut aeternae tristitiae perdita fide, quae aeterno principi Christo coniungit ; quae ducatum parat sempiternum , quae
de regione principis liberat mundi , ubi fletus et stridor dentium. Nam cum semper cura sit Deo de homine, quem ad suam
imaginem creavit , tamen tunc illi quam maxima cura est ,
quando ante tribunal iudicum alloquendus deducitur christianus. Tunc illi pro defensione fidei pugnanti , immo ut muro
stanti , ad infirmorum exemplum superaedificantur propugnacula argentea ; hoc est, bonae voluntatis eius sermone sapientiae ,
quid loquatur in conspectu regum, ab ipso Domino nostro Jesu
Christo , Patre , et Spiritu Sancto in ore eius proponendo , ae-
dificantur. Et ut ipse sit ostium in martyrii gloriam introducens
suae tolerantiae visione, incredulos, impios, et formidolosos adiutorii ut sustinere possit , in eo firmamenta cedrinarum tabularum compinguntur : quibus omnifarie circumdatus , altero latere scilicet tolerantiae , altero signorum virtutibus , nec ignis
tormentis, nec persuasionum blandimentorumque varietate quas-
setur. Quibus propugnaculis tabulisque compinctis, ignis extin-
guitur , bestiarum atrocitas mansuescit , acriorum verberum
omnino non sequuntur tormenta , sanctorum Angelorum aspectus conceditur, palmae et coronae adhuc in colluctatione positis ostenduntur. Quae omnia in Apostolis et eorum imitato-

ribus martyrumque choris , super aedificata, adiuncta, compin-
ctaque probantur. Qui omnes pro diversis virtutibus , diversis
operibus sanctis , diversisque tormentis unam fidem tenentes ,
pacem de coelo a patre missam diligendo, una Jerusalem civitas,
quae est Ecclesia , effecti sunt. Cuius culmen Christus , cuius
Patriarchae fundamenta , cuius muri Prophetae , cuius Apostoli
portae, cuius serae imitatores eorum. Cuius filios, hoc est cives,
omnium credentium praefigurare cognoscitur multitudo , cui
dicitur ore prophetae : *Lauda , Jerusalem, Dominum ; lauda
Deum tuum, Sion. Quoniam confortavit seras portarum tuarum,
benedixit filiis tuis in te* (1). Haec ergo addimenta virtutum vel
adiutoria, super murum bonae voluntatis , et in ostio rectae fidei, huic memoratae plebi ponuntur ; quae posita sunt, vel quotidie super credentes ab adventu Domini nostri Jesu Christi ponuntur. Quae tamen quammaxime , ut retro diximus, tunc
magna cura est artifici praedicta fabricare super animam, cum
hostis diabolus omnia arma adversus cives Jerusalem commove-
rit expugnandos. Nam sicut nutrix filium suum licet diligat , tamen corripit inquietum tempore sanitatis , et austera videtur ;
cum vero coeperit infirmari, anxia satagit , et cursitat , ut inco-
lumis sanitati reddatur : ita Creator noster, quando nos terreno
gaudio viderit occupatos, prolongat , et corripit. Cum autem infirmitate tristitiae, quae secundum Deum est, vallatos viderit, et
ipse praesens efficitur , et suggerit quid diabolo interroganti respondeatur , et Angelorum custodiam adhibet ad inimici terrorem , et infirmorum liberationem, ipso Christo dicente : *Nolite
solliciti esse, quomodo aut quid loquamini, cum adducti fueritis
ante reges et praesides , quia dabitur vobis in illa hora quid
loquamini. Non enim vos estis qui loquimini, sed spiritus Patris
vestri , qui loquitur in vobis* (2). Et per Prophetam de Angelorum custodia ita ait : *Mittit Angelos Dominus in circuitu timentium eum , et eripiet eos* (3). Haec sunt namque ornamenta,
et fortitudo , quae huic saepe dictae plebi a Dei filio promittuntur , cum ait : « *Si murus est , aedificemus super eam propugnacula argentea* (4).» Hoc est , si Patres Prophetas agnoscit,
murum se profitetur, et propugnaculorum supradictorum perfectione decoranda est. « *Si ostium est* (5).» Idest si Apostolorum
consanguinitatem se trahere confitetur, eorum sequendo vesti-

(1) Ps. XIV. 1 seq.

(2) Matth. X. et seq.

(3) Psal. XXX R

(4) Cant. VIII

(5) Cant. VIII

gia, necesse est, ut praedictis virtutibus vel Apostolorum compingatur exemplis. Unde ergo evidenter docemur, inter caetera bonorum gestorum, martyrii gloriam non propriis viribus voluntatis, sed ab artifice Dei filio aedificari super animae voluntatem ; et haec, quomodo vel quando, et quibuscumque voluerit ferramentis, idest doctoribus, Apostolis vel Prophetis faciat, demonstravit. Quae dona saepe dicta, super hanc plebem quae in novissimo tempore significatur ad fidem Christi adduci per Enoc et Eliae praedicationem, aedificanda compingendaque intelliguntur. Quos scriptura signat adhuc debitum mortis praesentis necdum cum caeteris hominibus exsolvisse. Quos opinamur, debacchante Antichristo, demonstrari in terris, ut deceptos ab eodem, sua praedicatione ad Deum Patrum suorum convertant, sicut dixit Deus per Malachiam Prophetam : *Ecce mittam vobis Eliam Prophetam, antequam veniat dies Domini magnus, et horribilis, et convertet cor patrum ad filios, et cor filiorum ad patres eorum* (1) ; et ipse Dominus Christus in Evangelio interrogantibus discipulis de Elia dixit : *Elias quidem veniet restituere omnia* (2). Et quae omnia, nisi omnem plebem Israel, omniumque gentium nationes, quae repertae fuerint in illis diebus, quas diabolus in sua ditione abstulerat, ad idola pertrahendo, restituet notitiae Creatoris? Et in Apocalypsi Joannis (si cui tamen recipiendum videtur) similiter horum nominatim etiam in novissimo tempore, et praedicatio et martyrium evidenter ostenditur. Haec namque dona praedicuntur saepe dictae plebi conferenda novissimo tempore, quando, secundum Apostolum, omnis plenitudo gentium introierit in fidem Christi, et sic omnis Israel salvus erit. Quando Antichristum probaverit populus Judaeorum, quem Christum opinabatur ; quando cognoverit, credens Evangelium, Christum factorem suum, quem Patres eius malefactorem ante Pilatum praesidem adductum conclamaverunt. Tunc vero, reformata in se imagine Creatoris, credendo Christo, murus efficietur praedictis argenteis propugnaculis adornatus. Tunc decorum ostium pro eius nomine moriendo semper erit, sicut Angeli in coelo: semper immortalis, semper vivens, permanens cum Apostolis in aeternum, quorum vitam, quorum fidem secuta, et virtutibus adornata. Quod ostium, propter quod cum Christo unum sunt tabulis ce-

(1) Malach. IV.5. 6.

(2) Matth. XVIII.

drinis compinctis, aliis etiam gentibus, quibus nunc commixta est, pro Christi nomine moriendi praebebit suo exemplo ingressum in regno Dei. « *Ego murus, et ubera mea sicut turris, ex quo facta sum coram eo, quasi pacem reperiens* (1).» Quidquid igitur in mysterio praefiguratum est, in omnium gentium, in sanctorum persona, a capite huius cantici usque ad praesentem versiculum, intelligitur esse completum; nunc vero quae sequuntur, proprie singularis electae per quam diabolus victus est, et humanum genus de eius manibus liberatum est, animae vox loquentis inducitur per quam pax terris infusa est, quae iram bellorum, et nequissima iurgia effugaret. Sicut in eius nativitate Angeli nuntiant pacem in terris hominibus bonae voluntatis, et sicut secundum divinitatis potentiam omnia hominibus Christus est ut Deus deorum, et Dominus dominorum, et Rex regum, Princeps principum, et Propheta prophetarum, et Christus christorum, et Judex judicum, et Imperator imperatorum, et Sanctus sanctorum, et Martyr martyrum; ita nunc secundum carnis naturam, pro loco vel causa, asseruit se murum esse murorum. De aliis namque sanctorum personis, qui pro merito honoris gratiam recipiunt alterius ore, muri appellantur Jerusalem vel Sion, sicut ait Deus per Isaiam : *Et dixit Sion : dereliquit me Dominus, et Dominus oblitus est mei;* et respondetur ei a Deo : *Numquid oblivisci potest mulier infantem suum, ut non misereatur filio uteri sui? et si illa oblita fuerit, ego tamen non obliviscar tui, dicit Dominus. Ecce descripsi te in manu mea, et muri tui coram me sunt semper* (2). Quod utique completum ostendit in suo adventu, dicendo : *Ecce ego vobiscum sum omnibus diebus* (3). Et alio loco : *Super muros tuos, Jerusalem, constitui custodes* (4), qui proculdubio Angeli intelliguntur sanctarum animarum custodes. Et alio loco : *Occupabit* (inquit) *salus muros tuos, et portas tuas laudatio* (5). Quod utique in sanctis et apostolicis animabus completum est tempore redemptionis nostrae, in quibus salvationis et laudis gratia collata probatur; in quibus utique, tanta salutis et laudis occupatio venit, ut praeter salutem hominum et laudem Christi Dei nostri, nihil aliud cogitarent. Hic enim praesenti versiculo, cui bruto non clareat ipsius praedictae animae vox, ut se secundum carnis naturam, similem caeteris sanctis animabus osten-

(1) Cant. VIII. 10.

(2) Isai. XLIX 14. et seq.

(3) Mat. XXVIII 20

(4) Isai. LXII. 6.

(5) Isai. LX. 18.

(1) Cant.VIII. 10. deret? cum ait : « *Ego murus , et ubera mea sicut turris* (1).»
In quo mysterio evidentissime docet , Deum per hominem ho-
minibus subvenisse , sicut dictum est per David : *Frater non*
(2) Ps. XLVIII. 8. *redimit , redimet homo* (2). Et quis alius homo nisi solus Chri-
-stus , qui dixit per Isaiam : *Torcular calcavi solus , et de gen-*
(3) Isai. LXIII. 3. *tibus non est vir mecum* (3). De quo, credentium populus dicit
in Jeremia Propheta: *Spiritus oris nostri Christus Dominus ca-*
ptus est in peccatis nostris. Cui diximus: *in umbra tua vivimus*
(4) Jerem. Thre.
IV. 20. *inter gentes* (4). Cuius anima unita cum verbo , dum ab eo defendit qui se solem iustitiae mentitur, protectionis umbracu-
lum praestat. Crucem portando , ovis est ; gratiarum charismata
impertiendo , agnus est; morti subiacendo, ovis est ; vitam tribuendo, pastor est ; persecutionum impetus ab Ecclesia repel-
lendo , vel unamquamque animam ab impossibili impugnatione
defendendo , murus est. Ante eius ergo adventum aedificabatur
quidem Jerusalem in figura Ecclesiae , in Patriarchis et Prophetis , vel in observationibus cultorum legis Mosaicae , et videbatur ambiri muris ; sed subiacebat periculis crebris , quia
non erant igne Spiritus Sancti roborati murorum lapides , qui
possent illidentium daemonum fulmina arietum repellere. Sed
ubi assumpta humanitas , manente materia , in robur Deitatis
migravit , murus defensionis effecta est totius Ecclesiae, de qua
praecinebat David: *Stantes* (inquit) *erant pedes nostri in atriis*
(5) Psal. CXXI.
2. 3. *tuis , Jerusalem , quae aedificatur ut civitas* (5). Quae proculdubio ad perfectionis aedificium per Incarnationis mysterium
producta probatur , et peraedificata in toto mundo splendet ,
cum vera sapientia Dei Patris , vera anima et vera carne circumdata , inexpugnabili vita ingredientibus in se per fidem apparuit mundo. Quibus beatus Petrus dicit : *Vos autem gens*
(6) I. Petr. II. 9. *sancta, populus acquisitionis* (6). Et magister gentium Paulus :
(7) Philip I. 8. *Si quomodo* (inquit) *cupiam vos in visceribus Christi* (7) : Et
(8) Joan. XV. 4.
XIV. 15. ipse Christus : *Manete* (ait) *in me, et mandata mea servate* (8).
Necessario enim qui per fidem rectam in visceribus Christi est,
intra urbem inexpugnabilem fortissimo muro vallatus securus
consistit , et huic contra hostem pugnanti dicit assumpta anima
(9) Cant.VIII. 10. Redemptoris : « *Ego murus , et ubera mea sicut turris* (9). »
Consolationis proculdubio vox est pronuntiata , quam dixit
Apostolis : *Fidite, ego vici mundum* ; et qui credit in me , non

morietur in aeternum (1) se murum verissime pronuntiavit, per quod verus hominum defensor probatur, dicendo : « *Ego murus* (2). » *a)* Ubera autem sua turrium imagine demonstravit, quia, quod ipse est natura, hi quos sua virtute portat, vel suos Vicarios ponit, imagine consequuntur. Ubera ergo huius, sicut in capite dictum est in hoc cantico, apostolici viri figurari intelliguntur, qui susceptum Verbum doctrinae a Christo, qui caput est totius Ecclesiae, velut lac porrigunt parvulis animabus ; quae concipiuntur per bonam voluntatem, generantur credendo, nutriuntur doctrina, et efficiuntur pulcherrima proles de ineffabili indivisibilique coniugio inter Verbum et animam Domini nostri Jesu Christi celebrato. Et sicut dum lacte doctrinae nutrit parvulas animas, Apostoli ubera sunt : ita cum iam grandes effectae fuerint, et ab hoste diabolo coeperint impugnari, multiformi impugnatione turrium similitudinem gerunt. Quia sicut per eos nutrit, ita et per eos defendit Ecclesiae civitatem ; qui, ut turris murum, ita Ecclesiam doctrina Christi ornare probantur. Securus ergo in his turribus, divinae scientiae sanctarum scripturarum armis circumdatus inclusus consistit, qui in eorum fide immobilis permanet. Defensor igitur noster murus Christus, apostoli eorumque consimiles turres, et intra eos arma spiritalis sapientiae, scientiaeque, et illa charismatum, quae nota sunt christianis, quae traduntur a Deo tempore redemptionis. Nam sicut turres portantur a muro, et intra turres arma reposita, cum quibus hosti resistunt custodes murorum ; ita per fidem a Christo sustentantur apostoli, et per apostolos fidelium turba. In quibus vitae exempla, et rectae fidei arma sunt collocata. Quam qui indesinenter tenuerit, vincit ; qui dimiserit, vincitur. Ideo ait in Evangelio ipse Redemptor : *Vigilate et orate, ne intretis in tentationem* (3). Certum est enim, ut qui de hac exierit civitate, ubi Christus murus est, eum non habere refugii locum ; nisi in tentationis baratro. Ut autem luce clarius manifestaretur, de assumpta carnis vel animae persona praesenti versiculo loqui, tempus etiam posuit, quando facta sit quod divinitas non recipit verbi, simulque ostendit se propter pacem mundo reperiendam, quae ob praevarica-

(1) Joan XVI.33.

(2) Cant. VIII.10.

(3) Matth. XXVI. 41

---

a) Murus pastor Christus, turres Apostoli et eorum similes. Ita in medio margine Codicis.

tionis et superbiae foetorem reliquerat mundum, sic mirabilem, sic mirabiliter factam; ut admirarentur virtutes coelorum, nescirent daemones, non crederent impii, dicendo: « *Ex quo*
facta sum coram eo, quasi pacem reperiens (1). » Docuit utique non illam pacem, perpetuamque tranquillitatem, quam fruituri sunt sancti post huius sacculi finem, de qua dixit propheta : *Mansueti possidebunt terram, et delectabuntur in mul-*
titudine pacis (2) ; sed tantam, quam possit capere mundus, se reperisse nascendo pronuntiat, non illam quam iudicando daturus est dignis, sed illam, quam iudicatus ab indignis reperit mundo. Non enim inconcussa pax est, nec pacis est multitudo, ubi innumerabilia et antiqua bella grassantur quotidie ; ubi dicitur : Vae mundo a scandalis ; ubi in collnctatione positi sunt fideles ; ubi non coronantur, nisi qui legitime certaverint ; ubi adiutorii auxilia a bellatoribus quotidie implorantur. Sed illa intelligitur repropitiationis pax, inter Deum et hominem reperta, per quod docuit a protoplasto Adam usque ad partum Virginis, bellum fuisse inter Creatorem et creaturam. Bellum enim coelo inferre conatur, qui manufacta omnipotenti comparat, et praeponit. Bellum Deo inferre est, quae fieri iussit, spernere, et, quae contradicta sunt, perpetrare. Et tanto tempore in his tantis sceleribus offenso Creatore, nullus repertus est inter homines a suis culpis omnino liber, qui obsecratione sua ab ira indignationis Deum pacificaret humanae naturae ; nisi haec unica praedictae matri, electa genitrici, coelo terrisque admiranda, nova novo ordine facta fuisset anima, cui peccatum neque in opere neque in cogitationibus dominaretur. Sed quemadmodum facta est immaculata, ita permansit coram eo. Quam ostensam terris coelorum virtutes laudaverunt, sublatam in passionis mysterio petrarum scissio. Quae magnitudine humilitatis suae, sola inter Creatorem Deum, et hominem, quem utrumque gestabat, pacem reperit, et inventam Angelorum ore tradidit mundo nascendo, et ascendens coelos pro magno munere credentibus dereliquit, clamantibus Angelis in eius ortu : *Gloria in excelsis Deo, et in terra pax hominibus bo-*
nae voluntatis (3) : Et ipso dicente : *Pacem meam do vobis :*
Pacem meam relinquo vobis (4): Confirmante Apostolo Paulo,
dum eius virtutes exponit, *qui est* (inquit) *pax nostra* (5), et

pacificavit, quae sunt in coelo, et in terra , faciens pacem, ut re-
conciliaret nos Deo per sanguinem suum. Exquisitam utique pacem invenit, celando omnipotentiam, monstrando infirmitatem,
ostendendo formam servilem forma deitatis indutam; reperit pacem , inter Deum et homines mediatrix existens, cum ex altero
latere Deo Verbo Patris , ex altero immaculatae carni coniungitur , cum vere vivit in deitate in patibulo Crucis , et vere pro
odientibus pacem , libentissime moritur in humanitate. Nam ex
quo facta est, et mundo ostensa , non solum animarum pax
illuminat mundum ; sed publica etiam civilia , romano imperio
exaltato , bella sopita pacem omnium gentium barbarorum re-
pertam exultant ; et omnium hominum genus, quocumque terrarum loco obtinet sedem , ex eo tempore uno illigatur vinculo
pacis. In cuius apparitionis die , quod Epiphania appellatur ,
Caesar Augustus in spectaculis, sicut Livius *a)* narrat , Romano
populo nuntiat regressus a Britannia insula , totum orbem terrarum tam bello quam amicitiis , Romano imperio pacis abundantia subditum. Ex quo tempore etiam et Syrorum, instigante
diabolo, bella oriuntur ; tamen interveniente pace, hoc est Christi praesentia , quantocius sedari probantur. In cuius fabrica
inenarrabili completum illud propheticum , quod praedixit David : *Suscipiant montes pacem , et colles iustitiam ; Et orietur
in diebus eius iustitia , et abundantia pacis* (1). Quod utique
in regibus , et iudicibus terrae accipiendum est. Qui , ex quo
facta est saepedicta gloriosa anima , quae nobis Creatorem re-
propitiando pacis munus donavit : et reges inter se pacis dulcedinem , et iudices iustitiae obtinent suavitatem. Quamvis
enim , ut diximus, fame pecuniae perurgente, nonnulli reges
pacem irrumpant, vel iudices excaecati muneribus solvant iustitiam , tamen non usque adeo ita insaniunt vel debacchantur
in malis, sicut ante eius adventum fecisse reges et iudices diversarum gentium, antiquitatum historiis edocemur. Quantumvis igitur saeviant contra subiectos praedicti iudices , vel contra
se crudelissimi reges bella indicant, prohibentur licet inviti a
malis intentionibus , a pacis auctore Christo , propter miseriam
inopum , gemitumque pauperum vel innocentum invocantium

(1) Psal. LXXI 3. et seq.

a) Caesarem Octavianum Augustum in Britanniam profectum et inde reversum , idque a T.
Livio narratum , nunc primum ex Aponio novimus.

eum : « *Vinea fuit pacifico in ea , quae habet populos ; tradidit eam custodibus , vir affert pro fructu eius mille argenteos* (1).» Sicut in spe lucri vineam plantat agricola, ut post multos labores de fructu vineae suae laetetur ; ita praesenti versiculo docet plebem Israel a Dei filio esse plantatam ; in cuius radice post illius ariditatem incredulitatis inserta est Ecclesia gentium ad futuram laetitiam filii Dei. Quae plebs Israel, caput regni, templum et altare , ritumque caeremoniarum in Jerusalem habuisse probatur. Quam propter regnum populos multos intra se habuisse manifestum est. Et hanc vineam ideo dicit in Jerusalem fuisse, quoniam radix fidei et agnoscendi Creatorem ibidem primitus porrecta probatur ; et per illa, quae in mysterio in ea acta sunt , totius mundi redemptio demonstratur: ut Christi passio in sacrificio Abrahae per holocaustum Isaac, et chrismatis Spiritus Sancti infusio in lapidis unctione super quem dormivit Jacob. In castris vero Angelorum , quae vidit in ipsis finibus regrediens de Mesopotamia , castra illa Angelorum significabantur , quae, pacifico Christo nascente, clamatura erant: *Gloria in excelsis Deo , et in terra pax hominibus bonae voluntatis* offerenda , et multa alia quae retro in aliis locis iam dicta sunt. Et haec quidem vinea germinasse probatur in Aegypto , et transplantata in terra repromissionis ad fertilitatis aetatem pervenit. Cuius caput Jerusalem civitas , in qua erat sedes Salomonis , qui pacificus interpretatur, fuisse docetur. Quae vinea, idest populus habens notitiam Dei coeli fuit pacifico , per hoc quod crederet Prophetis, qui Christum praenuntiabant venturum , quem pacem nostram magister gentium Paulus docuit : de qua vinea se originem secundum carnem trahere Christus asseruit , dicendo Apostolis : *Ego sum vitis vera, et Pater meus agricola, vos palmites* (2). *Vera* , hoc est ita immaculatum se ab omnibus vitiis esse demonstrat, quasi factus fuerat primus homo Adam. Nam sicut civitas vel murus est , cum defendit , ac protegit ab impugnatione daemonum : ita et vitis est , cum doctrinae suae liquorem credentibus porrigit fessis animabus , sicut ait per Jeremiam : *Quia inebriavi animam lapsam , et animam esurientem saturavi* (3). Suam utique virtutem Spiritus Sancti in palmitibus Apostolis , vel doctoribus infundit , et per eos chrismatum botros parvulis porrigit. De hac ergo vite Christo , tota vinea

(1) Cant. VIII.11.

(2) Joan. XV.1.5.

(3) Jerem. XXXI. 25.

domus Israel, vel omnis humana progenies, quae conversa fuerat in amaritudinem vitis alienae, inserta esse probatur; cum
in toto mundo uno nomine totus populus credentium appellatur
vocabulo christianus. Huius vineae pater agricola Deus, in ostensione filii sui, incredulos palmites desecans, fertiles doctrinae
suae falce putavit; ut separati credentes ab incredulorum consortio, fructum multum afferant. Et putatam tradidit eam custodibus Apostolis, eorumque vicariis doctoribus, ut fructum
fidei per Trinitatis confessionem proferat, non a bestiis, volucribus, daemonibus devoretur, sed ipsorum monitis perfectus
argenteorum numerus de eius fructu iustitiae Domino vineae of-
feratur. Inter quos custodes ille affert, qui fructu eius mille argenteos; qui vir fortissimus est, sicut beatus Paulus Apostolus,
qui per exemplum probatissimae vitae, et sanam doctrinam et
semper paratus mori pro Christo, potest dicere : *Amplius illis
omnibus laboravi, et non ego solus, sed gratia Dei mecum* (1); (1) I. Cor. X'
qui dicit in epistola sua ad Romanos : *Saepe proposui venire ad
vos, ut aliquem fructum habeam in vobis, sicut et in caeteris
gentibus* (2). Ille ergo talis offert pro credita sibi vinea, hoc est (2) Rom I |
plebe, mille argenteos. Argentum enim ad splendorem doctrinae,
vel interpretationem scripturae divinae refertur. Mille vero, solidus, plenarius, et indivisibilis est numerus, quem ad fidei
confessionem, in qua unus integer et perfectus creditur Deus
in tribus personis coaeternis, referre possumus. Quia omnis ma-
ximus fructus populi christiani in fidei confessione consistit, et
per hunc fructum Dominum vineae laetificari edocemur. Et de
hoc fructu Apostolo cura est, dicendo auditoribus suis : *Videte,
ne quis vos decipiat per Philosophiam, et inanem fallaciam,
sed sicut didicistis Christum, ita retinete* (3). Et alio loco: *Unus* (3) Col II
Deus, (inquit) *una fides, unum baptismum* (4). Quod intelligun- (4) Ephes. IV
tur mille argentei, quos affert vir fortissimus Paulus in conspectu Domini de fructu vineae eius. Solus est enim, qui se dicit
adimplere pro Ecclesia in corpore suo ea quae deerant passionibus Christi. Hoc ergo ordine afferre intelligimus virum Paulum
pro fructu vineae mille argenteos, pro gloria plebis quotidie moriendo; ut, sicut in hebraeo, syro, et graeco calculo per primum elementum litterarum signatur unum, ita in ipsa littera
prima apex ductus mille ostendat. Ita et Paulus, habitante et

loquente in se Christo, per doctrinam individuae Trinitatis, per innumeranda martyria, per Apostolatus gloriam, afferre probatur pro dicta sibi vinea mille argenteos, per quod unus Deus habitans auditur, loquitur in Paulo, et perfecta Trinitas Philippo Apostolo probatur a Christo, quod est millenarius indivisibilis numerus; per quem numerum unius Omnipotentis Dei, de quo Filius et Spiritus Sanctus procedit, confessionis perfectae Trinitatis fructus ostenditur. De qua fidei confessione pullulat decies centesimus apostolicus fructus per decem verba praeceptorum decalogi seminatus; ut decies centum integrum decalogum, perfecte vivendo, perfecteque docendo, ab hominibus quos instruit in veritatis fide suscipiens, ad Deum perferat fructum centesimum. In quibus mille argenteis, apostolicum perfectionis pondus doctrinae sub significatione monstratur, quod plebs (quae vinea figuratur), vel terra bona offert audiendo doctorem, et doctor Domino vineae; argenteum videlicet pondus duodecim scrupulos habere probatur, quod inter caetera pondera stratum appellatur. Haec est ergo antea splendidissima apostolica opera iustitiae, quae iubetur a Christo: ut sicut argentum in tenebrosa conversatione impiorum luceret, dicendo: *Sic luceat lux vestra coram hominibus, ut videntes homines opera vestra bona,*

magnificent Patrem vestrum, qui est in coelis (1). Cuius vineae fructum cum pacificus Christus a colonis doctoribus Judaeorum requireret, interfectus ab eis est secundum carnis, quam assumpsit, infirmitatem. Quam Deus Pater, cuius virtus est filius, aliis colonis tradidit custodiendam vel excolendam, qui reddant ei fructum in tempore suo. Sic tamen tradita narratur custodibus, ut ipse praesens sit vineae suae semper, et ab eius custodia non recedat, sicut sequitur: *vinea mea coram me*

(2) Cant. VIII. 12, *est* (2). Non, inquit, sicut ante mittebantur servi prophetae, qui exigerent fructus vineae, et a malis colonis trucidabantur, sed talibus custodibus tradita est, qui digni sunt audire a Domino vineae: *Ecce ego vobiscum sum omnibus diebus usque ad*

(3) Mat. XXVIII. *consumationem saeculi* (3); et illa vinea, quae ex populo Israel
20.
carneo fuit, cui improperat Deus per Jeremiam Prophetam, dicens: *Ecce te plantavi vineam veram fructiferam: quomodo*

(4) Ierem. II. 21. *conversa es in amaritudinem vitis alienae* (4)? desecatis infructuosis sarmentis, de qua minatur per Isaiam: *Derelinquam*

vineam meam, et non potabitur, neque fodietur (1). Insertus (1) Isaiae V. 6.
est in eius radicem, idest in fidem Patriarcharum vel Prophetarum novellus palmes, populus gentium dilectus a Deo, qui
ex aqua baptismatis, deposito veteri homine, novellatus, Christum indutus, Christi membra effectus, iustitiae et sanctitatis
operum apostolica doctrina potatus profert botros. Et merito
quasi unus homo per Isaiam nominatur homo Juda, qui interpretatur conversus, novellus, dilectus. Quae plebs propter ubertatem fructus digna est sub vocabulo vineae coram conspectu
Domini esse semper. Cuius gloriosus fructus, et pacificus assumptus homo, post passionis triumphum laetificando Deitatem,
custodes eius usque ad consulatus coelorum ineffabili gaudio
sublimare probatur ; ita ut cum pacifico rege super thronos in
iudicio sedeant, sicut sequenti versiculo demonstratur voce paterna promitti : « *Mille tui pacifici, et ducenti his qui custodiunt fructus eius* (2).» Vineam igitur, plebem figuraliter dicit (2) Cant. VIII.12.
Judaicam, evidentissime Dei sermo per Prophetas ostendit, et
ipse per carnem vestitus in Evangelio demonstravit. In qua diximus superius, novellum populum per baptismum ut palmitem
in radicem vitis insertum. Pro qua vinea excolenda, pacificus
Christus assumptus homo, doctrina vitae immaculatae et ama-
rissimae passionis labore, mille argenteos, honorem maiestatis
accipit, per quem honorem cum Verbo Patris unitus indivisibiliter comprobatur. De quo Propheta Daniel praedixit in sua
visione, dicendo : *Ecce sedes positae sunt, et vetustus dierum sedit, et adductus est in conspectu eius filius hominis, et
usque ad vetustum dierum pervenit* (3). Idest usque ad Deita- (3) Dan. VII.13.
tis potentiam, et dedit ei potestatem, et iudicium fecit, et millia millium serviunt ei. Haec utique de assumpto homine praedicta sunt, eum usque ad statum indivisibilem Deitatis honorem
exaltandum. De quo ipse in Evangelio loquitur, cum ait : *Pater
non iudicat quemquam, sed omne iudicium filio tradidit, quia
filius hominis est* (4). Et de quo magister gentium Paulus : *Hu-* (4) Jo. V 22.
*miliavit se, inquit, usque ad mortem crucis, propter quod il-
lum Deus exaltavit, et donavit illi nomen quod est super omne
nomen, idest ut in nomine Jesu,* qui interpretatur Salvator, *omne genu flectatur, caelestium, terrestrium, et infernorum* (5) ; (5) Philip II 8
quae trina genuflexio praefiguravit millesimum indivisibilem,   9. 10

31

sacratumque millenarium argenteorum numerum, qui et Trinitatis formam, et unius Deitatis potentiam multifarie agnoscitur designare. Millesimus enim numerus, qui venit in parte pacifici Christi, cum per ter trecentenos et ter ter denos, et ter
ternos cucurreris, mysterium trium reperies personarum. Unus
vero qui superest, qui supplet, et signat numerum, unus
Deus monstratur in Christo a), mundum reconcilians sibi secundum magisterium beati Pauli Apostoli; haec est utique multiplex millium gratia, quae ex fructu vineae pro laboribus a
Deo Domino vineae collata in Christo probantur, sicut praedixerat de eo Isaias Propheta in suo volumine : *Propter quod* (inquit) *laboravit anima eius, videbit et satiabitur, quia tradidit*
in mortem animam suam, et cum iniquis deputatus est (1),
hoc est, inter duos latrones ut sceleratus ab impiis crucifixus est.
Hic est proculdubio argenteorum splendoris millenarius numerus collatus pacifico, ut solus, quidquid perfecti hominis est,
quidquid perfectae Divinitatis, plenus esse probetur; quod dividi a sua iam unione nullatenus potest. Cui in mille argenteorum figura collati millia serviunt millium, quod praedixerat
Daniel (2). Diximus namque superius, pondus unius argentei
duodecim scrupulos habere. Haec centies, faciunt mille atque du-
centos. Quorum ducentorum, qui super sacratum numerum veniunt, in Apostolorum eius vel eorum similium munere ce-
dunt; de quibus videtur mihi dictum, *et ducenti his, qui cu-*
stodiunt fructus eius. Hoc est, ut hic homo pacificus in die
Judicii sedeat super Solium gloriae Deus, et custodes sedeant
ut amici. Terra enim bona, secundum ipsum Salvatorem, primum fructum, hoc est eminentiorem, dedit centesimum, id
est perfectam vitam, quae coronam mereatur; martyrii vero
complet, vel acquirit intra momentum temporis alium centesimum fructum, quidquid perfecta virginitas perfectaque vita in
omni cursu quo vixit in sacculo, acquisivit. Quod Apostoli utique, et eorum imitatores utrumque adepti probantur, pro eo
quod pervigili cura fructus vineae, rectam fidem, vel dona Spi-

(1) Isaiae LIII 11. 12.

(2) Daniel. VII. 10.

a) Sane 1000. == (300 + 30 + 3) 3 + 1. Huius aequationis membrum aliud duos habet
terminos, quorum prior mysterium Trinitatis per Aponium designat, alter vero Dei unitatem,
et uterque aequantur 1000. qui est numerus solidus et indivisibilis, quo Deus unus substantia, et
in personis trinus repraesentatur.

ritus Sancti in plebe credita sibi, sua doctrina suoque vitae exemplo custodiunt, nec ab aereis volucribus, immundis spiritibus vel bestiis, saevissimis persecutoribus haereticorum vinea Domini devastetur. Haera *a)* videlicet ducentorum, duplicem coronam designat, quam sunt custodes vineae percepturi. Alteram immaculate vivendo; alteram recte docendo; alteram quam dixit Salvator, pro dimissis affectibus et substantia sacculi centuplum in praesenti sacculo reddi; alteram, quam vitam aeternam in futuro saeculo nominavit, quam Propheta Isaias praedixit Deum diligentibus dandam, et Apostolus memorat Paulus dicendo : *Oculus non vidit, nec auris audivit, nec in cor hominis ascendit* praeter quae, Deus, *quae praeparasti diligentibus te, et expectantibus nomen tuum* (1). Redditur ergo iusta merces utrisque ; plantanti morientique pro vinea assumpto homini pacifico, in cuius ore dolus non fuit ; et custodibus vineae supradictis : illi ascendendo crucem, et pro omni genere hominum moriendo, iusto pro iniustis integer millenarius numerus saepedictus, divinitatis gloria. Apostoli vero corumque consimiles ipsam crucem redemptionis haereditario susceptam possident iure. Quoniam sicut per Hebraeam, Syram, et Graecam linguam, per primam litteram, unum, et mille signantur ducto apice *b)* ; ita per Xchi litteram graecam, quae crucem deformat, et est similis latinae X. vigesimae primae. Prima ducenti signantur *c)*, quae littera latinum decimum numerum monstrat. Pacificus namque ad millenarium numerum splendoris essentia maiestatis per saepe dicta pervenit ; custodes

(1) Cor. 1. II. 9.

a) Codex noster habet : *Haera . . . . designat.* Non placet haec lectio. *Haera* enim, pro varia eius orthographia, modo lolium modo agrum apud Latinos, |vel etiam gratiam aut beneficium apud Graecos significat.

Quo quidem sensu scribit Homerus.

Odyss. II 375.

Δμοὶ δ' οὐκέτι πάμπαν ἰφ' ἡμῖν ἦρα φέρουσιν.

Quapropter *Aera . . . . designant*, legendum censemus ; quia ibidem non de lolio aut agro aut de gratia sermo est, bene vero de mercede vel stipendio ; ac praeterea in Codice nostro supra verbum *Haera* legitur hoc aliud minusculo charactere scriptum : *nummos.* Quo satis monemur, vocabulum hoc ab Aponio usurpatum esse, ad nummos vel nummorum summam designandam.

b) Nempe apud hebraeos א = 1. א = 1000. apud Graecos vero α 1. ά 1000. quem numerum etiam per X exprimunt. Porro X. similis dicitur litterae X, quae alphabeti Latini est vigesima prima, dummodo K non supputes quae propria Graecorum est, neque U ab V. distinguas.

c) Fortasse ob duplicem C, qua כC constat ; at vero X latinum *decimum numerum monstrat.*

autem vineae ad ducentesimum , quod est quinta pars de mille,
vel quintus gradus. Sed aliud est indivisibilem , aliud indivisibilem numerum , aliud unum consolidumque esse in contuber-
nio maiestatis, aliud maiestati proximum fieri. Ideo sollicite
commonet eos , ne praeter crucem , sequentes se , aliquid amplius aut tollant de mundo , aut diligant , quia in ipsa novit omnes divitias animae collocatas, dicens : *Si quis vult post me venire, idest in gloria maiestatis, abneget se sibi, et tollat crucem
suam , et sequatur me* (1). Perceperunt proculdubio laboris
sui duplicatam coronam praedicti, omnem spem suam ponendo in Domini crucem , ut et iudicio careant , et ipsi aliorum
iudices super duodecim thronos cum Christo sedentes, efficiantur. « *Quae habitas in hortis , amici auscultant: Fac me audire vocem tuam* (2). » Omnia quaecumque ab Incarnatione
Domini nostri Jesu Christi acta sunt vel aguntur, a capite Cantici usque ad hunc versiculum in persona Ecclesiae aenigmatibus dicta sunt, vel figuris. Nunc vero prope finem Cantici, quae
agenda sunt , dum finem acceperit mundus , exponit Spiritus
Sanctus. Haec ergo sponsa , idest congregatio sanctarum animarum , ut saepe dictum est , ex omni natione quae est sub coelo ,
ad notitiam nominis Christi ex deserto idolatriae veniens , ab
omni labore nequitiae requiescens in hortis , hoc est in conventiculis orationum in toto mundo crescentibus numero et sanctitate , per fidem apostolicam ; quae omne quod desideraverat
inveniens , iam requiescens in sempiterna spe ; et in terris ambulans , conversatio eius in coelis est , secundum beati Pauli
sententiam : Nunc omni mysterio vocationis omnium gentium
completo, destructoque inimico Antichristo vel relegato, ad gloriam resurrectionis vocatur. Ad quam gloriam ducatum praestant humilitas, et recta apostolica fides. In qua tribus personis coaeternis unus creditur Deus, et haec docetur , ut dum
persecutio procul est, illam humilitatis quam cupit Christus audire, totis viribus expromat vocem, dicendo cum Propheta : *Dominus adiutor meus , et protector meus , et in ipso speravit
cor meum , et adiutus sum* (3). Et *oculi mei semper ad Dominum , quia ipse evellet de laqueo pedes meos* (4) : Et *benedic anima mea Dominum , qui sanat omnes languores tuos,
qui satiat in bonis desiderium tuum , qui coronat te in mi-*

(1) Mat. XVI. 24.

(2) Cant. VIII.13.

(3) Psal. XXVII. 7.

(4) Ps. XXIV.15.

seratione, et misericordia (1): Et illam Apostolicam vocem,
quando virgis caesi prohibebantur Christi nomen praedicare dicentes : *Domine , respice ad minas eorum , et da servis tuis
cum fiducia loqui verbum tuum* (2) : Vel illam quam ipse Redemptor in passione emisit ad Patrem: *In manus tuas commen-
do Spiritum meum* (3)*; Et non mea, sed tua voluntas fiat* (4).
Et illam Isaiae : *Praeter te , Domine , alium nescimus* : Et
illam David : *Emitte manum tuam de alto , eripe me , et libera
me de aquis multis* (5) ; Et multa his similia, quae divini apices
continent. In quibus docetur anima, quamdiu mortali sarcina
circumdatur, nec in secreto mentis elationis vocem emittere de
iustitia gloriando, quam horret Christus audire in Pharisaeo
superbo, dicendo discipulis : *Cum omnia feceritis, dicite quia
servi inutiles sumus* (6) : Sed hanc sufficit in misericordia Domini confidentem emittere vocem : *Mihi vivere Christus est ,
et pro Christo mori maximum lucrum* (7). Significat igitur Spiritus Sanctus, quod novissima persecutione in fine mundi, in
omni gente, Ecclesia velut in singulis membris vocem confessionis nominis Christi in martyribus auditam faciet Christo,
in conspectu omnium sanctorum Angelorum, Patriarcharum
Prophetarum, vel Martyrum ; qui cum magna admiratione ,
magnoque gaudio desiderant audire huius multitudinis vocem
confessionis unius omnipotentis Dei, cuius horridam blasphemiam nunc usque in idolorum cultura audierant. Tunc enim
complebitur iste confessionis vocis auditus, qui per turbam martyrum omni mundo, in hortis, idest conventiculis fidelium re-
sonabit, quando gehennae tradendus, de carcere inferni productus fuerit princeps mundi, et sicut leo rabidus saltum facturus est ad praedictos hortos vastandos; nulla enim tam suavis,
tam sonora vox est, quae coelos transcendat, nisi illa quae
latronem in Cruce fuerit imitata, dicendo : *Memento mei, Domine , in regno tuo* (8). Quoniam nihil aliud desiderat audire
ab ea eius Creator, nisi confessionis vocem, per quam vitam
suam Christum, quam negando perdiderat, inveniat confitendo. Ut quanto avidus fuerat sanguinem Christi fundere blasphemando Iudaeus, vel in martyribus persecutor, tanto avidius suum sanguinem optet pro Christo effundi, qui dixit : *Si
quis me confessus fuerit coram hominibus , confitebor et ego*

eum coram Patre meo , qui est in coelis. Et qui me negaverit coram hominibus , negabo eum coram Patre meo , qui in coe-

(1) Matth. X. 32. 33.

lis est (1). Vult utique audire vocem confessionis eius , ut confitendo sanentur vulnera eius , quae sibi ipsa , factorem suum et medicum , inflixerat , denegando : et hanc vocem non erubescat coram populo proferre in terris , ubi officina misericordiae patet ; si desiderat in coelis gloriosa inter Angelorum multitudinem apparere , si desiderat agminibus Patriarcharum , Prophetarum , et Martyrum coniuncta gaudere , quos amicos praesenti nominat loco, cum ait : « *Fac me audire vocem tuam.*

(2) Cant. VIII.13.

Amici auscultant (2). » Qui proculdubio ita gaudent in eius confessione , cum viderint germina sua, Christum confitendo, purpurea sui sanguinis perfusa stola radiare , sicut vehementer in eius incredulitate fuerant contristati. Qui licet securi de sua iustitia, tamen quamdolenter opinamur eos deflesse, cum aspicerent prolem suam Christum in Cruce levare. Quos omnes non est dubium , manibus aures oculosque clausisse , ne tam horridam vocem audirent dicentium : *Crucifige talem* , et *sanguis eius super nos, et super filios nostros* : aut ne tantum nefas intenderent, quod, etiam sol et astra absconsa sunt, ne viderent. Nunc autem ex inimicis amici praedictae plebis effectae conversae ad factorem suum, dulcissimam confessionis eius vocem auscultant. Et quae nomen Christi in terra opprimere conabatur, ne exaltaretur gentium laude, iam nunc, quantum sequens versiculus significat, super coelos extollit dicendo : « *Fuge dilecte mi. Fuge et assimilare capreae hinnuloque cervorum super*

(3) Cant. VIII.14.

montes aromatum (3). » Haec videlicet sponsa praedicta plebs vocata a Christo ore doctorum, hanc reddidit vocem responsionis suae , quo eum ad hoc confiteatur de coelorum montibus descendisse in convallem huius mundi , ut prostrato hoste , qui per carnem tenebat mortis imperium, assumptam carnem immaculatam, per quam triumphat, secum ad coelum levaret : Similiter et gens pagana , quem ante ridebat per uterum Virginis mundo ostensum , agnoscens eum hominis Creatorem , credens per suam facturam , quando vel quomodo voluisset , assumendo transisse , et peracto salutis humanae mysterio, de lutulenta conversatione hominum, impiorum convallem huius mundi fugientem, coelorum portis ingressus praebentibus, super montes

aromatum, idest coelos ascendisse. Aromata autem, ut saepe in
aliis locis iam dictum est, ex multis odorantissimis speciebus
in tenuissimo pulvere redactis conficiuntur ; quae vivis medicinam, et mortuis corporibus, fugato foetore, tribuit incorruptio-
nem, absque ea quam delitiosis magnam delectationem odoris
conferre probatur ; ut supradicti montes coelorum, vel Cherubim (quod multitudo scientiae interpretatur) hominibus spiritalem esse medicinam probantur. De illa enim coelesti sede Cherubim, scientiae sapientiaeque aromaticus ros super stultam
tumidamque plebem, superbiae morbo vulneratam in philosophis, vel omnium animarum incolentium mundum, descendisse
docetur, secundum eiusdem Salomonis sententiam : *Omnis sa-*
pientia (inquit) *a Domino Deo est , et cum illo fuit semper,*
et est (1) ; et alio loco : *Mitte illam* (ait) *Sancte Pater, de ex-* (1) Eccl. I. 1.
celsis tuis (2). Quam sapientiam Verbum, quod Joannes Evan- (2) Sap. IX. 10.
gelista carnem factum asseruit, Apostolus Paulus sapientiam
et virtutem Dei Patris testatur. De quo dixit propheta David :
Misit Verbum suum , et sanavit eos , et eripuit eos de inte-
ritu eorum (3). Hi sunt ergo montes coelorum aromatici, de (3) Ps. CVI 20.
quibus animarum medicina per adventum Christi descendit.
Quae aromatica scientia vel sapientia Dei, trinam *a)* principa-
lem, extra alia innumerabilia, medelam confert animabus ;
sanis videlicet divitibus, idest sanctis magnam delectationem
ministrat ; de quibus dixit propheta Isaias : *Divitiae animae*
sapientia eius (4) : infirmis autem sanitatem, de qua dicitur (4) Is XXXIII.6.
a Propheta : *Domine Deus meus , clamavi ad te , et sanasti*
me. Et benedic, anima mea, Dominum, qui sanat omnes
infirmitates tuas (5). Eas vero, quae nimio morbo peccati op- (5) Ps. XXIX 3.
pressae mortuae erant Deo, per constrictionem poenitentiae, per   Id. CII 2. 3.
abstinentiae contritionem, per contemptum rerum praesentium,
a verme vitiorum vel tormentorum futurorum gehennae defendit. De qua medicina precatur David propheta: *Bonitatem, et*
disciplinam, et scientiam doce me, quia in mandatis tuis credi-
di (6). Hac utique divitiae, medicinaeque animarum nostrarum, (6) Ps. CXVIII
de montibus praedictorum aromatum multitudinis scientiae, in-   66.
fluuntur in terra menti humanae per Spiritus Sancti adventum.

---

a) In marg: bonitatem et disciplinam, et scientiam.

De quo praedixerat Salomon: *Spiritus* (inquit) *domini replevit* *orbem terrarum* (1). Quem sciens sponsa iam edocta Sacramentorum mysteriis, non influere in omnem terram, nisi Christus ad coelos per passionis gloriam reportaverit omnia illa, quae celebrata sunt, sub Apostolis credendo; hortatur eum per haec aenigmata, similari capreae et hinnulo cervorum, nec in deiectis locis vel quibuscumque montibus, collibusque, sicut retro in aliis locis crebrius dictum fuerat, sed super montes aromatum, unde venerat carnem assumere, repedare. Capreae eum hortatur comparari exemplo, quae tutissimis locis abscondit parvulos foetus suos, et sic arduos, et excelsos montes, si fuerit necesse, ascendit, et pleno ubere celeri cursu ad foetus suos repedare festinat; sicut Dominus noster Christus se promisit esse facturum, dicendo adhuc velut tenellis foetibus discipulis suis: *Nolite metuere: non relinquam vos orphanos, sed vado, et ve-*
(2) Joan. XIV. 13. *nio ad vos, et tollam vos ad meipsum* (2). Qui utique per unitatem Spiritus Sancti paternaeque virtutis, et praedictis aromatum praesidet montibus, et de terris ab Ecclesia non recedit, per hoc quod se dixit in propheta, coelum et terram implere. Hinnulo autem cervorum eum assimilari precatur, multam eius super peccatores et impios poenitentiam implorando; ut non cornua potentiae proferat iudicando terram exasperatus latronibus, blasphemiis impiorum, sicut armati cornibus cervi adversus hostes suos facere consueverunt; sed patientiam hinnulorum, qui exasperati vel comprehensi non retribuunt talionem, ita ut, quemadmodum tenuit iudicatus, teneat iudicando. Et sicut pepercit blasphemantibus verberantibusque, verum hominem demonstrando in Cruce, parcat et veram deitatis potentiam ostendendo, patris iudicium promulgando. Vocat ergo Christus Ecclesiam toto mundo in hortorum conventiculis, ut saepe diximus, habitantem, dicendo: *Venite ad me omnes,*
(3) Matth. XI. 28. *qui laboratis, et onerati estis, et ego reficiam vos* (3). De qua
(4) Cant. VIII. 13. vocatione dicitur: *Fac me audire vocem tuam* (4). Et haec est vox, quam audire Christus desiderat. Ut sicut eum verum hominem crucifixum credidit, quando venit habitare in hortis, idest in coetu fidelium, ita eum verum Deum credat in maiestate paterna, cum ante tribunal persecutoris adducta fuerit ad negandum, quando dicitur ei ore persecutoris, loquente diabolo:

Pro cuius nomine mori contendis, qui sibi, cum a Iudaeis cru-
cifigeretur, non potuit subvenire? In quo conflictu hanc monetur auditam facere vocem suam : Mortuum quidem ex infirmitate quam assumpserat carnis, ne se diabolus quereretur
potentia non ratione devictum. Ut per carnem vinceretur quam
vicerat in Adam ; sed vivere ex virtute paterna in sempiternum
cum patre ; dicendo enim : *Fuge dilecte mi* (1) : auditam fe- (1) Cant.VIII 14
cit vocem suam, quam desiderat Christus audire, per quod
confitetur eum solum in terra, solum inter omnes homines hominem quidem verum, sed inenarrabili ordine natum, et solum advenam, et peregrinum repertum, qui omnimodo solus
sordidam conversationem hominum fugiens, solus super praedictos montes aromatum ascendens, coeli et terrae dominator
efficeretur. Solum eum ostendit, exteriora et interiora peccata
fugisse ; solum eum fugitivum terrae in medio nationis pravae
et perversae apparuisse, qui coeli refugam diabolum religaret,
sicut ipse dixerat per prophetam : *Torcular calcavi solus, et
de gentibus non fuit vir mecum* (2). Et per alium prophetam : (2) Isai. LXIII.3
Considerabam (inquit) *ad dexteram, et videbam, et non erat
qui agnosceret me. Periit fuga a me, et non est qui requirat animam meam* (3). Et hic tantus, cui lux, sydera, et (3) Psal. CXLI.5
omnia elementa inserviunt, ut nos humilitatem doceret, quae
de terris caenoque peccati ad coelum et perpetuam laetitiam
sublimat, quasi peregrinus et advena, qui a nullo nisi a sola
matre cognosceretur, in terris conversatus cum hominibus fuisse docetur. Nam si Joseph virum matris, qui propter custodiam Virginis nomen patris sortitus est, interroges, in tantum
se testatur nescire, unde genus sanguinis trahat hic, qui fugere commonetur, ut cum eum in utero Virginis praesensisset,
nisi ab Angelo fuisset edoctus, dimittere et prolongare eam in
secreto mentis tractaret. Sola ergo mater, nullo teste masculo,
novit genus, Gabriele Angelo exponente eam spiritu maritatam.
Quam si ordine Conceptionis discutias, quibus membrorum officiis tam mirabile susceperit semen, de quo Isaias propheta ait :
*Nisi Dominus Sabaoth reliquisset nobis semen, ut Sodoma
facti fuissemus* (4) ; Respondebit secundum prophetam David : (4) Rom. IX. 29.
*Os meum aperui, et attraxi spiritum, quia, deferente An-
gelo, mandata eius desideravi* (5). Et hoc solum scio, me (5) Psal. CXIX.
181.

invisibilem suscepisse, et visibilem edidisse, quem nullus alter mortalium cognosceret venientem; qui fugiendo mundum, totum mundum aquireret genitori; qui vere ut peregrinus, despectusque, et ignotus omnino provinciae morti addictus frustra; et in omnibus, qui tantum nefas vindicet, non est, sicut ipse praedixerat, ut retro iam diximus, per David: *Considerabam ad dexteram, et videbam, et non erat, qui cogno-* ¹⁾ *sceret me* (1). *Periit* (inquit) *fuga a me, et non est qui requirat animam meam* (2). Non fuit utique, qui eum agnosceret, eo quod solus homo novus, novo ordine de intacto utero inter veteres homines apparuit mundo. Periit, inquit, fuga, quando fugiendi iam nullus est locus, ubi secundum humanitatem in manibus impiorum tenetur. Quantum autem ad illam potentiam maiestatis, quam coaeternam possidet patri, ad coelos utique caro per supradictam Ascensionis fugam migravit: Ubi cherubim, ubi sedes, et potestates; ubi dominationes, et throni consistunt, quos sponsa iam cum eo unum corpus effecta, scientia eius repleta, montes aromatum intelligitur appellasse. Unde iustus ultor criminum, et pius remunerator iustorum expectatur venire in gloria Dei Patris. Ipso itaque Spiritu Sancto duce, qui haec ore Salomonis scribenda dictavit, quali potuimus cursu, hispido et agresti sermone pervenimus ad finem Cantici huius. Et nequaquam de scientia, quae procul est a carneo, et vitiis servienti corde, gloriamur, sed Domini Nostri Jesu Christi magnificetur benignissima largitas, si quid dignum sibi, suisque cultoribus ad animae aedificationem dignatus est per nos eloqui. Qui ad confundendam sapientiam huius mundi, in Balaam, bruto etiam animali vocem concessit humanam, et per illiteratos venturum se in carne et venisse, toti mundo ostendit. Nihil enim officit rusticitas linguae, ubi ipse loquitur, qui os fecit et linguam. *Oratio*: Qui nos iubeat de tam profundo pelago illaesos et sine offensionis naevo evadere, et pretiosas rore oreque conceptas gemmas levare, ut refertur de partu cochlearum *a)*, quae pauperes, qui hoc carmen amatorium opinabantur *b)*, ad divitiarum culmen subliment: ad eorum scilicet collegium iungere, qui possunt videre hunc esse librum, qui prophetae Eze-

(1) Psal. CXLI. 5.
(2) Psal. XIV. 5.

---

a) Juxta Plinii aliorumque veterum sententiam iamdudum reprobatam.
b) Quanto magis pauper Grotius, et alii, qui librum hunc flagitiosum dixerunt?

chieli, intus et foris scriptus devorandus porrigitur. Qui in ore dulcis est comedenti, dum sola cantilena eius intenditur ; sed devoratus, idest intellectus, amaricat ventrem, dum potuerint interiorem eius sensum in mentis arcano includere per compunctionem lacrymarum. Tunc salutifera amaritudine replet ventrem, cum intelligitur in eo, quam gloriosa facta sit anima hominis a magno artifice Deo, et quam detestabiliter corporeis sordibus, et innumeris criminibus inquinatur ; et quanta sit benignitas eius, qui sibi eam post *a*) tantarum culpat . . . .

. . . . sub coelo sunt aliae conversae ad Christum, quasi membra corpori inseruntur, quae omnes unum Deum Omnipotentem credentes, unum Redemptorem Christum Dei Filium confitentes, unum Spiritum Sanctum ex utroque procedentem suscipientes, unum corpus Ecclesiae faciunt, velut quinque, ut diximus, sensibus compaginatum. De quibus quinque linguis per Isaiam prophetam opinor evidentissime in mysterio prophetatum, quod una lingua futura erat, unam fidem tenendo in laudibus unius Creatoris sui exultans, cum de eius vaticinaretur adventu, dicendo : *Erunt* (inquit) *in die illa , cum disruperit Dominus vinculum populi sui , quinque civitates in terra Aegypti , loquentes linguam Chanaan ; et civitas solis vocabitur una* (1). Aegyptus scilicet obscuritas vel caligo interpretatur, quod totus mundus ante Incarnationem Christi fuisse Beatissimus Deo Dilectus Joannes Apostolus et Evangelista perdocuit, cum dicit de eo : *Lux in tenebris lucet , et tenebrae eam non comprehenderunt* (2). Et *ut illuminaret* , inquit Zacharias , *his, qui in tenebris, et in umbra mortis sedent* (3).

(1) Isai. XIX 18.

2) Joan 1. 5.

(3) Luc 1. 79.

a) Ad hunc locum nonnulla desiderari videntur in Cod. nostro; quippe quod sequitur, nullam habet cum praecedentibus connexionem. Et paulo inferius statim sermo est de quinque veluti iam superius memoratis linguis , quas tamen nuspiam memoratas legimus. Quapropter postremam et mutilam ante lacunam periodum ita ad Aponii mentem absolvi posse arbitramur : *tantas culpas desponsavit.*

Deinde ut quod reliquum est Orationis vel Commentarii cum praecedentibus coniungatur, haec pauca ex Summar. Lucae interiicienda censemus.

Diversarum gentium plebem pro loco vel causa , amicam , sponsam , sororem , et immaculatam appellat: de quibus , velut unum corpus quinque sensibus quibus universa opera agnoscuntur , fit, ita in hoc Cantico figuravit quinquies sponsae imaginem, mutando personas ex illo : Sexaginta sunt reginae: *et reliqua :* vel filium, *et illam unicam matri suae , et eam quae ubera habet. Quas quinque personas , quinque opinor intelligi linguas , Hebraeam , Graecam , Aegyptiam , Latinam , et Syriacum. Postea vero quaecumque* etc. prout supra in textu ex eodem Codice.

(1) Joan. VIII 12. Et ipse Salvator : *Ego sum lux mundi*, ait (1) : Chanaan autem interpretatur candens poculum. Et quem alium possumus intelligere cadens poculum, nisi illum, qui post Ascensionem Domini, adhuc frigidioribus fide Apostolis primum a Patre, Filioque porrectus probatur, Spiritum Sanctum ? De quo dicitur

(2) Act. II 3   in actibus Apostolorum : *Sedit supra singulos velut ignis* (2), quos ita replevit omnium gentium linguis, unam Dei unius laudem loquentes, ut etiam ab ignorantibus ebrii putarentur. Quod poculum istae quinque praedictae civitates uno ore loquuntur, vel lingua una, magnalia Dei omnipotentis : *Quia Dominus noster Jesus Christus*, sicut probat magister gentium

(3) Philip. II. 11.   Paulus, *in gloria Dei est Patris* (3) : Et *nemo potest dicere*
(4) Cor. XII. 3.   *Dominum Jesum Christum, nisi in Spiritu Sancto* (4). Nam civitates solis vocare unam ipsam hebraeam intelligitur linguam. Cuius principium regni Jerusalem ; ubi sedes, ubi templum sanctuarii et caeremoniarum ; ubi regnum Juda, unde Christus sol iustitiae ortus est ; quae etiam Elyopolis *a)*, prius est nuncupata, quod est civitas solis. De qua lux porRecta est in toto tenebroso corpore mundi. De qua, sanitatis medicina diffusa est in omnibus membris Ecclesiae. De quo sole propheta praedixit : *Orietur* (inquit) *vobis, qui timetis Dominum, sol iustitiae, et sanitas in pennis eius. Exilietis sicut vituli de armento, et conculcabitis inimicos vestros, cum facti fuerint ut pul-*

(5) Malach. IV.2.   *vis sub pedibus vestris* (5). Haec ergo congregatio timentium
3.   Dominum, quae est Ecclesia, (quam diximus Antichristi temporibus de praedicto deserto adduci, per Verbum Dei Christum Dominum nostrum), in hortis fidei sanctimoniaeque collocata, cum. agnoverit Christum verum hominem vere omnem contagionem peccati continendo fugisse, et ita eum inter immundos et sordidos immaculatum mansisse, sicut sol non potest sordibus inquinari, cum in antris stercoreis radios porrigit ; et per Verbum Deum gerentem super praedictos montes aromatum elevatum, ubi sunt multae fragrantissimae mansiones, et ad

---

a) Urbs Jerusalem nuspiam Heliopolis dicta est, vel Eliopolis ut habet Codex. Quoniam vero per Hadrianum Imperatorem *Aeliae* nomen obtinuit, (Dion. Nic. in Hadriano. VI.) habuitque usque ad M. Constantini aetatem ; hinc fortasse scribit Aponius, *prius*, scilicet ante *sua tempora*, civitatem Jerusalem Aeliopolim nuncupatam. Quo quidem nomine nec incongruum est opinari per Graeca lingua loquentes appellatam fuisse. Pro Aeliopoli autem Heliopolim legens, atque hoc nomen ad graecam exigens radicem, Jerusalem *civitatem solis* est interpretatus.

omnem veritatem signis fallacibus probaverit, cognoscendo Antichristum vere diabolum, quem, male persuasa a patribus, Christum Redemptorem suae salutis opinabatur : Hortatur nunc Christum Dominum Regem suum credendo, confitendoque, fugere super montes aromatum. Sciens enim se de exilio huius mundi, et de captivitate diaboli crudelissima non aliter posse exire, nisi pedes in eius Ascensionis figerit fugam ; sciens in eius Incarnatione se ad aeternam patriam Paradisum, ad regnum coelorum in eius Ascensione vocatam : hortatur ut acceleret perpetuae laetitiae dies, in quo eo facie ad faciem perfruatur, ubi miram eius Deitatem, et totum patriis splendoribus plenum intendat regnantem cum Patre et Spiritu Sancto in saecula saeculorum. Amen.

IN CANTICO CANTICORUM SALOMONIS
EXPLICIUNT LIBRI NUMERO XII. FELICITER
AMEN. DEO GRATIAS.

Ut gaudere solet fessus iam nauta labore.
Desiderata diu littora nota videns,
Haud aliter scriptor optato fine libelli
Exultat viso, lassus et ipse quidem.

Deo, et Domino nostro Omnipotenti invisibilium
Atque visibilium Creatori honorem deferens,
Orationibus vestris iuvando me credo.

UDALRICI REGII

Censura Locorum quorumdam, ex libro VI. Commentariorum Aponii, de millenario et centenario numeris, in vetusto codice miserrime depravatorum.

Millenarium, imparem facis si tripertieris: Millenarius enim per tria aequaliter dividi non potest, 1000) 333⅓ ut constat hac figura: Atque ita per Ternarium 3 abstruse nobis significatur sacratissima et indivisibilis Trias ; per unitatem vero in divisione relictam exhibetur nobis monas et unitas Triadis.

Millenarium numerum solidum indivisibilemque esse pronunciant. Millenarius dicitur numerus solidus, quod sit cubus denarii, nam decies decem decies faciunt mille : Vide Hieronymum super Amos cap. V. *Sicut unum per solam literarum primam sine apice ductam; sic et millenarius tracto apice demonstratur.* Sensus is est : א prima Haebraeorum litera, in numeris sine puncto supraposito, signat unum sive unitatem ; cum punctulo vero sic א , repraesentat mille : et sic unitas Trinitatis iterum exhibetur occulte per unitatem literae et numeri (millenarii scilicet) in tria non divisibilis.

« Per septiformem Spiritum splendescens perfecta Trinitas: » nam ter septem producunt, XXI.

UDALRICI REGII

Scholia in aliquot Lucae Abbatis locos, ex eius Summariolis in Cantica.

Unam divisionem: Ego puto legendum esse, *duas divisiones* : est enim numerus ille LX. impariter par. *Sunt qui tres, ut XL.*) recte : nam numerus ille XL. tertio dividitur in partes aequas. Unde et ipse impariter par est. Ibid. lin. *Sunt qui septem*, ut LXXX. Arbitror et hoc loco mendum esse, ac legendum : *sunt qui quatuor*, ut LXXX. Nam is numerus quater admittit aequalium sectionem, unde et ipse quoque impariter par est. Et hanc meam censuram confirmat quod sequitur linea, *divisiones recipit quatuor*. Haec omnia ex Geometrico numero demonstrari quoque possunt. Fol. lin. *trium reperies personarum,* melius forte sic : *Tria repraesentat personarum ,* vel *Trinitatem repraesentat personarum.* Videtur autem esse sensus : Si quaeras, 3. in 1000. per divisionem, unamque dumtaxat quotientis figuram, habebis pro quotiente 300. et pro residuo 100. Porro per 300. quemadmodum Trinitas in personis, ita per centum significatur nobis unitas divinae naturae : Siquidem 300. a ternario, 100. vero ab unitate ducunt appellationem : Deinde, quia Trinitas pariter et Unitas in Deitate est, Deusque pacis Deus est, ut pie philosophatur Apostolus I. Cor. 14. et 1. Thess. 5. et 2. Thess. 3. Millenarius ergo recte dicitur venire in partem pacifici. Ibidem, linea, *sive numerus* : melius ; *Vel numerus.*

Fol. lin. *Per primam literam unum et mille.* Per א enim sine puncto, unum, cum puncto sic, א mille significantur.

Lin. *Ita ducenti* : Ego censeo legendum esse, *Ita decem, per literam decimam, et notam quae crucem format et est similis latinae literae,* X. *vigesimae primae, signantur.* Est enim illi character seu nota ; X. qua denarius vulgo repraesentatur. Porro decima litera apud Hebraeos est ׳ Jod, cuius figura neutiquam similis est vigesimae primae literae latinorum, X. Signat autem ׳ Jod in numeris, decem : ducenta vero per literam ר Resch significantur.

NOS D. NIVARDUS MARIA TÁSSINI

Abbas Monasterii sanctae Crucis in Ierusalem de Urbe et Praeses Generalis
Sacri Ordinis Cisterciensis.

Cum librum, cui titulus. « *Aponii Scriptoris vetustissimi in Canticum Canticorum Explanationis lib. XII. quorum alias editi emendati et aucti, inediti vero hactenus desiderati, e Codice Sessoriano Monachorum Cisterciensium s. Crucis in Ierusalem Urbis nunc primum vulgantur, curantibus D. Hieronymo Bottino, D. Iosepho Martini ex ordine Cisterciensi :* » Ipsimet duo nostrae Congregationis actu Lectores Theologi in praefato Monasterio, quorum primus Procurator Generalis eiusdem Sac. Ord., publica luce dignum commendaverint, de assensu Reverendissimorum PP. Regiminis facultatem concedimus, ut typis vulgari possit, si iis, ad quos pertinet, ita videbitur.

Datum ex eodem nostro Monasterio S. Crucis in Ierusalem, die 7. Septembris. 1842.

D. Nivardus-Maria Tassini, Abbas et Praeses Generalis S. Ord. Cisterciensis.

NIHIL OBSTAT

F. Gavinus Secchi-Murro Ord. Serv. Mariae
Censor Theologus deputatus.

NIHIL OBSTAT

Aloysius Maria Rezzi in Romano Archigym. Ital. et Latinae Eloquentiae Prof.
Corsinian. Biblioth. Praefectus , SS. Congr. Indicis , et S. Rituum Consultor
Censor Philologus Deputatus.

IMPRIMATUR

Fr. Dominicus Buttaoni Ord. Praed. S. P. A. Magister.

IMPRIMATUR

Joseph Canali Archiep. Colossen. Vicesgerens.

Lightning Source UK Ltd.
Milton Keynes UK
UKHW020658060119
334942UK00006B/640/P

9 780260 501431